# 2026학년도 대학수학능력시험 대비 전형태 모의고사 1회

# 국어 영역

| 성명 | | 수험 번호 | | | − | | |

○ 문제지의 해당란에 성명과 수험 번호를 정확히 쓰시오.

○ 답안지의 필적 확인란에 다음의 문구를 정자로 기재하시오.

**굳고 정한 갈매나무를 생각한다**

○ 답안지의 해당란에 성명과 수험 번호를 쓰고, 또 수험 번호와 답을 정확히 표시하시오.

○ 문항에 따라 배점이 다릅니다. 3점 문항에만 점수가 표시되어 있습니다. 점수 표시가 없는 문항은 모두 2점입니다.

**※ 시험이 시작되기 전까지 표지를 넘기지 마시오.**

**전형태 모의고사**

## 국어 영역



**[1～3] 다음 글을 읽고 물음에 답하시오.**

독서 경험을 통해 형성되는 독서 습관 중에는 올바르지 않은 것도 있다. 잘못된 독서 습관은 지식 습득이나 문제 해결과 같은 학습 독서에 부정적인 영향을 미치므로 주의해야 한다.

잘못된 독서 습관을 지닌 ㉠미숙한 독자와 올바르게 독서하는 ㉡능숙한 독자는 읽기 방식에서 차이를 보인다. 먼저 텍스트 난도가 높아 텍스트에 모르는 어휘가 제시되었을 때, 능숙한 독자는 맥락이나 사전을 활용하여 어휘의 의미를 적절하게 확정하지만 미숙한 독자는 해당 어휘를 생략하거나 자신의 배경지식과 경험에 근거해 자의적으로 해석하려 한다. 즉, 미숙한 독자는 텍스트를 있는 그대로 이해하는 사실적 읽기를 제대로 수행하지 못하기에, 글의 전체적인 흐름과 의미를 추론하는 단계로 나아갈 수 없는 문제가 발생한다.

또한, 인지 연구에 따르면 미숙한 독자는 어휘 지식이 상대적으로 부족하고 어휘의 의미를 해석하는 데 시간을 쓰게 된다. 이는 자신의 인지 처리 능력을 텍스트 이해에 집중시키는 발달 시기를 놓치게 만든다. 따라서 저학년에서 고학년으로 올라갈수록 미숙한 독자와 능숙한 독자의 텍스트 이해 격차는 점차 커지고, 읽기 효능감과 읽기 흥미 등 정의적 측면에서의 차이를 유발한다. 요컨대 미숙한 독자는 쉬운 수준의 텍스트만 읽게 되므로 어려운 텍스트를 성공적으로 읽어낼 수 있다는 읽기 효능감을 얻기 어려워진다. 반면, 능숙한 독자는 읽기 효능감과 흥미를 바탕으로 자신의 읽기 수준보다 좀 더 높은 난도의 텍스트를 읽으면서 독서 효능감을 극대화할 수 있다.

ⓐ독자 간의 독서 능력 차이가 어휘적인 측면에서만 발생하는 것은 아니다. 예를 들어, 독서 상황에서 문제를 겪을 때 미숙한 독자는 혼자서 문제 상황을 해결하려 하는 경향을 보인다. 이와 달리, 능숙한 독자는 읽기 공동체에 속한 다른 독자와 독서 전략 사용을 비교하면서 자신의 읽기 과정을 객관적으로 성찰함으로써 문제를 해결하고자 한다. 따라서 미숙한 독자의 문제를 해결하려면 어휘력과 같은 개인적 차원의 인지적 요소뿐만 아니라 사회적 측면의 요소도 보강되어야 한다.

**1.** 윗글의 내용과 일치하지 <u>않는</u> 것은?

① 독서의 정의적 측면에는 읽기 효능감과 읽기 흥미가 모두 포함된다.

② 성공적인 독서 경험이 누적될 때 그에 비례하여 읽기 효능감을 얻게 된다.

③ 독서 습관의 형성이 학습 독서에 반드시 긍정적으로만 작용하는 것은 아니다.

④ 글의 전체적인 의미를 추론하여 독해하기 위해서는 사실적 읽기가 선행되어야 한다.

⑤ 인지 연구에 따르면 어휘 지식이 부족할수록 텍스트를 이해하는 인지 능력이 발달하기 어렵다.

**2.** 윗글의 ㉠과 ㉡이 고등학생 독자라고 가정할 때, <보기>에 대한 반응으로 가장 적절한 것은? [3점]

— 〈 보 기 〉 —

텍스트의 난이도를 측정하는 지표로 렉사일 지수(L)가 있다. 렉사일 지수는 어휘 및 통사의 난이도를 고려하여 텍스트의 독서 지수를 수치화한 것이다. 이때 개별 독자는 자신의 읽기 능력을 렉사일 지수로 평가받고, 그 읽기 능력 지수와 텍스트의 독서 지수를 비교하여 읽기에 적절한 텍스트를 선택할 수 있다. 가령 평균적인 고등학생 독자의 읽기 능력이 1,000L이라 하면, 그들이 1,000L 수준의 텍스트를 읽을 때 텍스트의 75%를 무리 없이 이해하리라고 기대된다.

| 텍스트 | 독서 지수 |
|---|---|
| A | 750L |
| B | 1,000L |
| C | 1,250L |

① 텍스트 이해 격차는 학년이 올라갈수록 줄어들기에, ㉠과 ㉡의 읽기 능력 지수의 격차도 점차 줄어들 가능성이 크다.

② 텍스트 A를 읽을 때, ㉠과 ㉡은 모두 텍스트 A의 의미를 추론하는 단계로 나아가지 못할 가능성이 크다.

③ 텍스트 B를 읽을 때, ㉡의 독서 효능감이 ㉠의 독서 효능감에 비해 극대화될 가능성이 크다.

④ 텍스트 C를 읽을 때, ㉠은 ㉡에 비해 배경지식을 근거로 어휘의 의미를 자의적으로 해석할 가능성이 크다.

⑤ 텍스트 C를 읽을 때, ㉡은 ㉠에 비해 모르는 어휘를 건너뛰면서 텍스트를 읽을 가능성이 크다.

**3.** <보기>의 관점에서 ⓐ를 보완하는 내용으로 가장 적절한 것은?

— 〈 보 기 〉 —

독서 능력은 개인적인 측면에서 발달하기보다는 타인이 수행하는 것을 관찰하는 경험을 통해 발달한다. 즉, 자신과 비슷한 수준의 학습자가 성공적으로 텍스트를 읽는 과정을 관찰하여 독서 전략을 학습하고 독서 효능감을 얻을 수 있다.

① 사람마다 달라지는 개인적 특성에 따라 독서 능력도 차이를 보인다.

② 독자 간의 독서 능력 차이는 독서 전략의 사용 여부에 따라 발생한다.

③ 읽기 과정에서의 문제 상황은 개인 내적 차원의 성찰을 통해 해결할 수 있다.

④ 독서 능력이 발달하는 데에는 인지적인 요소를 보강하는 것이 가장 중요하다.

⑤ 독서 능력은 타인과 상호 작용을 하면서 읽기 경험을 공유할 때 발달할 수 있다.

〔4~9〕 다음을 읽고, 물음에 답하시오.

**(가)**

　일반적으로 우리는 시간이 지나도 자기 자신이 동일한 자아로 존재한다고 생각한다. 이처럼 과거의 자아와 현재의 자아가 동일한 존재로 의식될 때, 우리는 인격 동일성을 지닌다고 말한다. 그런데 이러한 인격 동일성을 판단하는 기준에 관해서는 논쟁의 여지가 있다. 이에 철학자들은 인격 동일성의 판단 기준에 관한 문제를 인격 동일성의 문제라고 지칭하고, 이를 탐구하기 위해 무엇이 인격의 본질을 규정하는지 질문해 왔다.

　인격 본질주의에 따르면, 인격은 특정 속성 X를 필연적으로 갖는 존재이다. 이러한 인격 본질주의는 심리적 관점이 대표한다. 심리적 관점에서는 인격이란 자기 자신을 의식하는 것과 같은 특정한 심리적 능력을 본질적 속성으로 갖는 존재이며, 그 심리적 능력은 곧 기억으로 규정된다고 본다. 인격 동일성은 기억의 지속성에 의해 확보된다는 것이다. 가령 어떤 사람이 과거의 기억을 현재에도 소유하고 있고, 그 기억을 통해 자기 자신을 과거와 동일한 존재로 의식한다면, 그 사람은 단순한 유기체가 아닌 인격이라고 볼 수 있다. 즉 인격 본질주의는 특정 개체를 인격이라고 지칭하기 위한 기준으로 그 개체에 내재하는 본질적 속성 X를 제시하며, 그 속성 X가 지속하는 만큼 인격 동일성이 확보된다고 설명한다.

　그런데 동물주의는 인격을 규정하는 속성 X가 결여되었거나 상실된 상태를 들어 인격 본질주의를 반박했다. 동물주의에 따르면, 인격 본질주의는 심리적 능력을 갖춘 존재만을 인격으로 인정하며, 이에 근거해 인간은 본질적으로 인격이라고 주장한다. 하지만 생후 초기의 태아는 어떠한 심리적 능력도 갖추고 있지 않다. 여기에 인격 본질주의의 견해를 적용한다면, 태아는 심리적 능력을 갖출 만큼 성장한 후에나 인격이 될 것이므로, ⓣ태아가 어느 시점부터 인격으로 지칭될 수 있는지 모호해진다. 무엇보다도 태아가 심리적 능력을 갖추고 있지 않다는 사실은 심리적 능력이 인격의 필연적 속성이 아닌 우연적 속성임을 드러낸다. 이를 토대로 동물주의는 심리적 능력이 인격 동일성의 기준으로는 불충분하다고 지적했다.

　동물주의에 따르면, 인간은 본질적으로 유기체라는 점에 주목한다. 인간이 생후 성장하면서 특정한 심리적 능력을 지니게 되는 것은 사실이지만, 그 심리적 능력의 형성에는 여러 복잡한 요인들이 영향을 미친다. 따라서 동물주의는 인격 동일성이 유기체의 동일성에서 확보되어야 한다고 주장한다. 즉 태아 시기의 '나'와 현재의 '나'가 동일한 유기체이기에 양자 사이에 연속성이 있으므로 인격 동일성이 확보된다는 것이다.

**(나)**

　인격 본질주의는 인격 동일성을 판단하는 기준으로 인간의 본질적 속성을 제시하기는 하지만, 신체를 간과한다는 문제를 지닌다. 도덕적·법적 권리와 의무는 신체를 기준으로 부과되기에, 신체를 갖지 못한 행위자는 도덕적·법적 행위자가 될 수 없을 뿐 아니라, 도덕적·법적 책임을 지닌 인격으로 고려되기도 어렵다. 반면, 동물주의는 인격 동일성과 관련하여 유기체로서의 신체를 중시한다는 점에서 인격 본질주의와 같은 한계를 지니지는 않지만, 인격과 유기체를 혼동함으로써 인격 동일성 문제에 적절한 해답을 주지는

못한다.

　이에 대한 대안적 견해로 등장한 구성주의적 관점은 인격, 인간 유기체, 인간 인격을 구분하고, 우리가 인간 인격에 해당한다고 주장한다. 이에 따르면, 인격은 일인칭 시점을 지닌 존재를, 인간 유기체는 인간의 생물학적 특성을, 인간 인격은 인간 유기체를 토대로 구성된 인격을 말한다. 이때 인간 인격은 통합성을 지니므로, 특정 순간에 인간 유기체와 따로 존재하는 것이 아니라 하나의 인간 인격으로서 일원적으로 존재한다. 즉 신체성을 배제하지 않는 것이다. 그러나 인간 유기체와 인간 인격은 동일한 것이 아니며, 본질적으로 일인칭 시점에서 차이를 보인다. 일인칭 시점은 특정 개체가 자기 자신을 '나'라고 의식하면서 느낌, 생각, 기억 등의 내적 체험을 '나'의 경험이라고 인지하는 것을 말하는데, 유기체에는 오직 우연적으로만 속하지만, 인격에는 본질적으로 귀속되기 때문이다.

　구성주의적 관점에 따르면, 일인칭 시점은 기초적 일인칭 시점과 강한 일인칭 시점으로 구분된다. 가령 동물은 자신을 기준으로 특정한 행동을 수행하더라도 그것을 '나'라는 인칭 대명사나 '나의'라는 소유 대명사를 통해 이해하지는 못한다. 이처럼 자기 자신을 인칭 대명사나 소유 대명사에 기초하여 개념적으로 이해하지 못하는 존재는 기초적인 일인칭 시점에 머무르지만, 자기 자신을 개념적으로 이해하는 존재는 강한 일인칭 시점을 갖는다. 이러한 점에서 인간은 태아일 때는 기초적인 일인칭 시점을 갖는 유기체이지만, 특정 언어 공동체에서 성장함에 ⓐ따라 강한 일인칭 시점을 갖는 인간 인격이 된다. 이를 바탕으로 구성주의적 관점에서는 인격 동일성이 강한 일인칭 시점의 동일성에서 확보된다고 주장한다. 인간 인격은 자기 자신에 대한 의식에 근거하는데, 이러한 자기의식은 강한 일인칭 시점을 통해 획득되기 때문이다.

---

**4.** 윗글에 대한 이해로 적절하지 <u>않은</u> 것은?

① (가): 인격 동일성 문제는 인격의 본질이 무엇인지에 관한 탐구에 선행한다.

② (가): 인격 본질주의는 인간에게 내재한 속성을 토대로 인격 동일성을 논의한다.

③ (가): 동물주의는 심리적 능력만으로는 인격 동일성을 판단할 수 없다고 주장한다.

④ (나): 동물주의는 신체와 인격을 혼동하여 인격 동일성 문제를 풀지 못한다는 지적을 받기도 한다.

⑤ (나): 인격 본질주의는 인격 동일성 문제에서 신체를 간과하여 인간이 갖는 권리와 의무를 설명하지 못한다.

**5.** <u>일인칭 시점</u>에 대한 이해로 적절하지 <u>않은</u> 것은?

① 생물학적 특성을 바탕으로 구성되는 인간의 본질적 속성이 될 수 있다.
② 인간 유기체와 구별되면서도 통합되어 하나로 존재하는 인간 인격의 특징이다.
③ 신체를 가진 유기체에 필연적으로 귀속되어 인간 인격의 성립 가능성을 보장한다.
④ 인간 유기체가 내적 체험을 소유 대명사에 기초해 개념적으로 인지함으로써 형성된다.
⑤ 자기 자신이 중심이 된 특정 행동의 수행만으로는 자기의식의 획득 조건이 될 수 없다.

**6.** (가)의 '인격 본질주의'와 '동물주의'가 모두 동의할 수 있는 진술로 가장 적절한 것은?

① 인격의 성립은 자기 자신을 의식하는 심리적 능력을 바탕으로 이루어질 수 있다.
② 인간의 인격 동일성은 인간을 규정하는 성질이 지속하는 동안에만 확보될 수 있다.
③ 인격의 본질은 기억이므로 기억 능력을 갖추고 있지 않은 존재는 인격으로 보기 어렵다.
④ 인격을 종합적으로 설명하기 위해서는 심리적 능력과 유기체적 특성을 함께 고려해야 한다.
⑤ 특정 개체가 인격이 되기 위해서는 개체의 성장에 영향을 미치는 복잡한 요인들을 살펴보아야 한다.

**7.** (나)의 '구성주의적 관점'에서 ㉠에 대해 할 수 있는 말로 가장 적절한 것은?

① 출생 직후의 태아는 유기체이므로 유기체의 일인칭 시점에 근거하여 인격으로 규정할 수 있다.
② 인격의 본질은 심리적 능력이 아니므로 태아는 동물과 달리 태어날 때부터 인격이라고 보아야 한다.
③ 태아는 인칭 대명사를 사용해 자기 자신을 이해하지 못하므로 어느 시점에서도 인격으로 지칭되기가 어렵다.
④ 태어날 때부터 유기체인 태아가 성장 과정에서 기초적 일인칭 시점을 갖지 못한다면 인격이라고 볼 수 없다.
⑤ 태아는 특정 언어 공동체에서 자라는 과정에서 자기의식을 지니게 되므로 자기의식을 지닌 후부터 인격이 된다.

**8.** (가), (나)를 이해한 학생이 <보기>에 대해 보인 반응으로 적절하지 <u>않은</u> 것은? [3점]

〈 보 기 〉

축구 선수 갑은 교통사고를 당해 전신 마비 판정을 받았다. 갑은 축구를 할 수 없음은 물론, 스스로 음식을 먹을 수도 없으며, 아무런 외적 감각도 느낄 수 없다. 그러던 중 갑과 비슷한 나이와 체격을 가진 사람이 뇌사 상태에 빠져 응급실에 실려 왔다. 갑과 갑의 가족, 뇌사 상태에 빠진 환자의 가족은 논의 끝에, 뇌사 상태에 빠진 환자의 뇌를 합법적 절차에 따라 갑에게 이식하기로 했다. 이식 수술은 성공적이었으며, 수술을 마친 갑은 마취에서 깨어나 의식을 되찾았다.

① 동물주의의 관점에서, 갑의 인격 동일성은 뇌 이식 수술 후에도 갑에게 고유한 것으로 남아 있는 신체의 지속성에 근거하여 확보되겠군.
② 인격 본질주의의 관점에서, 이식 수술을 받은 갑의 인격 동일성은 갑이 과거의 기억을 통해 자신을 과거와 같은 사람이라고 인지해야 확보되겠군.
③ 인격 본질주의의 관점에서, 갑이 뇌를 이식받은 후 자신이 축구 선수였음을 떠올리지 못한다면 이식 수술 전과 후의 갑이 동일하다고 보기 어렵겠군.
④ 구성주의적 관점에서, 이식 수술을 받은 후 갑의 인격 동일성은 갑이 자기 자신을 뇌사 상태의 환자와 구별되는 '나'라는 개념으로 인식하는지에 의존하여 논의되겠군.
⑤ 구성주의적 관점에서, 이식 수술을 받은 갑이 축구 선수였던 기억을 자신의 경험으로 인지하지는 못하더라도 다시 축구를 할 수 있게 되었다면 갑의 인격이 동일하다고 보겠군.

**9.** ⓐ와 문맥상 의미가 가장 가까운 것은?

① 해안을 <u>따라</u> 조성된 산책길을 걷기 시작했다.
② 아이들은 대부분 부모의 행동을 <u>따라</u> 하기 마련이다.
③ 건전한 토론은 합리적인 절차에 <u>따라</u> 이루어져야 한다.
④ 그는 자신이 상관의 명령에 <u>따른</u> 것일 뿐이라고 항변했다.
⑤ 경기를 회복하는 데는 많은 어려움이 <u>따를</u> 것으로 전망된다.

〔10~13〕 다음을 읽고, 물음에 답하시오.

음악사에서 '창시자'를 묻는 질문에 명확한 답을 제시할 수 있는 경우는 흔하지 않다. 가령 '16세기 대위법의 창시자는 누구인가?'라는 질문을 받는다면 누구도 쉽게 답을 할 수 없을 것이다. 작곡 양식이나 기법 등에 대한 이론은 이미 창작된 작품들 중에서 공통 분모를 찾아가는 과정에서 발견, 확립되는 것이지 창작 이전에 이론이 먼저 만들어진 후 여기에 입각하여 작품이 창작되는 것은 아니기 때문이다. 16세기의 작곡가 팔레스트리나가 《모테트》를 작곡할 때 대위법에 관한 책이 있어서 그것을 보고 작곡을 했다기보다는, 《모테트》를 비롯한 동시대 수많은 작곡가들의 작품들로부터 공통된 특징의 기법을 추출하여 이름 붙인 것이 '대위법'이라고 보아야 옳은 것이다. 음렬주의를 철저히 따르는 음렬 음악 역시 쇤베르크의 《피아노를 위한 모음곡》을 비롯한 수많은 작곡가들의 작품에서 발견된다. 그럼에도 불구하고 많은 사람들이 ㉠'음렬 음악의 창시자는 쇤베르크'라고 말하는 이유는 무엇일까?

쇤베르크는 자신만의 철학적 신념에 따라 의도적으로 음렬 음악을 작곡하였다. 쇤베르크는 음악에서 무조성(atonality), 즉 어떤 한 음도 다른 음보다 강조되어서는 안 되며, 1옥타브에 있는 12음 모두가 동등하게 취급되어야 한다는 철학적 신념을 지니고 있었다. 작곡가가 특정 음을 으뜸음으로 삼는 경우가 생길 수 있는데, 이와 달리 쇤베르크는 '음렬주의'를 사용한 것이다. 이 '음렬주의'라는 것은 의외로 단순하다. 우선, 작곡가가 12개의 음으로 된 음렬을 만든다. 그리고 일단 음렬을 선택하면, 작곡가는 그 음렬 내의 12음 모두를 한 번씩 사용해야 하며, 12개의 음이 모두 나오기 전까지는 그 중 어떤 음도 반복해서 사용해서는 안 된다. 이렇게 12음이 똑같은 빈도로 사용될 수밖에 없는 '음렬주의'를 충실히 따른다면 완전한 무조성의 음악을 만들어낼 수 있는 것이다. 그러나 엄격한 이 규칙을 실제의 작곡 과정에서 지키는 것은 쉬운 일이 아니었기에 쇤베르크 자신도 이것을 위반하는 경우가 종종 있었다고 한다.

그런데 이렇게 말하면 '음렬주의'가 작곡가들의 음에 대한 선택을 제한하여 그들의 창조성을 저해하는 형식으로 여겨질 수도 있다. 그러나 작곡가는 12개 음의 순열을 대위법적으로든 아니면 화성적으로든 자신의 뜻대로 선택하여 쓸 수 있다. 또한 음렬 기법을 충실히 ㉮따르더라도 음역은 작곡가가 결정하는 것이기에 선율의 굴곡은 작곡가 마음대로 만들 수 있다. 또한 작곡가가 한 번 만든 음렬은 여러 형태로 변형할 수 있다. 처음에 만든 형태를 그대로 사용하는 기본 음렬, 기본 음렬의 가장 뒤부터 차례로 처음으로 돌아오며 사용하는 역행 음렬, 기본 음렬과 대칭되도록 위·아래를 뒤집어 사용하는 전위 음렬, 역행 음렬을 전위하여 사용하는 역행 전위 음렬 등이 그것이다. 무엇보다도, 작곡에는 음 이외에도 리듬, 음색, 강약 등 다른 요소들도 중요하기 때문에 '음렬주의'가 작곡가의 창조성을 저해한다는 말은 어불성설이다.

음렬 음악은 쇤베르크의 제자인 베르크와 베베른에 의해 더욱 발전되어, 여러 작품에서 널리 쓰였다. 오늘날에는 음렬주의를 엄격하게 적용하는 작곡가가 거의 없지만, 많은 작곡가들이 부분적으로 음렬주의를 사용하고 있다.

**10.** 윗글을 읽고 알 수 있는 내용으로 가장 적절한 것은?

① 쇤베르크는 특정 음을 으뜸음으로 삼는 무조성을 강조하였다.
② 팔레스트리나는 《모테트》를 작곡하면서 16세기 대위법을 확립하였다.
③ '음렬주의'를 따르는 작곡가는 대위법을 사용하여 창작을 하기 어렵다.
④ 쇤베르크 역시 '음렬주의'의 엄격성 때문에 그것의 규칙을 어기는 경우가 있었다.
⑤ '음렬주의'는 음색과 강약을 규정할 뿐이어서 선율의 굴곡은 작곡가가 자유롭게 만들 수 있다.

**11.** 윗글을 읽고 '음렬주의'에 맞게 작곡한 <보기>의 ⓐ, ⓑ에 대해 보인 반응으로 적절하지 않은 것은? [3점]

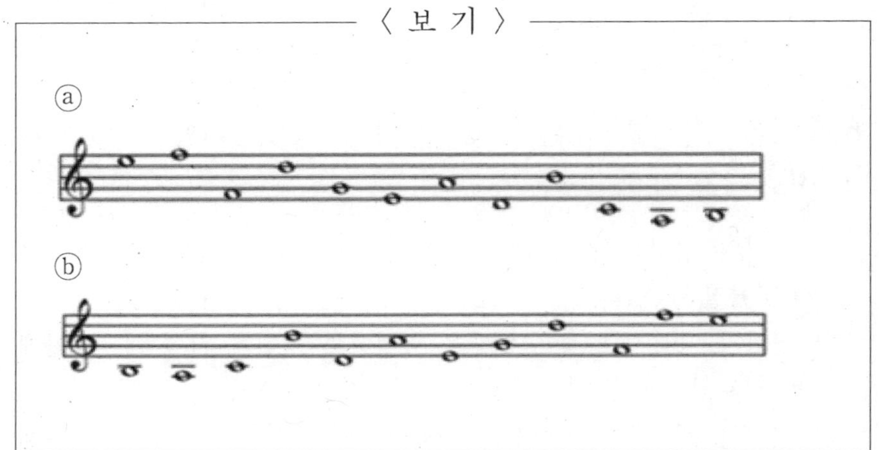


① ⓐ가 기본 음렬이라면 ⓑ는 역행 음렬이라고 볼 수 있겠어.
② ⓐ와 ⓑ 모두 작곡가들의 창조성을 저해하는 형식은 아니겠어.
③ ⓐ와 ⓑ에 나타난 음 중 어떤 음도 으뜸음이라고 볼 수는 없군.
④ ⓐ의 위·아래를 뒤집고, ⓑ를 역행, 전위하면 같은 음렬이 되는군.
⑤ ⓐ와 달리 ⓑ는 12음이 모두 나올 때까지 음이 반복될 수 없겠어.

**12.** ㉠의 이유로 가장 적절한 것은?

① 대위법의 창시자인 팔레스트리나 역시 음렬 음악을 작곡했기 때문이다.
② 특정 기법의 창시자를 규정하는 것이 음악사에서 중요하기 때문이다.
③ 쇤베르크의 《피아노를 위한 모음곡》에서 최초로 음렬주의가 쓰였기 때문이다.
④ 음렬 음악이 쇤베르크에 의해 작곡가의 창조성을 반영할 수 있게 되었기 때문이다.
⑤ 쇤베르크가 음렬 음악의 철학적 기반뿐만 아니라 구체적인 창작 방법론도 제시한 사람이기 때문이다.

**13.** 문맥상 의미가 ㉮와 가장 가까운 것은?

① 어머니를 <u>따라</u> 시장 구경을 갔다.
② 그 일은 실패에 <u>따른</u> 부담이 크다.
③ 어머니의 음식 솜씨를 <u>따를</u> 수 없다.
④ 선생님의 권유에 <u>따라</u> 독서를 시작했다.
⑤ 그 고양이는 아버지를 유난히 잘 <u>따른다</u>.

[14~17] 다음을 읽고, 물음에 답하시오.

　미생물의 활동으로 유기물에서 고체의 무기물 결정을 만들어 내는 작용을 '바이오미네랄리제이션(Biomineralization)'이라고 한다. 자연계에서는 생물의 생장이 이러한 작용을 거치기도 한다. 예를 들어 포유 동물의 체내 단백질 중 30% 가량을 차지하는 콜라겐에서 바이오미네랄리제이션이 일어나면, 인체의 뼈나 치아 조직 형성에 중요한 역할을 하는 수산화 인회석이 생성되고 이에 따라 뼈가 성장한다. 또한 조개의 단백질은 바닷물 속 미생물을 이용하여 각종 광물 이온을 포집, 농축하는 과정의 바이오미네랄리제이션을 거쳐 진주를 만들어 내기도 한다.

　바이오미네랄리제이션은 혐기성 미생물의 호흡에 의한 것이다. 일반적인 의미의 호흡은 산소를 공급 받는 산화 작용과 산소가 제거되는 환원 작용이 반복적으로 일어나는 반응으로, 호기성 미생물은 공기 중의 산소를 직접 공급 받아 유기물을 분해하여 에너지를 얻는다. 반면 산소가 없는 조건에서 에너지를 만들어 생존하는 혐기성 미생물은 산소 대신 여러 무기 이온을 이용하여 호흡한다. ㉠ 혐기성 조건에서 일어나는 미생물의 호흡은 오염 물질의 정화에 활용된다. 대표적인 예로 셀레늄 정화가 있다. 토양 혹은 지하수에 용해되어 환경을 오염시키는 산화 셀레늄은 방사성을 띠고 있어 사람이 직접 처리하기에는 위험하다. 이때 금속 환원 미생물을 이용하면 원소 셀레늄을 생성해 오염 정도를 낮출 수 있는데, 용해도가 높은 산화 셀레늄과 달리 원소 상태의 셀레늄은 용해도가 낮아 인체에 흡수되는 양이 적어 위험성이 낮기 때문이다. 혐기성 미생물이 산화 셀레늄에 오염된 토양이나 지하수에서 호흡하면, 환원된 셀레늄 원소가 토양이나 지하수에 녹아있는 철분 이온과 결합하여 고체 상태의 광물 철-셀레나이드를 생성하는 바이오미네랄리제이션이 일어난다. 이러한 일련의 과정을 ㉡ '셀레늄 배수 처리법'이라고 하며, 공정 과정에서 생성된 부산물이 독성을 지니지 않아 친환경적인 정화 방식으로 인정받고 있다.

　바이오미네랄리제이션을 인공적으로 실현하는 기술은 여러 측면에서 효율성이 높아 각광받고 있다. 기질 특이성이 높은 효소 반응과 관련한 미생물 작용은, 해당 금속류와의 친화성이 높은 효소나 생체 단백질이 주어진다면 저농도 영역에서도 반응 효율이 비교적 높게 유지되므로 배수와 같은 혼합물 안에서 특정 금속 이온을 변환하는 데에 적합하다. 미생물은 적정한 영양소만 부여하면 자기 증식이 가능하므로 자발적이고 지속적인 정화가 가능하며, 상온 상압 상태에서 반응이 이루어지므로 에너지를 크게 절약할 수 있다. 또한 반응에 의해 발생하는 부산물도 생태계의 순환 질서에 포함되는 물질로서 쉽게 분해되기 때문에 환경 친화적이다.

　그러나 바이오미네랄리제이션에 의한 금속류 제거 및 회수 기술을 실현하기 위해서는 앞으로 해결해야 할 과제가 몇 가지 남아 있다. 가장 중요한 문제는 미생물 반응이 물리 화학 반응에 비해 반응 속도가 느리다는 점이다. 그리고 배수나 폐기물 속에 존재하는 다른 유기 물질에 의해 미생물의 작용이 저해되기 쉽다는 점도 한계로 지적되고 있다. 이러한 제약들은 미생물을 이용하는 이상은 불가피하지만 유전자 조작에 의한 미생물 촉매의 개발과 같은 다양한 연구를 통해 어느 정도는 극복할 수 있을 것이다.

**14.** 윗글을 읽은 후의 반응으로 적절하지 <u>않은</u> 것은?

① 진주는 광물 이온이 바이오미네랄리제이션을 거쳐 변형된 무기물에 해당되겠구나.

② 미생물은 일정한 조건이 갖추어진다면 특정 금속 이온과의 반응성이 높게 유지되는구나.

③ 바이오미네랄리제이션 기술은 오염된 토양이나 지하수를 정화하는 데에 활용될 수 있겠구나.

④ 바이오미네랄리제이션은 미생물 내부의 산소가 무기 이온으로 이동하는 과정을 포함하는구나.

⑤ 미생물은 적정한 환경만 부여된다면 무한에 가까운 바이오미네랄리제이션을 일으킬 수 있겠구나.

**15.** ㉠의 이유를 추론한 내용으로 가장 적절한 것은? [3점]

① 미생물의 호흡 과정에서 산소를 공급하여 유기물을 분해하기 때문에

② 미생물의 호흡 과정에 산화된 물질에서 제거된 산소가 사용되기 때문에

③ 미생물의 호흡 과정에 이용된 물질이 환원되어 그 용해도가 감소하기 때문에

④ 미생물의 호흡 과정에서 오염 물질에 용해되어 있는 무기 이온이 흡수되기 때문에

⑤ 미생물의 호흡 과정에서 오염 물질의 산소가 제거됨으로써 해당 물질이 소멸되기 때문에

**16.** ㉡에 대한 이해로 적절하지 <u>않은</u> 것은?

① 셀레늄에 작용하는 특정 미생물이 활용된다.
② 환원된 셀레늄은 고체 상태의 광물로 변환된다.
③ 부산물이 생성되지 않아 환경에 무해한 방식이다.
④ 산화된 셀레늄을 원소 상태의 셀레늄으로 환원시킨다.
⑤ 산화 상태의 셀레늄을 광물 결정으로 변환하는 과정이다.

**17.** 윗글을 바탕으로 <보기>를 이해한 것으로 적절하지 <u>않은</u> 것은?

〈 보 기 〉

　뼈를 구성하는 골 기질은 콜라겐 섬유로 구성된 유기질과 무기질로 이루어져 있다. 뼈의 무기질에는 우리 몸 전체에 있는 칼슘의 99%, 인의 90%가 집중적으로 분포해 있으며, 뼈의 단단함을 결정한다. 칼슘과 인은 인산 칼슘의 고체 광물 형태인 수산화 인회석으로 존재한다.

① 칼슘과 인이 미생물과 결합하면 뼈가 생장하겠군.
② 골 기질은 수산화 인회석이 생성됨에 따라 생장하겠군.
③ 수산화 인회석은 고체 상태의 광물로서, 뼈의 단단함을 결정하겠군.
④ 수산화 인회석은 바이오미네랄리제이션을 거쳐 만들어진 무기질이군.
⑤ 콜라겐 섬유의 단백질은 환원 과정을 거치며 무기질 성분의 인산 칼슘으로 변형되겠군.

[18~23] 다음을 읽고, 물음에 답하시오.

**(가)**

춥다. 눈사람이 되려면 얼마나 걸어야 할까? 잡념과 머리카락이 희어지도록 걷고 밤의 끝에서 또 얼마를 걸어야 될까? 너무 넓은 밤, 사람들은 밤보다 더 넓다.

사물에 이름을 붙이고 즐거워하는 사람들
이름을 붙여야 마음이 놓이는 사람들
이름으로 말하고 이름으로 듣는 사람들
이름을 두세 개씩 갖고 이름에 매여 사는 사람들

깊은 산에 가고 싶다. 사람들은 산을 다 어디에 두고 다닐까? 혹은 산을 깎아 대체 무엇을 메웠을까? 생각을 돌리자, 눈발이 날린다.

눈꽃, 은방울꽃, 안개꽃, 메밀꽃, 배꽃, 찔레꽃, 박꽃

나는 하루를 하루종일 돌았어도
분침 하나 약자의 침묵 하나 움직이지 못했다.
들어가자, 추위 속으로.

때까치, 바람새, 까투리, 오소리, 너구리, 도토리, 다람쥐, 물

– 신대철, 「추운 산」 –

**(나)**

**아마존 수족관** 열대어들이
유리벽에 끼어 헤엄치는 **여름밤**
세검정 길,
**장어구이집** 창문에서 연기가 나고
**아스팔트**에서 고무 탄내가 난다.

열난 기계들이 길을 끓이면서
질주하는 여름밤
상품들은 덩굴져 자라나며 색색이 종이꽃을 피우고 있고
철근은 밀림, 간판은 열대지만
아마존 강은 여기서 아득히 멀어
열대어들은 수족관 속에서 목마르다.

변기 같은 귓바퀴에 소음 부엉거리는
여름밤
열대어들에게 **시**를 선물하니
노란 달이 아마존 강물 속에 향기롭게 출렁이고
아마존 강변에 **후리지아 꽃**들이 만발했다.

– 최승호, 「아마존 수족관」 –

**(다)**

나는 겨울을 사랑한다. 겨울의 모진 바람 속에 태고의 향을 찾아듣기를 나는 좋아하는 자이기 때문이다. 그러나 무어라 해도 겨울이 겨울다운 서정시는 백설(白雪), 이것이 비로소 도회에까지 고요히 고요히 들어오는 것인데, 눈이 와서 도회가 잠시 문명의 구

각(舊殼)*을 탈(脫)하고 현란한 백의(白衣)를 갈아입을 때, 눈과 같이 온 이 넓고 힘세고 성스러운 나라 때문에 도회는 문득 얼마나 조요해지고 자그마해지고 정숙해지는 지 알 수 없는 것이지만, 이때 집이란 집은 모두가 면 속에 포근히 안기고 사람들 역시 희귀한 자연의 아들이 되어 모든 것은 일시에 원시 시대의 풍속을 탈환한 상태를 정(呈)한다*.

(중략)

눈은 이 지상에 있는 모든 것을 덮어 줌으로 해서 하나같이 희게 하고 아름답게 하는 것이지만, 특히 그 중에도 눈에 덮인 **공원**, 눈에 안긴 **성사(城舍)**, 눈 밑에 누운 무너진 **고적(古蹟)**, 눈 속에 높이선 **동상** 등을 봄은 일단으로 더 흥취의 깊은 것이 있으니, 그것은 모두가 **우울한 옛 시**를 읽은 것과도 같이, 그 눈이 내리는 배후에는 알 수 없는 신비가 숨 쉬고 있는 듯한 느낌을 준다. 공원에는 아마도 늙을 줄 모르는 흰 사슴들이 떼를 지어 뛰어 다닐지도 모르는 것이고, 저 성사 안 심원(深園)에는 이상한 향기를 가진 **알라바스터*의 꽃**이 한 송이 눈 속에 외로이 피어 있는지도 알 수 없는 것이며, 저 동상은 아마도 이 모든 비밀을 저 혼자 알게 되는 것을 안타까이 생각하고 있을지도 모르기 때문이다.

그러나 무어라 해도 참된 눈은 도회에 속할 물건이 아니다. 그것은 산중 깊이 천인만장(千仞萬丈)*의 계곡에서 맹수를 잡는 자의 체험할 물건이 아니면 아니 된다.

생각하여 보라! 이 세상에 있는 눈으로 눈으로서는 여러 가지가 있을 것이니, 가령 열대의 뜨거운 태양에 쪼임을 받는 저 **킬리만자로의 눈**, 멀고 먼 옛날부터 아직껏 녹지 않고 안타르크리스(Antaktis)에 잔존해 있다는 눈, 우랄과 알라스카의 고원에 보이는 적설, 또는 오자마자 순식간에 없어져 버린다는 상부 이탈리아의 눈 등… 이러한 여러 가지 종류의 눈을 보지 않고는 도저히 눈에 대해서 말할 수 없다고 아니할 수 없다.

그러나 불행히 우리의 눈에 대한 체험은 그저 단순히 **눈 오는 밤**에 서울 거리를 술집이나 몇 집 들어가며 배회하는 정도에 국한되는 것이니, 생각하면 사실 나의 백설부(白雪賦)란 것도 근거 없고 싱겁기가 짝이 없다 밖에 없다.

– 김진섭, 「백설부(白雪賦)」 –

*구각 : 낡고 고착화된 틀.
*정하다 : 어떤 모양이나 빛깔 따위를 나타내다.
*알라바스터 : 눈을 흩어 뿌린 것과 같은, 작은 알맹이의 석고(石膏).
*천인만장 : 산이나 바다가 몹시 높거나 깊음.

*18.* (가)~(다)의 공통점으로 가장 적절한 것은?

① 자연 법칙을 서술함으로써 상황의 비극성을 심화하고 있다.
② 자연과 인간이 조화를 이루는 세계가 도래할 것임을 예견하고 있다.
③ 자연이 파괴된 사례를 들어 자연을 착취하는 태도에 변화가 필요함을 강조하고 있다.
④ 시간과 관련된 표지를 활용해 시적 분위기를 조성하고 있다.
⑤ 자연물에 대한 관찰을 통해 대상을 향한 경외심을 드러내고 있다.

*19.* <보기>를 참고하여 (가), (나)를 감상한 내용으로 적절하지 <u>않</u>은 것은? [3점]

───── 〈 보 기 〉 ─────

시에서 감각 이미지는 화자가 외부 세계와 맺고 있는 관계 및 화자의 내적 욕망을 드러내는 장치로 기능하기도 한다. 예컨대 「추운 산」은 추위를 견디는 과정을 통해 눈사람이 되겠다는 의지적 태도를 통해 고결한 삶을 향한 화자의 열망을, 「아마존 수족관」은 열기에 둘러싸여 갇혀 있는 상황을 통해 삭막한 도시 공간에서 벗어나고자 하는 화자의 소망을 그려 낸다. 두 작품은 모두 다양한 감각적 표현을 통해, 현재 부정적 세계에 속박되어 있지만 진정한 삶의 의미를 회복하고자 하는 화자의 욕망을 구체화하고 있다.

① (가)에서 '잡념'이 '희어지도록' 걷는다고 표현한 것은, 부정적 세계의 속박에서 벗어나려는 화자의 의도를 반영한 것이겠군.
② (가)에서 '추위 속'으로 '들어가자'고 표현한 것은, 고결한 삶의 경지에 이르기 위해 단련의 과정을 거쳐야 함을 의미하는 것이겠군.
③ (나)에서 '연기'와 '고무 탄내'가 난다고 표현한 것은, 삭막한 도시 공간에서 포착한 재생의 가능성을 감각적으로 나타낸 것이겠군.
④ (나)에서 '수족관 속'의 '열대어'가 '목마르다'고 표현한 것은, 화자가 진정한 삶의 의미를 회복하고자 하는 욕망을 잃지 않았음을 보여 주는 것이겠군.
⑤ (가)에서 '눈발이 날'리는 장면과, (나)에서 '노란 달'이 출렁이는 장면은, (가)와 (나)의 화자가 지닌 내적 욕망을 제시한 것이겠군.

*20.* (가)와 (다)에 대한 설명으로 가장 적절한 것은?

① (가)는 (다)와 달리 의문형 어미를 반복하여 화자의 예찬을 강조하고 있다.
② (다)는 (가)와 달리 자연물을 인공물에 빗대어 회고적 정서를 환기하고 있다.
③ (가)는 (다)와 달리 색채 이미지를 사용하여 대상의 아름다움을 표현하고 있다.
④ (가)와 (다)는 모두 화자의 공간 이동에 따라 장면을 전환하고 있다.
⑤ (가)와 (다)는 모두 나열의 방식을 통해 화자가 긍정적으로 여기는 대상을 부각하고 있다.

*21.* (나)와 (다)에 대한 감상으로 가장 적절한 것은?

① (나)의 '아마존 수족관'은 인공적인 세계를 포용하고자 하는 화자의 의지를, (다)의 '킬리만자로'는 이상적인 세계로 가고자 하는 '나'의 의지를 부각한다.
② (나)의 '여름밤'은 화자가 부정적인 현실을 자각하고 좌절하는 시간을, (다)의 '눈 오는 밤'은 '나'가 경험의 한계에 대한 극복을 결심하는 시간을 의미한다.
③ (나)의 '장어구이집'과 '아스팔트'는 현대 문명에 대한 화자의 비판적 태도를, (다)의 '공원', '성사', '고적', '동상'은 현대 문명에 대

한 '나'의 예찬적 태도를 보여 준다.
④ (나)의 '시'는 수족관에 갇힌 열대어들의 야생성 회복에 대한 화자의 소망을, (다)의 '우울한 옛 시'는 눈에 덮인 풍경을 마주한 '나'의 감상을 드러낸다.
⑤ (나)의 '후리지아 꽃'은 열대어들의 목마름이 지속될 것이라는 전망을, (다)의 '알라바스터의 꽃'은 상상의 세계에 존재하는 대상의 신비로움을 강조한다.

*22.* (가)의 시어를 이해한 내용으로 가장 적절한 것은?

① '눈사람'은 화자가 현재 그리워하는 대상이 있음을 보여 주는 시어이다.
② '밤의 끝'은 화자의 여정이 시작된 지 오래되지 않았음을 보여 주는 시어이다.
③ '이름에 매여 사는 사람들'은 주체적인 삶을 사는 사람들의 모습을 보여 주는 시어이다.
④ '깊은 산'은 현대 사회에서 상실된 가치가 존재하는 곳을 상징적으로 보여 주는 시어이다.
⑤ '분침 하나'는 자연에서의 시간이 도시에서보다 천천히 흐른다는 사실을 보여 주는 시어이다.

*23.* <보기>를 바탕으로 (다)를 감상한 내용으로 적절하지 <u>않</u>은 것은?

───── 〈 보 기 〉 ─────

**선생님** : 수필은 글쓴이의 경험과 함께 주관을 드러내는 글입니다. 글쓴이는 가치 있는 삶에 대한 자신의 깨달음을 효과적으로 전달하기 위해 비교, 대조, 유추 등의 다양한 방법을 활용합니다. 또한, 풍경을 보이는 대로 묘사하는 객관적 묘사와 특정한 분위기 및 인상을 창조하기 위해 다른 소재를 끌어와 묘사하는 주관적 묘사를 적절하게 배치하여 글을 읽는 재미를 부여하기도 합니다.

① **학생 1** : '겨울'을 '사랑'하는 이유가 '태고의 향'에 있다고 말하는 것에서, 이 글이 글쓴이의 주관을 드러내는 글임을 알 수 있군요.
② **학생 2** : '도회'가 '현란한 백의를 갈아입는'다는 구절에서, 글쓴이가 특정 인상을 강조하기 위해 주관적 묘사를 사용하고 있음을 알 수 있군요.
③ **학생 3** : '눈'이 온 광경을 '넓고 힘세고 성스러운 나라'의 도래로 표현한 것에서, 글쓴이가 바람직한 것으로 인식하는 가치가 무엇인지 알 수 있군요.
④ **학생 4** : '참된 눈'은 '도회'가 아니라 '천인만장의 계곡'에 있어야 한다고 말한 것에서, 글쓴이가 '도회'에서의 경험과 '천인만장의 계곡'에서의 경험을 대조하고 있음을 알 수 있군요.
⑤ **학생 5** : '안타르크리스'와 '우랄과 알라스카의 고원', '상부 이탈리아'의 장소들을 제시한 것에서, 글쓴이가 글을 읽는 재미를 부여하기 위해 다양한 소재를 끌어오고 있음을 알 수 있군요.

〔24~27〕 다음을 읽고, 물음에 답하시오.

"천자께서 나에게 해평 도사를 제수하셨다. **해평**으로 갈 것을 생각하니, 육로로는 사만 사천 리요, 수로로는 육만 팔천 리라. 한 번 가면 다시 오지 못하고 죽는다 하니, 이는 반드시 조정 백관이 시기하여 나를 죽이려는 것이다. 그러나 죽을지언정 황제의 말씀을 어찌 거역하리오!" / 하며 ㉠ 대성통곡하였다.

게다가 어린 자식 봉의 거동을 보니, 이 자리에서 죽는 것이 차라리 나을 것 같았다. 주 승상이 봉을 안고 낯을 한데 데이고 부비면서 우는 소리는 차마 듣지 못하겠더라. 부인은 승상의 말에 한 손으로 승상의 손을 잡고, 또 한 손으로 봉의 손을 잡으며,

"승상의 어린 자식 주봉은 누구를 의지하여 살며, 첩은 누구를 의지하여 살아가야 합니까?"

하며 서로 우는 소리는 산천초목이 우는 듯하더라. 이날 주 승상은 한마디 말도 없이 **사약을 먹고 죽고** 말았다.

(중략)

**주봉의 권세가** 이처럼 높아지자 조정 백관이 모여 의논하기를,

"주봉이 저 혼자 온 조정의 일을 처단하여 병부(兵符) 열둘을 차지하니, 우리는 무슨 벼슬을 하여 부모 처자를 먹여 살리며 제사를 받들겠는가?" / 하면서 주봉을 ㉡ 원망하였다.

이때, 좌상을 하던 유경악이 한 묘책을 얻어, 천자 앞에 들어가서 여쭙기를,

"듣자오니 해평 도사를 보낸 지 이미 칠 년이 되었으나 소식은 없고, 인심이 사나워져 스스로 왕이라 칭하는 무리가 난을 벌인다 하니 국가의 큰 환란이 있을까 두렵습니다. 폐하께서는 조속히 해결책을 마련하옵소서." / 천자가 크게 ㉢ 근심하여,

"짐도 그리 알았던 일을 경이 말을 일러 주니 그렇게 하도록 하는 것이 좋겠구나." / 하고는 천자가 말하기를,

"ⓐ 문무 제신 중에 충성과 지혜를 갖춘 사람을 가려 보라."고 하시니, 유경악이 조서(詔書)를 받들고 나와 조정의 많은 벼슬아치들과 더불어 의논하였다.

"우리가 하던 벼슬을 주봉에게 빼앗기고 할 벼슬이 없으니 절통하고 애닯도다." / "주봉을 **해평 도사로 보내**면 좋을 듯하다."

하고 모두들 말했다. / 이튿날 유경악이 궐내에 들어가 아뢰기를,

"해평골에 역적이 있어 난을 일으키고 장안을 범한다 하옵니다. ⓑ 신들의 소견으로 충성과 지혜를 갖춘 사람을 물색해 보니 지금 주봉만 한 사람이 없다고 생각하옵니다. 주봉을 보내어 그 도적을 잡고 백성을 다스려 법을 가르쳐서 태평성대를 이루게 하옵소서."

라고 하니 천자가 한참을 생각하다가 큰소리로

"ⓒ 주봉이 아니면 보낼 신하가 없는가?"

하고 백관들에게 말했다. 백관들이 다시 엎드려 아뢰기를,

"주봉의 아버지는 황제의 명을 받고도 집에서 사약을 먹고 죽었으니 어찌 충신이라 하겠습니까? 이에 비해 주봉은 비록 연소하나 용맹과 지략이 그를 따를 자가 천하에 없사옵니다. ⓓ 폐하께서 사사로운 정만 생각하여 주봉을 붙잡아 두시기만 한다면 대사를 그르칠 수도 있습니다. 저희 백관들은 주봉이 아니면 도적을 잡을 자가 없고, 또 누가 천하를 평정하오리까?"

그러자 천자가 꾸짖어 말하기를,

"ⓔ 다시 주봉 학사를 천거하는 이가 있으면 국법으로 선참(先斬)하리라." / 하고 제신을 물리쳤다.

백관이 다시 아뢰지 못하고 물러 나와 주봉을 원망하며 내일 조

사(朝仕)에 다시 아뢰어 보리라 결심했다.

이튿날 조회 후에 백관이 엎드려 말하기를,

"폐하는 한 사람만 생각하시고 **국사를 생각하지 않**으시니, 신들은 조정을 하직하고 산중으로 들어가 밭을 갈며 농부가 될까 하옵니다. ⓕ 그곳에서 세월을 보내며 국사를 돌아보지 않을까 합니다."

하고 눈물을 뿌리며 ㉣ 통곡하니, 천자도 민망한 생각이 들었다. 조정 대신이 다 산중으로 가려 하니 어찌 주봉에게만 국사를 맡겨 의논하겠는가? / 천자가 여러 가지로 생각하다가,

"십벌지목(十伐之木)이라. 경들의 말이 옳도다. 모두 물러가라."

하시고 주봉을 불렀다. 봉이 한림부에서 국사를 의논하다가, 천만뜻밖에 천자께서 부르시어 급히 궐내로 들어갔다.

천자께서 ㉤ 탄식하며,

"해평 도사가 나라에 반항하며 스스로 천자라 일컫고 군사를 모아 황성을 범하려 한다 하니, 경이 한 번 수고를 아끼지 말고 급히 가서 그 도적을 함몰하여 백성을 위로하고 돌아오라. 그리하면 천하를 반으로 나누어 주고 조정의 큰일을 맡겨 짐은 뒤에서 한가하게 지내고 싶으니 부디 다녀오도록 하여라."

하시니, 주봉이 다시 엎드려 여쭙기를,

"폐하의 뜻이 그러하시니 물불인들 어찌 사양하겠습니까?"

하며 조금도 **사양하지 않**고 그 자리에서 하직하여 나오려 하니, 천자께서 봉의 손을 잡고 눈물을 흘리며,

"육로로는 사만 사천 리요, 수로로는 육만 팔천 리라. 각별히 조심하여라." / 하시고, 어주(御酒)를 권하였다.

주 한림이 집에 돌아와 어머니께 말씀드리기를,

"황제께서 해평 도사를 제수하셨습니다. 한번 가면 다시 오기는 만무하다 하오니 모친은 부디 만수무강하옵소서!"

하자, 눈물이 비 오듯 하였다.

– 작자 미상, 「주봉전」 –

**24.** 윗글을 이해한 내용으로 가장 적절한 것은?

① 주 승상은 자신을 음해하는 세력에 대한 복수를 다짐한다.

② 천자는 소식이 끊긴 해평 도사를 대체할 인물을 직접 추천한다.

③ 유경악은 자신의 욕망을 실현하기 위해 주봉의 능력을 높이 평가한다.

④ 백관은 천자에게 주봉이 주 승상이 저지른 불충을 반복할 것이라 경고한다.

⑤ 천자는 주봉이 명령을 수행하면서 직면할 문제를 숨긴 채 주봉에게 역적 처단을 맡긴다.

**25.** ㉠~㉤에 대한 이해로 적절하지 <u>않은</u> 것은?

① ㉠ : 천자의 지시에 저항할 수 없다고 느낀 주 승상의 반응으로, 부인이 주 승상이 부재한 상황을 가정하게 한다.

② ㉡ : 주봉의 출세에 위기감을 느낀 백관의 반응으로, 유경악이 천자에게 주봉의 능력에 대한 불만을 토로하게 한다.

③ ㉢ : 유경악이 지적하는 문제에 공감하는 천자의 반응으로, 유경악이 주봉을 견제할 기회를 마련하게 한다.

④ ㉣ : 주봉을 편애하는 천자에 대한 백관의 반응으로, 천자가 백관의 요구에 따라 주봉의 처분을 결정하게 한다.

⑤ ㉤ : 주봉을 아끼는 마음이 드러난 천자의 반응으로, 주봉이 충심으로 천자의 뜻을 받들게 한다.

**26.** ⓐ~ⓕ에 대한 이해로 가장 적절한 것은?

① ⓑ는 ⓐ를 듣고 실망했음에도, 상대의 뜻을 거스르지 못하여 한 발언이라고 할 수 있다.

② ⓒ는 ⓑ의 주장에 의문을 품고 있으면서도, 상대의 조언을 수용하기 위한 발언이라고 할 수 있다.

③ ⓓ는 ⓒ에 대한 반감을 드러내며, 상대의 의도를 짐작하여 비판하려는 발언이라고 할 수 있다.

④ ⓔ는 ⓓ를 듣고 격양된 감정을 표출하며, 상대에게 판단의 근거를 요구하는 발언이라고 할 수 있다.

⑤ ⓕ는 ⓔ에 대한 대응을 포기하며, 상대의 결정에 따르겠다는 결심을 드러낸 발언이라고 할 수 있다.

**27.** <보기>를 참고하여 윗글을 감상한 내용으로 적절하지 <u>않은</u> 것은? [3점]

---
〈 보 기 〉

「주봉전」에서는 같은 위기가 세대를 이어 반복되는 구조가 나타난다. 이 위기는 권력자의 총애를 받는 주인공 부자에 대한 주변 인물들의 견제로 촉발되며, 목숨이 위협받는 임무를 수행하게 하는 방식으로 구체화된다. 이때 같은 위기 상황임에도 세대에 따라 대응 방식이 다르게 제시되는데, 주봉은 유교적 덕목을 실천하는 인물로 형상화됨으로써 도덕적 정당성을 확보한다.

---

① 주 승상이 '사약을 먹고 죽'는 선택을 하는 것에서, 위기의 근본 원인이 해결되지 않은 상황에서 소극적으로 대응하여 비극이 반복될 가능성을 남겨 두었음을 알 수 있군.

② 유경악이 '주봉의 권세'가 높아지자 그를 '해평 도사로 보내'자고 천자에게 제의하는 것에서, 주변 인물들의 견제가 주봉에게 반복되어 같은 위기를 초래하고 있음을 알 수 있군.

③ 주 승상과 주봉이 '해평'으로 가면 돌아오지 못한다고 인식하는 것에서, 주인공 부자에게 반복되는 위기의 양상이 목숨을 위협하는 위험한 임무로 구체화됨을 알 수 있군.

④ 백관들이 '국사를 생각하지 않'는다며 천자를 압박하는 것에서, 공적 임무에 보내는 명분을 제시하여 주봉이 도덕적인 면모를 보이지 못하도록 방해하고 있음을 알 수 있군.

⑤ 주봉이 천자의 뜻을 '사양하지 않고' 받드는 것에서, 유교적 덕목인 충을 실천하는 이상적 인물로서 위기 상황에 적극적으로 대응하고 있음을 알 수 있군.

〔28~30〕 다음을 읽고, 물음에 답하시오.

데 가는 <u>뎌 각시</u> 본 듯도 흔뎌이고.
텬샹(天上) 빅옥경(白玉京)을 엇디ᄒᆞ야 니별(離別)ᄒᆞ고,
ᄒᆡ 다 뎌 져믄 날의 눌을 보라 가시ᄂᆞᆫ고.
어와 <u>녜</u>여이고 내 ᄉᆞ셜 드러 보오.
내 얼굴 이 거동이 님 괴얌즉 흔가마ᄂᆞᆫ
엇딘디 날 보시고 녜로다 녀기실ᄉᆡ
나도 님을 미더 군ᄯᅳᆮ디 전혀 업서
**이리야 교틱야 어ᄌᆞ러이 구돗ᄯᅥᆫ디**
반기시ᄂᆞᆫ 눗비치 녜와 엇디 다ᄅᆞ신고.
누어 싱각ᄒᆞ고 니러 안자 혜여ᄒᆞ니
㉠ <u>내 몸의 지은 죄 뫼ᄀᆞ티 싸혀시니</u>
하ᄂᆞᆯ히라 원망ᄒᆞ며 사ᄅᆞᆷ이라 허믈ᄒᆞ랴
셜워 플뎌 혜니 조믈(造物)의 타시로다.
글란 싱각 마오. ㉡ <u>미친 일이 이셔이다.</u>
님을 뫼셔 이셔 님의 일을 내 알거니
믈 ᄀᆞ툰 얼굴이 편ᄒᆞ실 적 몃 날일고.
츈한고열(春寒苦熱)은 엇디ᄒᆞ야 디내시며
츄일동쳔(秋日冬天)은 뉘라셔 뫼셧ᄂᆞᆫ고.
쥭조반(粥早飯) 죠셕(朝夕) 뫼 녜와 ᄀᆞᆺ티 셰시ᄂᆞᆫ가.
기나긴 밤의 ᄌᆞᆷ은 엇디 자시ᄂᆞᆫ고.
님다히 쇼식(消息)을 아므려나 아쟈 ᄒᆞ니
오ᄂᆞᆯ도 거의로다. ᄂᆡ일이나 사ᄅᆞᆷ 올가.
내 ᄆᆞᆷ 둘 ᄃᆡ 업다. 어드러로 가쟛 말고.
잡거니 밀거니 놉픈 뫼히 올라가니
㉢ <u>구롬은 ᄏᆞ니와 안개ᄂᆞᆫ 므스일고.</u>
산쳔(山川)이 어둡거니 일월(日月)을 엇디 보며
지쳑(咫尺)을 모ᄅᆞ거든 쳔리(千里) ᄇᆞ라보랴.
출하리 믈ᄀᆞ의 가 ᄇᆡ 길히나 보쟈 ᄒᆞ니
ᄇᆞ람이야 믈결이야 어둥졍 된뎌이고.
㉣ <u>샤공은 어ᄃᆡ 가고 븬 ᄇᆡ만 걸렷ᄂᆞ니.</u>
강텬(江天)의 혼쟈 셔셔 디ᄂᆞᆫ 히ᄅᆞᆯ 구버보니
님 다히 쇼식(消息)이 더옥 아득ᄒᆞᆫ뎌이고.
**모쳠(茅簷) 츤 자리의 밤듕만 도라오니**
반벽쳥등(半壁靑燈)은 눌 위ᄒᆞ야 불갓ᄂᆞᆫ고.
오ᄅᆞ며 ᄂᆞ리며 헤ᄯᅳ며 바니니
져근덧 녁진(力盡)ᄒᆞ야 풋ᄌᆞᆷ을 잠간 드니
졍셩(精誠)이 지극ᄒᆞ야 ᄭᅮᆷ의 님을 보니
옥(玉) ᄀᆞ툰 얼굴이 반(半)이나마 늘거셰라.
ᄆᆞᆷ의 머근 말ᄉᆞᆷ 슬ᄏᆞ장 ᄉᆞᆲ쟈 ᄒᆞ니
눈물이 바ᄅᆞ나니 말인들 어이 ᄒᆞ며
졍(情)을 못다ᄒᆞ야 목이조차 몌여ᄒᆞ니
오뎐된 계셩(鷄聲)의 ᄌᆞᆷ은 엇디 ᄭᆡ돗던고.
어와, 허ᄉᆞ(虛事)로다. 이 님이 어ᄃᆡ 간고.
결의 니러 안자 창(窓)을 열고 ᄇᆞ라보니
㉤ <u>어엿븐 그림재 날 조ᄎᆞᆯ ᄲᅮᆫ이로다.</u>
출하리 싀어디여 낙월(落月)이나 되야이셔
님 겨신 창(窓) 안히 번드시 비최리라.
각시님 ᄃᆞᆯ이야ᄏᆞ니와 구즌 비나 되쇼셔.

– 정철, 「속미인곡」 –

---

28. 윗글에 대한 설명으로 가장 적절한 것은?

① 과거의 상황을 환기하며 화자의 정서를 드러낸다.

② 시간의 흐름에 따라 변하는 화자의 심리를 제시하고 있다.

③ 하나의 감각을 다른 감각에 전이시키는 방법을 활용하여 화자가 처한 상황을 묘사하고 있다.

④ 두 개의 상징적 자연물을 대립적으로 제시하여 화자와 청자 간의 갈등을 드러내 보이고 있다.

⑤ 화자와 청자 간의 대화를 직접 제시하는 방법을 활용하여 '님'의 내적 갈등을 부각하고 있다.

29. 윗글의 <u>녜</u>가 <u>뎌 각시</u>의 ㉠~㉤과 같은 말에 대해 반응한 것으로 적절하지 <u>않은</u> 것은?

① ㉠ : 너무 자책하면서 괴로워하지 마세요.

② ㉡ : 임을 가까이에서 모시고 돌봐드릴 수 없어 마음 아파하시는군요.

③ ㉢ : 당신과 임 사이를 가로막는 존재들이 있어 당신의 진심이 임에게 가 닿지 않는 것이겠어요.

④ ㉣ : 분명 나와 아무런 관계가 없는 사물인데도 마치 내가 처한 상황과 비슷하게 보일 때가 있죠.

⑤ ㉤ : 나와 그림자 둘밖에 없는 상황에서는 그림자가 마치 내가 그리워하는 임의 형상으로 보일 때가 있어요.

**30.** <보기 1>을 통해 윗글과 <보기 2>를 감상한 것으로 적절하지 않은 것은? [3점]

---〈 보기 1 〉---

「속미인곡」의 화자는 작가의 전 작품인 「사미인곡」의 화자에 비해 상대적으로 소극적인 모습을 보이는데, 이는 재탄핵을 받아 다시 유배를 가게 된 작가 정철의 처지와 관련이 깊다. 「사미인곡」을 지을 당시만 하더라도 정철은 당시의 상황에서 벗어날 수 있으리라는 희망을 갖고 적극적으로 외부와의 소통을 꾀했지만 「속미인곡」을 쓸 무렵에는 상황의 반전이 쉽지 않으리란 것을 깨닫고 있었던 것이다. 「속미인곡」의 화자가 보이는 자책과 자기부정은 바로 이러한 배경에서 연유한 것이다.

---〈 보기 2 〉---

평싱(平生)애 원(願)ᄒ요디 ᄒ디 녜쟈 ᄒ야더니,
늙거야 므스 일로 외오 두고 글이ᄂ고.
엇그제 님을 뫼셔 광한뎐(廣寒殿)의 올낫더니,
그 더디 엇디ᄒ야 하계(下界)예 ᄂ려오니,
올 저긔 비슨 머리 헛틀언 디 삼년(三年)일쇠.
연지분(臙脂粉) 잇ᄂ마ᄂ 눌 위ᄒ야 고이 ᄒ고.
　　　　(중략)
건곤(乾坤)이 폐식(閉塞)ᄒ야 빅셜(白雪)이 ᄒ 비친 제,
**사ᄅᆷ**은ᄏ니와 **ᄂᆯ새**도 긋쳐 잇다.
쇼상(瀟湘) 남반(南畔)도 치오미 이러커든
옥누(玉樓) 고쳐(高處)야 더옥 닐너 므슴ᄒ리.
**양츈(陽春)**을 부쳐 내여 님 겨신 디 쏘이고져.
모쳠(茅簷) 비쵠 ᄒᆡ롤 옥누(玉樓)의 올리고져.
　　　　(중략)
출하리 싀어디여 **범나븨** 되오리라.
곳나모 가지마다 간 디 족족 안니다가,
향 므든 ᄂᆞᆯ애로 님의 오시 올므리라.
**님이야 날인 줄 모ᄅᆞ셔도 내 님 조츠려 ᄒ노라.**
　　　　　　　　　　－ 정철, 「사미인곡」－

① 임에게 '양춘'을 보내고자 하는 적극성을 띠고 있는 <보기 2>의 화자에 비해 윗글의 화자는 소극적으로 임의 소식을 기다리고 있군.

② <보기 2>의 화자와 윗글의 화자 모두 선계에서 하계로 내려온 인물로 설정된 것은 탄핵을 당해 유배를 가게 된 작가의 처지가 반영된 것이겠군.

③ <보기 2>의 화자가 '범나븨'가 되어 '님이야 날인 줄 모ᄅᆞ셔도' 끝까지 '내 님 조츠려 ᄒ'는 태도를 보이는 것은 상황의 호전에 대한 작가의 희망이 반영되었기 때문이겠군.

④ 윗글의 화자가 외부와의 소통을 포기하고 '모쳠 츤 자리'로 돌아오는 모습을 보이는 것과 달리 <보기 2>의 화자가 '사ᄅᆷ'과 'ᄂᆯ새'를 통하여 외부와의 소통을 꾀하는 것은 미래에 대한 작가의 긍정적 전망을 반영하는 것이겠군.

⑤ 임과 이별하게 된 원인을 직접 밝히지 않는 <보기 2>의 화자와 달리 윗글의 화자가 '이러야 교ᄐᆡ야 어ᄌᆞ러이 구돗썬디'라고 하며 이별의 원인을 직접 드러내며 자책하고 있는 것은 상황의 반전이 쉽지 않다는 것을 깨달았기 때문이겠군.

〔31~34〕 다음을 읽고, 물음에 답하시오.

　－ ⊙장만상 씨 참 안됐네요. 어쩌다 그랬대요.
　(장만상은 오늘내일하는 친구 이름이다.)
　－ 어쩌다라니요. 암은 교통사고와 같다는데. 예고없이 달려드는 병 아닙니까. ／ － 아주 희망이 없나요.
　－ ⓛ오죽하면 옛 생각에 매달릴라. 둘이 그토록 친했습니까.
　－ 친하긴요. 사경에 놓인 분에게는 안됐지만 그 양반이 무슨 연유로 나를 막판에 생각해냈는지 어림조차 안 가네요. ／ － 짝사랑인가.
　－ 푸. ⓒ말이 재밌군요. 시냇가에서 아이들끼리 물장난 치고 놀 때, 깜정 고무신에 송사리 몇 마리를 띄워 불쑥 내민다든가, 어디서 났는지 오자미 다섯 개를 갖다 준 기억은 나네요.
　－ 거봐요. 그게 다 호감의 표시 아닙니까. 아직까지 그걸 기억하는 정이 씨 속이 더 말짱한 것 아닙니까. ／ － 간지럽다. ／ － 뭐가요.
　－ 내 이름마저 잊고 산 지가 언젠데 정이 씨라니. ⓔ나 오늘 호강하네. 고맙구려 박기수 씨. ／ － 이런. 내 이름을 알아?
　－ 누구 말대로 호감을 두었던 모양이지. 푸. 전화할 때 이름부터 밝히구선. 어느 해던가. **국회의원 출마했다 떨어**진 것도 아는데.
　－ 저런. 죄짓고는 못 산다더니 무섭다 무서워.
　(열쩍은 모양이다. 그러나 박 선생은 여전히 조금 들떠 있다. 아무리 감정이 바삭바삭 마른 연치라 하더라도 **남녀 간**에 의식하는 **미세한 긴장**은 기어코 불가피한가를 얼핏 깨달았기 때문이다.)
　－ 내가 괜한 소리를 했나 보다.
　－ 어디가요. 동창의 너ᄂ들이라는 게 뭔데. 나에게 비하면 그 친구는 퍽 순수해. 기껏 전화 하나에 소원을 걸다니. 꼭 해줘요.
　－ 해야겠죠. 내 한마디로 저승 가는 길이 편해진다면, ⓜ뜻밖의 영광에 눈물이 다 나올라고 하네.
　(하지만 눈물은 한 방울도 비치지 않았다.)
　그렇게 헤어진 은정이를 박 선생은 오늘 또 만나러 간다. 친구와의 그 뒤 소식이 답답하던 차에 그녀 쪽에서 다시 뵙고 싶다는 연락이 왔던 것이다. 친구에게 전화를 걸어 위로한 경위를 전하는 데 그치지 않고 시간을 내달라는 요청이 의외였으나 즐거웠다. 첫 번째 만남의 잔잔한 여운을 그 후로도 심심찮게 다독거리던 참이었으니까.
　　　　(중략)
　그러나 진짜로 **유별나고 독보적인** 홍 선생다움의 진수는 **겉치레 아닌 사고방식**이다. 얼렀다 하면 **과거를 미화하든가 신화화**해서 받드는 **또래들에게 학질**을 뗀다. 과거는 모조리 아름답고 현재는 하나같이 못돼먹었다는 한탄에 신물을 낸다. 그 속에 안주하여 콩팔칠팔 추한 일상을 합리화하는 것을 죽도록 싫어한다. 어떻게 그걸 표출하는가. **죽은 마누라**를 향해 독백으로 푼다. 시도 때도 없이 장소를 가리지 않고 산 사람에게 이르는 양으로 소곤소곤 진술한다. 이 독백도 독보의 계보에 끼워줄 만하다.
　그렇담 들어볼 만하지 않은가. 독백 안에 그의 모든 것이 들어 있으니까. 남산순환도로에서 조금 내려선 레스토랑에 앉아 문장의 앞뒤를 갖춰 서술하듯 차분히 읊는 **독백을 들어보기로** 한다.

　"여기가 어딘고 하니 에스빠르라는 양식집이야. 당신과도 한 번 왔던가. 이탈리아 요리 전문집인데 상호를 왜 희망이라는 프랑스어로 붙였는지 모르겠어. 그야 어쨌건 메뉴가 다양해. 혀에 선 것들이 대부분이긴 해도 벤처 정신이 뭐야. 이런 데에도 적용해서 나쁠 것 없지. 내가 방금 주문한 게 뭔 줄 알아. 설마 피자를 시켰겠느냐구? 물

론이지. 그만 피자나 파스타 류를 먹자고 먼 길을 찾아왔을까. 있기야 있되 여기 것은 본바닥 솜씨 그대로이기 때문에 다른 데 것과 월등히 차이가 나지만, 내가 오늘 주문한 것은 치즈 퐁뒤야. 끓는 치즈 속에 빵조각이라든가 고기를 꼬챙이에 꿰워 적셔 먹지. 스위스에서는 올리브 기름에 익혀 먹기도 한다는데 내 입맛에는 치즈가 낫더라구. 별미야.

혼자 식사하는 모습이 쓸쓸해 뵌다구? 몸에 붙은 습관인데 어때. 나는 이게 편해. 참 최근에 읽은 일본의 문학평론가 에토 준의 책에 이런 구절이 나오더군. '서양요리라는 것은 남자 혼자 먹고 있더라도 그런대로 모양이 이상하지 않은 유일한 요리겠구나' 생각했다는 게야. 똑 나를 두고 하는 소리 같았어. 그이 역시 아내를 암으로 떠나보내고 자신도 심장병에 시달리다가 스스로 목숨을 끊었다는군. 감동이 커.

자식 자랑과 함께 아내 자랑을 팔불출의 으뜸으로 치는 우리나라에도 그런 책이 없는 건 아닌데 앞으로는 더 예사로워야 돼. ⓐ 망부석(望夫石)은 있어도 망부석(望婦石)*은 없는 이치야 이해 못 할 것도 없지. 밖과 안으로 나뉜 부부 구실이 엄연한 데다 농경시대 이래로 정립된 가부장 개념이 드센 탓 아니겠어. 하지만 누구는 그러데. 아내를 위해 울던, 자신을 위해 울던, 이제는 남자가 울어도 과히 흉잡히지 않을 시대가 되었노라고. 더구나 우리 세대는 남녀를 불문하고 그래. 식민지 백성으로 태어나 피바람 부는 전쟁의 복판에서 목숨이야 있고 없고 맨날 부대꼈지. 끼니가 온데 간데없는 민생고의 파도를 겨우 타고 넘는가 하자 이번에는 또 인터넷 바다에 자칫 익사할 지경이네. 어쩌겠어. 이 질풍노도. 다들 힘들어해. **남의 눈엔 사치스러워 보일 나라고 다를까.**

- 최일남, 「아주 느린 시간」 -

*망부석 : 아내가 멀리 떠난 남편을 기다리다가 죽어 돌이 되었다는 망부석(望夫石)의 패러디. 아내를 기다리다가 죽은 남편이 변하여 된 돌이라는 의미.

**31.** 윗글의 내용에 대한 이해로 가장 적절한 것은?

① '은정이'는 '박기수'를 향한 호감을 지녀왔음을 인정했다.

② '박 선생'은 '장만상'의 마지막 소원이 속물적이라 생각했다.

③ '홍 선생'은 언제 어디서든 혼잣말을 하며 밥을 먹어 온 지 오래되었다.

④ '홍 선생'은 '희망'이라는 식당이 다양한 음식을 파는 것을 부정적으로 보았다.

⑤ '은정이'는 '박 선생'을 만나기 전부터 '장만상'이 자신을 떠올린 이유를 짐작했다.

**32.** ㉠~㉤에 대한 설명으로 적절하지 <u>않은</u> 것은?

① ㉠: 상대로부터 전해들은 정보와 관련된 대상에게 느끼는 연민을 드러내는 말이다.

② ㉡: 상대가 질문하는 상황에 대한 비관적 전망을 드러내는 말이다.

③ ㉢: 사건의 원인에 대한 상대의 추측에 동의하지 않음을 드러내는 말이다.

④ ㉣: 잊어버렸던 자신의 모습을 환기해 준 상대와의 대화 상황이 특별하다는 인식을 드러내는 말이다.

⑤ ㉤: 상대의 부탁을 수용하는 것이 내키지 않음을 상대가 눈치채도록 하려는 의도를 드러내는 말이다.

**33.** ⓐ에 대해 이해한 내용으로 가장 적절한 것은?

① '홍 선생'이 자신이 과거에 범한 실수를 합리화하기 위하여 꺼낸 말이다.

② '홍 선생'이 세상의 이치에 대한 자신의 인식이 잘못되었음을 인정하는 과정에서 꺼낸 말이다.

③ '홍 선생'이 자신의 가치 체계와는 다른 모습으로 변화한 현실을 비판하기 위해 꺼낸 말이다.

④ '홍 선생'이 변화한 사회적 분위기에 적응한 자신의 모습을 스스로에게 납득시키려는 과정에서 꺼낸 말이다.

⑤ '홍 선생'이 지난 시대의 삶을 반추하며 급변하는 시대에도 자신은 변하지 않겠다는 의지를 표출하기 위하여 꺼낸 말이다.

**34.** <보기>를 참고하여 윗글을 감상한 내용으로 적절하지 <u>않은</u> 것은? [3점]

<보 기>

「아주 느린 시간」은 노년의 여러 인물의 삶을 형상화한 소설로, 서술자는 작중 인물과 거리를 유지하며 관찰자나 전달자로서 인물의 삶을 객관화하거나, 인물의 삶에 관해 적극적으로 논평하거나, 특정 인물의 시각에서 서사를 전개한다. 이러한 복합적인 역할을 통해 서술자는 늙음에 대한 인물들의 각기 다른 태도를 보여 주는데, 이는 독자가 특정 인물에게 지나치게 몰입하지 않고 노년의 삶을 다각도에서 관망할 수 있도록 하며, 노년도 젊은 세대만큼이나 풍부한 감성을 지닌 채 다양한 문제로 고민하며 살아가는 세대임을 드러낸다.

① '홍 선생'의 '죽은 마누라'를 향한 '독백을 들어보기로' 하는 것은, 서술자가 인물의 삶을 객관화하는 전달자의 역할을 하는 것으로 볼 수 있겠군.

② '홍 선생'의 '유별나고 독보적인' 모습이 '겉치레 아닌 사고방식'에 있다고 판단하는 것은, 서술자가 인물의 삶에 관해 논평하는 것으로 볼 수 있겠군.

③ '박 선생'이 '국회의원' 선거에 '출마했다 떨어'졌다는 사실을 '은정이'의 말을 통해 제시하는 것은, 서술자가 '은정이'라는 특정 인물의 시각에서 서사를 전개하는 것으로 볼 수 있겠군.

④ '홍 선생'이 '과거를 미화하든가 신화화'하는 '또래들에게 학질'을 떼는 것은, 독자가 노년의 삶을 다각도에서 관망할 수 있도록 서술자가 늙음에 대한 인물들의 다양한 태도를 보여 주는 것으로 볼 수 있겠군.

⑤ '박 선생'이 '남녀 간'에 발생하는 '미세한 긴장'을, '홍 선생'이 '남의 눈'에 '사치스러워 보일' 자신을 의식하는 것은, 서술자가 노년 역시 풍부한 감성을 지닌 채 다양한 문제로 고민하는 세대임을 드러낸 것으로 볼 수 있겠군.

* **확인 사항**

o 답안지의 해당란에 필요한 내용을 정확히 기입(표기)했는지 확인하시오.

o 이어서, 「선택과목(화법과 작문, 언어와 매체)」 문제가 제시되오니, 자신이 선택한 과목을 선택하여 풀이하시오.

# 국어 영역(화법과 작문)

**[35~37] 다음은 학생의 발표이다. 물음에 답하시오.**

여러분 모두 엠비티아이(MBTI) 성격 유형 검사를 해본 적 있으시죠? 저도 이 검사 결과와 관련된 이야기들을 참 좋아하는데요. 오늘은 이보다 더 공신력 있는 '빅(Big) 5 성격 검사'에 따른 성격의 다섯 요인을 소개하고자 합니다.

인간의 성격을 유형화하려는 시도는 1960년대부터 지금까지 이어지고 있습니다. 1968년 미첼이 "성격으로 행동을 예측할 수는 없다"라고 선언하면서 성격 유형 연구가 잠시 위축되기도 했는데요. 1981년 골드버그가 성격의 다섯 요인을 규명하고, 1985년 코스타와 맥 크레이가 이를 측정하는 빅 5 성격 검사를 개발하면서 수많은 관련 연구들이 시작되었습니다.

빅 5 성격 요인 중 첫 번째 요인인 외향성은 타인과의 만남을 추구하는 성향을 말합니다. (㉠화면 제시) 외향적인 사람은 타인과의 교류를 통해 에너지를 얻는데요. 이들은 사교적이지만 인간관계가 피상적일 수 있다는 단점을 지닙니다. 다음으로, 성실성은 과제 및 목적을 성실히 지향하는 특성입니다. (㉡화면 제시) 이 특성은 완벽주의로 이어질 확률이 높아서, 이 특성이 과하게 발현된 사람의 경우 계획을 세우는 데 지나친 에너지를 쏟은 나머지 오히려 본 과제를 수행하는 능력이 저하되기도 합니다.

(청중의 반응을 보며) 간략한 설명을 원하시는 것 같아 우호성 및 개방성에 관한 심화 자료는 생략할게요. 우호성은 이타심이나 신뢰처럼 타인에게 협조적인 태도를 의미하며, 개방성은 다양성에 대한 수용도라고 할 수 있습니다. 개방성이 높은 사람은 고정 관념에 얽매이지 않으며 상상력이 풍부하지요. 마지막으로, 신경증은 부정적인 정서를 쉽게 느끼는 성향입니다. (㉢화면 제시) 신경증 수준이 높으면 스트레스에 민감하여 심혈관계 질환에 취약하지만, 재난이나 사고에 더 철저히 대비할 수 있어 생존율이 높습니다.

지금까지 빅 5 검사에서 측정하는 성격의 다섯 요인을 살펴보았습니다. 저는 외향성, 신경증, 개방성은 낮지만, 우호성, 성실성은 높은 사람 같은데요. 여러분은 어떠신가요? 제가 여기 빅 5 검사지를 가져왔으니 여러분도 한번 측정해 보시기 바랍니다. 제 발표는 여기까지입니다. 감사합니다.

**35.** 위 발표자의 말하기 방식으로 적절하지 <u>않은</u> 것은?

① 청중과 공유할 만한 경험을 언급하며 발표 주제를 제시하고 있다.

② 발표 주제와 관련된 역사적 사실을 시간 순서에 따라 설명하고 있다.

③ 특정 개념에 대한 이해를 돕기 위해 해당 개념의 반의어를 활용하고 있다.

④ 발표 중간에 청중의 반응을 확인하여 발표할 내용의 양을 조절하고 있다.

⑤ 청중에게 발표 주제와 관련된 활동의 참여를 권유하며 발표를 마무리하고 있다.

**36.** 다음은 발표자가 보여 준 화면이다. 발표자의 시각 자료 활용에 대한 설명으로 가장 적절한 것은?

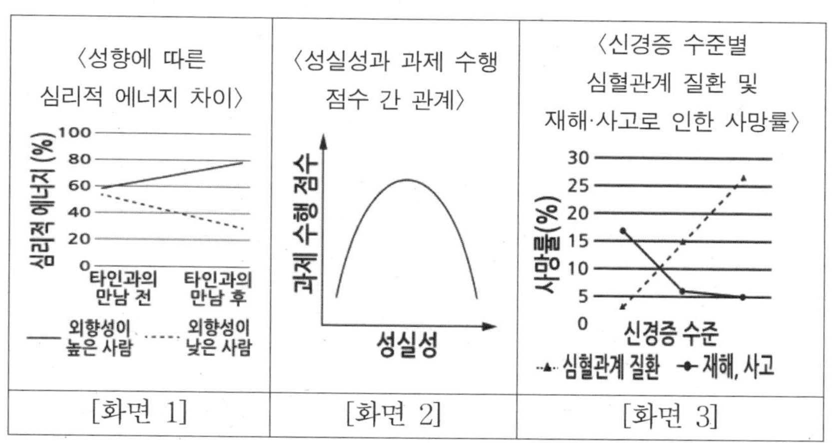


① [화면 1]은 외향성이 높은 사람보다 낮은 사람이 우호성이 떨어지는 이유를 보여 주는 자료로 ㉠에 제시하였다.

② [화면 1]은 외향성이 높은 사람이 다양성에 대한 수용도가 타인에 비해 높음을 보여 주는 자료로 ㉠에 제시하였다.

③ [화면 2]는 성실성이 부족할 경우 완벽주의가 도움이 될 수 있음을 보여 주는 자료로 ㉡에 제시하였다.

④ [화면 3]은 신경증 수준이 낮을수록 사고의 위험으로부터 안전한 이유를 보여 주는 자료로 ㉢에 제시하였다.

⑤ [화면 3]은 신경증 수준이 높은 사람에게서 나타나는 두 가지 특성이 대조적임을 보여 주는 자료로 ㉢에 제시하였다.

**37.** 다음은 청자와 발표자가 나눈 질의응답의 일부이다. [A]에 들어갈 청중의 질문으로 가장 적절한 것은?

> **청자 :**　[A]
>
> **발표자 :** 아니요. 성격은 한 개인이 특정 상황이나 대상에게 보이는 특성 중에서도 일관적인 성질을 의미하는 것이기 때문입니다.

① 낯선 사람이 아닌 친한 친구들과의 교류만 즐거운 사람도 외향적이라고 할 수 있나요?

② 성실성이 높지만, 완벽주의 성향이 낮다면 업무 수행 능력이 저하되지 않을 수 있나요?

③ 우호성이 낮은 사람은 여러 사람의 협력이 필요한 일보다 혼자 하는 일에 더 능숙한가요?

④ 고정 관념을 벗어나 상상력을 발휘하는 개방성에는 유전적인 요인이 가장 크게 작용하나요?

⑤ 부정적 정서를 쉽게 느끼는 성향인 신경증 수준이 낮은 사람은 긍정적 정서를 더 잘 느끼나요?

**[38~42]** (가)는 ○○ 지역 보건소 행사에 참여한 학생이 지역 누리집 게시판에 쓴 소감문이고, (나)는 이를 읽은 다른 지역의 학생들이 나눈 대화이다. 물음에 답하시오.

**(가)**

　지난달 ○○ 지역 보건소에서 진행한 '분노 다스리기' 행사에 참여하여 '사고 기록지'를 작성해 보았다. 내가 어떤 사고 과정을 거쳐 분노를 경험하는지 깨달을 수 있었던 유익한 시간이었다.

　사고 기록지는 생각에 의해 기분과 행동이 좌우된다는 가정을 토대로, 자신의 왜곡된 사고나 부적응적 사고를 찾을 수 있도록 도와준다. 첫 번째 칸인 '사건' 영역에는 분노를 느낀 상황을 육하원칙에 따라 기술한다. 두 번째 칸인 '사고' 영역에는 해당 상황에서 순간적으로 떠오른 생각들과 그 생각들을 사실로 믿는 정도를 각각 5점 척도로 표시한다. 여기서 가장 높은 점수를 얻은 사고가 가장 큰 부적응적 사고라고 할 수 있다. 마지막 '결과' 영역 칸에는 부적응적 사고로 인해 자신이 어떤 행동을 했으며, 어떤 일이 발생했는지를 기술한다.

　나는 특히 지하철에서 누가 나를 밀치고 내릴 때 통제하기 힘든 분노에 휩싸이곤 했다. 그런 상황에서 왜 그렇게까지 화가 나는지 지금까지는 나 자신을 이해하기 어려웠는데, 사고 기록지를 통해 내가 타인으로부터 무시당했다는 생각에 사로잡히는 것임을 알 수 있었다.

　사고 기록지는 분노뿐만 아니라 우울, 불안, 걱정, 권태감과 같은 다양한 부정적 정서를 분석할 때도 사용될 수 있으며, ○○ 지역 보건소 누리집에서 양식을 쉽게 내려받을 수 있다. 처음에는 사고 기록지 각 영역의 지시문을 이해하기 어려울 수 있으므로, 누리집 게시판에 다른 사용자들이 올려 둔 사고 기록지를 먼저 살펴보면 도움이 될 것이다.

**(나)**

**학생 1 :** 다들 내가 메일로 보낸 ○○ 지역 보건소 행사 후기 살펴봤어? 이번 발표 때 부정적인 기분을 다스리는 방법으로 사고 기록지를 소개하는 것 어때?

**학생 2 :** 좋아. ○○ 지역 보건소 사례에서 어떤 점을 수용하고 어떤 점을 다르게 할지 논의해 보자.

**학생 3 :** ○○ 지역 보건소 행사 홍보 자료를 찾아보니까 사고 기록지는 병원에서 실제로 사용하는 도구라고 명시되어 있더라고. 우리도 발표 내용의 신뢰도를 높이기 위해, 발표할 때 이 점을 강조하자.

〔A〕

　┌ **학생 2 :** 좋은 생각이야. 그런데 학생들의 부정적 정서에 분노만 있는 건 아니잖아. 그러니까 우리는 ○○ 지역 보건소 행사와 다르게, 문제가 되는 기분을 기술하는 칸을 사고 기록지에 추가해서 학생들이 자신의 정서를 자유롭게 적을 수 있게 하면 어때?

　│ **학생 1 :** 음, 자유롭게 적는 것도 좋지만, 보기를 주고 선택하도록 하는 방식이 사용자에게 더 편할 것 같아.

　│ **학생 3 :** 글쎄, 감정의 종류가 수십 개가 넘을 텐데 보기를 주는 건 비효율적이지 않을까? 자유롭게 쓰도록 하는 게 좋을 것 같은데.

　└ **학생 2 :** 그럼 설문조사를 해서, 우리 학교 학생들이 가장 빈번하게 경험하는 부정적 정서 3개는 각각 선지로 구성하고

　┌ 4번 선지는 자유롭게 적을 수 있는 빈칸으로 만들면 어때?
　└

**학생 3 :** 좋아. 그리고 사고 기록지를 처음 접하는 학생들이 많을 테니까 지시문과 함께 구체적인 예시를 적어 주자.

**학생 1 :** 응. 지시문과 예시는 다른 글씨체를 사용해야 구분하기 쉬울 거야. 지시문은 수정할 필요가 없을까?

**학생 3 :** 나는 사건을 육하원칙에 따라 기술하라는 지시문보다는 무슨 사건이 언제, 어디서, 어떻게, 왜 발생했는지 기술하라는 지시문이 더 이해하기 쉽다고 생각해.

**학생 2 :** 동의해. 그리고 사고 영역에서 사용되는 5점 척도를 100점 척도로 바꾸면 좋겠어. 5점을 만점으로 하면 사고 간의 점수 비교가 어려울 것 같거든.

**학생 1 :** 좋은 생각이야. 모두 구현해 보자.

〔B〕

　┌ **학생 2 :** 아, 그리고 사고 기록지를 유인물로만 나눠 주면 다시 사용할 것 같지 않아서 말이야. ○○ 지역 보건소처럼 인터넷으로 파일을 배포했으면 하는데 어때?

　│ **학생 1 :** 맞아. 나도 종이로만 나눠 주면 재사용하기 힘들다고 생각해. 학생들에게 내 메일 주소를 알려주고 사고 기록지를 받고 싶은 사람은 연락하라고 하자.

　└ **학생 3 :** 한 사람이 모든 연락을 받는 건 현실적으로 쉽지 않을 거야. 내가 QR코드를 사용해서 인터넷에 있는 파일을 쉽게 배포하는 방법을 알아. 한번 준비해 볼게.

**학생 2 :** 고마워. 또 반영했으면 하는 추가적인 의견 있어?

**학생 1 :** 마지막으로 ○○ 지역 보건소와는 다르게, 사고 기록지에 앞으로 실천하고자 하는 긍정적 사고나 적응적 사고 그리고 그에 따른 예상 결과를 적는 칸도 만들면 좋겠어.

**학생 3 :** 학생들에게 정말 도움이 되겠다. 그 영역은 기존 사고 기록지의 칸 밑에 따로 삽입해서 강조하자.

**학생 2 :** 나도 찬성이야. 그럼 이제 슬슬 회의를 마무리할까? 오늘 논의한 내용은 내가 회의록에 정리해둘게.

**학생 1, 3 :** 고마워.

---

**38.** (가)에 활용된 글쓰기 방식으로 가장 적절한 것은?

① 1문단에서는 분노 다스리기 행사에 대한 만족감을 과거의 경험과 비교하는 방식으로 서술하였다.

② 2문단에서는 사고 기록지를 작성하는 방법을 영역별로 나누어 설명하는 방식으로 서술하였다.

③ 2문단에서는 사고 기록지의 각 항목이 부정적 사고를 찾는 데 활용되는 이유를 밝히는 방식으로 서술하였다.

④ 3문단에서는 분노 다스리기 행사와 관련된 문제 상황과 그에 대한 해결책을 제시하는 방식으로 서술하였다.

⑤ 4문단에서는 사고 기록지를 작성한 후 이를 지역 보건소 누리집에 업로드 할 것을 촉구하고 있다.

**39.** <보기>는 (가)의 마지막 문단의 초고이다. <보기>를 고쳐 쓰기 위해 친구들이 조언한 내용 중 반영되지 <u>않은</u> 것은?

> ─────< 보 기 >─────
>
> 사고 기록지는 다양한 정서 문제 분석에 사용될 수 있으며, 그 양식 또한 쉽게 구할 수 있다. 하지만 사고 기록지가 익숙하지 않은 사람도 혼자 쉽게 작성할 수 있으려면 사고 기록지가 개선될 필요가 있다고 생각한다.

① 사고 기록지 양식을 구할 수 있는 구체적인 방법을 안내하는 게 어때?

② 사고 기록지를 처음 작성할 때 어떤 점이 어려울 수 있는지 언급하는 게 어때?

③ 사고 기록지가 익숙하지 않은 사람에게 도움이 될 만한 내용을 추가하는 게 어때?

④ 사고 기록지를 활용하여 분석할 수 있는 다양한 정서들을 나열하여 소개하는 게 어때?

⑤ 사고 기록지를 혼자서도 쉽게 사용할 수 있도록 만들기 위한 개선 방안을 제안하는 게 어때?

**40.** [A], [B]에 대한 설명으로 적절하지 <u>않은</u> 것은? [3점]

① [A]에서 '학생 1'은 '학생 2'의 발화를 일부 재진술한 다음 '학생 2'와는 다른 자신의 생각을 드러내고 있다.

② [B]에서 '학생 1'은 '학생 2'에게 공감을 표한 후 '학생 2'의 의견을 수용해야 하는 또 다른 이유를 제시하고 있다.

③ [B]에서 '학생 3'은 '학생 2'의 제안을 현실적으로 실현할 수 있는 구체적인 방법을 제시하고 있다.

④ [A]와 [B] 모두에서 '학생 2'는 근거를 제시하며 자신의 주장에 대한 '학생 1'과 '학생 3'의 의견을 묻고 있다.

⑤ [A]와 [B] 모두에서 '학생 3'은 '학생 1'의 견해를 따를 때 생길 수 있는 문제를 언급하여 반대의 뜻을 밝히고 있다.

**41.** (가)와 (나)를 고려할 때, '학생 2'가 쓴 회의록의 내용 중 적절하지 <u>않은</u> 것은?

| 일시 : 202△. 11. △△. | 장소 : 동아리실 |
|---|---|

| 회의 주제 : '부정적인 기분을 다스리는 방법' 발표 준비 | |
|---|---|

| 논의 내용 1 : ○○ 지역 보건소 행사의 사고 기록지 검토 | |
|---|---|
| 수용할 점 | 발표 후 사고 기록지의 사용성을 고려하여, 우리도 인터넷으로 해당 파일을 배포한다. ……………① |
| | 발표 내용의 신뢰성을 고려하여, 우리도 실제 병원에서 사고 기록지가 사용된다는 점을 강조한다. …② |
| 달리할 점 | 분석 대상이 되는 정서의 종류를 고려하여, 우리는 학생들이 특정 정서를 선택할 수 있도록 항목화하여 제시한다. ……………③ |
| | 지시문의 난이도를 고려하여, 우리는 지시문 대신 구체적인 작성 예시를 제시한다. ……………④ |
| | 사고 기록지의 효용성을 고려하여, 우리는 앞으로 실천할 적응적 사고와 그에 따른 예상 결과를 기술하는 칸을 추가한다. ……………⑤ |

**42.** 다음은 (나)를 바탕으로 학생들이 만든 사고 기록지의 초안이다. ㉠~㉢에 대한 반응으로 가장 적절한 것은?

㉠ ┄ 다음 중 분석하고 싶은 부정적 정서를 선택해 주세요.
① 불안 ② 우울 ③ 분노 ④ 기타 (　　　)

| 사건 | 사고 | 결과 |
|---|---|---|
| 위에서 선택한 부정적 정서를 유발한 사건은 무엇이며, 사건은 언제, 어디서, 어떻게, 왜 발생했나요? ┄ ㉡ | 해당 상황에서 마음속에 어떤 생각들이 스쳐 지나갔나요?<br><br>그리고 그 생각들이 얼마나 사실이라고 믿나요? (100점 기준으로 평가하기) ┄ ㉢ | 가장 큰 부적응적 사고 (가장 높은 점수를 얻은 사고)로 인해 어떤 행동을 했나요? ┄ ㉣ |
| 예) 어제 교실에서 친구가 함께 놀이공원에 가기로 한 약속을 갑자기 취소함. | 예) 친구가 나를 싫어함. (80점) 친구가 나를 무시함. (78점) | 예) 친구에게 다시는 연락하지 말라고 말함. |

| 같은 상황에서 할 수 있는 더 합리적인 사고는 무엇일까요? 그런 사고를 했더라면 결과가 어떻게 달라졌을까요? ┄ ㉤ |
|---|
| 예) "친구에게 피치 못할 사정이 있었을 것이다." 이런 사고를 했다면 친구에게 서운함을 솔직하게 표현하고 무슨 일이 있는지 물었을 것이다. |

① ㉠ : 심각성이 높아 해결이 시급한 정서들을 분류하여 제시하기로 했으므로 논의한 내용이 반영되었군.

② ㉡ : 수정 전과 수정 후의 지시문을 함께 제시하기로 했으므로 육하원칙에 따라 기술하라는 지시문을 추가해야겠군.

③ ㉢ : 사고들의 비교가 용이하도록 해당 영역에서 쓰이는 척도의 범위를 늘리기로 했으므로 논의한 내용이 반영되었군.

④ ㉣ : 부적응적 사고에 따른 결과가 삶에 얼마나 큰 부정적 영향을 미쳤는지 평가하기로 했으므로 점수를 표기해야겠군.

⑤ ㉤ : 긍정적 사고를 계획하는 영역은 다른 영역과 글씨체를 구별하기로 했으므로 글씨체를 수정해야겠군.

〔43~45〕 (가)는 글쓰기를 위한 학생의 생각이고, (나)는 (가)를 바탕으로 쓴 학생의 초고이다. 물음에 답하시오.

> **(가) [학생의 생각]**
>
> 동아리에서 '대체 식품'을 주제로 글을 작성해서 학교 누리집에 올리기로 했지. 어떻게 구성하면 좋을까? 먼저 학생들에게 낯선 주제일 테니, ㉠<u>대체 식품의 의미와 시장 현황</u>을 소개하며 글을 시작하자. 그리고 ㉡<u>대체 식품이 필요한 이유</u>를 제시해야지. 또 ㉢<u>우리나라 대체 식품의 한계</u>도 언급하면 좋을 것 같아.

> **(나) [학생의 초고]**
>
> 본래 대체 식품이란 특정 식품을 구하거나 먹을 수 없는 경우에, 그 식품을 대신하여 섭취하는 식품을 이르는 말이었다. 그런데 그 의미가 점차 확대되어, 현재는 과학 기술을 활용해 생산된 신유형의 식품을 지칭하는 단어가 되었다. 우리나라의 대체 식품 시장은 2021년 약 51조 원 규모로 성장했으며, 2030년에는 그 규모가 233조 원에 달할 것으로 전망된다.
>
> 대체 식품은 체질이나 건강상의 이유로 특정 식품을 섭취하지

못하는 사람에게 유용하다. 예를 들어, 소의 젖으로 구성된 우유에 들어있는 유당을 소화하지 못하는 유당불내증이 있는 사람은 두유를 통해 우유와 유사한 영양분을 섭취할 수 있다. 두유 외에도, 견과류로 만든 식물성 우유나 해조류의 성분을 기반으로 한 우유 등 다양한 제품이 유당을 포함한 우유의 대체 식품으로 시중에 판매되고 있다.

대체 식품은 환경 파괴 문제나 윤리적 문제를 고려하는 사람에게도 훌륭한 선택지이다. 실제로 축산업이 환경과 동물 복지에 악영향을 끼친다는 이유로 대체육을 소비하려는 사람이 증가하고 있으며, 어류 남획으로 인한 해양 생태계 파괴에 경각심을 가지고 대체 해산물을 개발하기도 한다.

국내에서도 대체 식품에 대한 수요가 나날이 증가하고 있지만, 우리나라의 대체 식품 관련 기술 개발은 아직 미흡한 실정이다. 가령 대체육 분야에서는 동물의 단백질을 식물이나 해조류의 단백질로 대체하는 만큼 이를 추출·가공하는 기술이 핵심적인데, 우리나라의 추출·가공 기술은 해외보다 4~5년 늦은 수준이다. 이로 인해 우리나라의 대체육은 단백질 소재가 한정적일 뿐만 아니라 그 맛과 식감 구현에서 여전히 한계를 보인다.

**43.** (가)의 ㉠~㉢을 (나)에 구체화한 내용으로 적절하지 <u>않은</u> 것은?

① ㉠ : 본래 대체 식품이 지녔던 의미를 제시하고, 현재 그 의미가 변화했음을 밝힌다.

② ㉠ : 구체적인 수치 자료를 활용하여 국내 대체 식품 시장의 규모와 전망을 설명한다.

③ ㉡ : 유당불내증의 사례를 통해 대체 식품의 필요성을 설명하며 실제 판매 중인 제품 종류를 소개한다.

④ ㉡ : 대체 식품의 친환경적 생산 방식을 축산업과 비교하여 환경 보호 측면에서 대체 식품의 이점을 부각한다.

⑤ ㉢ : 우리나라의 대체 식품 관련 기술이 대체 식품에 대한 사회적 요구에 부응하지 못하는 수준임을 제시한다.

**44.** 다음은 (나)를 읽은 동아리 부장의 조언이다. 이를 반영하여 추가할 마지막 문단의 내용으로 가장 적절한 것은?

< 보 기 >

**동아리 부장** : 2, 3문단에서 언급한 대체 식품의 특징을 바탕으로 대체 식품의 의의를 밝혀 주면 좋겠어. 또 대체 식품의 소비를 권장하며 마무리하면 좋을 것 같아.

① 대체 식품의 시장 규모는 앞으로도 계속해서 확대될 것이다. 대체 식품의 긍정적인 전망을 고려하여 우리나라도 대체 식품 관련 기술 개발에 더욱 힘써야 한다.

② 대체 식품은 기존 식품이 지닌 다양한 문제를 극복할 수 있는 좋은 방안이다. 균형 잡힌 영양 섭취와 환경 보호를 위해, 오늘부터 대체 식품을 먹어 보는 건 어떨까?

③ 대체 식품은 특정 식품 대신 섭취할 수 있는 식품을 의미한다. 사회적으로 대체 식품에 대한 수요가 증가하고 있으니 우리나라도 대체 식품 소비를 늘려가는 것이 필요하다.

④ 대체 식품은 축산업 제품을 대체함으로써 축산업으로 인한 환경 파괴를 줄일 수 있다. 따라서 기존 축산업의 폐해를 언급하는 것은 대체 식품을 홍보하는 효율적인 방법이 될 수 있다.

⑤ 특정 식품을 먹지 못하는 소비자는 그와 유사한 영양분을 가진 대체 식품을 통해 건강상의 도움을 받을 수 있다. 다만 대체 식품의 단백질 소재가 한정적이라는 점은 해결되어야 할 문제이다.

**45.** <보기>는 (나)를 보완하기 위해 추가로 수집한 자료이다. 자료 활용 방안으로 적절하지 <u>않은</u> 것은? [3점]

< 보 기 >

**[자료 1] 보고서 자료**

〈우리나라 대체육 생산 기술 발전 단계〉

| 세대 | 핵심 기술 및 개선해야 할 점 | 사례 |
|---|---|---|
| 1세대 | 대두를 이용하여 단백질 조직 생산 콩 특유의 향이 남아있음. | 대두 단백질로 만든 콩고기 |
| 2세대 | 식물 유래 단백질로 고기 맛 구현 고기 맛을 위해 인공 첨가물이 필요함. | 2013년 '가짜 닭고기' 사건 |
| 3세대 | 소의 조직 세포를 배양한 배양육 소의 태아 혈청을 재료로 하므로 완벽한 대체육이라고 볼 수 없음. | 자기복제 세포로 배양한 인공 닭고기 |

**[자료 2] 설문 조사 자료** (설문 대상 : 우리나라 10~80대 1,000명)

〈대체 식품 소비를 현재보다 늘리려는 이유〉

| 이유 | 비율 (단위 : %) |
|---|---|
| 필요 영양소 섭취 | 34.1 |
| 환경 보호 | 25.3 |
| 동물 복지 | 20.4 |
| : | : |

〈대체 식품에 대한 소비자의 불만족 이유〉

| 요인 | 비율 (단위 : %) |
|---|---|
| 맛 | 55.5 |
| 식감 | 29.7 |
| 냄새 | 10.2 |
| : | : |

① [자료 1] : 우리나라 대체육의 세대별 핵심 생산 기술과 사례를, 대체 식품의 확대된 의미를 보여 주는 자료로 1문단에 활용해야겠어.

② [자료 1] : 우리나라 대체육 생산 기술의 단계별 개선점을, 대체 식품에 대한 국내 시장의 수요가 증가하고 있음을 구체화하는 자료로 4문단에 활용해야겠어.

③ [자료 2] : 대체 식품 소비를 증대하려는 이유로 영양소 섭취가 가장 많이 언급된다는 점을, 대체 식품이 필요한 이유를 뒷받침하는 자료로 2문단에 활용해야겠어.

④ [자료 2] : '환경 보호'와 '동물 복지'를 위해 대체 식품이 선택된다는 점을, 대체 식품이 환경 및 윤리 문제의 대응책으로 여겨지는 현상을 구체화하는 자료로 3문단에 활용해야겠어.

⑤ [자료 2] : 대체 식품에 만족하지 못하는 이유로 '맛'과 '식감'이 꼽힌다는 점을, 우리나라 대체 식품 관련 기술이 현재 지닌 한계를 극복해야 함을 강조하는 자료로 4문단에 활용해야겠어.

*** 확인 사항**
○ 답안지의 해당란에 필요한 내용을 정확히 기입(표기)했는지 확인하시오.

제 1 교시

# 국어 영역(언어와 매체)

[35~36] 다음 글을 읽고 물음에 답하시오.

> **학생 1** : 수업 시간에 훈민정음 서문을 배우는데, 선생님께서 '빅성'이나 '홍배'를 각각 [바익셩], [홀빠이]처럼 읽으시더라고. 처음엔 재밌게 들렸는데, 지금 생각해 보니 왜 [백셩], [홀빼]와 같이 읽지 않으셨는지 이상하게 생각돼.
>
> **학생 2** : 나도 어떤 교수님이 중세 국어 문헌을 당시 발음대로 읽으신 동영상을 인터넷에서 본 일이 있는데, 그 분도 'ㅔ'를 [어이]처럼, 'ㅚ'를 [오이]처럼 읽으시더라.
>
> **학생 1** : 그러면 관련 자료를 한번 찾아볼까?
>
> <자료>
>
> 　음운의 체계는 고정 불변의 것이 아니어서 내부에 변화 요인이 발생하면 다시 안정된 체계를 향하여 변화의 길을 걷게 된다. 이와 같은 변화는 여러 언어의 역사에서 흔히 볼 수 있는 보편적인 현상이다. 우리 국어도 예외는 아니어서 모음 체계는 그동안 숱한 변화를 겪어 왔다. 훈민정음이 만들어진 15세기에는 (가)와 같이 일곱 개 모음만을 단모음으로 취급하였다. 하지만 (가)에서 볼 수 있었던 'ㆍ'가 소멸되는 과정에서 모음 체계는 다음과 같은 변화를 겪는다.
>
> | ㅣ | ㅡ | ㅜ | | ㅣ | ㅡ | ㅜ | | ㅣ | ㅡ | ㅜ |
> |---|---|---|---|---|---|---|---|---|---|---|
> | ㅓ | ㅗ | ⇒ | | ㅔ | ㅓ | ㅗ | ⇒ | | ㅔ | ㅚ | ㅓ | ㅗ |
> | ㅏ | ㆍ | | | ㅏ | | | | | ㅏ |
> | **(가)** | | | | **(나)** | | | | **(다)** |
>
> 　(나)는 'ㆍ'의 소멸로 인한 체계의 불균형을 해소하기 위하여 변동된 체계로, 대략 18세기 후기에 형성된 것으로 보인다. 이는 중세 국어에서 이중 모음이었던 'ㅐ[ay]', 'ㅔ[əy]'가 각각 [æ], [e]로 단모음화하여 이루어진 8모음 체계이다. 이후에 다시 이중 모음 'ㅟ[uy]', 'ㅚ[oy]'가 각각 [y], [ø]로 단모음화하여 현대 국어와 같은 (다)의 10모음 체계가 되었는데, 대략 19세기 말에서 20세기 초에 걸쳐 형성되기 시작한 것으로 보인다.
>
> **학생 2** : 선생님과 내가 인터넷에서 본 교수님은 모두 해당 모음들이 15세기 당시에는 이중 모음이었음을 알려 주기 위해 그렇게 발음하신 것이로구나.
>
> **학생 1** : 맞아. 방언에서는 아직 그런 발음들이 남아 있다고 해.

**35.** 윗글에 대한 이해로 적절하지 <u>않은</u> 것은? [3점]

① (가)에서 'ㆍ'가 소멸되는 내부적 변화 요인이 나타나, 보다 안정된 체계인 (나)로의 변화가 일어났다고 볼 수 있겠군.

② (가)에서 (나)로, (나)에서 (다)로 모음 체계가 변화해 온 것은 음운의 체계가 고정 불변의 것이 아니기 때문으로 볼 수 있겠군.

③ 'ㅟ'와 'ㅚ'가 각각 [y], [ø]와 같이 단모음화되어 (나)에서 (다)로의 변화가 일어났다고 볼 수 있겠군.

④ (나)에서 (다)로 모음 체계가 변화하면서 중세 국어 전반에서 나타났던 이중 모음들이 단모음으로 바뀌기 시작했다고 볼 수 있겠군.

⑤ 15세기까지만 하더라도 'ㅐ'와 'ㅔ'가 이중모음으로 발음되었지만, 18세기 후기에는 현대 국어와 마찬가지로 단모음으로 발음되었다고 볼 수 있겠군.

**36.** 윗글을 바탕으로 <보기>를 이해한 것으로 적절하지 <u>않은</u> 것은?

> ─〈 보 기 〉─
>
> 　세종 대왕은 중성자를 창제하면서 상형과 합성을 주된 원리로 삼았다. 그는 먼저 천지인(天地人)을 각각 본떠 기본자인 'ㆍ, ㅡ, ㅣ'를 만들었다. 그리고 이 기본자들을 합성하여 초출자 'ㅏ, ㅓ, ㅗ, ㅜ'를 만들었고, 초출자를 다시 'ㆍ'와 합성하는 방법을 통해 재출자 'ㅑ, ㅕ, ㅛ, ㅠ'를 만들었다. 그리고 기본자와 초출자, 재출자를 함께 쓰는 합용의 원리를 통해 중성자를 자유롭게 확장하여 쓸 수 있도록 하였다. 합용자로는 'ㅘ, ㅝ' 혹은 'ㆅ, ㆊ'와 같이 초출자끼리, 재출자끼리 서로 합한 동출 합용자와, 기본자·초출자·재출자·동출 합용자에 'ㅣ'를 합한 'ㅣ' 합용 중성자가 있다.

① 'ㅣ'가 15세기에 이중 모음으로 발음되었던 것은 'ㆍ'가 단모음에 해당하지 않는 'ㅣ' 합용 중성자였기 때문이다.

② 황해도 지역에서 '게[蟹]'를 '거이'라고 발음하는 경우는 'ㅔ'를 이중 모음으로 발음했던 습관이 아직 남아 있기 때문이다.

③ 'ㅟ'의 경우 초출자 'ㅜ'에 'ㅣ'가 합용되어 만들어진 모음으로, 18세기 후기에는 [uy]와 같이 발음되었음을 알 수 있다.

④ 훈민정음 창제 당시에 상형과 합성의 원리를 통해 만들어진 글자들은 단모음을 표기하기 위해 만들어진 것으로 볼 수 있다.

⑤ 'ㅐ'가 중세 국어에서 [ay]와 같이 이중 모음으로 발음되었던 것은 'ㅏ'와 'ㅣ'를 합용하여 적은 방식과 관련이 있음을 알 수 있다.

**37.** <보기>를 이해한 것으로 적절하지 <u>않은</u> 것은?

> ─〈 보 기 〉─
>
> 　보어(補語)는 두 자리 서술어 '되다', '아니다'가 주어 이외에 반드시 필요로 하는 문장 성분으로서, 주로 체언에 보격 조사 '이'와 '가'가 붙어서 만들어진다.
>
> 　다음은 보어가 사용된 문장의 예이다.
>
> ㉠ 그녀의 말이 사실이 되었다.
> ㉡ 나는 어느덧 아빠가 되었다.
> 　그의 말은 거짓이 아니었다.
> ㉢ 그녀가 원래 나쁜 사람은 아니었다.
> ㉣ 그는 배가 고픈 것이 아니었다.
> ㉤ 물이 얼음이 되었다. → 얼음이 : 보어
> 　물이 얼음으로 되었다. → 얼음으로 : 부사어

① ㉠으로 보아 한 문장에서 보어가 두 번 나타날 수 있음을 알 수 있다.

② ㉡으로 보아 체언 끝 음절의 받침 유무에 따라 '이'와 '가'를 선택적으로 사용함을 알 수 있다.

③ ㉢으로 보아 보격 조사가 생략되고 보조사가 결합한 체언도 보어 역할을 할 수 있음을 알 수 있다.

④ ㉣로 보아 관형절과 의존 명사 '것'이 결합된 형태가 보어 역할을 할 수 있음을 알 수 있다.

⑤ ㉤으로 보아 '되다'가 쓰일 경우, 문장 성분의 종류가 그것에 사용되는 격 조사에 따라 달라짐을 알 수 있다.

**38.** <보기>의 내용을 뒷받침할 수 있는 사례로 적절하지 <u>않은</u> 것은?

───── 〈 보 기 〉 ─────

**<된소리되기>**
㉠ 두 개의 안울림소리가 서로 만나면 뒤의 소리가 된소리로 발음된다.
¶ 잊 + 고 → [일꼬], 듣 + 지 → [듣찌]
  역 + 도 → [역또]
㉡ 어간의 끝소리가 울림소리인 'ㄴ(ㄵ), ㅁ(ㄻ)'이고, 어미의 첫소리가 'ㄱ, ㄷ, ㅅ, ㅈ'일 때 된소리로 발음된다.
¶ 얹 + 지 → [언찌], 삶 + 고 → [삼꼬]

① 영수가 손톱을 <u>깎고</u>[깍꼬] 있다.
② 영수는 더 이상 <u>젊지</u>[점찌] 않다.
③ 철수의 <u>눈동자</u>[눈똥자]는 깊어 보인다.
④ 철수가 새 신발을 <u>신고</u>[신꼬] 뛰었다.
⑤ 철수는 <u>옆집</u>[엽찝]에 사는 영수에게 갔다.

**39.** <보기>의 '이중 피동'에 해당하는 사례로 적절하지 <u>않은</u> 것은?

───── 〈 보 기 〉 ─────

　다른 주체에 의해 동작이 이루어지거나 영향을 받는 문장을 피동문(被動文)이라 하는데, 피동사는 능동사에 피동 접미사 '-이-, -히-, -리-, -기-'가 붙어 만들어지기도 하고, '-되다', '-어지다', '-게 되다'가 붙어 만들어지기도 한다. 이중 피동은 이러한 피동 표현이 겹쳐 사용된 것을 의미하는데, 어법에 어긋난 것으로 이해할 수 있다.

① 친구의 전화가 갑자기 <u>끊겼다</u>.
② 철수는 할아버지에게 아들로 <u>여겨졌다</u>.
③ 옷에 묻은 먼지가 흐르는 물에 <u>씻겼다</u>.
④ 공부하느라 살이 빠진 영희가 안쓰럽게 <u>보여졌다</u>.
⑤ 그가 대학에 합격했다는 사실이 <u>믿겨지지</u> 않는다.

〔40~43〕 (가)는 라디오 본방송이고, (나)는 이 방송을 들은 학생의 메모이다. 물음에 답하시오.

**(가)**

**진행자 :** 요즘 볼 만한 전시가 없으시다고요? 매주 화요일, △△라디오 '전시 볼래요?'를 들으시면 그 생각이 바뀌실 겁니다. 오늘도 문자를 통해 방송에 실시간으로 참여하실 수 있으니, 많은 관심 부탁드려요. ⓐ <u>지금 스튜디오에는 미술 평론가로 활약하고 계신 김□□ 님께서 나와 계십니다.</u>

**평론가 :** 안녕하세요. 반갑습니다.

**진행자 :** 3411 님께서 '저는 평론가님 블로그를 구독하는 애청자입니다. ⓑ <u>최근에 반 고흐 전에 다녀오셨던데, 혹시 그 전시에 대해 소개해 주시나요?</u>'라고 보내 주셨어요.

**평론가 :** 하하. 맞습니다. 지난주부터 한나 미술관에서 반 고흐 전을 시작했습니다. 개인적으로 반 고흐를 좋아하는데요, 오늘은 이 전시에 관해 이야기를 나눠 보려고 합니다.

**진행자 :** 반 고흐의 실제 작품을 볼 수 있는 건가요?

**평론가 :** 아닙니다. 이번 전시는 반 고흐의 다양한 작품을 미디어 아트의 형태로 감상할 수 있다는 점이 특별합니다.

**진행자 :** 4852 님께서 '미디어아트라는 단어를 최근 기사에서 많이 접하긴 했는데, 구체적으로 무슨 뜻인가요?'라고 문자를 보내 주셨네요. 저도 궁금한데요?

**평론가 :** 미디어아트는 단어 그대로 직역하면 '매체 예술'입니다. 현대 커뮤니케이션의 중요한 수단으로 여겨지는 대중 매체를 미술에 도입한 것을 말하지요.

**진행자 :** 대중 매체는 신문이나 텔레비전 등을 말하는 건가요?

**평론가 :** 맞습니다. ⓒ <u>이전까지의 전시회는 작품을 벽에 걸어 두고 감상하는 형태로 대부분 이루어졌지만,</u> 미디어아트 전시회에서는 주로 스크린을 통해 작품을 감상하게 되지요. 관람객이 작품을 직접 조작하는 것도 가능합니다.

**진행자 :** 기존 전시회와는 관람 형태가 달라지겠군요.

**평론가 :** 보편적인 전시회에서는 주로 시각에 의존한 관람이 이루어졌다면, 미디어아트 전시회에서는 다양한 감각을 통해 작품을 느낄 수가 있습니다.

**진행자 :** ⓓ <u>다음으로는 이번 전시의 기술 자문을 맡은 박◇◇ 자문가님과 전화 연결을 해 보겠습니다.</u> 자문가님, 안녕하세요?

**자문가 :** 네, 안녕하세요. 박◇◇입니다.

**진행자 :** 반 고흐 전에 관해 이야기를 나누고 있었는데요, 이번 전시에서 특히 주목할 부분이 있을까요?

**자문가 :** 이번 전시에서는 300여 점에 이르는 반 고흐의 작품에 최첨단 360도 비디오 맵핑 기술을 적용하였습니다. 이 기술을 통해 관람객은 더욱 생생한 감상을 할 수 있지요. 그뿐만 아니라 작품에 VR 기술을 적용하여 반 고흐의 방에 직접 들어간 것 같은 체험을 할 수도 있습니다. 어른뿐만 아니라 아이들도 함께 체험하기에 좋지요.

**진행자 :** ⓔ <u>그야말로 예술과 기술의 만남이네요.</u> 저도 주말에 꼭 아이들과 다녀와야겠습니다. 말씀 감사합니다.

**자문가 :** 네, 감사합니다.

**진행자 :** 반 고흐의 작품을 미디어아트로 만나볼 수 있는 이번 전시는 7월 15일까지 한나 미술관에서 진행됩니다. '전시 볼래요?'의 누리집 청취자 게시판에 반 고흐 전에 대한 기대 평을 남겨

주시면 추첨을 통해 200분께 무료 관람권을 드립니다. 포털 사이트에 '전시 볼래요?'를 검색하면 누리집에 접속하실 수 있습니다. 매주 화요일에 찾아오는 '전시 볼래요?', 다음 주에도 새로운 소식을 가지고 찾아오겠습니다. 감사합니다.

**(나)**

> 반 고흐 전을 소개하는 카드 뉴스를 만들어야겠어. 생소해 하는 학생들이 많을 테니, 먼저 ㉠ 미디어아트의 의미와 특징을 담은 카드에는 전문가들의 말을 정리해 해당 내용을 명확하게 전달해야지. 시각적 이미지도 함께 활용해야겠어. 또한 ㉡ 반 고흐 전에 관한 카드에는 카드 뉴스가 우리 학교 학생들을 대상으로 한다는 점을 고려하여 유용한 정보를 추가하고, 학생들이 전시를 쉽게 예매할 수 있는 방법을 제시해야지.

**40.** (가)에 나타난 정보 전달 방식으로 적절하지 <u>않은</u> 것은?

① 수용자에게 정보를 제공할 수 있는 시간상의 제약이 있으므로 전시와 관련한 추가 정보를 얻을 수 있는 방법을 소개한다.

② 수용자가 스튜디오의 현재 상황을 눈으로 확인할 수 없으므로 이를 청각적 정보로 전달한다.

③ 수용자에게 다음 방송 청취를 유도해야 하므로 방송의 송출 주기를 방송 처음과 마지막에 모두 언급한다.

④ 수용자들이 방송에 실시간으로 참여하는 것이 가능하므로 실시간 문자를 바탕으로 전달할 정보를 구성한다.

⑤ 수용자에게 신뢰할 수 있는 정보를 제공해야 하므로 전문가와의 문답을 이어 가는 방식으로 방송 내용을 전달한다.

**41.** 다음은 (가)가 끝난 후의 청취자 게시판이다. 참여자들의 소통 양상으로 가장 적절한 것은?

> 청취자 게시판
>
> **달콤**: 포털 사이트에 검색했더니 반 고흐의 실제 작품을 볼 수 있는 전시가 아니더라고요? 미디어아트에 익숙하지 않은 사람도 많은데 이에 대해 설명 해 줬으면 좋았겠어요.
> ↳ **방울**: 저는 반 고흐의 실제 작품을 볼 수 있는 전시가 아니라는 설명 을 방송에서 들었는데요.
> ↳ **풀잎**: 방울 님 말씀이 맞아요 저는 오히려 미디어아트라 더 좋을 것 같던데요?
> ↳ **달콤**: 앗. 제가 놓친 거군요. 알려 주셔서 감사해요.

① 방송 내용에 대한 '달콤'과 '방울'의 긍정적인 반응이 '풀잎'에 의해 강화되고 있다.

② 방송의 효용에 대한 '달콤'과 '방울'의 대조적인 반응이 '풀잎'에 의해 절충되고 있다.

③ 방송의 정보가 불충분하다고 지적한 '달콤'의 견해에 '방울'과 '풀잎'이 동의를 표하고 있다.

④ 방송이 끝난 뒤 '달콤'이 검색을 통해 새로 얻은 정보가 '방울'과 '풀잎'의 인식을 바꾸고 있다.

⑤ 자신이 방송 내용을 부분적으로 수용했다는 '달콤'의 깨달음이 '방울'과 '풀잎'에 의해 유발되고 있다.

**42.** 다음은 (나)에 따라 제작한 카드 뉴스이다. 제작 과정에서 고려한 내용으로 적절하지 <u>않은</u> 것은? [3점]

① 전문가들의 말을 정리하기로 한 ㉠에서는 반 고흐 전에 관한 자문가의 설명을 미디어아트의 특징으로 제시해야겠군.

② 내용을 명확히 드러내기로 한 ㉠에서는 내용에 따라 정보를 구분하고 각 정보에 번호를 매겨 항목화해야겠군.

③ 시각적 이미지를 활용하기로 한 ㉠에서는 미디어아트의 의미를 한눈에 파악할 수 있는 그림을 사용해야겠군.

④ 수용자를 고려하여 유용한 정보를 추가하기로 한 ㉡에서는 다양한 출발점을 전제로 미술관에 가는 방법을 제시해야겠군.

⑤ 전시를 쉽게 예매할 수 있는 방법을 제시하기로 한 ㉡에서는 예매 페이지로 이동할 수 있는 QR코드를 삽입해야겠군.

**43.** ⓐ~ⓔ에 대한 설명으로 가장 적절한 것은?

① ⓐ: 특수 어휘 '계시다'를 사용하여, 방송을 듣고 있는 불특정 다수의 청자를 높이고 있다.

② ⓑ: 연결 어미 '-던데'를 사용하여, 평론가에게 질문을 하게 된 배경을 밝히고 있다.

③ ⓒ: 보조사 '까지'를 사용하여, 전시회가 이루어지는 보편적인 기간을 나타내고 있다.

④ ⓓ: 보조 용언 '보다'를 사용하여, 전화가 연결된 상황임을 드러내고 있다.

⑤ ⓔ: 부사 '그야말로'를 사용하여, 자문가의 말을 반박하기 전에 상대를 존중하는 뜻을 나타내고 있다.

[44~45] (가)는 전자 제품을 판매하는 누리집의 일부이고, (나)는 이를 바탕으로 나눈 누리 소통망 대화이다. 물음에 답하시오.

**(가)**

[화면 1] 제품 구매 페이지

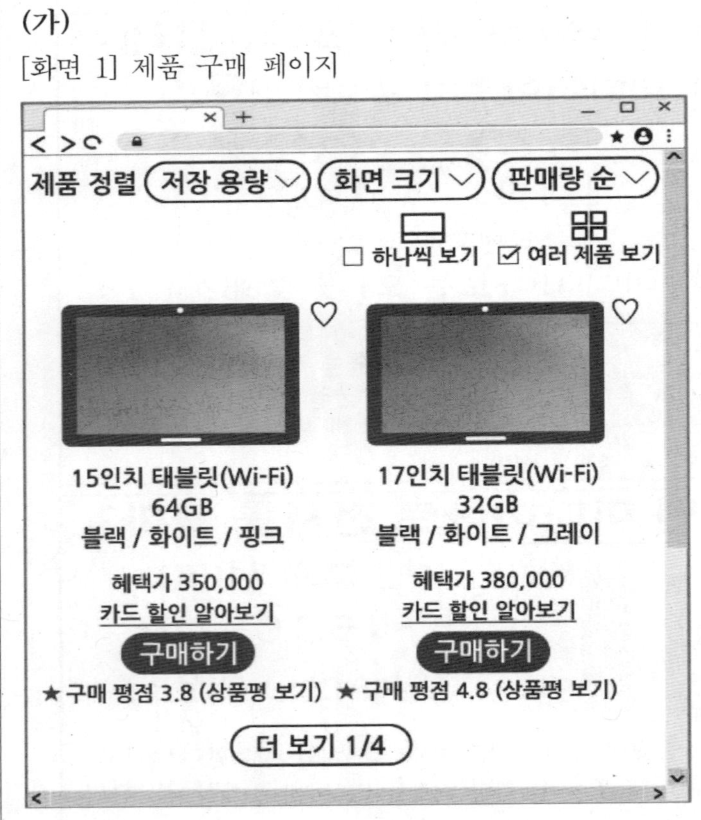


[화면 2] '화면 1'에서 '17인치 태블릿'을 선택한 화면

**(나)**

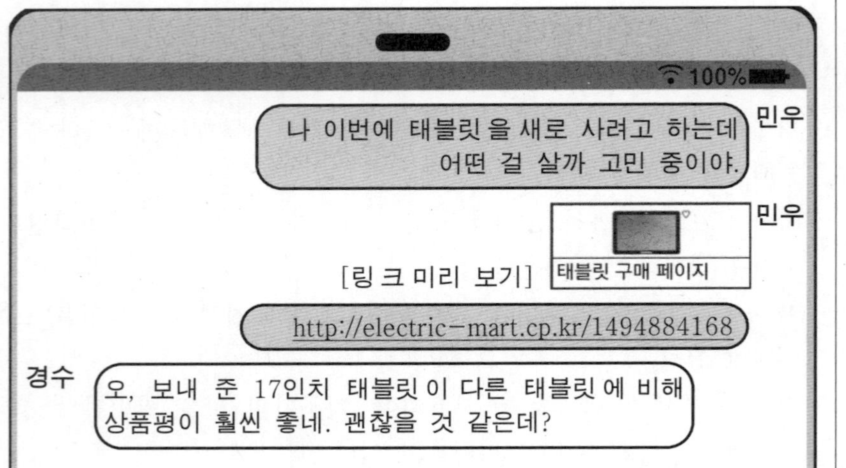


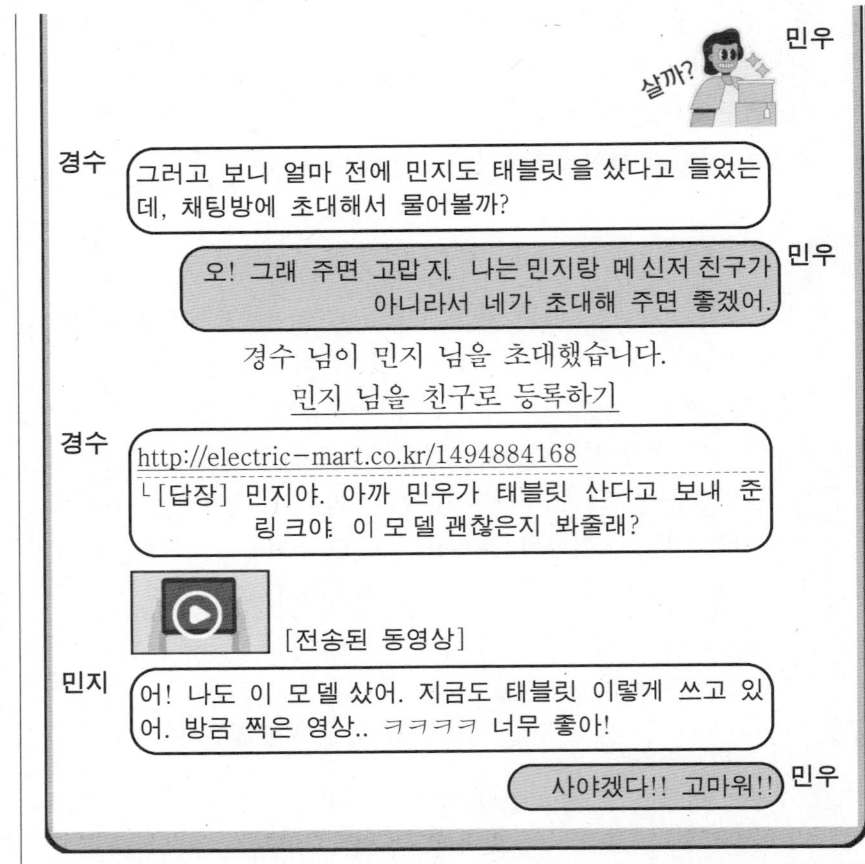


**44.** (가)에 대한 설명으로 적절하지 **않은** 것은?

① [화면 1]에서는 수용자가 제품들을 비교할 수 있도록 여러 제품을 한 화면에 표시했다.
② [화면 1]에서는 수용자가 선호하는 제품을 쉽게 찾을 수 있도록 특정 기준에 따른 제품 정렬 기능을 제공했다.
③ [화면 2]에서는 수용자가 제품을 간접적으로 체험해 볼 수 있도록 제품의 작동 과정을 살펴보는 기능을 제공했다.
④ [화면 2]에서는 제품의 특징 중 강조하고 싶은 내용의 글자를 다른 내용의 글자보다 크고 굵게 표시했다.
⑤ [화면 1]과 [화면 2]에서는 수용자의 제품 구매를 유도하기 위해 이전 구매자의 만족도를 표시했다.

**45.** (가)와 (나)에서 확인할 수 있는 매체 활용에 대한 이해로 가장 적절한 것은?

① (가)는 (나)와 달리 제한된 사람들을 대상으로 정보를 전달할 수 있군.
② (나)는 (가)와 달리 사용자들이 외부 정보를 공유했다는 사실을 확인할 수 있군.
③ (나)는 (가)와 달리 이미지와 문자를 결합하는 방식으로 특정 정보를 강조할 수 있군.
④ (가)의 내용이 (나)를 통해 전달되는 과정에서 사용자가 정보 형태를 바꾸어 유통할 수 있군.
⑤ (나)의 사용자들은 (가)에 제시된 정보를 해석한 결과를 바탕으로 (가)의 내용을 수정할 수 있군.

---

*** 확인 사항**

ㅇ 답안지의 해당란에 필요한 내용을 정확히 기입(표기)했는지 확인하시오.

# 2026학년도 대학수학능력시험 대비 전형태 모의고사 2회

# 국어 영역

| 성명 | | 수험 번호 | | | | − | | | |
|------|--|-----------|--|--|--|---|--|--|--|

○ 문제지의 해당란에 성명과 수험 번호를 정확히 쓰시오.

○ 답안지의 필적 확인란에 다음의 문구를 정자로 기재하시오.

## 생명은 추운 몸으로 온다

○ 답안지의 해당란에 성명과 수험 번호를 쓰고, 또 수험 번호와 답을 정확히 표시하시오.

○ 문항에 따라 배점이 다릅니다. 3점 문항에만 점수가 표시되어 있습니다. 점수 표시가 없는 문항은 모두 2점입니다.

**※ 시험이 시작되기 전까지 표지를 넘기지 마시오.**

**전형태 모의고사**

제 1 교시

# 국어 영역

---

[1~3] 다음 글을 읽고 물음에 답하시오.

글을 읽는 동안 독자의 읽기 능력을 평가하는 방법으로 낭독 유창성 분석이 있다. 이는 독자가 글을 낭독할 때 드러나는 발화 특성에 독자의 읽기 능력이 반영된다고 보아 발화 특성을 분석하는 방법이다. 인간이 감각 기관으로 무언가를 인지하고 이를 이해할 때 사용할 수 있는 집중력과 같은 인지 자원은 한정되어 있다. 그런데 낭독은 눈으로 글자를 보고 본 내용을 소리 내어 읽으면서 뇌로 그 내용을 이해하는 작업을 동시에 수행하는 일이므로, 인지 자원을 더 많이 사용해야 한다.

이러한 낭독 과정에서 읽기 능력이 발달한 숙련 독자는 새로운 글을 읽으면서도 익숙한 배경지식을 활용하여 각 단어와 문장의 중요도를 빠르게 판별하면서 중요한 내용에 초점을 맞추어 글의 전체적인 흐름을 파악하고, 이어질 내용을 예측하는 추론적 사고를 병행한다. 또한, 유형이 비슷한 글은 구조적 유사성을 갖기에, 많은 글을 읽은 숙련 독자는 새로운 글의 구조도 빠르게 간파할 수 있다. 즉 숙련 독자는 개별 단어나 문장을 집중하여 그 의미를 이해하는 데 인지 자원을 많이 할당할 필요가 없으므로, ㉠ 글에 대한 총체적 이해에 인지 자원을 더 집중시킬 수 있다. 이러한 총체적 이해를 빠르게 달성함에 따라, 숙련 독자는 미숙련 독자보다 글 낭독 속도가 더 빠르다는 특성을 보인다.

낭독 시 독자의 읽기 능력을 드러내는 두 번째 요소는 정확하게 단어를 인식하고 발화하는 능력인 정확성이다. 숙련 독자는 많은 독서 경험으로 인해 어휘력이 좋고 담화 표지를 인식하는 능력이 뛰어나 글의 전체적인 흐름을 예측하는 데 유리하다. 따라서 낭독 과정에서 미숙련 독자보다 적은 오류를 산출한다.

또한, 낭독하면서 글의 내용에 따라 소리의 높낮이나 장단을 조절하는 운율도 독자의 읽기 능력을 드러낸다. 숙련 독자는 단어, 문장, 문단 단위의 논리적 배열과 구성에 따라 낭독을 잠깐 멈추는 휴지를 적절하게 넣어 글을 알맞게 끊어 읽는다. 이와 달리, 미숙련 독자는 숙련 독자보다 더 불규칙적이고 더 긴 휴지를 삽입하는 경향을 보인다.

**1.** 윗글에 대한 이해로 가장 적절한 것은?

① 낭독을 유창하게 하려면 개별 단어를 눈으로 파악하는 데 가장 많은 인지 자원을 사용해야 한다.

② 독자의 읽기 능력에 따라 글을 낭독하는 속도가 빨라질수록 낭독 오류가 많아지는 부작용이 발생한다.

③ 숙련 독자는 낭독 과정에서 글의 의미 단위를 고려하여 미숙련 독자보다 더 긴 휴지를 빈번하게 삽입한다.

④ 낭독을 유창하게 하려면 집중력을 키움으로써 사람이 지닌 인지 자원의 총량을 계속 늘리는 것이 가장 중요하다.

⑤ 글에 담긴 새로운 정보를 이해할 때 이미 알고 있는 배경지식을 활용하면 인지 자원을 효율적으로 사용할 수 있다.

**2.** 다음은 학생이 자신의 읽기 과정을 기록한 글이다. 윗글을 바탕으로 ⓐ~ⓔ를 이해한 내용으로 적절하지 <u>않은</u> 것은? [3점]

> ⓐ국어 수업 시간에 읽기 능력 평가를 위해 한 책을 모든 학생이 돌아가면서 함께 낭독하는 시간이 있었다. 학급 구성원 전체가 각기 몇 페이지씩 차례대로 책을 낭독하는 방식으로 수업이 진행되었는데, ⓑ내 앞 순서의 친구가 낭독한 내용을 내가 아직 이해하지 못한 순간에 내 차례가 되어서 처음에 조금 말을 더듬고 말았다. ⓒ당황을 감추기 위해 첫 단어를 좀 길게 발음하면서 생각할 시간을 조금 벌었는데, ⓓ이전 시간에 공부했었던 자료와 같은 주제를 담은 글이라서 논리 전개 구조가 서로 비슷하다는 것을 알게 되어 빠르게 글의 논리 전개를 파악하고 글의 흐름을 따라갈 수 있었다. 특히, ⓔ예전에 읽었던 책들에서 접했던 한자어들이 이 책에도 자주 등장하여 낭독에 큰 도움이 되었다.

① ⓐ : 글을 낭독하는 학생의 발화 특성을 분석함으로써 학생의 읽기 능력을 평가할 수 있다는 관점이 반영되었을 것이다.

② ⓑ : 감각 기관이 수용한 정보를 곧바로 이해하지 못했다는 점에서 인간의 인지 능력이 한정적임을 확인할 수 있다.

③ ⓒ : 글의 내용에 맞춰 소리의 장단을 조절하는 운율 변화가 낭독에 반영된 독자의 읽기 능력 수준을 드러내고 있다.

④ ⓓ : 글의 유형이 유사하다면 구조적으로도 유사하다는 사실이 낭독의 유창성에 영향을 미치고 있음을 알 수 있다.

⑤ ⓔ : 독서 경험을 통해 향상된 어휘력이 새로운 글을 읽을 때 단어를 정확하게 발화하는 능력으로 이어지고 있다.

**3.** 다음은 윗글을 읽은 학생이 ㉠에 대해 보인 반응이다. [가]에 들어갈 내용으로 적절하지 <u>않은</u> 것은?

> 읽기 능력이 발달하면, 글을 낭독하면서 [　[가]　] 나에게도 이러한 현상이 나타날 수 있겠군.

① 글에 활용된 담화 표지를 인식하고 발화할 때

② 글의 흐름에 따라 이후에 이어질 내용을 예측할 때

③ 글에서 상대적으로 중요한 부분의 내용에 더 집중할 때

④ 개별 표현에 집중하여 각각의 의미들을 정확히 파악할 때

⑤ 기존 독서 경험을 토대로 지금 읽는 글의 구조를 간파할 때

[4~9] 다음을 읽고, 물음에 답하시오.

**(가)**

오늘날에는 안무가 춤을 창작하는 행위로 이해되는 것이 일반적이지만, 20세기 초까지 안무는 기호를 사용해 춤을 기록하는 기술이라는 의미로 통용되었다. 이는 춤을 창작하는 행위와 춤을 기호화하는 행위를 엄격히 구별하는 오늘날의 통념과는 다른 것으로, 안무 개념이 형성되는 역사적 과정에서 춤의 창작과 기록이 불가분한 관계였음을 시사한다. 17~18세기 초의 안무가였던 푀이예는 ㉠안무 개념을 기보를 토대로 한 춤의 창작으로 정의하고, 무용 기보를 춤의 기록과 보존만이 아닌 춤의 창작이나 신체적 움직임의 원리를 분석하기 위한 수단으로 간주했다.

푀이예는 무용수의 신체적 움직임이 이루어지는 공간을 사각형의 평면으로 규정하고, 그 평면 위에 무용수의 신체적 움직임에 따른 기하학적 형상을 그리는 행위를 안무의 주된 원칙으로 삼았다. 실제 춤은 삼차원 공간에서 수행되지만, 무용수들의 춤을 내려다보면 춤의 진로와 궤적은 기하학적 형상으로 나타난다. 푀이예는 그 기하학적 형상이 평면 위의 도형과 같다고 생각했다. 이에 따르면 안무는 이차원 평면 위에 특정 형상을 그려 내는 것이라는 점에서 이차원적 조형성을 지니게 된다. 즉 푀이예는 안무란 삼차원 공간에서 전개되는 신체적 움직임을 무용 기보법을 통해 이차원 평면 위에 나타내는 것이므로, 이차원적 조형성이 안무의 전제 조건일 뿐 아니라, 춤이 추구해야 하는 특성이라고 보았다.

푀이예에 따르면, 기하학적 형상의 기초가 되는 평면과 선으로 구조화된 춤은 규칙적 형상 또는 불규칙적 형상으로 나타난다. 무용수들의 동선이 대칭적일 경우 춤의 형상이 규칙적이지만, 무용수들의 동선이 동일할 경우에는 불규칙적이다. 그러나 푀이예는 어떠한 경우라 하더라도 무용수들의 신체적 움직임이 만들어내는 춤은 대칭 혹은 균형의 원리에 기초한 기하학적 형태의 궤적으로 이루어진다는 점에서, 춤의 형상이 언제나 조화로운 양상을 보인다고 설명했다.

푀이예에 의해 안무는 평면성에 기초해 기하학적 형상을 그리는 작업이 되었으며, 이에 따라 이차원적 조형성은 춤의 미적 규범이 되었다. 그러나 푀이예의 견해는 춤을 위에서 아래로 관조하는 안무가의 시점을 요구한다는 점에서 안무가를 춤의 주체로 만드는 것이었다. 이에 따라 무용수들의 신체는 안무가에 의해 관찰되는 객체이자 기하학적으로 작동하는 대상에 불과한 것으로 전락하게 되었다.

**(나)**

19세기 이후 푀이예의 무용 기보법이 더는 사용되지 않았지만, 푀이예의 이차원적 조형성은 여전히 춤의 이상으로 여겨졌다. 그러나 이차원적 조형성에 따른 춤은 제한된 공간과 한정된 테크닉에 지나치게 의존하는 것이었기에, 무용수들의 신체적 움직임을 정형화하는 결과를 낳았다. 이에 20세기 초반에는 춤에 관한 고전적 견해에서 벗어나 자유로운 신체적 움직임을 추구하는 ㉡현대 무용이 등장했다.

달크로즈는 무용과 음악을 접목하여 유리드믹스를 창안했다. 유리드믹스란 신체적 움직임을 통해 좋은 리듬을 표현하는 방식을 가리킨다. 달크로즈는 리듬이 음악뿐만 아니라 모든 예술의 기초이며, 귀로 듣는 것일 뿐만 아니라 눈으로 보고 머리로 이해해야

하는 표현적 요소라고 보았다. 그리고 유리드믹스가 신체적 움직임에 근거하는 이유는 심장 박동이나 호흡과 같은 신체적 리듬이 가장 규칙적이고 조화로운 리듬이기 때문이라고 설명했다. 이에 따르면, 좋은 춤을 추기 위해서는 신체적 리듬에 집중해 좋은 리듬이 무엇인지 깨달은 후 자신이 깨달은 바를 신체적 움직임으로 표현하려는 노력이 요구된다.

달크로즈의 유리드믹스에 영향을 받은 덩컨은 고유의 리듬에 따라 인간의 내적 감정을 표현함으로써 자유를 실현하는 예술이 춤이라고 보았다. 덩컨에 따르면, 춤은 좋음이나 기쁨뿐만 아니라 고통과 슬픔을 표현하며, 무용수의 자유분방한 움직임을 통해 나타난다. 따라서 무용수는 자신의 내면에 집중하고, 자신의 감정을 있는 그대로 표현하기 위해 거추장스러운 의상보다는 가벼운 옷을 입어야 한다. 또한 덩컨은 무용수가 춤을 통해 신체의 정형화된 움직임에서 탈피해 자유를 경험하게 된다고 보았다. 즉, 자유로운 춤을 통해 외적 구속에서 벗어나 자신의 자연스러운 본모습을 되찾게 된다는 것이다.

한편, 신체적 움직임만으로도 춤으로서의 의미를 지닐 수 있다고 본 커닝엄은 춤에 즉흥성을 도입했다. 커닝엄에 따르면, 춤의 리듬은 음악이 아니라 무용수의 움직임 자체에서 발생한다. 따라서 무용수는 음악의 리듬에 ⓐ맞춰 신체를 움직이기보다는 음악과 별개로 몸을 즉흥적으로 움직임으로써 고유한 리듬을 만들어 내야 한다. 이는 무용수의 동작들이 어떠한 방식으로든 연결될 수 있다고 본 것이다. 즉, 커닝엄은 특정 동작과 연결될 수 있는 다음 동작이 정해져 있다는 기존의 견해를 부정하고, 모든 동작이 서로 이어질 수 있으며, 그러한 동작들의 전체적인 연결이 춤에 고유한 리듬을 형성한다고 주장했다. 또한, 커닝엄은 정면과 중앙을 주로 사용하던 기존의 무대 사용 방식도 바뀌어야 한다고 보았다. 춤은 무대의 어디서든 수행될 수 있기에, 관객 또한 어느 방향에서든 춤을 볼 수 있도록 무대를 구성해야 한다는 것이다.

**4.** 윗글에 대한 이해로 적절하지 <u>않은</u> 것은?

① (가) : 오늘날의 안무 개념은 과거와 달리 춤을 기호로 표현하는 행위를 포함하지 않는다.

② (가) : 푀이예는 신체적 움직임을 연구함으로써 대칭과 균형에 기초한 조화를 강조했다.

③ (나) : 푀이예의 이차원적 조형성은 19세기 후반까지도 춤이 추구해야 하는 규범으로 받아들여졌다.

④ (나) : 덩컨은 무용수들이 춤을 매개로 자유를 경험하는 데 화려한 복장이 방해가 된다고 주장하였다.

⑤ (나) : 달크로즈는 무용을 포함한 모든 예술이 신체의 고유한 변칙적인 내적 리듬에 기초한다고 설명했다.

5. 이차원적 조형성 에 대한 이해로 적절하지 <u>않은</u> 것은?

① 무용수들의 신체적 움직임이 대칭적이어야만 하는 이유를 정당화한다.

② 무용수의 신체적 움직임을 평면성에 기초해 분석하기 위해 고안되었다.

③ 무용수들의 움직임이 보여 주는 궤적이 특정한 선으로 나타난 것을 말한다.

④ 무용수들이 추구해야 하는 이상적인 춤의 특성임에도 무용수들의 주체성을 상실시킨다.

⑤ 무용수들의 춤을 기록하는 작업과 창작하는 작업이 분리되지 않는다는 인식을 전제한다.

6. (나)의 '덩컨'과 '커닝엄'이 모두 동의할 수 있는 진술로 가장 적절한 것은?

① 무용수들은 역사적으로 전승된 조형성에 기초해 인간의 내면을 표현하려는 노력을 수행해야 한다.

② 무용수가 좋은 춤을 추기 위해서는 먼저 자신의 내면에 집중하여 내적 감정들을 이해할 필요가 있다.

③ 무용수는 춤을 구성하는 동작들의 전체적인 연결을 통해 관객들에게 가능한 좋은 감정을 전달해야 한다.

④ 춤은 음악에 맞춰 신체를 움직임으로써 인간의 정서를 표현하는 행위이므로 좋은 음악을 토대로 나타난다.

⑤ 춤은 특정한 형식에 갇힌 신체적 움직임에서 벗어나 임의로 신체를 움직임으로써 리듬을 표현하는 예술이다.

7. ㉠, ㉡에 대한 이해로 가장 적절한 것은?

① ㉠은 춤이 규칙적인 기하학적 형태를 그려 내야 한다고 보고, ㉡은 춤이 불규칙적인 움직임을 표현하기도 한다고 본다.

② ㉠은 무용수들의 움직임을 관망하는 안무가의 역할을 강조하고, ㉡은 안무가를 배제하고 무용수들의 역할만을 중시한다.

③ ㉠은 무용수들이 움직이는 공간을 입체적으로 규정하고, ㉡은 춤이 수행되는 삼차원 공간을 과거에 비해 더 넓게 활용한다.

④ ㉠은 무용수들이 무대 위에서 사전에 결정된 경로에 따라 움직이도록 요구하고, ㉡은 안무가가 결정한 음악에 따라 춤을 추도록 요구한다.

⑤ ㉠은 기호화된 춤을 삼차원 공간에서 재현하는 것을 포괄하고, ㉡은 신체를 즉흥적으로 움직임으로써 새 동작을 창안하는 것을 포괄한다.

8. (가), (나)를 이해한 학생이 <보기>에 대해 보인 반응으로 적절하지 <u>않은</u> 것은? [3점]

〈 보 기 〉

포사이드는 고전 무용이 추구했던 조화로운 균형미를 해체하고, 무용수가 신체를 불규칙적으로 움직임으로써 발생하는 리듬을 강조했다. 포사이드에 따르면, 무용수들은 신체 부위를 활용해 어떤 방식으로든 움직임을 형성할 수 있으며, 그러한 움직임을 예측 불가능하고 비유기적인 방식으로 연결함으로써 음악적 리듬을 만들어 낸다. 이는 결과적으로 유기적 조형성이 아닌 유동적이고 다채로운 움직임을 펼치는 신체를 보여 준다. 또한, 포사이드는 춤의 구성에서 공간의 사용 방식을 중시했다. 가령, 무대에 조명 장치나 소품을 놓음으로써 관객의 시선이 모이는 초점을 여러 개로 설정하고, 이로써 춤으로 관객들의 시선이 모이는 것을 의도적으로 방해한다. 이를 통해 포사이드는 새로운 춤이 창안될 수 있다고 보았다.

① (가)에서 쿼이에는 춤이 이차원적 조형성에 근거한다고 보았다는 점에서, 춤의 조화로운 균형미를 해체하려 시도한 포사이드의 작업에 부정적 태도를 보이겠군.

② (나)에서 달크로즈는 유리드믹스에 기초해 춤이 좋은 리듬을 표현한다고 보았다는 점에서, 신체적 움직임을 통해 음악적 리듬을 표현하려 시도한 포사이드의 관점을 수용하겠군.

③ (나)에서 덩컨은 무용수가 정형화된 신체의 움직임에서 탈피한다고 보았다는 점에서, 무용수의 예측 불가능한 움직임을 강조한 포사이드의 주장에 수긍하겠군.

④ (나)에서 커닝엄은 춤을 구성하는 동작의 연결에는 제한이 없다고 보았다는 점에서, 신체의 비유기적 움직임으로도 춤이 이루어질 수 있다고 본 포사이드의 견해에 동의하겠군.

⑤ (나)에서 커닝엄은 어떤 위치에서든 춤이 보이도록 무대 공간이 구성되어야 한다고 보았다는 점에서, 관객들의 시선을 의도적으로 방해하는 포사이드의 무대 구성에 비판적이겠군.

9. ⓐ와 문맥상 의미가 가장 가까운 것은?

① 언니는 상사의 비위를 <u>맞추는</u> 일에 지쳐 있었다.

② 부서진 조각들을 제자리에 <u>맞추기</u>가 매우 어려웠다.

③ 색깔을 <u>맞춰</u> 물건들을 정리하고 나니 보기가 좋았다.

④ 친구와 일정을 <u>맞춰</u> 다음 달에 여행을 떠나기로 했다.

⑤ 모든 참가자는 심사 기준에 <u>맞춘</u> 원고를 작성해야 한다.

〔10~13〕 다음을 읽고, 물음에 답하시오.

인간은 서로 약간 떨어져 있는 두 눈이 있기에 같은 대상이라도 두 눈에 서로 약간 다른 상(象)으로 비치는데, 이러한 상의 차이를 시차라 한다. 인간의 뇌는 이러한 시차를 통해 대상에 대한 입체감을 얻는다. 이와 유사하게 카메라 두 대를 활용하여 얻는 이미지 간의 시차를 토대로 대상에 대한 거리 정보를 얻는 장치가 스테레오 비전이다.

서로 떨어져 있는 카메라 두 대로 얻는 이미지 두 개에 나타나는 같은 대상의 위치는 <그림>처럼 서로 달라지는데, 이때 두 이미지의 차이가 곧 시차에 해당한다. 대상은 실제 3차원 공간에 존재하는 물체이므로, 그 위치를 가로·세로·깊이라는 축 3개를 가

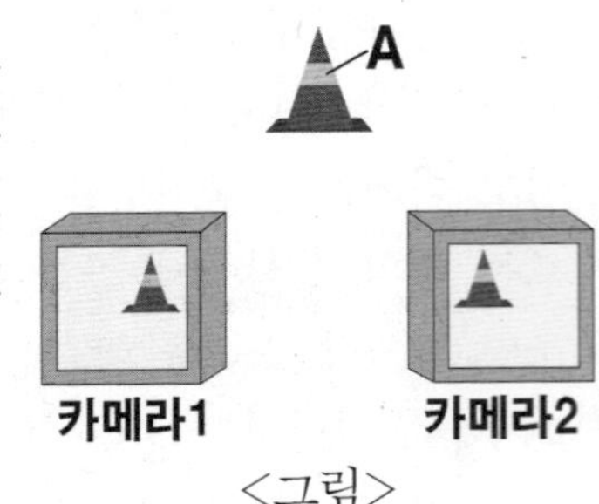


진 좌표에 표현할 수 있다. 대상의 특정 지점 A가 가로 $x$, 세로 $y$, 깊이 $z$라는 좌푯값을 갖는다고 하자. 그런데 카메라로 얻는 이미지들은 2차원이므로, 이는 가로축과 세로축만으로 표현된다. 카메라1로 얻은 이미지에서 A의 좌푯값이 $(x_1, y_1)$이고, 카메라2로 얻은 이미지에서 A의 좌푯값이 $(x_2, y_2)$라 하자. 카메라1과 카메라2의 높이가 같아 $y_1$과 $y_2$의 값이 같게 나타난다고 하더라도, $x_1$과 $x_2$의 값은 두 카메라가 대상을 바라보는 각도에 따라 달라지는데, 여기서 $x_1$과 $x_2$의 차이가 바로 시차이다.

여기서 시차·거리차·초점 거리라는 세 가지 요소를 통해 두 카메라 사이에 A를 똑바로 마주한 채 서 있는 촬영자와 A 사이의 실제 직선거리를 계산할 수 있다. 이 촬영자와 A 사이의 실제 직선거리는 거리차와 초점 거리를 곱한 값을 시차로 나눈 값과 같기 때문이다. 이때 거리차는 두 카메라가 서로 떨어져 있는 거리를 말하고, 초점 거리는 카메라의 렌즈와 카메라 내부에서 빛 신호를 전기 신호로 변환하는 장치인 촬상 소자 사이의 거리를 말한다. 거리차는 촬영 전에 카메라를 설치함으로써 미리 정해지는 값이고, 초점 거리는 카메라의 구조와 설정에 따라 미리 정해지는 값이므로, 결국 거리 정보에 가장 큰 영향을 미치는 것은 시차이다. 따라서 스테레오 비전의 정확성은 시차가 얼마나 잘 계산되는지를 토대로 평가할 수 있다.

다른 조건이 일정하더라도 촬영자와 대상의 실제 직선거리가 가까울수록 시차는 커지고, 촬영자와 대상의 실제 직선거리가 멀어질수록 시차는 작아진다. 또 다른 조건이 일정하더라도 두 카메라의 거리차가 커지면 시차는 커진다. 그런데 시차가 크게 나타날수록 그 값을 토대로 대상의 거리 정보를 더 정밀하게 계산할 수 있으므로, 촬영 이후 두 이미지의 시차를 통해 얻은 거리 정보가 불만족스럽다면 두 카메라의 사이를 이전보다 더 넓힌 후 재촬영한 이미지로 시차 및 거리 정보를 계산하는 것이 좋다. 단, 거리차가 커질수록 두 카메라가 더 멀어짐에 따라, 두 카메라로 얻는 이미지에 공통으로 나타나는 영역은 점점 줄어든다. ㉠ 스테레오 비전으로 대상의 거리 정보를 얻으려면 같은 대상이 두 이미지에 공통으로 나타나야 하므로, 결국 거리차가 커질수록 한 번에 거리 정보를 계산할 수 있는 영역은 더 좁아진다. 따라서 스테레오 비전 사용자는 상황과 목적에 따라 원하는 정보를 얻는 데 적합한 값으로 초점 거리와 거리차를 조절할 필요가 있다.

**10.** 윗글에서 답을 찾을 수 있는 질문으로 적절하지 <u>않은</u> 것은?

① 인간의 뇌는 어떻게 대상에 대한 입체감을 얻는가?

② 카메라의 촬상 소자가 빛 신호를 전기 신호로 변환하는 원리는 무엇인가?

③ 스테레오 비전이 카메라 한 대가 아닌 두 대를 함께 사용하는 까닭은 무엇인가?

④ 스테레오 비전 사용자는 어떤 경우에 거리차를 더 키워 대상을 재촬영해야 할까?

⑤ 스테레오 비전은 카메라로 얻은 이미지에서 대상에 대한 거리 정보를 어떻게 얻는 것일까?

**11.** 시차에 대한 설명으로 가장 적절한 것은?

① 카메라 한 대로는 얻을 수 없지만, 인간은 한 눈만으로도 얻을 수 있는 시각적 정보이다.

② 촬영하기 전 사용자가 카메라의 설치 및 설정을 어떻게 하는지에 따라 미리 정해지는 값이다.

③ 같은 높이에 설치되어 있는 카메라 두 대로 각기 얻은 이미지들 사이에서도 시차가 발생할 수 있다.

④ 인간이 어떤 대상을 바라볼 때 같은 대상에 대하여 두 눈에 맺히는 상(象)이 같아지는 원리에 의해 나타난다.

⑤ 스테레오 비전의 정확성은 시차가 작아져 두 카메라로 얻는 이미지 두 장이 얼마나 유사해지는지를 기준으로 평가된다.

**12.** ㉠의 이유로 가장 적절한 것은?

① 두 이미지에 공통으로 나타나는 대상이 없으면, 거리차 및 초점 거리 설정만으로 시차가 결정되기 때문이다.

② 두 이미지에 공통으로 나타나는 대상이 없으면, 시차가 지나치게 커져 거리 정보를 계산하기 어렵기 때문이다.

③ 두 카메라로 얻은 이미지에서 나타나는 특정 대상에 대한 시차가 없어져야만 거리 정보를 계산할 수 있기 때문이다.

④ 두 카메라로 얻는 이미지에서 공통으로 나타나는 영역이 커지려면, 두 카메라 사이의 거리를 넓혀야 하기 때문이다.

⑤ 스테레오 비전에서 거리 정보 계산의 토대인 시차는, 두 이미지에 공통으로 나타나는 대상 간의 차이이기 때문이다.

**13.** 윗글을 바탕으로 <보기>를 이해한 내용으로 적절하지 <u>않은</u> 것은? [3점]

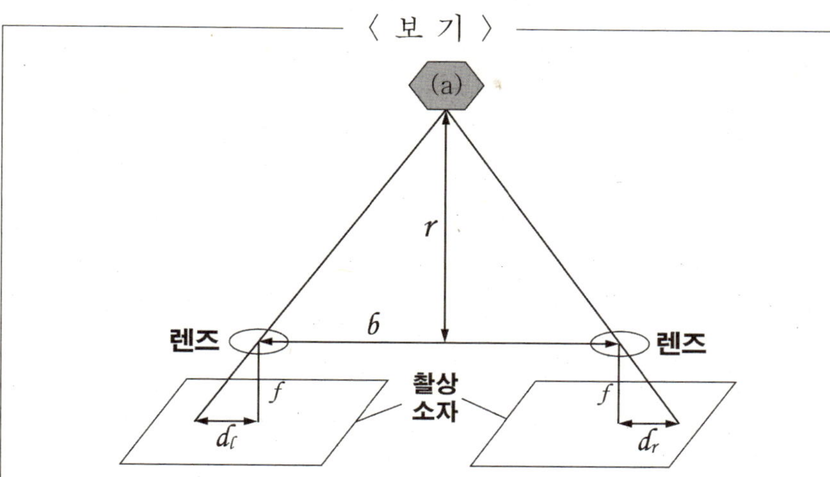


위 그림은 동일한 구조의 카메라 두 대로 같은 대상 (a)를 촬영하는 스테레오 비전의 구성 요소들을 나타낸 것이다. 이때 $r$은 촬영자와 대상 (a) 사이의 실제 3차원 공간상 직선거리이고, $b$는 두 카메라가 서로 떨어져 있는 거리이며, $f$는 카메라의 렌즈와 카메라 내부의 촬상 소자 사이의 거리이다. (a)에서 특정 지점의 위치를 3차원 좌표로 나타낼 때 가로축의 좌푯값이 $d$라면, 왼쪽 카메라로 얻은 이미지에서 $d$와 같은 지점의 위치를 나타내는 가로축의 좌푯값은 $d_l$이고, 오른쪽 카메라로 얻은 이미지에서 $d$와 같은 지점의 위치를 나타내는 좌푯값은 $d_r$이다. (단, 두 카메라의 높이는 동일하게 맞추어져 있다.)

① 다른 조건이 일정할 때, $d_l$과 $d_r$ 간의 차이는 $r$의 크기에 반비례한다.
② 다른 조건이 일정할 때, $b$를 작게 설정할수록 $d_l$과 $d_r$ 간의 차이도 작아진다.
③ 다른 조건이 일정할 때, $r$은 $b$와 $f$를 곱한 값을 $d_l$과 $d_r$ 간의 차이로 나눈 값과 같다.
④ 다른 조건이 일정할 때, $d_l$과 $d_r$ 간의 차이가 작아질수록 $r$의 값을 더 정밀하게 계산할 수 있다.
⑤ 다른 조건이 일정할 때, $b$가 커질수록 카메라 두 대로 얻은 두 이미지를 활용하여 한 번에 거리 정보를 계산할 수 있는 영역이 줄어든다.

[14~17] 다음을 읽고, 물음에 답하시오.

법률 규정은 임의 규정과 강행 규정으로 나뉜다. 먼저 임의 규정은 당사자의 의사에 따라 법률 적용을 배제하는 것이 허용되는 규정으로서, 사적 자치의 원칙을 따르는 것으로 이해할 수 있다. 사적 자치의 원칙이란, 계약과 같은 법률관계가 국가의 간섭 없이 개인들의 자유로운 의사에 따라 이루어지고, 그 결과에 대한 책임도 개인이 스스로 ⓐ 지도록 규율하는 것이 이상적이라고 보는 민법의 원칙이다. 단, 사적 자치의 원칙을 설명하는 민법 105조에 따르면, 당사자의 의사에 의해 배제되는 법령은 선량한 풍속 및 기타 사회 질서와 무관해야 한다.

이와 반대로 강행 규정은 당사자의 의사에 의해 법률 적용을 배제하는 것이 허용되지 않는다. 이는 사회적 형평을 위한 것으로 이해할 수 있다. 사적 자치의 원칙이 보장하는 자유를 제한 없이 허용하면, 사회적·경제적 약자들이 불리한 계약을 체결하게 되기가 ⓑ 쉽기 때문이다. 이러한 강행 규정은 법률관계의 당사자 쌍방에게 모두 적용되는 것이 일반적이지만, 일부 강행 규정은 한쪽 당사자에게만 적용된다. 가령 임대차 보호법에서 임대차 기간은 최소 2년으로 규정되는데, 임대인과 임차인이 1년으로 정한 임대차 계약에 대하여 관련 법규 위반을 근거로 계약 무효를 주장할 수 있는 것은 임차인뿐이다.

그런데 법조문에 임의 혹은 강행 규정이라는 점이 명시되지는 않으므로, ㉮ 규정에 대한 해석이 필요한 경우가 많다. 임의 규정을 설명하는 민법 제105조를 반대로 해석하면, 강행 규정은 선량한 풍속 및 기타 사회 질서와 관계있는 규정이며, 이를 위반한 법률 행위는 원칙적으로 무효이다. 일반적으로 법률 규정의 표현이 '~할 수 있다.'라고 표기된 것은 임의 규정으로, '~해야 한다.'라고 표기된 것은 강행 규정으로 ⓒ 본다.

그러나 강행 규정을 위반한 법률 행위가 반드시 무효가 되는 것은 아니다. 그 반사회성의 정도를 고려하여 위반 행위가 무효 처리되기도 하지만, 위반 행위에 행정적인 제재만 가하고 그 법적 효력 자체는 인정하기도 한다. 이때 전자와 같은 규정을 효력 규정, 후자와 같은 규정을 단속 규정이라 한다.

개별 강행 규정이 효력 규정인지 단속 규정인지 구별하는 것은, 규정 위반 행위의 구체적인 상황을 고려하여 이루어진다. 즉 법원은 해당 법률 규정의 취지에 따라 법규를 해석하여 적용한다. 만약 위반 행위를 무효로 하는 것이 법률 규정의 취지에 부합한다면, 강행 규정을 효력 규정으로 해석한다. 반면, 위반 행위를 무효로 했을 때 사회의 거래 질서를 ⓓ 흔드는 것처럼 강행 규정의 본래 취지와 어긋나는 사회적 영향을 ⓔ 미친다고 판단되면, 위반 행위에 형벌이나 과태료 등을 부과하면서도 그 법적 효력은 유지한다.

**14.** 윗글에 대한 이해로 적절하지 <u>않은</u> 것은?

① 강행 규정의 유형 중에서 효력 규정이 단속 규정보다 강행 규정의 본질에 상대적으로 가깝다고 볼 수 있다.

② 법률 적용에 대한 당사자의 배제 의사가 선량한 풍속 및 기타 사회 질서를 지키는 것보다 우선시되기는 어렵다.

③ 강행 규정은 개인 간 법률관계에 국가의 간섭을 허용하는 것이지만, 위반 행위의 효력을 전부 무효화하지는 않는다.

④ 최소 임대차 기간에 관한 법률 규정을 임대인이 효력 규정이라고 주장할 수 있는 것은 해당 법률의 취지에 부합한다.

⑤ 법원은 법률의 취지, 위반 행위의 반사회성, 사회적 영향 등을 구체적으로 고려하여 효력 규정과 단속 규정을 구별한다.

**15.** 다음은 ㉮와 관련한 추가 자료이다. 윗글을 바탕으로 A~C에 들어갈 말을 바르게 짝지은 것은?

'농수산물 유통 및 가격 안정에 관한 법률'에 따르면, 도매 시장 법인은 농수산물을 경매 또는 입찰의 방법으로 매매해야 한다. 이를 위반한 도매 시장 법인에는 업무 정지 처분과 같은 행정상 제재가 가능하다. 법조문 표현의 일반적인 특징을 고려하면, 해당 규정은 ( A )에 속한다고 해석할 수 있다. 그런데 우리나라 법원은 도매 시장 법인이 경매 또는 입찰을 거치지 않고 개별 거래를 했더라도 그 거래 자체가 법적으로 무효는 아니라고 판단하였다. 이러한 판례를 고려하면, 해당 규정은 ( B )임을 알 수 있다. 즉 법원은 사회 질서 유지를 고려하여, 도매 시장 법인의 농수산물 개별 거래에 대해 ( C )을/를 중시한 셈이다.

|   | A | B | C |
|---|---|---|---|
| ① | 강행 규정 | 효력 규정 | 법률의 원칙적 적용 |
| ② | 강행 규정 | 단속 규정 | 법률의 원칙적 적용 |
| ③ | 강행 규정 | 단속 규정 | 법률을 규정한 취지 |
| ④ | 임의 규정 | 효력 규정 | 법률을 규정한 취지 |
| ⑤ | 임의 규정 | 단속 규정 | 법률의 원칙적 적용 |

**16.** 윗글을 바탕으로 <보기>의 소송에 대한 법원의 반응을 추론한 내용으로 가장 적절한 것은? [3점]

< 보 기 >

개인 사업자 을은 공공사업을 추진 중인 공공기관 갑에게 사업에 필요한 제품을 공급하는 계약을 체결하였다. 갑은 을로부터 납품되는 제품의 20%인 수입품의 가격을 계약 전에 책정하고, 계약 후에는 이를 조정하지 않는다는 특약을 계약에 포함하였다. 그런데 갑작스러운 환율 변화로 수입품 가격이 급등하자, 을은 갑이 제시한 특약이 다음의 국가계약법 제19조를 어겼기에 무효라고 주장하는 소송을 제기하였다.

[국가계약법 제19조]
계약 담당 공무원은 국고의 부담이 되는 계약을 체결한 다음, 물가 변동으로 인하여 계약 금액을 조정할 필요가 있을 때 계약 금액을 조정한다.

① 법원이 특약을 인정하여 소송에서 을이 패소하고 갑이 승소하였다면, 법원은 국가계약법 제19조가 선량한 풍속 및 기타 사회 질서와 관련된다고 해석하였을 가능성이 크겠군.

② 법원이 법률관계에서 개인들의 자유로운 의사를 중시한다면, 수입품 가격 급등에 따른 결과를 계약 당사자 갑이 책임지고 계약 금액을 재조정해야 한다고 판단할 가능성이 크겠군.

③ 법원이 갑과 을 중 상대적 약자인 개인 사업자 을을 보호하는 것을 중시한다면, 특약을 법규 위반 행위로 보아 그 효력은 유지하되 갑에게 행정적 제재를 내릴 가능성이 크겠군.

④ 법원이 법을 규정대로 엄격하게 적용하는 것을 중시한다면, 갑이 제시한 특약의 효력을 계약대로 유지하는 것이 국가계약법 제19조의 목적에 부합한다고 판단할 가능성이 크겠군.

⑤ 법원이 계약 금액 재조정은 공공사업을 지연하여 국가계약법 제19조의 취지를 해친다고 본다면, 국가계약법 제19조가 강행 규정이라도 이를 단속 규정으로 해석할 가능성이 크겠군.

**17.** 문맥상 ⓐ~ⓔ의 단어와 가까운 의미로 쓰이지 <u>않은</u> 것은?

① ⓐ: 반장은 학급을 대표하는 의무를 <u>지고</u> 회의에 나갔다.

② ⓑ: 전문 용어가 많이 쓰인 그 책의 내용은 <u>쉽지</u> 않았다.

③ ⓒ: 그는 상대를 만만하게 <u>보는</u> 나쁜 버릇이 있다.

④ ⓓ: 김 선생이 발표한 논문이 학계의 정설을 <u>흔들었다</u>.

⑤ ⓔ: 보도 사진 하나가 사회 각 영역에 큰 파장을 <u>미쳤다</u>.

〔18~20〕 다음을 읽고, 물음에 답하시오.

(가)

　산모퉁이를 돌아 ㉠ 논가 외딴 **우물**을 홀로 찾아가선 가만히 들여다봅니다.

　우물 속에는 ㉡ 달이 밝고 구름이 흐르고 하늘이 펼치고 파아란 바람이 불고 가을이 있습니다.

　그리고 한 **사나이**가 있습니다.
어쩐지 그 사나이가 **미워져** 돌아갑니다.

　㉢ 돌아가다 생각하니 그 사나이가 가엾어집니다.
도로 가 들여다보니 사나이는 그대로 있습니다.

　**다시 그 사나이가 미워져 돌아**갑니다.
돌아가다 생각하니 그 사나이가 그리워집니다.

　우물 속에는 달이 밝고 구름이 흐르고 하늘이 펼치고 파아란 바람이 불고 가을이 있고 **추억**처럼 사나이가 있습니다.
– 윤동주, 「자화상」 –

(나)

㉣ …… 활자는 반짝거리면서 하늘 아래에서
<u>간간이</u>
<u>자유를 말하는데</u>
나의 영(靈)은 죽어 있는 것이 아니냐

벗이여
그대의 말을 고개 숙이고 듣는 것이
그대는 마음에 들지 않겠지
마음에 들지 않아라

㉤<u>모두 다 마음에 들지 않아라</u>
이 황혼도 저 돌벽 아래 잡초도
담장의 푸른 페인트 빛도
저 고요함도 이 고요함도

그대의 정의도 우리들의 섬세도
행동이 죽음에서 나오는
이 욕된 교외에서는
어제도 오늘도 내일도 마음에 들지 않아라

그대는 반짝거리면서 하늘 아래에서
간간이
자유를 말하는데
우스워라 나의 영은 죽어 있는 것이 아니냐
– 김수영, 「사령(死靈)」 –

---

18. 윗글에 대한 설명으로 적절하지 <u>않은</u> 것은?

① (가)와 (나)는 모두 유사한 문장을 변주하여 시상을 전개하고 있다.
② (가)와 달리 (나)는 의인화한 청자를 설정하여 말을 건네고 있다.
③ (가)와 달리 (나)는 의문형 표현을 사용하여 화자의 자조적 태도를 드러내고 있다.
④ (나)와 달리 (가)는 시간의 흐름을 통하여 화자의 심리 변화를 부각하고 있다.
⑤ (나)와 달리 (가)는 특정한 행동을 반복하는 모습을 통해 화자가 겪는 내적 갈등이 드러난다.

19. ㉠~㉤을 이해한 내용으로 적절하지 <u>않은</u> 것은?

① ㉠은 고립된 공간의 속성을 제시하여 화자가 느끼는 고독감을 드러내고 있다.
② ㉡은 자연을 이상적인 모습으로 형상화한 부분으로, 평화로움이 느껴진다.
③ ㉢은 화자의 태도가 전환되는 부분으로, 대상에 대해 양가적 감정을 지니고 있음이 드러난다.
④ ㉣은 시각적 심상을 활용하여 화자와 대조되는 시적 대상의 속성을 부각하고 있다.
⑤ ㉤은 부정 표현을 통해 현실에 대한 화자의 부정적 인식을 강조하고 있다.

20. <보기>를 바탕으로 (가)를 이해한 내용으로 적절하지 <u>않은</u> 것은? [3점]

---
〈 보 기 〉

　「자화상」은 주체가 자신의 무의식과 직면하는 과정을 그린 작품이다. 현실에 의해 억압된 자아의 일부는 개인의 무의식에 남아 심리적인 문제를 유발하는 기제로 작용하기도 한다. 내적 갈등을 겪는 개인은 자기 성찰을 통해 과거에 형성된 자신의 무의식을 들여다볼 수 있는데, 이 과정에서 발견한 내면적 자아를 회피하거나 부정하는 반응을 보이기도 한다. 개인이 겪는 심리적인 문제는 이 내면적 자아를 자신의 일부로 인정할 때 해결되는 경우가 많다.

---

① '우물'을 들여다보는 행위는 주체가 과거에 형성된 무의식을 직면하는 과정에 해당한다.
② '우물' 속에서 화자가 본 '사나이'는 현실에 의해 억압되었던 자아의 일부로 볼 수 있다.
③ '우물' 속 '사나이'를 '추억'처럼 여기는 것은 화자가 내면적 자아를 자신의 일부로 인정하게 된 결과이다.
④ '사나이'를 '미워'하면서도 다시 '우물'을 들여다보는 행위는 내적 갈등을 해결하려는 화자의 소망을 반영한다.
⑤ '다시 그 사나이가 미워져 돌아'가는 것은 자신에게 심리적 문제가 있음을 부정하는 화자의 반응으로 볼 수 있다.

[21~26] 다음을 읽고, 물음에 답하시오.

**(가)**

| | |
|---|---|
| 고향 산에 **봄비** 내린 뒤라 | 故山春雨後 |
| **꽃** 피고 고사리도 돋아나누나 | 花發蕨芽肥 |
| 부질없이 꽃을 찾아 떠나갔다가 | 謾欲尋芳去 |
| 달빛에 ㉠ 시 읊고 돌아오네 | 應須詠月歸 |
| 송료주는 동이 가득 익어 가고 | 松醪滿盎嫩 |
| 돌나물은 뿌리 내려 향기롭네 | 石荣着根緋 |
| 취해 눕자 **바람이 귓가에 나니** | 醉臥風生耳 |
| 도연히 **세상일을 잊어버리**노라 | 陶然忘世機 |

- 기대승, 「만흥」 -

**(나)**

배고프면 바구니 밥을 먹고 목마르면 표주박 물을 마시니
ⓐ 이리하는 가운데 즐거움이 또 있구나
남들의 뜬구름 같은 부귀야 부러울 줄이 있으랴 <제6수>

생애는 백발 몇 가닥 마음은 푸른 산 한 조각
**눈 달 바람 꽃에 사시가흥(四時佳興)** 다 갖추었다
이 외에 즐거운 일이 또 없을까 하노라 <제9수>

늙어 해 올 일이 없어 산중에 돌아오니
**소나무 국화 원숭이 학**이 다 나를 반기누나
아이야 술 가득 부어라 낙이망우*하리라 <제10수>

벗이 오마 하거늘 소나무 길을 손수 쓰니
무심한 백운(白雲)은 쓸수록 다시 난다
ⓑ 저 백운아 동문*을 덮지 마라 올 길 모를까 하노라 <제12수>

**무릉도원**이 있다 하여도 예전에 듣고 못 봤더니
**붉은 노을**이 골짜기에 가득하니 이 짐짓 거기로다
이 몸이 또 어떠한가 무릉인(武陵人)인가 하노라 <제14수>

산중에 병든 몸이 내 혼자 한가하여
죽고 살고 주리고 추움을 하늘께 부쳐 두고
평생 값없이 두는 것은 명월청풍뿐이로다 <제20수>

- 김득연, 「산중잡곡」 -

*낙이망우 : 즐기며 근심을 잊음.
*동문 : 골짜기의 입구.

**(다)**

  내가 소시에 시골 살 때, 목중노인에게서 받은 인상은 크다. 그의 내력은 아는 이 없으나 사림 측에서는 목중이란 호로 불려졌고, 마을 사람 사이에는 김 생원으로 불려져 왔다. 그는 시장에 가면 **행상**이요, 부락에 가면 **착실한 농부**요, 무릎을 꿇고 앉아 학동을 가르치면 **훈장이며 학자**였다. 큰 사랑에나 시회에 참석하면 박학하고 엄정한 의견과 시와 글, 글씨가 온 자리를 풍미했고, 온후하고 호탕한 풍치는 난만한 춘광(春光)을 불러일으켰다. 그의 토막 집에 들어서면 지필과 몇 권의 서책 외에는 씻은 듯했다.
  새벽같이 일어나 큰 산 나무를 해서 이십 리 길이나 되는 시장에 가서 팔아 왔다. 옷을 갈아입고 정좌하고 앉아 대여섯 명 학동에게 글을 가르치되 강미돈*을 받는 일이 없었다. 호박 한 개, 계란 한 개를 큰 재물같이 아끼는 규모지만 **이웃이나 남의 일을 돕고 구제하는** 데 있어서는, 선선하고 활달해서 **막히는 데가 없었**다. **생활**은 항상 **기갈을 면할 정도**에 그쳤으나 마음은 항상 **만족하고 유연한 모습**이었다. 어느 재경 지주가 **마름을 봐 달라**고 교섭을 하자,
  "산에 도토리가 없나 강에 물고기가 없나, ⓒ 이만하면 먹을 것은 얼마든지 있는데 내가 왜 남의 마름을 보나?"라고 한마디로 거절해 버렸다. 옆에서 듣던 사람이, "마름만 보면 생활이 당장 넉넉해질 것을 왜 거절하느냐?"고 묻자,
  "제 땅을 가지고도 앉아서 남이 진 농사로 **호강하는 것이 가증하거든**, 날더러 남의 땅 가지고 호강하란 말이오?" 하며 웃었다. 괴롭다거나 생활이 어렵다고 걱정하는 말을 들으면,
  "괴로울 입장에 앉아서 괴로운 것이 싫다면 죽겠다는 말이고, ⓓ 가난한 입장에 앉아서 가난한 것이 싫다면 도둑질할 생각이 있다는 말 외에 아무것도 아니라."라고 타일렀다.

(중략)

  관청에 다니는 청년이 입버릇처럼 늘 왜놈을 미워하는 사람이 있었다.
  "먹고 살 수가 없어서 그놈 밑에 월급 생활은 하지만 하루도 몇 번씩 울화가 치밀어서. 이것이 다 나라 없는 설움이지요." 하며 일본 사람 닦아세운 ㉡영웅담을 늘어놓는 이가 있었다. 그가 간 뒤에 이렇게 말했다.
  "ⓔ 이다음에 저런 애국자를 경계해야 한다. 차라리 친일파는 무섭지 않다. 저런 애국자가 무서우니라. 남도 애국자로 보고 제 자신도 애국자로 자칭하고 있는 사람들. 그가 울화가 치민 것은 가봉*이 부럽고 일본 사람 자리가 부러운 거다. 이다음에 **독립이 되**어서 그런 사람이 그 자리에 앉으면 차라리 일본 사람만 못하지. 젊은 사람들은 그것을 알아차려야지!"

- 윤오영, 「목중노인」 -

*강미돈 : 서당 선생에게 보수로 주던 돈.
*가봉 : 정한 봉급 외에 일정한 액수를 따로 더 줌.

**21.** (가)~(다)에 대한 설명으로 가장 적절한 것은?

① (가)에서는 색채의 선명한 대조를 통해 공간의 낭만적 분위기를 환기하고 있다.
② (나)에서는 명시적 청자에게 말을 건네는 방식으로 화자의 감정을 드러내고 있다.
③ (다)에서는 묘사의 방식을 활용하여 대상을 희화화하고 있다.
④ (나)와 (다)는 모두 대상을 의인화하여 냉소적 태도를 드러내고 있다.
⑤ (가), (나), (다)는 물음의 형식을 활용하여 현실에 대한 긍정적 인식을 도출하고 있다.

**22.** (나)에 대한 설명으로 적절하지 <u>않은</u> 것은?

① <제6수>의 '바구니 밥'은 '뜬구름 같은 부귀'와 대비되어 화자가 지향하는 삶의 태도를 표상한다.

② <제6수>의 '남들'은 <제12수>의 '벗'과 동일시되어 화자와 가치관을 공유하는 대상으로 제시된다.

③ <제9수>의 '백발 몇 가닥'에서 드러나는 현상을 화자는 <제20수>의 '하늘께 부쳐 두'는 태도로 수용한다.

④ <제12수>의 '백운'은 화자가 통제할 수 없는, <제20수>의 '명월 청풍'은 화자가 대가를 치르지 않아도 되는 대상이다.

⑤ <제10수>에서 '술'을 통해 '낙이망우'할 것이라는 화자의 다짐은 <제14수>에서 스스로를 '무릉인'으로 자부하는 데 영향을 준다.

**23.** <보기>를 참고하여 (가), (나)를 감상한 내용으로 적절하지 <u>않은</u> 것은? [3점]

> ──────── 〈 보 기 〉 ────────
>
> 기대승은 조선 중기의 성리학자로, 자연을 인간이 따라야 할 질서이자 조화로운 섭리로 인식하였다. 한편 김득연은 조선 후기에 관직에 나아가지 않고 은거한 이로, 자연을 세속적 가치에서 벗어난 공간으로 여겼다. 따라서 (가)에는 있는 그대로의 자연에 조응하여 촉발되는 화자의 내면이 드러나는 경향이, (나)에는 화자의 내면을 자연에 투영하여 이상적 공간으로 형상화하는 경향이 드러난다.

① (가)에서 '봄비'로 인해 '꽃 피고 고사리도 돋아나'는 정경은, 화자의 주관적 감정이 개입되지 않은 자연 현상 그 자체의 조화로운 변화를 보여 주는군.

② (가)에서 '귓가에 나'는 '바람'은 객관적인 자연의 자극으로, 화자가 자연스럽게 '세상일을 잊어버리'도록 하여 내면의 평온과 여유를 촉발하는군.

③ (나)에서 '눈 달 바람 꽃'은 세속적 가치와 거리가 먼 대상으로, 화자가 자연 속에서 '사시가흥'을 두루 느끼는 근거로 작용하는군.

④ (나)에서 '소나무 국화 원숭이 학'이 반긴다고 표현한 것은 화자의 내면을 투영한 표현으로, 탈속이 유예되는 상황에 대한 극복 의지를 내포하는군.

⑤ (나)에서 '붉은 노을'이 가득한 '골짜기'를 '무릉도원'으로 표현한 것은, 화자가 자연을 내면의 이상향과 일치하는 공간으로 그려 내고 있음을 드러내는군.

**24.** ㉠, ㉡을 비교하여 이해한 내용으로 가장 적절한 것은?

① ㉠은 화자가 여정을 중단하는 이유로 작용하고, ㉡은 인물이 복종을 거부하는 원인으로 작용한다.

② ㉠은 화자가 만족감을 느끼는 상황에서 비롯되고, ㉡은 인물이 열등감을 느끼는 상황에서 비롯된다.

③ ㉠은 목적을 이루지 못한 화자의 허탈함을 반영하고, ㉡은 인물이 글쓴이와 공유하는 분노를 반영한다.

④ ㉠은 화자가 시간의 흐름을 자각하는 단서를 제공하고, ㉡은 인물이 불평등한 현실을 깨닫는 계기를 제공한다.

⑤ ㉠은 근심을 해소하고자 화자가 선택한 수단이고, ㉡은 타인에게 긍정적 인상을 주고자 인물이 선택한 수단이다.

**25.** ⓐ~ⓔ에 대한 설명으로 가장 적절한 것은?

① ⓐ: 일상에서 벗어난 경험을 통해 삶의 활력을 회복하려는 소망을 담고 있다.

② ⓑ: 예상치 못하게 자신이 목적지에 이르지 못할 수도 있다는 우려를 드러내고 있다.

③ ⓒ: 타인의 도움을 받아서는 가난에서 벗어날 수 없다는 현실 인식을 내포하고 있다.

④ ⓓ: 주어진 현실을 바꿀 수 없다고 여기며 현실에 순응하는 태도를 경계하고 있다.

⑤ ⓔ: 인물의 반응과 진의가 반대되는 상황을 올바르게 파악할 것을 촉구하고 있다.

**26.** <보기>의 [A]에 들어갈 학생의 말로 적절하지 <u>않은</u> 것은?

> ──────── 〈 보 기 〉 ────────
>
> **선생님** : 여러분, 「목중노인」의 첫머리에는 '빗속에 온갖 풀이 가을 들어 다 졌다마는, 뜰 앞에 결명화는 안색도 고운지고'라는 두보의 시구가 인용되어 있습니다. 글쓴이는 '목중노인'을 '결명화'에 비견하여, 어려운 상황에도 세속의 기준에 얽매이지 않고 자신만의 방식으로 살아가며 공동체를 지키는 태도를 긍정하고 있어요. 이런 점을 고려하여 「목중노인」을 감상해 볼까요?
>
> **학  생** : _______________[A]_______________
>
> **선생님** : 네, 잘 말했습니다.

① 목중노인이 '행상'이자 '착실한 농부'이자 '훈장이며 학자'였다는 데서는, 사회적으로 정해진 특정한 역할에 얽매이지 않는 인물임을 확인할 수 있습니다.

② 목중노인이 '이웃이나 남의 일을 돕고 구제하는' 일에 '막히는 데가 없'다는 데서는, 헌신적으로 공동체를 지켜 나가는 면모를 확인할 수 있습니다.

③ 목중노인이 '기갈을 면할 정도'의 '생활'에도 늘 '만족하고 유연한 모습'이었다는 데서는, '온갖 풀'들과 달리 시련을 견디는 '결명화'의 모습을 연상할 수 있습니다.

④ 목중노인이 '마름을 봐 달라'는 요청을 거절하고 '호강하는 것이 가증하'다고 말하는 데서는, 세속적 이익을 멀리하고 공동체적 가치를 추구함을 알 수 있습니다.

⑤ 목중노인이 '독립이 되'는 이후를 염려하는 데서는, 두보의 시의 '빗속'과 같은 위기가 반복되며 끝내 공동체가 분열되는 상황을 경계함을 엿볼 수 있습니다.

[27~30] 다음을 읽고, 물음에 답하시오.

> **[앞부분의 줄거리]** 주말에만 집에 오는 '그'는 예정되지 않은 날 집에 왔다가 문이 잠겨 들어가지 못하고, 때마침 상경한 아버지와 함께 아내의 귀가를 기다린다.

[A] 마주 보이는 관악산 발치로 어스름이 고이고 있었다. 기다린다는 것도 참 막연한 짓이군, 하고 그는 중얼거렸다. 아내 쪽에서야 군이 귀가 시간에 신경 쓸 이유가 없다고 생각되었다. 두 아이 녀석은 으레 귀가가 늦다. 이른바 수도권의 분교에 적을 두고 있는 큰놈은 평소 빨라야 아홉 시 열 시다. 또 고3 짜리 둘째는 보충 수업에다 자율 학습까지 있어 자정 가까운 시간에나 돌아오곤 하였다. 아내의 귀가 시간을 간섭하는 것은 아무 것도 없다. 그 점에 관한 한 그녀는 제왕처럼 자유롭다고 그는 생각하였다.

"열쇠가 하나밖에 없더나? 몇 개 더 맹글지 그랬노."

노인의 핀잔이었다.

"열쇠 맹그는 데 가마 직석에서 똑같응 거 맹글어 준대이. 그느 마늘, 재주 참 희한하니라."

"예, 한 개 더 만들어야겠네요."

그는 고작 맥풀린 웃음을 지어 보였다. 실인즉 열쇠를 두 개나 더 복제했었다. 그래서 식구들이 죄 하나씩 가지고 다닌다. 단지 자기만 예외인 것이다. 집을 찾는 일이 한 달에 고작 한 번이라고 해도 역시 열쇠는 지니고 있어야겠다고 그는 마음먹었다. 어떻게 보면 그것은 실제 사용 여부 이상의 상징적 의미를 지닌다는 생각이 들었다. 한 줌씩이나 되는 열쇠꾸러미를 허리춤에다 흔히 차고 다니는 사람들을 그는 비로소 이해할 수 있을 것 같았다. 그것처럼 완전한 소유의 징표가 어디 있으랴. 아내는 물론, 내 아이들까지 가지고 다니는 것을 나는 갖고 있지 못하다. 나의 가정이란 생각은 어쩌면 착각인지도 모른다. 그들의 가정이라고 해야 마땅하다. 그러고 보니 자신은 늘 잠긴 문밖에서 서성거리고 있었다는 느낌이 들었다. 아버지의 집을 떠나온 이래 지금 이 후줄근한 나이에 이르도록 말이다…… 그 깨달음은 몹시 씁쓸한 것이었기 때문에 그는 한동안 말을 잃어버렸다.

(중략)

낯선 이웃들이 서둘러 제 구멍을 찾아 기어들고 있었다. 그는 한 발 앞서 아파트의 계단을 성큼성큼 올라갔다. 아내의 귀가를 추호도 의심하지 않았다.

그를 맞아 준 것은 그의 책가방이었다. 그 손때 묻은 물건이 철제 손잡이에 변함없이 걸려 있었다. 이번에야말로 아내의 귀가를 추호도 의심치 않았기 때문에 그는 조금 당황하였다. 아니, 좀 황당한 기분이 들었다. 이 여자가 어떻게 된 거지? 가출했나? 문득 그런 생각이 들었다. 그러나 그는 픽 웃고 말았다. 그리고 그 웃음이, 당황스럽고 황당하기까지 한 기분으로부터 그를 구해 주었다. 가출? 그는 한번 더 벌쭉 웃었다. 그런 충동을 느껴 본 적은 있느냐고 물어 보기는 해야지, 하고 그는 작정하였다. 집을 찾는 일을, 내가 자주 성가시게 느끼듯이 말이야.

"와 그라고 있노? 니 안사람, 안죽 안 왔나?"

뒤따라 올라온 노인이 더 놀라고 난감한 표정을 지었다.

"무신 일 생긴 거 아이가? 이래 기양 있어도 되는 기가? 어데 이웃에라도 좀 물어 보능 기 안 좋겠나 싶구마는……."

"무슨 일 있을라구요. 괜한 걱정 마세요. 시내라도 나간 모양이지요 뭐."

여기서 시내란 서울 쪽을 뜻한다. 그쪽으로 나들이해야 할 일인들 왜 없으랴. 그쪽은 일천만이 넘는 인구가 아글바글 모여 사느니만치 아내라고 하여 사고무친일 턱은 없다고 그는 생각하였다. 그 안엔 친구도 있고 일가붙이도 당연히 있으리라. 오랜만에 어울리다 본즉 늦어지고 있겠지. 애초부터 이럴 생각이야 아니었을 테지. 어쩌면 찻길이 막혔는지도 모른다. 아, 그놈의 서울 쪽 교통 사정이라니! 그는 열심히 궁리하면서 스스로 고개를 주억거리기도 하였다. 그런데 노인이 또 참견하였다.

"시상이 워낙 험해 놔서…… 요새 젊은 여자들 밤길 댕기겠더나 어데."

"걱정 마시라니깐요. 그렇게 젊은 여자도 아닙니다."

[B] 그는 좀 짜증스럽게 대꾸한 다음 거의 충동적으로 옆집 초인종을 눌렀다. 그리고는 스스로도 놀라 뒤로 주춤 물러섰다. 다행히 반응이 없었다. 이 집도 비었는가 보다고 생각하고 등을 돌려 세우는데 그때서야 여자의 조심스런 목소리가 흘러나왔다.

"누구세요?"

문은 닫힌 채였다. 아마도 렌즈구멍으로 내다보고 있을 테지. 그는 상대가 이쪽을 잘 확인할 수 있도록 얼굴을 쳐들고 커다란 소리로 대꾸하였다.

"옆집인데요, 오백삼 홉니다만……."

"그래서요? 무슨 일이신데요?"

문이 열릴 기미는 없었다. 그는 잠시 주저하였다. 언젠가 아내에게 들은 바로는, 젊은 맞벌이 부부가 산다고 하였다. 목소리로의 주인공은 아무래도 그 부인은 아닌 듯 나이와 촌스러움이 느껴졌다. 나이 든 가정부이거나 또는 시골서 올라온 노모인 모양이라고 짐작되었다. 별 기대 없이 그는 물었다.

"혹시 우리 집사람 어디 간다는 얘기 없었습니까?"

"글쎄요, 암말 없었구만요. 안에 안 계시우?"

"네, 어딜 갔는지 없구만요. 실례 많았습니다, 감사합니다."

그는 닫힌 문에다 대고 두어 번 머리를 숙였다. 저쪽에서는 더 이상 대꾸가 없었다. 하지만 이쪽의 거동을 계속 지켜보고 있는 듯 은밀한 기척이 느껴졌다.

– 이동하, 「문 앞에서」 –

---

**27.** [A]와 [B]에 대한 설명으로 적절하지 <u>않은</u> 것은?

① [A]는 비유적 표현을 활용하여 다른 인물과의 관계를 암시하고 있다.

② [B]는 인물의 연속적인 행위를 제시하여 심리 상태를 나타내고 있다.

③ [A]와 [B]는 모두 서술의 초점을 특정 인물이 처한 상황에 맞추고 있다.

④ [A]는 독백적 발화를, [B]는 인물 간의 대화를 삽입하며 인물이 처한 상황을 드러내고 있다.

⑤ [A]는 시간적 배경을 통해 장면의 분위기를 드러내고, [B]는 공간적 배경의 묘사를 통해 사건 전개를 지연시키고 있다.

28. 윗글에 대한 이해로 가장 적절한 것은?

① '그'는 열쇠를 복제하지 않고 단 하나만 놔둔 것을 후회하였다.
② '그'는 집을 떠나온 아버지의 초라한 행색을 보고 쓸쓸함을 느꼈다.
③ '그'는 각자의 집으로 귀가하는 이웃들을 보고 아내의 부재에 분노했다.
④ '그'는 아내와 함께 나들이를 나갔던 일을 언급하며 '노인'을 안심시켰다.
⑤ '그'는 목소리만 듣고 자기와 대화를 나눈 옆집 사람의 정체를 추측했다.

29. 아내의 귀가를 중심으로 윗글을 이해한 내용으로 적절하지 않은 것은?

① '아내의 귀가'에 대한 기대가 좌절된 '그'의 당혹스러운 반응이 제시되고 있다.
② '아내의 귀가' 여부를 확인한 '노인'이 '아내'의 신변을 염려하고 있음이 드러나고 있다.
③ '아내의 귀가'가 늦어지는 상황을 '그'가 대수롭지 않게 여기려 하고 있음이 나타나고 있다.
④ '아내의 귀가' 문제를 근심하는 '노인'의 걱정을 물리치는 '그'의 짜증스러운 태도가 표출되고 있다.
⑤ '아내의 귀가'가 늦어지는 까닭을 추측하는 '그'와 '노인' 간의 의견 대립이 긴장된 분위기를 자아내고 있다.

30. <보기>를 참고하여 윗글을 이해한 내용으로 적절하지 않은 것은? [3점]

> ───── 〈 보 기 〉 ─────
> 문(門)은 공간의 안팎을 구획하는 구조물로, 문학 작품에서는 그 개폐 상태에 따라 외부 세계를 대하는 개인의 태도 혹은 개인의 처지를 나타내는 상징으로 자주 활용된다. 「문 앞에서」는 닫힌 문 앞에서 배회하는 인물들의 모습을 통해 가정에서조차 소외된 채 무력하게 살아가는 이들의 고단한 삶을 그려 낸 소설로, 독자에게 인간적 교류와 소통이 단절된 현대 사회를 성찰할 기회를 제공하고 있다.

① 옆집에 사는 여자가 문을 열 기미를 보이지 않는 데에서, 외부 세계를 대하는 개인의 폐쇄적 태도를 확인할 수 있어.
② 아내와 아이들이 모두 가지고 다니는 열쇠를 갖고 있지 않다는 점에서, 가정에서 소외된 '그'의 모습을 확인할 수 있어.
③ '그'가 닫힌 옆집 문에다 대고 머리를 숙여 인사하는 데에서, 인간적 교류와 소통이 단절된 현대 사회의 모습을 확인할 수 있어.
④ 열쇠꾸러미를 완전한 소유의 징표로 여기며 부러워하는 데에서, 집을 소유하는 것의 중요성을 느낀 '그'의 내면을 확인할 수 있어.
⑤ 자신이 늘 잠긴 문밖에서 서성거리고 있었다고 생각하는 데에서, 어느 한 곳에 소속감을 느끼지 못하는 '그'의 처지를 확인할 수 있어.

[31~34] 다음을 읽고, 물음에 답하시오.

> [앞부분의 줄거리] 까투리의 남편인 장끼는 들판에서 발견한 콩 한 알을 먹다 덫에 걸려 죽고, 까투리는 남편의 장례를 치른다.

솔개가 하늘 높이 떠오다가 자식들을 굽어보고,
"어느 놈이 만상제냐, 내 한 놈 데려가자."
이놈 저놈 눈길 주다가 얼른 덮쳐서 공중으로 툭 채어 들고 만 길 높이 되는 절벽 위에 너풀 섭적 올라앉아 이리 뒤적 저리 뒤적,
"좋을시고, 좋을시고. ⓐ 연 사나흘 굶음으로 맛난 것 먹지 못했다가 인간의 최고 맛을 이제야 얻었구나. 문어, 전복, 해삼탕은 재상 집안의 제일 좋은 음식이요, 잔초 자반 송엽주는 수재들의 제일 좋은 음식이요, 보리 탁주 막걸리는 농부 집안의 제일 좋은 음식이요, 절로 죽은 강아지는 까막까치에게 제격이요, 아직 꼬리 나지 않은 병아리는 솔개 장군의 제일 좋은 음식이라. 굵으나 작으나 간에 꿩 한 마리 얻었구나. 이 아니 빛나는 일이며 그 아니 복 있는 일인가?"
너풀너풀 춤추다가 아차 하고 돌아보니, 바위 아래 퉁 떨어트려 자취 없이 숨었구나. 방울눈을 부릅뜨고 기웃기웃 살펴본들 목숨 구해 도망간 작은 짐승 행적이 온데간데없다.
"오냐, 그러? 어이하리. 그것 잃고 내 못 살랴?"
속절없이 물러앉아 하늘을 쳐다보고 크게 웃으며 이른 말이,
"연나라 장사 형가도 삼척비수(三尺匕首)를 감추고 도모하려 할 때 만고영웅 진시황을 소매 잡고 찌르려다가 여덟 척 되는 병풍을 뛰어넘어 기둥을 돌아 달아나는 바람에 붙잡지 못했고, 한나라 수정후(壽亭侯) 관운장도 삼국 정병 거느리고 화용도 좁은 길에서 잡았던 조조를 놓아주었고, 산을 뽑을 만큼 힘센 초나라 항우도 가둔 유방 풀어 주었고, 술 취한 가운데 범수(梵嫂)는 계책을 내어 달아났고, 함곡관(函谷關) 새벽닭 울게 하여 맹상군을 놓아주었네. 악착같은 솔개 장군도 꿩 새끼 하나 놓아주었으니, 이것 또한 적선이라 백년음덕을 입으리라."
그러고는 훨훨 날아올라 하늘 한가운데 높이 떴다.
백두산 까마귀가 팔공산 찾아갈 때 길 가운데서 허기져 요기할 요량으로 문상하고 국과 술 석 잔에 크게 취해 이른 말이,
"그 벗이 우리 가운데 가장 오래 산 어른이라. 심덕으로 볼지라도 향수(享壽)*하리라 믿었는데 콩 한 낱을 못 참아서 죽었다는 말이 친구 중의 수치로다. ⓑ 우리들이야 그런 음식을 볼을 치며 먹으라 한들 먹겠는가? 오늘날 이 말씀이 박절하다 할지 모르지만, **장군 나자 용마가 나고, 문장 나자 명필이 난다** 하네. 네가 오늘 과부 되자 내가 오늘 여기 왔네. 이 또한 연분이라 백년동락 어떠하냐?" / 까투리가 정색하고 왈,
"졸곡도 안 하고 개가하여 간다는 말이 어느 선생의 예법인고? **금이 여수에서 나온다** 하나 물마다 금이 나오며, **옥이 곤강에서 나온다** 하나 산에서마다 옥이 나오냐?"

(중략)

까투리 이 말 듣고 눈물 씻고 이른 말이,
"ⓒ 전생의 무슨 죄로 이내 팔자 기구하여 우리 낭군을 잃고 수절하며 삶을 마치고자 했더니, 다른 오리들이 위력으로 겁탈하려 하고 생애 자랑 갸륵하고 의관 치레 빛내 입고 오락가락 쫓아다니며 내일모레 기약하거늘, 일가친척 의지 없어 어느 누가 돌봐

줄꼬? 천지현황(天地玄黃) 적을시고, 이내 몸 갈 데 없어 자결해 죽자 하니 모든 자식 방 안에 가득하고, 다른 가문으로 시집가고자 하니 박명한 청상과부 기롱하네. 동해수를 향해서 덥뻑 빠져 죽자 하여 **노중련(魯仲連)**의 자취 따라 명월기상 되어 있고, **굴원**의 혼이 되어 소실풍송 의지하고, 공강(共姜) 백주(柏舟) 돛을 달아 범피중류(泛彼中流) 흘러가고, 소상반죽(瀟湘斑竹) 황릉사(黃陵祠)의 이비 정령 좋았더니 망명 무지(無知) 가는 길을 하느님이 가리켜 산명곡응(山鳴谷應) 응장한데, 동류 집에 찾아오니 하룻밤 지낸 정이 만리장성같이 높았어라." / 사내 장끼 이른 말이,

"ⓓ 부인 말씀 같을진대, 그래도 이 세상에 살아 있고 볼 것이라. 해상을 밟고 건넌 **노중련**도 천하의 고사(高士) 못 되었고, 스스로 멱라수에 몸을 던진 **굴원**도 물고기 뱃속의 충혼이 되었을 뿐이고, 공강의 범주시(泛舟詩)도 살아 있어 지은 것이라. 이비의 황릉사도 지별기주 했으니 내 몸이 산 연후에 절행 치례 다음이라. 우리 같은 미물이야 훼절 개가 관계있으랴? 종이 다른 물오리에게는 몸을 허락하기 어렵거니와 나 같은 장 도령은 꿩이라. 일찍 부모 여의고 부인 죽는 상을 가져 장가 진작 못 들어서 누대봉사할 몸이 대를 이을 자손 끊기는 것이 두렵구나. 다른 동류 암수들의 부부 상락(相樂) 부러워라. 내 소견이 이러하니, 부인 의사 어떠하뇨?"

까투리 이 말 듣고 묵묵히 앉았다가 다시금 생각하여,

"ⓔ 아무려면 이내 팔자 한두 낭군 아니었거든 절행 있다고 누가 이를 것이며, 아들과 딸 많이 낳아 남의 가문 이뤄 놓고, 영창을 길게 낸 집을 다시 지어 연리지 심어 놓고, 월하노인의 연분을 다시 맺어 부부 은정 둘 것이라."

이곳에 길이 있을 요량으로 지내더라.

– 작자 미상, 「장끼전」 –

*향수 : 오래 사는 복을 누림.

**31.** 윗글에 대한 설명으로 가장 적절한 것은?

① 서술자가 개입하여 과거의 사건을 요약적으로 제시하고 있다.
② 상황에 어울리지 않는 비유를 활용하여 웃음을 유발하고 있다.
③ 인물의 연속적인 행동을 서술하여 성격 변화를 보여 주고 있다.
④ 동시에 일어나는 두 개의 사건을 병치하여 긴장감을 조성하고 있다.
⑤ 열거의 방식을 활용하여 인물들이 처한 상황을 생동감 있게 그려 내고 있다.

**32.** 윗글에 대한 이해로 적절하지 <u>않은</u> 것은?

① 솔개는 기대했던 상황이 뜻대로 이루어지지 않았음에도 여유로운 태도를 보인다.
② 까마귀는 인물이 사소한 일로 죽음을 맞이한 사실에 대한 부끄러움을 드러낸다.
③ 까투리는 위협적인 상황을 겪으며 갈 곳이 없는 무력한 자신의 처지를 자각한다.
④ 장끼는 까투리와 자신의 처지가 다르더라도 함께 지내는 데에 문제가 없다고 주장한다.
⑤ 까투리는 대가 끊길 것을 염려하는 장끼에게 가문을 번성시키겠다는 의지를 드러낸다.

**33.** ⓐ~ⓔ에 대한 이해로 가장 적절한 것은?

① ⓐ : 자신의 처지를 설명하며 앞으로 벌어질 일에 대해 상대의 양해를 구하고 있다.
② ⓑ : 가정적 상황을 설정하여 다른 인물을 부정적으로 평가하는 근거를 제시하고 있다.
③ ⓒ : 자신의 불행을 타인의 탓으로 돌리면서 원인을 제공한 인물에 대한 원망을 표출하고 있다.
④ ⓓ : 상대의 심정에 공감하고 있음을 드러내며 상대가 계획을 실행할 수 있도록 격려하고 있다.
⑤ ⓔ : 자신이 범한 과오를 인정하며 새롭게 변모하겠다는 의사를 표출하고 있다.

**34.** <보기>를 참고하여 윗글을 감상한 내용으로 적절하지 <u>않은</u> 것은? [3점]

〈 보 기 〉

**선생님** : 인간은 욕망을 추구하는 과정에서 현실의 다양한 제약과 갈등을 마주하게 됩니다. 고전 소설 속 인물들은 이러한 상황에서 자신의 처지나 입장을 드러내기 위한 논리적 근거로 역사적 인물을 언급하거나 속담이나 관용구, 고사와 같은 표현을 자주 활용해요. 이 점을 고려하며 윗글에 등장하는 인물들의 현실 대응 전략을 파악해 보세요.
**학 생** : _______________[A]_______________
**선생님** : 네, 맞아요.

① 솔개가 '관운장'과 '항우'의 고사를 제시한 것은, 역사 속 영웅들의 사례에 빗대어 '병아리'를 놓친 자신의 욕망 좌절을 의도된 일처럼 합리화하기 위함입니다.
② 까마귀가 '장군 나자 용마가 나고, 문장 나자 명필이 난다'라는 속담을 제시한 것은, 까투리가 과부가 된 상황을 자신이 욕망을 충족할 자연스러운 기회로 정당화하여 까투리를 설득하기 위함입니다.
③ 까투리가 '금이 여수에서 나온다', '옥이 곤강에서 나온다'라는 관용적 표현을 제시한 것은, 까마귀가 자신의 욕망을 충족시켜 주기에 적합하지 않은 상대임을 강조하여 거절 의사를 밝히기 위함입니다.
④ 까투리가 '노중련'과 '굴원'의 사례를 언급한 것은, 생존하려는 욕망이 좌절되어 죽음을 고려했던 자신의 괴로운 처지와 내적 갈등을 드러내기 위함입니다.
⑤ 장끼가 '노중련'과 '굴원'의 사례를 언급한 것은, 비극적 선택의 무의미함을 강조하여 까투리가 욕망을 포기하지 않고 현실과 타협하도록 설득하기 위함입니다.

**＊ 확인 사항**
○ 답안지의 해당란에 필요한 내용을 정확히 기입(표기)했는지 확인하시오.
○ 이어서, 「선택과목(화법과 작문, 언어와 매체)」문제가 제시되오니, 자신이 선택한 과목을 선택하여 풀이하시오.

# 국어 영역(화법과 작문)

제 1 교시

[35~37] 다음은 학생의 발표이다. 물음에 답하시오.

여러분의 생애 첫 기억은 언제인가요? (청중의 반응을 보고) 네, 사람들은 대부분 출생 후 네 살까지의 일들을 잘 기억하지 못합니다. 이를 아동기 기억 상실이라고 하지요. 그 이유에 관해서는 수많은 이론적 설명이 있는데요. 그중에서도 대표적인 것은 기억에 중요한 역할을 하는 해마의 생물학적 성숙이 4세 이후에 본격화되기 때문이라는 설명입니다.

(자료 제시) 그런데 보통 서양권 사람들이 동양권 사람들보다 더 이른 시기의 기억을 생애 첫 기억으로 갖고 있습니다. 왜 그럴까요? (청중의 대답을 듣고) 굉장히 좋은 답변인데요. 말씀하신 것처럼 동양인에 비해 서양인이 신체 성장 속도가 더 빠르기에 해마가 발달하는 시점 또한 서양인이 더 빠를 가능성이 있습니다.

그런데 저는 생애 첫 기억 시점의 차이가 해마의 발달 시점보다는 후천적 경험에서 비롯된다는 관점에서 이 문제에 접근하고자 합니다. (자료 제시) 보시는 것처럼 동양권보다 서양권의 부모가 자녀와 과거 사건을 주제로 대화할 때 해당 사건에 대한 감정을 언급하는 비율이 훨씬 높습니다. (청중의 요청을 듣고) 쉬운 예를 들자면, 서양권 부모는 아이가 친구와 다툰 과거의 사건을 이야기할 때 당시 아이의 기분이 어땠는지를 궁금해하는 반면, 동양권의 부모들은 친구와 화해를 하려면 어떻게 해야 하는지와 같은 교훈적인 내용의 대화를 한다는 겁니다.

아마 많은 분께서 "그래서 부모의 대화 방식이 아동기 기억 상실과 무슨 관련이 있다는 거지?"라는 의문을 가지실 텐데요. 이렇게 분노, 기쁨, 슬픔과 같이 정서와 관련된 기억을 '정서 기억'이라고 합니다. 이는 뇌질환으로도 잘 손상되지 않는 편도체라는 뇌 영역에 보관되는데요. 그래서 정서 기억이 '가장 질긴 기억'이라는 말도 있답니다. (자료를 가리키며) 즉, 서양권의 부모는 과거 사건과 연관된 아이의 정서에 관해 많이 언급하기에 어린 시절에 대한 아이의 기억이 단순한 일화 기억이 아닌 정서 기억으로 변하는 것이죠. 그리고 이는 더 오랫동안 상실되지 않고 뇌 속에 저장되는 것입니다.

벌써 시간이 다 되었네요. 오늘 발표는 여기서 마쳐야 할 것 같습니다. 이제 발표와 관련하여 질문을 받아 보겠습니다.

**35.** 위 발표자의 말하기에 대한 설명으로 가장 적절한 것은?

① 자신의 구체적 경험을 바탕으로 청중의 반응을 예측하며 말하고 있다.

② 청중의 요청을 반영하여 발표 자료 중 일부만을 선택해서 제시하고 있다.

③ 청중의 이해를 돕기 위해 사전에 안내된 발표 순서를 바꾸어 설명하고 있다.

④ 청중을 칭찬하는 말로 발표를 마무리하면서 청중과 긍정적 유대감을 쌓고 있다.

⑤ 청중에게 발표 주제와 관련된 질문을 던져 화제에 대한 호기심을 자극하고 있다.

**36.** 발표자의 자료 활용 계획 중 발표에 반영된 것으로 가장 적절한 것은? [3점]

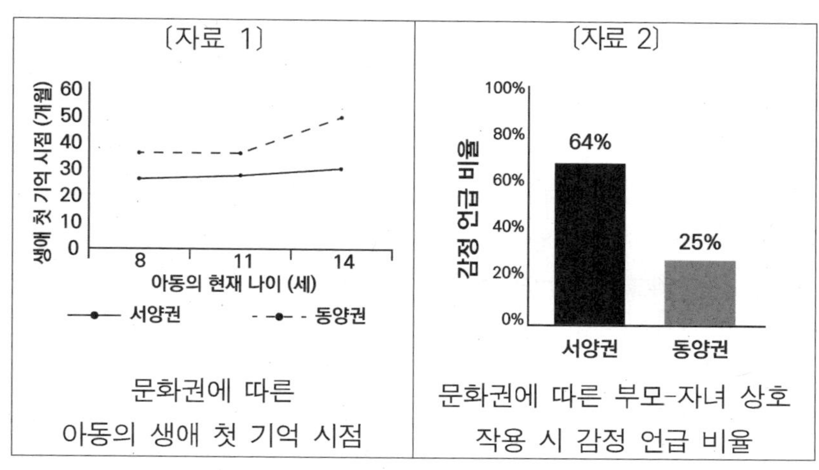


① 서양권 아동의 신체 성장 속도가 동양권 아동보다 빠르다는 점을 [자료 1]을 활용하여 설명해야지.

② 서양권과 달리 동양권 아동의 아동기 기억 상실은 해마의 성숙과 관련이 있음을 [자료 1]을 활용하여 설명해야지.

③ 동양권에 비해 서양권의 부모는 자녀에게 교훈적인 단어를 더 많이 사용함을 [자료 2]를 활용하여 설명해야지.

④ 문화권에 따라 생애 첫 기억 시점이 다른 이유가 후천적 요인에 있음을 [자료 2]를 활용하여 설명해야지.

⑤ 부모가 자신의 감정을 많이 언급할수록 자녀의 기억이 보존되기 쉬움을 [자료 1]과 [자료 2]를 활용하여 설명해야지.

**37.** 다음은 청자와 발표자가 나눈 질의응답의 일부이다. [A]에 들어갈 청자의 질문으로 적절하지 <u>않은</u> 것은?

> **청자** : 발표 잘 들었습니다. 한 가지 질문이 있는데요.
>
> [A]
>
> **발표자** : 좋은 질문 감사합니다. 제가 미처 조사하지 못한 부분인데 함께 논의해 보면 재미있을 것 같아요.

① 아동기 기억 상실이 보편적인 현상이라고 하셨는데요, 4세 이전 아이들의 기억 체계는 성인과 어떻게 다른가요?

② 서양권의 부모는 과거 사건에 관한 아이의 기분을 중시한다고 하셨는데요, 이는 아이에게 어떤 영향을 미치나요?

③ 서양권과 동양권에서 부모와 자녀 간 소통 양상이 상이하다고 하셨는데요, 이는 공동체에 관한 인식이 달라서인가요?

④ 정서 기억이 뇌질환으로도 잘 손상되지 않는 영역에 보관된다고 하셨는데요, 학습에 이를 적용할 방법은 없나요?

⑤ 정서 관련 기억이 뇌에 오래 저장된다고 하셨는데요, 정서의 종류에 따라 기억의 지속 기간이 달라질 수도 있나요?

[38~42] (가)는 □□시의 달걀 축제에 참가한 학생의 소감문이고, (나)는 이를 읽은 다른 지역의 학생들이 나눈 대화이다. 물음에 답하시오.

**(가)**

지난주 □□시에서 개최된 달걀 축제에 다녀왔다. 축제의 설명에 따르면, 한때 달걀은 콜레스테롤 수치를 높인다는 누명을 쓰기도 했지만, 현재는 여러 연구 결과를 바탕으로 '완전식품'이라는 평가를 받고 있다.

달걀 1개에는 성인 하루 단백질 권장량의 10%에 해당하는 약 7g의 단백질이 함유되어 있다. 또한 미국식품의약국에 따르면, 섭취량에 대한 체내 영양소 흡수율을 의미하는 소화 흡수율 판정에서 달걀은 최고점을 받았는데, 이는 달걀이 훌륭한 단백질 공급원임을 시사한다. 특히 달걀은 삶아서 먹을 때 흡수율이 증가하는데, 날달걀은 흡수율이 50% 정도인 반면, 삶은 달걀은 흡수율이 90%에 달한다.

축제를 통해 달걀의 다양한 효능에 관해서도 알 수 있었다. 달걀은 시력 보호, 근육 생성 등 신체 건강에 도움이 될 뿐만 아니라, 인지 기능 저하 예방과 기억력 및 집중력 개선을 돕는 등 정신 건강에도 긍정적 영향을 미친다.

그러나 달걀 소비의 측면에서 아쉬운 점도 있다. 달걀의 품질과 중량 등급제가 나라마다 다르고 직관적이지 않아 소비자를 혼란스럽게 한다는 점이다. 가령, 우리나라에서는 최고 등급의 달걀을 1+로 표기하는데, 미국은 AA급, 일본은 AAA급으로 표기한다. 중량 또한 국내의 경우 왕란, 특란, 대란, 중란, 소란으로 구분하는데, 표현이 직관적이지 않아 왕란과 특란 중 무거운 달걀이 무엇인지 이해하기 어렵다. 직관적인 달걀 등급제를 국제적으로 통일하여 사용한다면 더 많은 소비자가 합리적으로 달걀을 소비할 수 있을 것이다.

**(나)**

**학생 1 :** 우리 다음 주에 가을 대표 간식인 밤을 소개하는 포스터를 만들기로 했잖아. □□시에서 개최한 달걀 축제 후기의 구성이 괜찮던데 참고하는 게 어때?

**학생 3 :** 어젯밤에 공유해 준 소감문 말하는 거지? 좋아. 어떤 점을 수용하고 어떤 점을 다르게 할지 논의해 보자.

**학생 2 :** 나는 □□시 달걀 축제에 관한 후기처럼 밤의 효능을 두 측면으로 나눠서 제시하면 좋겠어.

**학생 1 :** 두 측면? 밤의 효능을 두 개만 제시하자는 거야?

**학생 3 :** 신체적 측면과 정신적 측면의 두 측면에서 밤이 지닌 효능을 소개하자는 것 아닐까? [A]

**학생 2 :** 맞아. 내 설명이 미흡했네. 단순히 효능을 나열하는 것보다 이렇게 구조화해서 제시하면 독자들이 보기 편할 것 같아.

**학생 3 :** 좋은 생각이야. 그리고 □□시 달걀 축제 소감문에서는 달걀에 함유된 영양소를 성인의 하루 섭취 권장량과 비교했잖아. 포스터를 보는 사람은 주로 학생들이니까 우리는 청소년 하루 섭취 권장량을 사용하면 어때?

**학생 1 :** 좋은 생각이긴 한데, □□시 달걀 축제 소감문처럼 밤의 주요 영양소 함량과 청소년 하루 섭취 권장량을 무게 단위로 제시하는 건 학생들이 이해하기 어려울 것 같아.

**학생 3 :** 음… 식품 영양에 관한 연구들은 보통 영양소 함량을 무게 단위로 제시하는 것으로 알아. 조사 기간이 짧으니까 편의상 영양소 함량은 무게 단위로 제시하되, 하루 섭취 권장량은 청소년들이 이해하기 쉽게 밤의 개수로 알려 주면 어때?

**학생 2 :** 좋아. 그리고 영양소 함량 비율이 높을수록 위쪽에 배치해서 밤에 어떤 영양소가 가장 많이 함유되어 있는지 한눈에 알 수 있도록 하자.

**학생 1 :** 두 사람이 제안한 내용 모두 찬성이야. 나는 □□시 달걀 축제 소감문에서 조리 방법에 따라 달걀의 영양소 흡수율이 달라진다고 언급한 점이 특히 흥미로웠거든. 우리도 이런 내용을 넣으면 어때?

**학생 2 :** 나도 그 부분을 흥미롭게 읽었어. 그런데 밤도 조리 방법에 따라 흡수율이 다를까? [B]

**학생 1 :** 내 말은 꼭 흡수율이 아니더라도 밤도 조리 방법에 따라 달라지는 요소가 있을 거라는 의미야.

**학생 3 :** 음, 잘 이해가 안 되는데 예를 들어 줄 수 있어?

**학생 1 :** 물론이야. 조사를 좀 해 봐야겠지만 밤을 삶으면 비타민이 파괴된다거나, 생밤이 피부 미용에 더 좋다거나 하는 내용을 넣으면 더 실용적일 것 같아.

**학생 2 :** 재미있는 아이디어라고 생각해. 밤을 먹을 때 조심해야 할 점도 함께 넣자. 또 다른 의견 있는 사람 있어?

**학생 3 :** □□시 달걀 축제 소감문에서는 달걀 등급제에 관한 이야기로 글을 마무리하고 있는데, 학생들에게는 밤의 등급보다는 보관 방법에 관한 내용이 더 유용할 것 같아.

**학생 1 :** 나도 그렇게 생각해. 밤은 냉장 보관도 가능하고 냉동 보관도 가능하니까 두 방법 모두 다루자.

**학생 2 :** 응, 대신 지면이 한정적이니까 유형별로 크게 세 단계 정도로 요약해서 넣는 게 좋을 것 같아.

**학생 3 :** 좋아. 오늘 정말 많은 내용을 결정했네. 이번 회의 내용은 내가 회의록에 정리할게.

**학생 1, 2 :** 고마워.

**38.** (가)에 활용된 글쓰기 방식으로 가장 적절한 것은?

① 1문단에서는 달걀에 관한 고정 관념을 반박하는 연구 결과들을 나열하는 방식으로 서술하였다.

② 2문단에서는 달걀의 우수함을 강조하기 위해 전문 기관의 평가 결과를 제시하는 방식으로 서술하였다.

③ 2문단에서는 시간이 지남에 따라 달걀의 흡수율이 저하되는 현상을 원인과 결과를 제시하는 방식으로 서술하였다.

④ 3문단에서는 달걀이 건강에 미치는 여러 영향을 서로 대조하는 방식으로 서술하였다.

⑤ 3문단에서는 달걀의 다양한 효능을 독자와 공유하는 경험을 환기하는 방식으로 서술하였다.

**39.** <보기>는 (가)의 마지막 문단의 초고이다. <보기>를 고쳐 쓰기 위해 친구들이 조언한 내용 중 반영되지 <u>않은</u> 것은?

〈 보 기 〉

이번 축제를 통해 세계 여러 나라의 달걀 요리를 맛볼 수 있어서 좋았다. 한편, 달걀의 품질과 중량 등급제가 나라마다 다르고 직관적이지 않아 아쉬운 점도 있음을 알게 되었다. 가령, 우리나라와 미국, 일본에서 최고 등급의 달걀을 표기하는 방법은 저마다 상이하다. 또한 우리나라 달걀 등급제의 표현은 중량을 파악하는 데 직관적이지 않다.

① 나라별로 최고 등급 품질의 달걀을 표기하는 방법을 구체적으로 밝히는 게 어때?

② 달걀 등급제가 직관적이지 않아 어떤 문제가 발생하는지 언급하는 게 어때?

③ 문단의 통일성을 위해 축제에서 좋았던 점을 기술한 부분은 삭제하는 게 어때?

④ 국내와 해외에서 달걀의 중량을 나타내는 표현이 어떻게 다른지 제시하는 게 어때?

⑤ 달걀 소비와 관련한 현재의 문제가 개선되면 어떤 기대 효과가 있는지 추가하는 게 어때?

**40.** [A], [B]에 대한 설명으로 적절하지 <u>않은</u> 것은?

① [A]에서 '학생 1'은 '학생 2'의 주장에 대해 자신이 이해한 바가 맞는지 묻고 있다.

② [A]의 마지막 발화에서 '학생 2'는 '학생 1'의 반응에 대한 자신의 책임을 인정하며 주장의 근거를 제시하고 있다.

③ [B]에서 '학생 2'는 '학생 1'에게 공감을 표한 후 '학생 1'의 제안에 대한 의문을 제기하고 있다.

④ [B]의 마지막 발화에서 '학생 1'은 '학생 3'의 이해를 돕기 위해 자신의 의견을 부연 설명하고 있다.

⑤ [A]와 [B] 모두에서 '학생 3'은 '학생 1'과 '학생 2'의 상반된 견해에서 비롯된 갈등을 완화하는 질문을 던지고 있다.

**41.** (가)와 (나)를 고려할 때, '학생 3'이 쓴 회의록의 내용 중 적절하지 <u>않은</u> 것은?

| 일시 : 2022. 12. △△. | 장소 : 동아리실 | |
|---|---|---|
| **회의 주제** : 가을 대표 간식 '밤'을 소개하는 포스터 구상 | | |
| **논의 내용 1** : □□시 달걀 축제 소감문 검토하기 | | |
| **수용할 점** | 정보의 가독성을 고려하여, 우리도 밤의 효능을 신체와 정신적 측면으로 구분하여 제시한다.……① | |
| | 조사 기간을 고려하여, 우리도 밤의 주요 영양소 함량을 무게 단위로 표기한다.……② | |
| | 정보의 실용성을 고려하여, 우리도 조리 방법에 따라 밤의 특성이 어떻게 달라지는지 조사한다.… ③ | |
| **달리할 점** | 독자의 이해도를 고려하여, 청소년의 하루 밤 섭취 권장량을 개수로 나타낸다.……④ | |
| | 매체의 특성을 고려하여, 좋은 품질의 밤을 고르는 세 단계를 요약적으로 보여 준다.……⑤ | |

**42.** 다음은 (나)를 바탕으로 학생들이 만든 포스터의 초안이다. ㉠~㉤에 대한 반응으로 가장 적절한 것은?

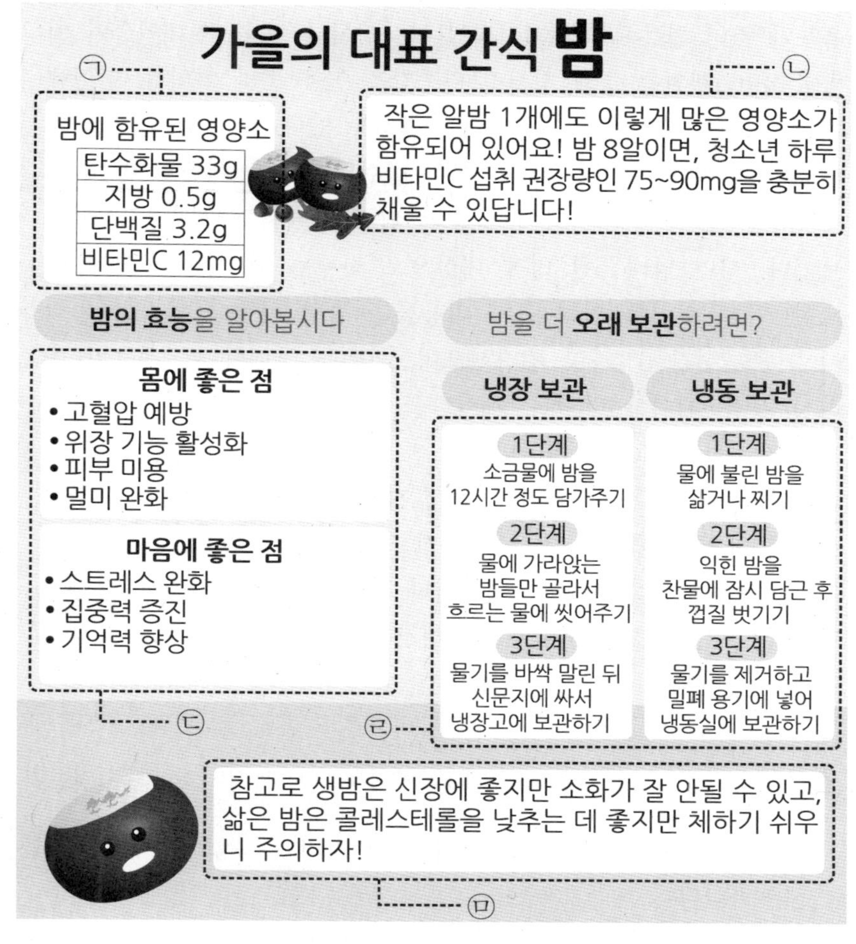


① ㉠: 다른 식품에 비해 밤에 많이 함유된 영양소들은 위쪽에 배치하기로 했으므로 논의한 내용이 반영되었군.

② ㉡: 밤에 함유된 영양소는 청소년의 하루 섭취 권장량과 비교하여 나타내기로 했으므로 논의한 내용이 반영되었군.

③ ㉢: 밤의 효능을 신체 및 정신적 측면에서 균형 있게 제시하기로 했으므로 정신 건강과 관련한 정보를 추가해야겠군.

④ ㉣: 밤을 신선하게 유지하는 방법을 보관 유형에 상관없이 간추려 제시하기로 했으므로 논의한 내용이 반영되었군.

⑤ ㉤: 생밤과 삶은 밤이 다른 효능을 지니게 되는 원리를 설명하기로 했으므로 조리 과정에 관한 설명을 추가해야겠군.

〔43~45〕 (가)는 글쓰기를 위한 학생의 생각이고, (나)는 (가)를 바탕으로 쓴 학생의 초고이다. 물음에 답하시오.

**(가) [학생의 생각]**

이번 학교 신문에서 '새로운 소비 트렌드'를 다루기로 했지. 개인적 이익뿐 아니라 사회적 이익을 함께 추구하는 '착한 소비'에 관해 써 보면 어떨까? 우선, ㉠착한 소비의 개념을 소개해야겠어. 그리고 ㉡착한 소비에 대한 최근의 인식과 전망도 전달해야겠지. 마지막으로는 ㉢착한 소비의 긍정적 영향력을 설명해야겠다.

**(나) [학생의 초고]**

소비자들의 소비 경향이 변화함에 따라 소비 활동에도 도덕적 의미와 가치를 부여하려는 움직임이 나타나고 있다. 일명 '착한 소비'라고 불리는 새로운 소비 형태는 양심적이고, 윤리적이며, 친환경적인 소비 방식을 지향한다. 가령, 동물 실험을 하지 않는 비건 화장품을 구매하거나, 일회용품 근절을 위해 개인 컵을 사용하거나, 장애인 고용 기업의 제품을 구매하는 등 개인이 추구하는 신념과 가치를 투영한 소비 활동을 하는 것이다.

이러한 경향이 전 세계적으로 각광받게 된 데에는 크게 세 가지 이유가 있다. 첫째는 삶의 의미와 목적을 갖고자 하는 현대인들의 욕구가 소비 활동에까지 전이되었다는 것이다. 또한, 현대인들이 이타적 소비 행위를 통해 정서적 만족감을 얻을 뿐만 아니라, 타인에게 보일 이미지 상승을 기대한다는 분석도 있다. 마지막으로 인터넷의 발달과 함께 윤리적 소비가 보다 손쉬워진 것도 이유로 꼽는다.

이러한 소비 경향은 물가 상승의 위험 속에서도 계속될 것으로 보인다. 성인 남녀 5천 명을 대상으로 진행된 한 설문 조사에 따르면, 착한 소비를 위해 추가 비용을 지출할 의향이 있다는 의견이 최근 2년간 6%가량 증가했으며, 제품을 구매할 때 제품의 윤리성 등을 제외하고 낮은 가격만을 우선시하는 소비 경향은 약 10% 감소한 것으로 드러났다.

그렇다면 우리는 왜 착한 소비를 지향해야 할까? 소비자의 구매 활동은 개인의 행복뿐 아니라 사회 환경, 지구 생태계 등 광범위한 분야에 영향을 끼치기 때문이다. 이러한 새로운 소비 경향에 발맞춰 기업들 또한 사회 문제 해결에 도움이 되는 윤리적 사업 전략을 구상하여 실행하고 있다.

**43.** (가)의 ⊙~ⓒ을 (나)에 구체화한 내용으로 적절하지 <u>않은</u> 것은?

① ⊙: 일상 속 사례를 언급하여 착한 소비가 무엇인지 그 의미를 구체화한다.
② ⊙: 착한 소비가 주목받게 된 이유와 지향하는 소비 방식을 설명한다.
③ ⓒ: 설문 조사 결과를 바탕으로 착한 소비의 전망을 예측하여 제시한다.
④ ⓒ: 착한 소비에 대한 과거와 현재의 인식 차이를 대조하여 제시한다.
⑤ ⓒ: 묻고 답하는 방식을 활용하여 착한 소비가 사회에 영향을 미친다는 점을 제시한다.

**44.** 다음은 (나)를 읽은 선생님의 조언이다. 이를 반영하여 추가할 마지막 문단의 내용으로 가장 적절한 것은?

---
〈 보 기 〉

**선생님** : 실제 윤리적 사업을 시행하고 있는 기업의 사례를 제시하면 좋겠어. 그리고 독자들에게 착한 소비를 권장하면서 마무리하면 좋을 것 같아.

---

① □□기업은 이번 신제품 수익 전부를 위탁 아동 후원에 사용했다고 한다. 착한 소비에서 시작된, 더불어 살아가는 세상은 결코 머지않은 미래일 수 있다.
② 착한 소비에 동참하고자 한다면, 수산물을 구매할 때 △△마크가 부착된 재료를 구매해 보자. 어류 남획을 하지 않은 제품임을 증명하는 표식이기 때문이다.
③ 최근 주식회사로 전환한 ○○여행사는 매출의 90%를 사회에 환원한다. 이러한 윤리적 기업이 더 많이 생겨날 수 있도록 일회성에 그치지 않는 지속적인 착한 소비를 실천하자.
④ ◇◇기업이 폐수를 무단 방류한 정황이 폭로되면서 해당 기업 제품에 대한 불매 운동이 전개되고 있다. 착한 소비를 통해 기업의 도덕성 함양을 강력히 촉구하는 건 어떨까?

⑤ 초콜릿이나 커피 원두 제조업계에서는 아동 노동 착취가 용인되는 경우가 많다. 착한 소비를 통해 이를 단절시킬 수 있다면, 더 이상 우리는 착한 소비에 동참하는 것을 망설여서는 안 된다.

**45.** <보기>는 (나)를 보완하기 위해 추가로 수집한 자료이다. 자료 활용 방안으로 적절하지 <u>않은</u> 것은? [3점]

---
〈보기〉

〔자료 1〕 통계 자료

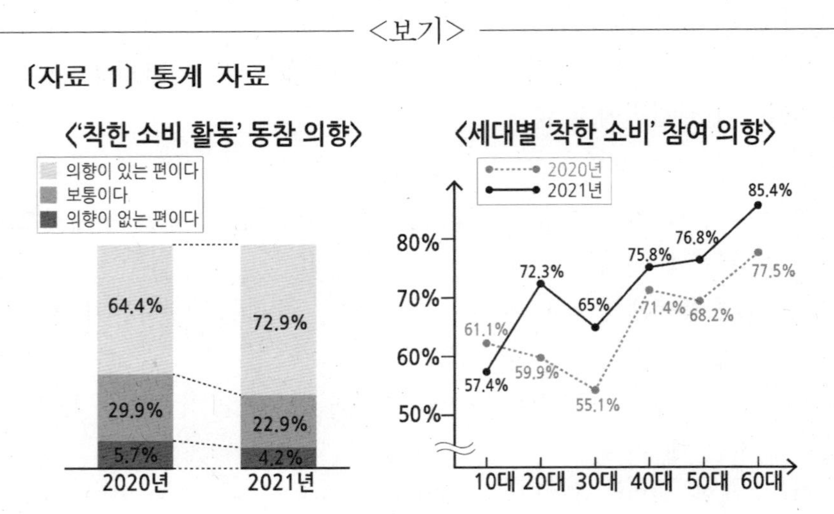


〔자료 2〕 기사 자료

착한 소비는 '환경과 사회에 미치는 영향을 고려해 상품이나 서비스를 구매하는 행위'를 말한다. 특히, 2030세대인 Z세대와 밀레니얼세대가 디지털 환경을 바탕으로 주도하는 것이 특징이다. 이러한 착한 소비가 해마다 증가함에 따라 착한 생산 또한 늘어나는 추세이다. 착한 생산이란 '정당한 임금 및 복지 체제 마련을 시작으로, 친환경적 작업 환경을 조성하려는 기업의 움직임'을 말한다. 착한 소비는 이와 같은 착한 생산을 유도할 뿐만 아니라, 직장 내 평등 문화를 정착시키는 데까지 나아갈 수 있다.

---

① [자료 1]: 착한 소비에 동참하고 싶지 않다는 의견이 감소했다는 점을, 제품 구매 시 가격만을 고려하는 소비 경향이 줄어들었음을 강화하는 자료로 3문단에 활용해야겠어.
② [자료 2]: 착한 소비가 환경과 사회를 고려하는 구매 행위라는 설명을, 착한 소비의 의미를 더 쉽고 명확하게 제시하는 자료로 1문단에 활용해야겠어.
③ [자료 2]: 착한 소비가 직장 내 평등 문화 조성에 기여할 수 있다는 점을, 소비자의 구매 행위가 사회에도 영향을 끼칠 수 있음을 구체화하는 근거로 4문단에 활용해야겠어.
④ [자료 1], [자료 2]: 착한 소비에 대한 세대별 참여 의향과 착한 소비가 2030세대에 의해 주도되었다는 점을, 중장년층 역시 착한 소비에 대한 참여 의지를 높여 이를 지향해야 함을 강조하는 근거로 4문단에 활용해야겠어.
⑤ [자료 1], [자료 2]: 착한 소비에 동참하겠다는 의향이 증가하였음과 착한 소비가 착한 생산을 유도한다는 점을, 착한 소비와 함께 착한 생산도 지속적으로 늘어날 것임을 설명하는 근거로 3, 4문단에 활용해야겠어.

---

* **확인 사항**
○ 답안지의 해당란에 필요한 내용을 정확히 기입(표기)했는지 확인하시오.

---

제 1 교시    **국어 영역(언어와 매체)**

〔35~36〕 다음 글을 읽고 물음에 답하시오.

단어는 자립 형식 중에서 가장 작은 단위다. '비가 온다'나 '넓은 교실'은 각각 문장과 구로 자립 형식이지만 최소의 자립 형식은 아니다. '비가'와 '온다'로 쪼개어도 그 각각이 역시 자립 형식이기 때문이다. '넓은 교실'도 마찬가지다. 이처럼 몇 개의 자립 형식이 모여 이루어진 큰 자립 형식들은 일반적으로 단어가 아니다. 그래서 단어는 흔히 최소의 자립 형식이라 정의된다.

그러나 최소의 자립 형식이라는 조건만으로 단어를 다 규정짓기는 어렵다. 그래서 도입되는 기준이 '휴지성(休止性)'이다. 단어와 단어 사이에는 '휴지성'이 있기에 휴지를 두어 발음하지만, 단어 내부에는 휴지성이 없다. 예를 들면 '바람'의 '바'와 '람' 사이에 숨을 넣어 발음하지 않는다. '새해'도 '새'와 '해' 사이에 휴지를 두어 발음하지는 않으며, '배나무'도 '배'와 '나무' 사이에 휴지를 두어 발음하지 않는 것이 일반적이다. '새-해, 배-나무' 등은 각각 '새'와 '해', '배'와 '나무'처럼 두 개의 자립 형식으로 나누어지는 합성어이기 때문에 최소의 자립 형식이라고 할 수는 없지만, 이와 같이 '휴지성'이라는 기준을 적용하면 단어로 인정되는 것이다.

국어의 '것, 뿐, 수, 만큼' 등도 반드시 관형어의 꾸밈을 받아야 하므로 자립성이 있다고 인정하기 어렵다. 하지만 휴지성은 어느 정도 인정된다. 가령 '노력할 뿐이다.'에서 '뿐'은 앞 성분이 반드시 필요하지만, 그렇다고 해서 '노력할 뿐'을 하나의 단어로 간주할 수는 없다. '노력할'과 '뿐' 사이에 휴지가 있기 때문이다. 따라서 '노력할'과 '뿐'을 각각의 단어로 봐야 한다. '뿐'과 같은 단어는 조사를 자유롭게 취하고 관형어의 꾸밈을 받는다는 명사의 특징을 고루 보여 주기 때문에 ㉠ 의존 명사로 분류하여 단어로 인정할 수 있다.

단어 내부에 휴지를 둘 수 없으면 대개 '분리성'도 없는 경우가 많다. '분리성'이란 단어 내부에 다른 단어가 끼어들 수 있는 성질을 말한다. 예를 들어 '저녁 노을'의 '저녁'과 '노을' 사이에 '하늘'이 끼어들어 '저녁 하늘 노을'이 될 수 있다면 '저녁 노을'은 분리성을 지니는 것으로 볼 수 있기 때문에 두 개의 단어로 봐야 한다.

㉡ 조사도 자립성이 없기에 단어라고 하기에는 곤란함이 따르지만, '학원만', '공부를'에 다른 조사를 사이에 넣어 '학원에서만', '공부만을' 등으로 사용되는 것을 보면 어느 정도의 분리성을 인정하지 않을 수 없다. 즉, 자립성은 없지만 분리성을 인정할 만하므로, 조사는 단어로 규정할 수 있다.

**35.** 윗글의 내용과 관련지어 아래 <보기>의 내용을 이해한 것으로 적절하지 <u>않은</u> 것은?

─────── 〈 보 기 〉 ───────

A : 그들은 결과를 <u>하늘</u>에 맡기고 기다렸다.
B : 버스가 작은 <u>돌다리</u>를 건너 어느 한적한 마을로 들어섰다.
C : <u>엄마의 얼굴</u>을 생각하는 것만으로도 힘이 났다.
D : 1. <u>큰형</u>이 됐으니 동생들을 잘 보살펴야지.
　　 2. 나는 키가 <u>큰 형</u>이 정말 부럽다.

① A의 '하늘'은 '하'와 '늘' 사이에 휴지를 두기 어려우므로 한 단어로 볼 수 있겠군.
② B의 '돌다리'는 '돌'과 '다리' 사이에 다른 단어가 끼어들기 어려우므로 한 단어로 볼 수 있겠군.
③ C의 '엄마의 얼굴'은 '엄마의 아름다운 얼굴'처럼 '엄마의'와 '얼굴' 사이에 다른 단어가 끼어들 수 있으므로 한 단어로 보기 어렵겠군.
④ D-1의 '큰형'은 '큰'과 '형' 사이에 휴지를 둘 수 있으므로 한 단어로 보기 어렵겠군.
⑤ D-2의 '큰 형'은 '큰 동네 형'처럼 분리성을 지니고 있으므로 한 단어로 보기 어렵겠군.

**36.** <보기>를 활용하여 ㉠과 ㉡을 이해하고자 할 때, 적절하지 <u>않</u>은 것은?

─────── 〈 보 기 〉 ───────

지금은 기다릴 수밖에 없어.

① '수'는 '기다릴'의 꾸밈을 받아야 하므로 자립성이 떨어지는군.
② '지금'과 '은' 사이에는 다른 단어를 넣는 것이 어색하겠군.
③ '기다릴 수'를 읽을 때 숨을 넣어서 발음할 수 있겠군.
④ '수' 뒤에는 '밖에' 말고도 다른 조사가 올 수 있겠군.
⑤ '지금은'의 '은'은 자립성은 없지만 단어로군.

**37.** <보기>는 음운 변동에 대한 수업 내용의 일부이다. 이에 대한 이해로 적절하지 <u>않은</u> 것은?

─────── 〈 보 기 〉 ───────

**선생님** : 어말이나 자음 앞에서 모든 받침은 'ㄱ, ㄴ, ㄷ, ㄹ, ㅁ, ㅂ, ㅇ'의 7개의 자음 중 하나로만 발음할 수 있습니다. 이를 반영하여 발음하면 자음이 다른 자음으로 교체되거나 탈락하는 현상이 일어나게 됩니다. 칠판을 볼까요?

| | |
|---|---|
| ㉠ | 옷[온], 앞[압] |
| ㉡ | 없다[업따], 핥다[할따] |
| ㉢ | 갔다[갇따], 묶고[묵꼬] |
| ㉣ | 읊지[읍찌] |
| ㉤ | 값이[갑씨], 못에[목쎄] |

① ㉠은 받침 발음의 원칙을 지키기 위해 하나의 자음이 다른 자음으로 교체된 것이군.
② ㉡은 받침 발음의 원칙을 지키기 위해 두 개의 자음 중 하나가 탈락된 것이군.
③ ㉢은 받침 발음의 원칙을 지키기 위해 하나의 자음이 다른 자음으로 교체된 것이군.
④ ㉣은 받침 발음의 원칙을 지키기 위해 탈락과 교체 현상이 모두 일어난 것이군.
⑤ ㉤은 받침 발음의 원칙을 지키기 위해 교체 현상이 일어난 단어들이군.

**38.** <보기 1>을 바탕으로 <보기 2>의 문장의 시제를 탐구한 내용 중 적절하지 <u>않은</u> 것은? [3점]

---
< 보기 1 >

발화시를 기준으로 하여 결정되는 시제를 절대 시제라 하고, 전체 문장의 사건시에 기대어 상대적으로 결정되는 시제를 상대 시제라 한다. 가령, '도서관은 책을 읽는 학생들로 붐볐다.'라는 문장에서 '읽는'은 절대 시제로 보면 과거이지만, 전체 문장의 사건인 '붐볐다'를 기준으로 하는 상대 시제로 보면 현재에 해당한다.

---
< 보기 2 >

ㄱ. 어제 결석한 학생을 지금 만나러 간다.
ㄴ. 어제 철수는 요리하는 영희를 도와주었다.
ㄷ. 나는 내일 학교에 있는 친구를 만나겠다.

---

① ㄱ의 '결석한'은 상대 시제로는 과거지만 절대 시제로는 현재다.
② ㄱ에는 발화시보다 앞서는 사건과 발화시와 일치하는 사건이 모두 있다.
③ ㄴ에서 '요리하는'은 발화시를 기준으로 하면 과거 시제이다.
④ ㄱ, ㄴ, ㄷ은 모두 어미와 부사를 통해 시제를 제시하고 있다.
⑤ ㄷ에서 '있는'은 상대 시제로는 현재지만 절대 시제로는 미래다.

**39.** <보기>의 자료를 탐구한 것으로 적절하지 <u>않은</u> 것은?

---
< 보기 >

(1) 설흔 여슷 디위를 오르ᄂᆞ리시니
(2) 덕이여 복이라 호ᄂᆞᆯ 나ᅀᆞ라 오소이다
(3) 불휘 기픈 남ᄀᆞᆫ ᄇᆞ로매 아니 뮐쎄
(4) 이ᄂᆞᆫ 世세尊존人 다시 아니시다ᄉᆞ이다
(5) 됴ᄒᆞᆫ 香향 퓌우고 잇거니

<현대어 풀이>
(1) 서른 여섯 번을 오르내리시니
(2) 덕과 복이라 하는 것을 낳으러 오십니다.
(3) 뿌리가 깊은 나무는 바람에 아니 흔들리므로
(4) 이는 세존의 탓이 아니십니다.
(5) 좋은 향을 피우고 있거니

---

① (1) : '디위'는 수량을 의미하는 말의 수식을 받아 단위를 나타내는 의존 명사로 쓰였다.
② (2) : '덕이여'에서 '이여'는 체언과 체언을 이어 주는 접속 조사의 기능을 하고 있다.
③ (3) : 'ᄇᆞ로매'로 보아 당대에는 이어적기 표기법이 사용되었음을 알 수 있다.
④ (4) : '다시'에서 '이'는 '닷'을 문장의 주어로 만들어주는 주격 조사로 쓰였다.
⑤ (5) : '잇거니'는 동작의 진행을 의미하는 보조 용언으로 사용되었다.

---

[40~43] (가)는 실시간 인터넷 방송이고, (나)는 이를 본 학생이 누리 소통망에 올린 게시물이다. 물음에 답하시오.

**(가)**

진행자 : ⓐ 매주 수요일마다 우리의 전통문화를 탐구하는 시간이죠? '우리나라 문화 알기!' 이전 시간에는 '짚신'에 관해 알아봤는데요, 이어서 오늘은 우리나라의 '나막신'에 관해 알아보도록 하겠습니다. ⓑ 오늘도 실시간 채팅으로 함께 하실 수 있으니 우리 문화인들의 다양한 의견 들려주세요! 다만, 부적절한 표현은 채팅방에서 자동으로 감춰질 수 있습니다. 아, 문화인은 제 채널 구독자를 가리키는 애칭이랍니다.

[A]
**민아** : 우와! 오늘도 재밌는 방송 부탁해요! 언니가 처음 채널을 열었을 때부터 함께한 애청자인데, 벌써 구독자가 1만 명이 되었네요! 축하드려요~♡

**설준** : 나막신은 우리 나라뿐만 아니라 다른 국가에서도 발견되는 전통문화인 거죠? 예전에 일본에서 박물관에 갔다가 나막신을 본 적이 있거든요.

민아 님! 이 채널의 처음을 기억하고 계시다니 살짝 부끄럽네요. 그래도 감사합니다. 설준 님! 맞아요, ⓒ 나막신은 동서양의 많은 나라에서 발견된답니다.

나막신은 나무로 만든 신으로, 비나 눈이 올 때 주로 신었어요. 보편적으로 우리가 떠올리는 나막신은 판자형 나막신인데요. 판자형 나막신 말고 선형 나막신도 있습니다. 이 나막신은 판자형 나막신과 달리 발등까지 덮은 모양입니다. 이 그림을 보시면 두 나막신의 차이를 알 수 있으실 거예요.

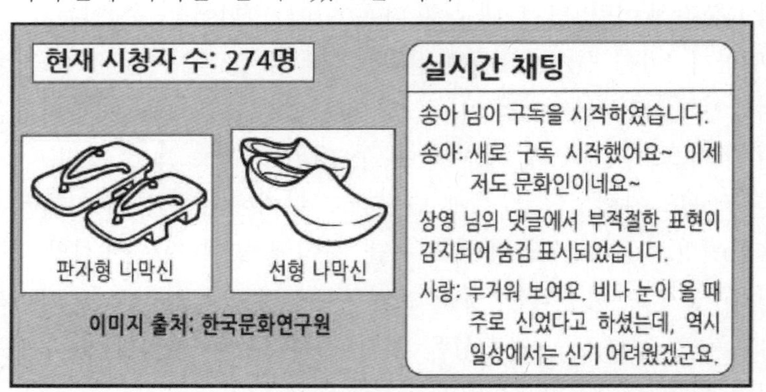


[B]
**사랑** : 무거워 보여요. 비나 눈이 올 때 주로 신었다고 하셨는데, 역시 일상에서는 신기 어려웠겠군요.

사랑 님, ⓓ 실제로 나막신은 너무 무거워서 평소에는 잘 신지 않았다고 합니다. 가죽을 덧대거나 밀랍을 붙이는 방수 처리를 해서 정말 무거웠다고 해요.

[C]
**희진** : 나막신을 신어 보는 체험을 할 수 있는 곳이 있을까요? 설명을 듣다 보니 나막신을 신어 보고 싶어졌어요. 그리고 다음 시간에는 친구들과 할 수 있는 전통 놀이를 소개해 주실 수 있을까요?

**대호** : 어, 희진 님 채팅을 보니 저도 궁금하네요. 나막신을 아직까지 신는 나라도 있나요? 요즘은 기능성 신발이 많으니 없을 것 같기도 하고…….

희진 님의 의견은 잘 고민해 보겠습니다. 대호 님의 질문에 답할게요. ⓔ 네덜란드에서는 나막신이 여행객들을 위한 관광 상품으로 여전히 유행이라고 합니다.

오늘 나막신 이야기, 재미있으셨나요? 오늘 처음 문화인이 되신 분들, 모두 환영합니다. 제 채널을 구독하면 새 영상이 올라올 때마다 알림을 받을 수 있어요. 구독 안 하신 분들은 지금 꼭 구독 버튼 눌러주세요. 그럼 안녕!

**(나)**

상영
85명 읽음

안녕하세요. 문화인들! 어제 '우리나라 문화 알기!' 보셨나요? 요즘 제가 전통문화에 관심이 많아서 이번 나막신 편도 너무 재밌게 시청했습니다. 그런데 방송과 관련해서 말씀드리고 싶은 게 있어서 글을 씁니다.

> 상영 님의 댓글에서 부적절한 표현이 감지되어 숨김 표시되었습니다.

이건 제가 캡처한 방송 화면입니다. 실시간 채팅에서 부적절한 표현이 감지되면 이렇게 댓글이 자동으로 숨겨지는데, 방송에서 이런 기능이 있음을 먼저 알려 줘야 할 것 같아요. 또 방송 진행 중에 시청자 수가 계속 늘어나던데, 중간에 유입된 시청자를 위해 다시보기 서비스가 있다는 걸 방송 끝날 때 알려 주면 더 좋지 않을까요? 그리고 진행자 님이 질문을 남긴 시청자의 말에만 반응을 하고 답변해 주셔서 그 점이 아쉬웠어요.

시청자의 실시간 질문에 맞춰 정확한 정보를 전달하는 게 쉽지 않을 텐데 진행자 님 정말 대단해요. 다음 방송도 기대할게요!

좋아요(35) 댓글(2)

**40.** (가)에 나타난 의사소통 방식으로 적절하지 <u>않은</u> 것은?

① 진행자는 지난 방송의 내용을 언급하며, 그와 연결된 오늘의 방송 주제를 소개하고 있다.

② 진행자는 특정 시청자를 호명하며, 자신이 수용자의 반응을 살펴보고 있음을 드러내고 있다.

③ 진행자는 이미지를 병렬적으로 제시하여, 나막신의 종류에 따른 형태적 차이를 강조하고 있다.

④ 진행자는 방송을 위해 참고한 문헌들을 나열하여, 자신이 전달하는 정보의 신뢰성을 부각하고 있다.

⑤ 진행자는 자신의 채널을 구독하는 이들의 애칭을 언급하며, 새로운 구독자를 환영하는 뜻을 밝히고 있다.

**41.** [A]~[C]에서 알 수 있는 시청자의 수용 태도에 대한 설명으로 적절하지 <u>않은</u> 것은?

① [A]: 민아는 진행자를 친근한 방식으로 부르며 방송을 향한 애정을 드러내었다.

② [A]: 설준은 개인적 경험을 근거로 하여 방송 주제에 관해 궁금한 점을 제시하였다.

③ [B]: 사랑은 앞서 진행자가 제시한 정보를 사진에 대한 자신의 감상과 연결하여 이해하였다.

④ [C]: 희진은 방송 주제에 관한 아쉬움을 표출하며 다음 방송에서 개선되길 바라는 바를 언급하였다.

⑤ [C]: 대호는 희진의 발화에 공감하며 그로부터 떠올린 의문을 제기하고, 그에 대한 자신의 추측을 제시하였다.

**42.** 다음은 (나)를 작성하기 위한 메모이다. ㉠~㉢이 (나)에 반영된 양상으로 가장 적절한 것은? [3점]

> 방송에서 진행자가 놓친 부분이 좀 있는 것 같아. ㉠ 진행자가 방송에서 보인 아쉬운 점을 밝히고, ㉡ 이를 보완할 방법을 제안해야겠어. 그리고 ㉢ 방송에서 좋았던 점도 같이 언급하고 진행자를 응원하는 마음을 전달해야지.

① ㉠: 실시간 채팅 창에서 일부 시청자의 말에만 반응하고 답을 들려주었다는 점을 지적하기 위해, 질문에는 답변이 없었던 모습을 이야기하였다.

② ㉡: 화면에 노출되는 시청자 수를 바탕으로 중간에 유입된 시청자를 배려하기 위해, 놓친 방송을 다시 볼 수 있는 방법을 안내할 것을 제안하였다.

③ ㉡: 부적절한 표현의 명확한 기준을 제시하기 위해, 특정 채팅 내용이 숨김 처리되었을 경우 그 이유를 모든 수용자에게 공개할 것을 제안하였다.

④ ㉢: 학생들을 중심으로 전통문화를 향한 관심과 요구가 높아진 최근의 세태를 언급하면서, 전통문화를 다루는 방송의 가치를 긍정적으로 평가하였다.

⑤ ㉢: 수용자와 실시간으로 소통하면서도 처음에 안내했던 순서대로 방송을 진행했음을 언급하면서, 진행자의 전문성을 긍정적으로 평가하였다.

**43.** ⓐ~ⓔ에 대한 설명으로 적절하지 <u>않은</u> 것은?

① ⓐ: 보조사 '마다'를 사용하여, 방송이 주기적으로 진행된다는 사실을 드러내고 있다.

② ⓑ: 의존 명사 '수'를 사용하여, 수용자가 의견을 표출할 수 있는 능력이 있음을 나타내고 있다.

③ ⓒ: 격 조사 '에서'를 사용하여, 나막신을 발견하는 주체가 단체임을 드러내고 있다.

④ ⓓ: 부사 '실제로'를 사용하여, 나막신에 대한 수용자의 견해가 타당하다는 사실을 보여 주고 있다.

⑤ ⓔ: 격 조사 '으로'를 사용하여, 네덜란드에서 나막신이 여전히 소비되고 있음을 밝히고 있다.

〔44~45〕 (가)는 전자책 앱의 첫 화면이고, (나)는 이 앱을 사용한 학생이 게시판에 올린 글과 직원의 답변이다. 물음에 답하시오.

**(가)**

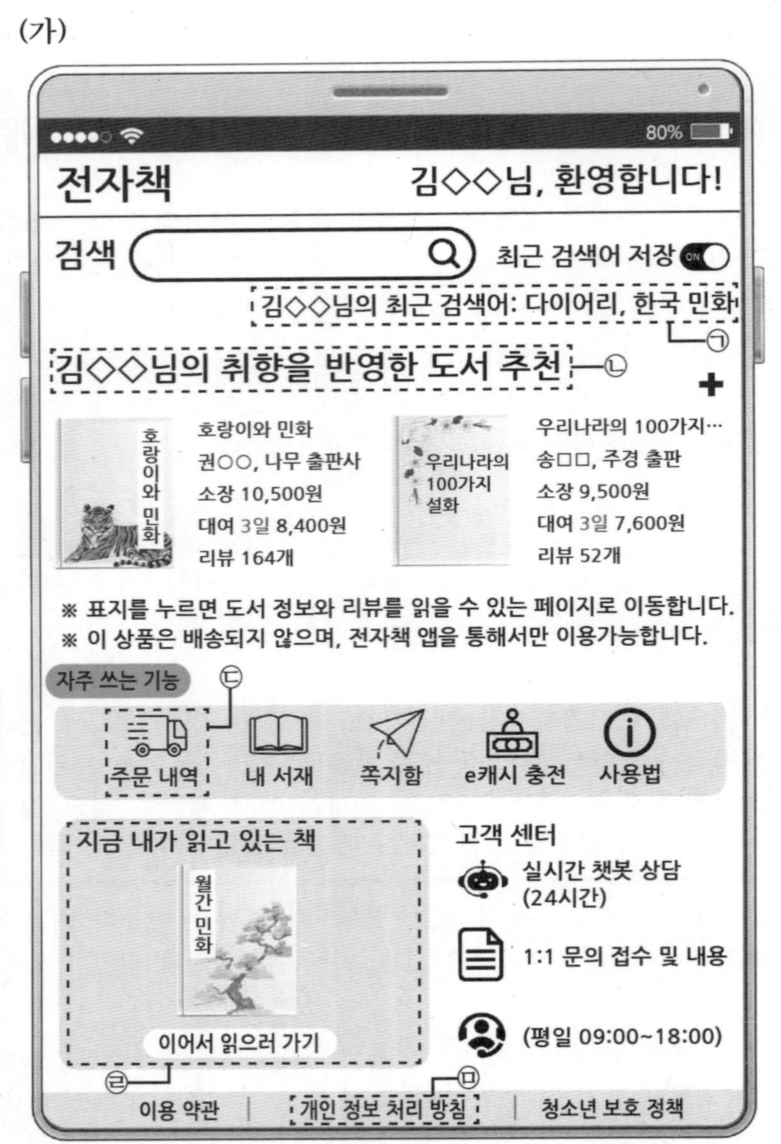


**(나)**

전자책 앱 이용 관련하여...

답변 상태 : 완료
작성자 : 김**
작성일 : 2024.02.11.

안녕하세요. 전자책 앱에 관한 요청 사항과 질문이 있습니다.

먼저, 첫 화면에 제 최근 검색어가 뜨는데요, 가끔 다른 가족이 제 전자책을 읽을 때가 있어서 이 검색어 목록이 보이지 않았으면 좋겠어요. 그리고 전자책은 배송되지 않는 상품이라고 안내하면서 '주문 내역'의 아이콘이 트럭 모양인 것이 아쉬워요. 전자책에 익숙하지 않은 사용자는 혼란스러울 것 같아요. 마지막으로 저는 한꺼번에 여러 책을 읽는데, '지금 내가 읽고 있는 책'에는 제가 제일 최근에 읽은 책만 떠서 불편해요.

질문도 있습니다. '취향을 반영한 도서 추천'에서 추천하는 도서의 기준은 뭔가요? 또 요즘 타 앱에서 개인 정보가 유출되는 사고가 있어서 불안한데요, 개인 정보를 어떻게 관리하고 있는지 사용자가 확인할 수 있는 방법은 없을까요?

✍수정하기 🗑삭제하기

---

답변 : 전자책 앱 이용 관련하여...　📥다운로드

작성자 : 곽**
작성일 : 2024.02.12.

안녕하세요. 전자책 앱 직원입니다.

먼저 요청 사항에 관해 답변해 드리겠습니다. 전자책 앱 화면에 제시되는 최근 검색 이력은 '최근 검색어 저장' 기능을 'ON'에서 'OFF'로 바꾸면 노출되지 않습니다. 다음으로 '주문 내역'의 아이콘은 고객님의 의견을 반영하여 교체하기로 했습니다. 또 '지금 내가 읽고 있는 책'에서 가장 최근에 읽은 책 한 권만을 노출하는 것은 실제 사용자들의 앱 이용 패턴을 분석한 결과를 반영한 것이어서, 현 상태를 유지하기로 했습니다. 참고로, 현재 읽고 있는 책의 전체 목록은 '내 서재'를 눌러 확인하실 수 있습니다.

다음으로 질문에 대해 답변해 드리겠습니다. '취향을 반영한 도서 추천'에서는 고객님이 자주 읽은 분야의 인기 도서 혹은 고객님의 연령대에서 선호하는 도서를 노출합니다. 또한 전자책 앱 하단에 '개인 정보 처리 방침' 문서로 이어지는 하이퍼링크를 누르시면 우리 전자책 앱이 고객님의 개인 정보를 어떻게 관리하는지 확인하실 수 있으며, 이 게시물에도 해당 문서를 첨부해드리도록 하겠습니다.

고맙습니다.

답변에 만족하시나요? ● 만족 ○ 보통 ○ 불만족

---

**44.** (가)와 (나)에 대한 설명으로 가장 적절한 것은?

① (가)에서는 (나)와 달리 사용자끼리 파일을 주고받는 기능을 제공한다.
② (가)에서는 (나)와 달리 게시물을 수정·삭제할 수 있는 기능을 제공한다.
③ (가)에서는 (나)와 달리 특정 화제에 관한 여러 의견을 접할 수 있는 기능을 제공한다.
④ (나)에서는 (가)와 달리 특정 문제에 관해 문의할 수 있는 다양한 방법들을 표시한다.
⑤ (나)에서는 (가)와 달리 사용자가 검색을 통해 원하는 정보를 선별하는 기능을 제공한다.

**45.** ㉠~㉤과 관련하여 (나)를 이해한 것으로 적절하지 <u>않은</u> 것은?

① 학생은 다른 사람과 앱을 공유하는 상황을 고려하여 ㉠이 노출되지 않도록 해 줄 것을 요청하고 있다.
② 직원은 정보 선정에 활용되는 자료들을 고려하여 ㉡이 선정되는 기준을 학생에게 알려 주고 있다.
③ 학생은 전자책에 익숙하지 않은 사용자를 고려하여 ㉢의 이미지가 부적절함을 지적하고 있다.
④ 직원은 여러 사용자의 편의를 고려하여 ㉣에 제시되는 정보의 양에 관한 학생의 요청을 수용하지 않고 있다.
⑤ 직원은 정보 유출에 관한 학생의 우려를 고려하여 ㉤을 통해 사용자가 개인 정보를 관리하는 방법을 안내하고 있다.

---

＊ 확인 사항
o 답안지의 해당란에 필요한 내용을 정확히 기입(표기)했는지 확인하시오.

※ 시험이 시작되기 전까지 표지를 넘기지 마시오.

# 2026학년도 대학수학능력시험 대비 전형태 모의고사 3회

# 국어 영역

| 성명 | | 수험 번호 | | − | |
|---|---|---|---|---|---|

○ 문제지의 해당란에 성명과 수험 번호를 정확히 쓰시오.

○ 답안지의 필적 확인란에 다음의 문구를 정자로 기재하시오.

## 너와 나는 참 멀리 왔구나

○ 답안지의 해당란에 성명과 수험 번호를 쓰고, 또 수험 번호와 답을 정확히 표시하시오.

○ 문항에 따라 배점이 다릅니다. 3점 문항에만 점수가 표시되어 있습니다. 점수 표시가 없는 문항은 모두 2점입니다.

※ 시험이 시작되기 전까지 표지를 넘기지 마시오.

전형태 모의고사

# 국어 영역

**[1~3] 다음 글을 읽고 물음에 답하시오.**

독서는 필자와 독자 간에 이루어지는 '의사소통'이므로, 독자는 기본적으로 필자가 글을 통해 전하려 했던 의미를 정확히 알아내야 한다. 이때 필자가 전하려는 뜻은 언어 표현 중에서도 문자 언어를 매개로 글에 실린다. 즉, 글을 통한 의사소통은 명시적 언어 표현을 아는 데에서 시작한다.

언어로 명시된 단어나 문장 및 그 연결 관계와 지시 관계를 파악하면, 글 전체의 의미망을 구성할 수 있다. 이것이 필자와 독자 간의 의사소통에서 전달되는 기본적인 의미가 된다. 즉 글의 줄거리, 전개 과정, 세부 내용과 중심 내용, 의미 구조 등을 알면 ㉠명시적 의미를 이해할 수 있다. 그런데 명시적 의미를 파악하는 사실적 읽기에만 초점을 맞출 경우, 글의 의미는 객관적으로 정해진 것으로 전제되곤 한다.

하지만 독자는 단어나 문장에 명시적으로 드러난 의미를 이해하는 것뿐만 아니라, 문장 간 의미 또는 문단 간 의미를 연결하여 판단함으로써 글의 문맥에 따른 ㉡암시적 의미를 추론하는 단계로 나아갈 수 있다. 문자 언어를 매개로 하는 읽기는 음성 언어를 매개로 하는 대화와 마찬가지로, 한쪽이 상대방에게 일방적으로 의미를 건네는 것이 아니라 양쪽이 함께 의미를 만들어 내는 의사소통이다. 이러한 추론적 읽기에 초점을 맞출 경우, 글의 의미는 독자에 의해 최종적으로 구성된다고 할 수 있다.

의미 구성 과정에서 독자는 자신의 관점에 따라 필자가 명시적으로 또는 암시적으로 글에 담았던 것 이상의 의미를 찾아내는 단계로 발전할 수도 있다. 예를 들어, 사업가였던 필자가 사업에 실패했던 자기 경험에서 좌절을 느꼈지만 이를 극복하는 내용의 글을 썼다고 하더라도, 이를 읽는 학생 독자는 필자와는 다른 경험, 예컨대 자신이 시험에 불합격했던 경험에 비추어 자신의 어려움을 극복하는 동력을 얻을 수 있다. 요컨대 독자는 필자의 의도와 무관하게 자신만의 맥락이나 배경지식에 비추어 글의 ㉢잠재적 의미까지 새롭게 구성할 수 있다.

**1.** 윗글의 내용과 일치하지 <u>않는</u> 것은?

① 문장 간 의미나 문단 간 의미를 연결해 보는 것은 추론적 읽기의 방법에 해당한다.

② 글 전체의 의미망을 구성함으로써 필자가 전하려 했던 기본적인 의미를 알아낼 수 있다.

③ 필자가 아니라 독자에 의해 글의 의미가 최종적으로 구성된다고 보는 관점도 있다.

④ 글의 전개 과정, 세부 내용과 중심 내용, 의미 구조 등은 명시적인 언어 표현을 통해 드러난다고 볼 수 있다.

⑤ 당사자 양쪽이 함께 의미를 만드는 것은 음성 언어가 아닌 문자 언어를 매개로 한 의사소통만이 지닌 특징이다.

**2.** 다음은 학생이 독서 후 작성한 글의 일부이다. 윗글을 바탕으로 ⓐ~ⓔ를 이해한 내용으로 가장 적절한 것은? [3점]

> ⓐ 수업 시간에 윤리와 사상 교과서를 읽다가 '칸트의 철학이 왜 이렇게 강조되는 것일까?' 하는 의문이 들어, 도서관에서 칸트 연구자가 쓴 개론서를 빌려 읽었다. 필자의 표현을 빌리면, ⓑ 경험주의와 합리주의로 양분되어 있던 기존 서양 철학을 칸트가 비로소 종합함으로써 하나로 집대성하는 데 성공하였기에 철학사적으로 큰 의미를 지닌다고 했다.
>
> 이처럼 ⓒ 칸트의 철학사적 의의를 설명해 준 부분을 읽자, 교과서에서 칸트가 특히 중요하게 다뤄지는 이유도 이해되었다. 또 이를 읽고 나니 문득, ⓓ 평소에 어떤 친구는 뭐든 직접 해 보는 것이 삶에서 중요하다고 하고, 다른 친구는 확실한 논리를 따르는 것이 삶에서 중요하다고 했는데, ⓔ 두 친구의 인생관이 상충하는 것만은 아니라는 생각이 들었다.

① ⓐ에는 '사실적 읽기'에 초점을 맞춘 관점이, ⓔ에는 '추론적 읽기'에 초점을 맞춘 관점이 나타난다.

② ⓑ에는 필자가 전하고자 한 '명시적 의미'가, ⓒ는 그 명시적 의미에 따른 '글 전체의 의미망'이 나타난다.

③ ⓓ에는 필자의 의도와 무관한 '독자만의 맥락'이, ⓔ에는 '잠재적 의미'를 구성해 낸 독자의 모습이 나타난다.

④ ⓐ에는 '필자가 글을 통해 전하려 했던 기본 의미'를 정확히 알기 전, ⓑ에는 이를 알아낸 후의 모습이 나타난다.

⑤ ⓒ에는 필자가 담은 '암시적 의미'를 추론하는 모습이, ⓓ에는 '필자와의 다른 경험'을 떠올리는 모습이 나타난다.

**3.** 윗글을 읽고 ㉠~㉢에 대해 보인 반응으로 적절하지 <u>않은</u> 것은?

① 글의 줄거리를 파악하는 것은 ㉠에 대한 이해로 연결되겠군.

② 글에 표현된 단어와 문장 자체가 아니라 그 연결 관계와 지시 관계를 파악하는 것은 ㉡에 대한 이해로 연결되겠군.

③ 필자의 의도와 무관하더라도 독자가 배경지식에 따라 자신만의 의미를 구성하는 것은 ㉢에 대한 이해로 연결되겠군.

④ 글을 매개로 하여 이루어지는 필자와 독자 간의 의사소통은 우선 ㉠에서부터 출발하여 ㉡, ㉢으로 발전하는 것이겠군.

⑤ 글의 의미가 누구에게나 객관적이라고 생각하는 이들은, ㉢보다는 ㉠을 파악하기 위한 언어 표현 분석을 중시하겠군.

[4~9] 다음을 읽고, 물음에 답하시오.

**(가)**

유교 경전 중 하나인 『대학』의 '수신제가치국평천하'라는 구절은 자기 몸과 마음을 닦아 가정을 잘 다스리면 나라가 평안하며 천하가 태평하다는 뜻으로, ㉠개인, 가족, 가문과 연관된 사적 영역의 일이 국가 정치와 같은 공적 영역의 일과 밀접한 관계에 있다는 관점을 드러낸다. 이에 따르면, 유학자들 간의 친분, 학문적 연결성, 가문 간 관계 등과 관련한 사적 영역의 일들은 정치적 의제 설정, 정책 입안, 정파 결성 등 공적 영역에서의 일들과 깊은 관계를 맺는다. 과거의 정치적 당파인 붕당 또한 이러한 관점에서 주로 논의되어 왔다.

같은 정치적 견해를 공유하는 다양한 사람들이 모여 구성되는 현대의 정당과 달리, 붕당은 학맥이나 지역적 유사성을 토대로 연결된 이들이 모여 하나의 정치적 목소리를 내는 집단이었다. 즉 붕당의 구성원들은 대체로 학문적·정치적 견해를 같이하였는데, 이는 중국 명대의 붕당이었던 동림당이 잘 보여 준다. 동림당은 명대 말기 강소성 지역의 동림 서원에서 학자 고반룡의 가문을 중심으로 구성된 정치 집단이었다. 이들은 당대 유행했던 양명학 대신 주자학으로의 복귀를 주장하는 복고주의 학풍을 토대로, 실증에 근거한 탐구와 삶에 실질적인 이익을 주는 학문을 추구하였다. 또한 위정자들의 사적 영역에서의 도덕 수양과 공적 영역에서의 정치 개혁이 연계되어야 한다는 신념을 내세웠다.

동림당은 부패한 위정자들을 비판하며 정치 개혁을 추구하였는데, 그 비판 대상 중 하나가 엄당이었다. 엄당은 권신 엄숭이 주도했던 정치 집단으로, 명대 말기의 조정을 실질적으로 장악한 세력이었다. 황제의 신임을 바탕으로 권력을 독점한 엄당 무리는 황제의 권위를 강화하여 국정을 운영해야 한다고 주장하며, 부패와 전횡을 통해 기득권을 유지함으로써 사익을 축적했다. 또한 배타적인 사적 네트워크를 형성해 그 네트워크에 소속되어 있는 이들을 공적 영역에서까지 보호하였으며, 동림당 같은 개혁 세력을 견제함으로써 기존 체제를 유지하고자 했다.

이처럼 붕당은 사적 영역과 공적 영역의 밀접한 연관성을 토대로 기능하는 것으로 간주되어 왔다. 그러나 현대에 들어, 사적 영역과 공적 영역에서의 활동을 분리해 동림당과 엄당을 평가하려는 시도들이 나타났다. 동림당이 추구했던 공정함이 공적 영역을 넘어선 사적 영역에서까지 이루어지지는 않았다거나, 엄당 구성원들의 비도덕성을 근거로 동림당이 비난했던 엄당의 정책들이 사실 명대 말의 국가 재정을 유지하는 데 핵심적인 역할을 했다는 견해가 제기된 것이다. 이러한 견해들은 유학적 관점에서의 ㉡사적 영역과 공적 영역이 실제로는 훨씬 더 복잡한 관계 양상을 지녔었다고 보는 시각을 내포한다.

**(나)**

책선은 사적 관계의 친우를 견책하여 유교에서 말하는 최고의 상태인 선(善)으로 인도하는 것을 의미한다. 유학에서는 하늘로부터 부여받은 인간의 본성이 자연스럽게 발현될 때 선이 나타난다고 보았다. 이에 따르면 선은 인간의 삶에서 필연적이며 전인격적인 것이므로, 선의 실현을 목적으로 책선을 행한다는 것은 그 책선의 대상이 선의 필연성에서 벗어나 있다는 의미였다. 한편, ㉢사적 영역에서의 도덕적 선뿐만 아니라 공적 영역에서의 정치적

선 또한 권면할 수 있다는 점에서, 책선은 상대방의 도덕적 태도와 정치적 태도를 일치시킬 수 있는 것이었다. 이는 책선이 사적인 권면을 넘어 정치적 공격으로 왜곡되어 해석될 위험성을 ⓐ지녔다는 의미이기도 했다.

이러한 점에서, 책선이 제대로 작동하기 위해서는 몇몇 전제가 필요했다. 첫째, 책선을 당하는 사람이 책선을 공격으로 받아들이지 않아야 한다. 이를 위해서는 책선하는 사람과 책선 당하는 사람이 사적으로 친밀한 관계일 뿐 아니라, 공적 영역에서도 서로 적대하지 않는 관계여야 했다. 사적·공적으로 소원한 관계에서의 책선은 개인적·정치적 공격으로 해석될 수 있기 때문이다.

[A]
윤선거의 아들 윤증과 윤선거의 친우 송시열이 벌인 회니 시비 사건은 이러한 책선 해석의 위험을 잘 보여 준다. 송시열이 윤증의 부탁을 받아 윤선거의 묘비명을 저술하면서 윤선거를 칭찬하는 내용을 적지 않자, 윤증 가문에서는 송시열이 평소에 윤선거로부터 책선 당했던 것에 대한 개인적 앙심을 품어 그러한 글을 저술했다고 여겼다. 그러나 윤선거가 생전에 남긴 편지를 계기로 그가 자신과 정치적 견해가 다른 정적이었음을 깨닫게 된 송시열은 윤선거가 자신에게 책선이 아닌 정적으로서의 공격을 행했다고 여겼다. 따라서 정적의 묘비명에 칭찬을 적어 줄 이유가 없다고 생각한 것이다.

이뿐만 아니라, 책선의 올바른 작동을 위해서는 책선하는 사람이 몸과 마음을 수양하여 자신의 책선에 스스로 설득력을 부여해야 했다. 유학적 관점에서 개인의 신체적·정신적 수양은 개인의 마음에서 비롯되는 의지를 목표에 집중시켜 정성을 다해 추구하는 '성의'를 바탕으로 이루어진다. 성의에 따라 선과 악을 정확히 분별하여 자기 자신을 속이지 않고 의지를 성실히 행하는 사람은 자기 행동에 예민하게 반응하며 선에서 벗어나는 행동을 삼간다. 그러한 사람은 친우의 선하지 않은 행동에도 불쾌함을 느껴 책선을 행하게 되는데, 이때 행해지는 책선이야말로 상대에게 올곧게 수용될 수 있다는 것이다.

**4.** 윗글에 대한 이해로 적절하지 <u>않은</u> 것은?

① (가) : 유교적 관점에서 서로 다른 가문 간 관계는 개인적 영역의 일로 다루어졌다.

② (가) : 동림당 무리는 학문이 인간의 삶에 실질적인 이익을 가져다주어야 한다고 주장했다.

③ (가) : 명나라 말기에는 당대 성행한 양명학에 반대하여 과거의 학풍을 계승하려는 움직임이 존재했다.

④ (나) : 유교에서는 인간에 내재한 본성이 자연스럽게 드러나야 최고의 상태에 도달할 수 있다고 보았다.

⑤ (나) : 성의를 토대로 선을 권면하는 사람은 책선을 행하는 과정에서 부정적 감정을 느끼지 않을 수 있다.

5. (가)의 <u>붕당</u>에 대한 이해로 적절하지 <u>않은</u> 것은?

① 붕당은 개인적 삶에 관한 견해를 토대로 정치적 주장을 개진하기도 했다.

② 붕당이 당대에 주장했던 정책들은 현대적 관점에서 달리 평가받기도 한다.

③ 붕당은 각기 다른 지역에서 같은 정치적 견해를 지닌 이들에 의해 결성되었다.

④ 붕당의 구성원들은 공적 영역에서 자신들의 사적 이익을 위해 행동하기도 했다.

⑤ 붕당의 구성원들과 학문적 견해가 일치하지 않는다면 그 붕당에 소속되기가 어려웠다.

6. [A]로부터 추론한 내용으로 가장 적절한 것은?

① 윤선거는 사적으로 송시열과 소원한 관계였으므로 윤선거의 책선은 정당하지 않다.

② 윤선거가 송시열과의 정적 관계를 토대로 책선을 행했다면 윤선거의 책선은 정당하다.

③ 윤선거가 송시열을 사적 관계가 아닌 공적 관계로 대했었다면 윤증 가문의 주장은 정당하다.

④ 윤선거를 공적 영역에서 대하는 송시열의 태도가 변화하였으므로 송시열이 남긴 묘비명은 정당하지 않다.

⑤ 윤선거가 송시열과 같은 정치적 견해를 공유했다면 윤선거의 견책을 책선으로 인정하지 않은 송시열의 주장은 정당하지 않다.

7. ㉠~㉢에 대한 설명으로 가장 적절한 것은?

① ㉠은 사적 영역의 비도덕성을 근거로 공적 영역의 성취를 폄하할 수 있다는 주장이고, ㉡은 사적 영역의 도덕성이 공적 영역의 성취를 평가하는 기준이 될 수 있다는 주장이다.

② ㉠은 사적 영역에서의 다양성을 토대로 공적 영역의 붕당이 형성된다고 보는 주장이고, ㉡은 공적 영역의 붕당 간 다양성이 사적 영역에서도 유지되어야 한다고 보는 주장이다.

③ ㉠은 사적 영역에서의 수양이 공적 영역의 정치 개혁으로 이어진다고 여기는 주장이고, ㉢은 사적 영역의 친소 관계가 공적 영역의 친소 관계를 보증한다고 여기는 주장이다.

④ ㉡은 사적 영역과 공적 영역의 평가가 달라질 수 있음을 인정하는 주장이고, ㉢은 사적 영역과 공적 영역에서 동일한 가치가 실현될 수 있음을 인정하는 주장이다.

⑤ ㉡은 사적 관계의 대상을 공적 영역에서 배타적으로 보호하려는 데에서 비롯된 주장이고, ㉢은 사적 관계의 친우를 사적·공적 선으로 인도하려는 데에서 비롯된 주장이다.

8. <보기>를 참고할 때, (가)와 (나)에 대한 설명으로 적절하지 <u>않은</u> 것은? [3점]

> ─────〈 보 기 〉─────
>
> 하버마스는 17~18세기 서양에서 근대 국가와 시장 경제가 출현하면서 공적 영역이 형성되었다고 보았다. 그에 따르면 공적 영역은 국가와 사적 영역 사이에 위치하며, 시민들이 공적 문제를 논의하여 정치적 여론을 형성하는 공간이다. 공적 영역이 이상적으로 기능할 경우, 시민들이 이성적 토론을 거쳐 사회적 합의를 도출할 수 있다는 것이다. 그러나 하버마스는 공적 영역이 자본주의의 발전으로 인한 기업의 상업적 이익 추구와 권력 지향적 국가의 행정적 개입에 의해 왜곡되기 시작했다고 보았다. 따라서 공적 영역이 권력으로부터 독립적인 공간으로서 기능할 수 있도록 재활성화해야 하며, 이를 위해 시민들이 사회적 연대에 적극적으로 참여함으로써 자기 본분을 다해야 한다고 주장했다.

① 하버마스는 시장 경제의 출현과 함께 공적 영역이 형성되었다고 보았으므로, (가)에서 공적 영역의 동림당이 복고주의 학풍에 근거했다고 보는 것을 비판하겠군.

② 하버마스는 공적 영역이 권력으로부터 독립적으로 기능해야 한다고 보았으므로, (가)에서 엄당이 황제의 권위를 강화해 기득권을 유지하려 한 것이 잘못이라고 보겠군.

③ 하버마스는 공적 영역에서 이성적 토론을 통해 사회적 합의가 도출될 수 있다고 보았으므로, (가)에서 정치 개혁을 둘러싼 붕당 간의 이견 또한 합치될 수 있다고 보겠군.

④ 하버마스는 공적 영역의 재활성화를 위해 시민들이 연대해야 한다고 보았으므로, (나)에서 책선을 통해 공적 영역에서의 적대 관계를 해소해야 한다는 주장은 긍정하겠군.

⑤ 하버마스는 시민들이 본분을 다해야 공적 영역이 이상적으로 기능한다고 보았으므로, (나)에서 성의를 전제로 한 책선을 통해 정치적 선이 실현된다고 본 것에 대해서는 수긍하겠군.

9. ⓐ와 문맥상 의미가 가장 가까운 것은?

① 그분이 훌륭한 인품을 <u>지녔다는</u> 데는 이견이 없었다.

② 어머니께서는 귀중한 물품은 꼭 몸에 <u>지니고</u> 다니셨다.

③ 오랜만에 만난 그는 어릴 적 모습을 그대로 <u>지니고</u> 있었다.

④ 돌아가신 할머니와의 추억을 가슴에 <u>지닌</u> 채 살아갈 것이다.

⑤ 그는 계약을 성사시킬 막중한 책임을 <u>지니고</u> 출장을 떠났다.

[10~13] 다음을 읽고, 물음에 답하시오.

인간의 혈액은 혈관을 통해 인체 내부를 순환한다. 이때 심장에서 내뿜은 혈액을 각 신체 기관에 보내는 혈관을 동맥이라 하고, 이 혈액을 다시 심장으로 보내는 혈관을 정맥이라 한다. 이러한 혈관이 좁아지거나 넓어지면 혈액이 정상적으로 흐르지 못하여 다양한 혈관 질환이 발생할 수 있다.

그렇다면 혈액의 흐름에 영향을 미치는 요소에는 무엇이 있을까? 특정 구간의 혈관을 ⓐ 흐르는 혈액의 양은 그 구간에서 나타나는 혈관의 압력 차이에 비례하고, 혈액의 흐름과 반대로 작용하는 힘인 혈관 저항에 반비례한다. 혈액은 혈관 내부의 압력이 높은 곳에서 낮은 곳으로 흐르는데, 두 곳의 압력 차이가 커질수록 더 많은 혈액이 흐른다. 한편 혈관 저항은 혈관 반지름의 네제곱에 반비례하고, 혈액의 끈적한 정도인 점성 및 혈관 길이에 비례한다. 일반적으로 인체의 혈관 길이는 변하지 않으므로, 주로 혈관의 반지름과 점성이 혈관 저항에 영향을 미친다.

혈액의 흐름은 층류와 난류로 나눌 수 있다. 층류는 혈관 내벽과 평행하게 흐르면서 층을 이루는 혈액의 흐름을 말한다. 이때 층류를 구성하는 각 혈액 층은 서로 다른 속도로 흐른다. 혈액의 점성으로 인해 혈관 내벽과 접촉해 있는 층의 속도는 상대적으로 느려지기에, 층류는 혈관의 중심에 가까운 층일수록 속도가 빠르다. 한편 난류는 혈관 내부를 무질서하게 흘러가는 혈액의 흐름이다. 혈액이 층류일지 난류일지는 레이놀즈수를 통해 예측할 수 있다. 유체의 관성력에 비례하고 점성력에 반비례하는 레이놀즈수는 혈액의 속도, 단위 부피당 혈액의 양인 밀도, 혈관의 지름에 비례하고, 혈액의 점성에 반비례한다. 일반적으로 혈액은 레이놀즈수가 2,000 미만일 때 층류를 형성하고, 레이놀즈수가 2,000을 넘어서면 난류로 바뀐다.

이러한 혈액의 흐름을 바탕으로 대표적인 혈관 질환인 ㉠ 동맥경화증과 ㉡ 정맥류를 이해해 보자. 동맥경화증은 단백질의 일종인 저밀도지질이 혈관 내벽에 쌓여 혈관 내벽이 두꺼워짐으로써 혈관 내부가 좁아지는 혈관 질환이다. 동맥을 흐르는 혈액이 층류를 형성할 때, 혈액의 점성으로 인해 혈액과 혈액이 아닌 다른 물질의 접촉면에서는 마찰 저항력이 발생한다. 그런데 혈액의 속도가 느려질수록 마찰 저항력이 감소함에 따라 혈액은 저밀도지질을 잘 운반하지 못하게 된다. 그 결과 저밀도지질이 동맥 내벽에 축적되면서 동맥경화증이 발병하는데, 이로 인해 각 신체 기관에 공급되는 혈액량이 부족해지면 신체 기관의 손상뿐만 아니라 합병증도 나타날 수 있다.

다음으로 정맥류는 약해진 정맥 일부가 팽창하는 혈관 질환이다. 정맥 내에서 발생한 난류는 정맥 벽에 손상을 줄 수 있고, 이로 인해 얇아진 정맥에서 정맥류가 발생할 수 있다. 정맥에는 혈액이 심장 쪽으로 흐르도록 하는 판막이 존재하는데, 판막이 손상되어 혈액이 역류하면 정맥의 압력이 높아지고 정맥이 팽창하면서 피부 위로 검푸른 색깔의 반점이 나타난다. 이러한 혈관 질환의 치료법으로는 좁아지거나 팽창한 혈관을 인조 혈관으로 대체하는 방법이 있다. 하지만 소형 인조 혈관은 일반적으로 오래 사용하기 어려우며, 혈관을 인조 혈관으로 대체하는 수술이 합병증을 유발할 수도 있어 주의해야 한다.

**10.** 윗글의 내용과 일치하지 않는 것은?

① 혈관의 흐름과 반대로 작용하는 힘에 영향을 미치는 요소 중 영향력이 가장 큰 것은 혈관의 길이이다.

② 층류의 혈액이 혈관 내벽에서 멀어질수록 혈액과 다른 물질의 접촉면에서 생기는 마찰 저항력은 증가한다.

③ 혈관은 인간의 혈액이 심장에서 다른 신체 기관으로 흘렀다가 다시 심장으로 되돌아가며 순환하는 통로이다.

④ 혈관 질환이 합병증을 유발할 수 있지만, 그 혈관 질환을 치료하기 위한 인조 혈관 대체 수술도 합병증을 유발할 수 있다.

⑤ 문제가 생긴 혈관을 대체하기 위해 사용되는 인조 혈관은 크기가 작은 경우 사용할 수 있는 기간이 짧은 편이다.

**11.** 혈액의 레이놀즈수에 대한 설명으로 적절하지 않은 것은?

① 혈액의 흐름이 불규칙하게 바뀌는 기준이 되는 레이놀즈수는 약 2,000이다.

② 인체 내부의 혈관의 종류에 따라 혈액이 흐르는 방향을 예측하는 데 활용된다.

③ 레이놀즈수가 1,000일 때 혈액은 혈관 내벽과 평행하게 흐르면서 층을 이룬다.

④ 레이놀즈수가 2,000 미만일 때, 혈관 내벽에 가까울수록 혈액의 속도는 더 느려진다.

⑤ 혈액의 관성력이 증가하고 점성력이 감소할수록 혈액이 난류를 형성할 가능성은 커진다.

**12.** ㉠, ㉡에 대해 이해한 내용으로 가장 적절한 것은? [3점]

① ㉠은 혈액의 마찰 저항력이 커짐에 따라 혈관 내부가 좁아짐으로써 발생한다.

② ㉡이 발병하면 신체 기관에 공급되는 혈액량이 감소함으로써 합병증이 유발될 수 있다.

③ ㉠이 발병하면 저밀도지질이 혈관 내벽에 쌓이게 되고, ㉡과 달리 약해진 혈관이 팽창할 수 있다.

④ ㉡은 난류로 인해 혈관이 얇아지게 되면서 발병하고, ㉠과 달리 판막이 손상되어 혈액이 역류할 수 있다.

⑤ ㉠과 ㉡은 모두 레이놀즈수가 2,000 미만일 때 형성되는 혈액의 흐름에 영향을 받아 발병하는 혈관 질환이다.

**13.** 문맥상 ⓐ와 바꾸어 쓰기에 가장 적절한 것은?

① 정체(停滯)하는

② 분포(分布)하는

③ 확산(擴散)하는

④ 관통(貫通)하는

⑤ 통과(通過)하는

[14~17] 다음을 읽고, 물음에 답하시오.

채권(債權)은 채권자가 채무자에게 어떤 행위를 청구할 수 있는 권리이다. 채권은 주로 계약을 통해 발생하는데, 이를 약정 채권이라 한다. 이러한 약정 채권은 당사자의 의사에 따른 사전 합의에 의해 성립한다. 반면, 당사자의 의사와 무관하게 법률 규정에 의해 발생하는 법정 채권도 존재한다. 불법 행위를 행한 가해자에게 배상을 요구하는 손해 배상 청구권이 대표적인 법정 채권이다. 이때 청구권자는 채권자로서 자신이 입증한 손해 전액을 가해자에게 청구할 수 있다. 이러한 불법 행위 외에도 ㉠ 사무 관리나 ㉡ 부당 이득에 따라 법정 채권이 발생할 수 있다.

먼저 사무 관리는 그 사무를 해야 하는 법률상 의무가 없는 자가 타인을 위해 사무를 처리하는 행위이다. 예컨대 부재중인 옆집의 유리창이 깨진 것을 그 이웃이 수리하는 행위는 사무 관리가 될 수 있다. 이때 사무 관리로 이익을 보는 사람을 본인, 사무 관리를 수행한 사람을 관리자라 부른다. 사무 관리가 성립하면, 관리자는 사무 관리에 지출한 비용인 필요비를 본인에게 청구할 수 있는 채권자가 된다. 또 사무 관리 도중에 관리자가 자기 과실 없이 손해를 입었다면, 본인의 이익이 남아 있는 한도 안에서 본인에게 손해배상을 청구할 수도 있다.

사무 관리의 성립 조건은 다음과 같다. 첫째, 본인과 관리자 사이에 계약상 또는 법률상 의무가 없어야 한다. 둘째, 사무가 관리자의 것이면 안 된다. 이때 관리자가 다른 사람의 사무를 자기 것으로 오인했더라도 사무 관리가 성립하지 않는다. 셋째, 관리자에게 다른 사람을 위해 사무를 관리한다는 의사가 있어야 한다. 이는 관리 결과로 인한 이익을 관리자가 아닌 본인에게 귀속하려는 의사가 관리자에게 있어야 한다는 뜻이다. 넷째, 사무 관리 행위가 본인의 이익이나 의사에 부합해야 한다.

한편, 부당 이득은 법률상 원인 없이 타인의 재산이나 노동으로 인해 얻은 이득을 가리킨다. ㉮ 부당 이득에 따른 법정 채권으로 부당 이득 반환 청구권이 있는데, 여기에는 불법 행위에 따른 손해 배상 청구권과 몇 가지 차이점이 있다. 먼저 부당 이득 반환 청구권은 부당 이득의 손실자가 수익자에게 부당 이득에 대한 반환을 청구할 수 있는 권리로, 부당 이득의 수익자에게 증가한 재산의 제거를 주된 목적으로 한다. 이때 수익자가 얻은 원래 물건은 손실자에게 반환하는 것이 원칙이며, 그것이 불가능하다면 원래 물건과 같은 가치의 금액을 반환한다. 단, 부당 이득의 수익자가 자신의 이득에 법률상 원인이 없다는 사실을 알지 못한 상태를 선의라 하는데, 선의의 수익자는 자신의 이득이 남아 있는 한도에서 부당 이득을 반환하면 된다. 예컨대 선의의 수익자가 이득을 얻는 과정에서 비용을 이미 지출한 상태라면, 그 부당 이득에서 비용을 뺀 만큼만 손실자에게 반환하면 된다. 반대로 부당 이득임을 알고도 이득을 취한 악의의 수익자는, 자신이 얻은 부당 이득에 이자를 붙여 반환하고, 손실자에게 발생한 손해까지 배상해야 한다.

부당 이득의 성립 조건은 다음과 같다. 첫째, 수익자의 이득이 법률상 원인 없이 생겨야 한다. 이때 법률 행위가 원인이 되어 이득이 발생했다가 해당 법률 행위가 소멸한 경우는 급부 부당 이득이라 한다. 또 법률상 원인 없이 타인의 권리를 침해하여 이득을 얻는 경우는 침해 부당 이득이라 한다. 둘째, 수익자가 타인의 재산이나 노동으로 인해 이득을 얻어야 한다. 셋째, 수익자의 이득에

따라 타인에게 손해가 발생해야 한다. 이때 손해는 반드시 현실적으로 나타나야만 하는 것은 아니며, 수익자의 부당 이득이 원래 손실자가 얻을 수 있었던 이득인 기대 이득으로 인정되는 경우도 부당 이득이 될 수 있다.

**14.** 윗글을 통해 알 수 있는 내용으로 가장 적절한 것은?

① 채권자를 법적으로 보호하기 위해, 계약으로 성립하는 채권보다 법규에 따라 성립하는 채권이 널리 쓰인다.

② 사무 관리에서 관리자에게 발생한 손해에 대한 배상액은 사무 관리를 통해 본인에게 발생한 이득을 초과할 수 없다.

③ 사무 관리에 따른 법정 채권은 사무를 관리한 사람이, 부당 이득에 따른 법정 채권은 이득을 얻은 사람이 채권자이다.

④ 관리자가 타인의 사무를 자신의 사무로 착각했더라도, 본인에게 이득이 발생했다면 본인은 필요비를 낼 의무가 있다.

⑤ 부당 이득 반환 청구권은 수익자가 부당하게 얻은 물건의 가치에 상당하는 화폐로 반환이 이루어지는 것을 원칙으로 한다.

**15.** ㉠과 ㉡에 대한 설명으로 가장 적절한 것은?

① ㉠은 ㉡과 달리 당사자 간 사전 합의가 없어도 법정 채권이 성립할 수 있다.

② ㉠은 ㉡과 달리 채권자가 손해를 입지 않았어도 법정 채권이 성립할 수 있다.

③ ㉠과 ㉡은 모두 채무자의 의사와 충돌하는 방향의 법정 채권이 성립할 수 없다.

④ ㉠과 ㉡은 모두 법률상 원인의 부재에 대한 채무자의 인지 여부를 파악하는 절차가 필요하다.

⑤ ㉡은 ㉠과 달리 채권자로 인해 채무자가 이득을 얻었을 때 법규에 따라 법정 채권이 발생한다.

**16.** ㉮에 대한 이해로 적절하지 <u>않은</u> 것은?

① 채권자에 대한 채무자의 행위가 불법이 아니라고 하더라도 법정 채권이 성립할 수 있다.

② 채권자에 대한 채무자의 행위가 아닌 법률 행위의 변경으로도 법정 채권이 발생할 수 있다.

③ 채무자의 행위의 성격을 기준으로, 채무자가 채권자의 손실액보다 큰 금액을 반환해야 할 수도 있다.

④ 채권자가 채무자에게 그 수익에 대한 반환만을 청구할 수 있고, 자신의 손해에 대한 배상을 청구할 수는 없다.

⑤ 입증한 손해액을 전부 청구할 수 있는 손해 배상 청구권과 달리, 부당 이득이 인정되어도 그 일부만이 반환될 수도 있다.

**17.** 윗글을 바탕으로 <보기>를 이해한 내용으로 적절하지 <u>않은</u> 것은? [3점]

---

〈 보 기 〉

갑은 해외에 체류하느라 자신 소유의 임야에 있는 과실수를 관리하지 못했다. 을은 100만 원을 들여 살충제를 뿌리면서 갑의 과실수를 가꾸었으며, 수확한 과실을 판매하여 500만 원의 수익을 올렸다. 얼마 뒤 귀국한 갑은 이 사실을 알고 을에게 부당 이득을 반환하라고 요구하였다. 이에 을은 자신이 갑의 임야와 과실수를 대신 관리해 준 것이니 오히려 관리 비용을 받아야 한다고 주장하였다. (단, 을은 살충제 외에는 어떤 비용도 들이지 않았으며, 주인 없는 과실수로부터 이득을 취하는 것은 법적으로 문제가 없다고 가정한다.)

---

① 갑이 본래 과실수를 모두 베어 낼 계획이었으나 해외에 체류하게 되면서 그렇게 하지 못한 것이라면, 을의 과실수 관리가 사무 관리로 인정받기는 어렵겠군.

② 갑은 자신의 재산권을 침해하여 을이 침해 부당 이득을 얻음으로써 법정 채권이 발생하였으며, 자신이 부당 이득 반환 청구권의 채권자라고 주장하는 것이겠군.

③ 을이 주인이 없는 과실수라고 생각하여 갑의 과실수를 관리하고 그로부터 과실 판매 수익을 취한 것이라면, 을은 갑에게 500만 원을 전부 반환할 필요는 없겠군.

④ 갑이 을의 행위로 인해 현실적으로 자신에게 경제적 손해가 발생하였음을 입증하지 못한다면, 갑은 을이 과실을 판매하여 얻은 500만 원의 이득을 제거할 수 없겠군.

⑤ 갑이 어쩔 수 없이 과실수를 방치하고 있음을 알게 된 을이 과실수 판매에 따른 이익을 갑에게 주려고 계획했던 것이라면, 을은 갑으로부터 100만 원을 받을 수 있겠군.

---

**[18~21] 다음을 읽고, 물음에 답하시오.**

---

**[앞부분 줄거리]** 위보형은 간옥지 등의 방해를 받으면서도 끝내 설옥영과 혼인한다. 한편, 임금과 곽 숙비는 딸 동창 공주를 위보형에게 혼인시키려 하였으나 그가 이미 혼인하였다는 것을 알고 부마로 삼을 인물을 새로이 물색한다.

---

곽 숙비가 임금에게 말하였다.

"보형이야말로 세상에 다시없는 기린과 봉황 같은 사람입니다. 성상께서 어찌 일찍이 보형으로 정하지 않으셨습니까? 부질없이 세상만 떠들썩하게 한 듯합니다."

"짐의 생각도 그러하오!"

그렇게 말을 마치고 가려 뽑는 일을 그만두고 예부에 명하였다.

"동창 공주는 세상에 드문 재질을 가지고 있다. 부마를 가리고자 하였으나 그 쌍이 될 만한 자가 하나도 없었다. 이번에 뽑은 이생은 정순 공주의 부마로 정하고, 한림 위보형은 관직을 높여 기거랑 간의태부로 삼아 **동창 공주의 부마로** 정한다. 짐은 이미 뜻을 정하였으니 만일 **혼인하였음을** 핑계로 거절한다면 먼저 그 아비와 형제를 벌할 것이다. 그리고 그의 처 설 씨는 이혼을 시켜 본가로 보내도록 하라."

예부에서 이러한 임금의 뜻을 받들어 위 씨 집안에 이르렀다. 그러자 위 씨, 설 씨 양 집안에서 난리가 났다. 위광미과 설정문은 서로 상소하여 잘못을 간하고자 하였다. 설정문이 말하였다.

"**곽 숙비에 대한 성상의 총애가** 내외에 진동하니 성상께서 어찌 신하의 부부 인륜을 위하여 **공주의 대사를** 바꾸겠습니까? 제 딸은 이제 속절없이 남편에게 버림받고 홀로 늙을 수밖에 없는 처지가 될 것이니 다른 방도가 없을 듯합니다."

"어찌 그럴 리가 있겠소? 옛날 한나라 광무제도 누이 호양공주를 송홍에게 시집보내려고 하였다가 송홍이 조강지처를 버릴 수 없다고 하자 더 이상 그 뜻을 꺾지 못하였소. 우리 부자가 죽기를 각오하고 부당함에 맞설 것이오."

설정문이 탄식하다가 위광미의 대답을 듣고는 감격하여 할 말을 잃었다.

(중략)

위보형은 심사가 어지러웠다. 앞일도 예측하기 어렵고 설옥영의 신세도 불쌍하였다. 스스로 수행하는 군자의 몸으로 곽 숙비의 위엄에 굴복하여 시원하게 맑은 뜻을 펴지 못할 이유가 없었다. 이러한 오만가지 생각 끝에 분한 기운이 솟구쳐 올라 일어나 앉아 손으로 책상을 내리쳤다.

"나 위보형이 사내대장부의 몸으로 어찌 아녀자에게 져서 그 치마폭에서 늙으리오? 죽는 한이 있어도 반드시 국혼을 면하리라."

말을 마치고 드디어 붓을 들어 바다 같은 문장과 구름 같은 뜻이 담긴 장편의 상소문을 썼다. 잠깐 사이에 글을 마치고서는 설옥영을 돌아보며 말하였다.

"만약 아버님이 간하여도 **임금의 뜻을** 바꾸지 못한다면 내가 이 상소를 올려 맞설 것이오. 그러나 **그대와는 이별하게 될 듯하**니 이 어찌 분개할 일이 아니겠소?"

설옥영은 놀라 탄식하며 눈물만 흘릴 뿐이었다. 위보형이 손을 이끌어 잠자리에 들었지만 새로운 한과 이별의 슬픔을 진정키 어려워 잠을 이루지 못하였다.

다음 날 위광미가 상소를 올렸다. 그 뜻이 간절하고 정성스러운 데다 엄정한 글이 예법에 맞으면서 더불어 서릿발같이 격렬하고 절절하였지만 임금은 들을 생각도 하지 않았다. 위광미가 아홉 번 상소를 올리고, 위보형도 이어서 여덟 번의 상소를 올리자 임금이 도리어 심하게 역정을 내며 말하였다.

"동창 공주는 짐의 금지옥엽이니, 위보형에게 시집보내고자 하는 것은 임금이 은혜를 베푸는 것이다. 헌데, 위광미는 신하가 되어 불충하고 아버지가 되어 자식을 제대로 가르치지 못하니 이 부자를 옥에 가두어라. 그리고 예부에서는 혼례를 준비하여 전안례를 치를 길일을 택하도록 하라."

이렇게 위보형 부자를 옥에 가둔 임금은 다시 설정문에게 엄명을 내려 설옥영을 데려가게 하였다.

　이때 이초혜를 내친 간옥지는 설옥영을 흠모하면서도 별다른 묘안이 없던 차에 이 소식을 듣고 크게 기뻐하며 계교를 생각해 내고서는 환관 누자량에게 **많은 돈을 주고 부탁하**였다. 누자량이 바로 입궐하여 봉래궁에서 학이 춤추는 걸 구경하며 놀고 있는 곽숙비에게 가서 고하였다.

　"공주궁을 짓는 일을 재촉하여 혼례 전에 마칠 수 있도록 하였나이다."

　"위보형은 아내가 있기에 성상께서 마땅히 여기지 않았지만, 천하를 뒤져도 위보형만한 사람이 없어서 부득이 정한 것이니라. 귀하디귀한 공주를 저에게 시집보내는 것이 은혜롭고 영광스러운 일인데 지금처럼 따르지 못하겠다는 것은 무슨 뜻이란 말인가?"

　"이는 모두 저 설옥영을 잊지 못해 그런 것입니다. 만일 설옥영을 그대로 두신다면 반드시 공주에게 해가 미칠 것인데 어찌 다른 사람에게 개가하게 만들지 않으십니까?"

　"설 씨가 만일 정절을 지키겠다고 하면 어찌하겠는가? 빨리 죽여 더 이상 걱정이 없게 하겠노라."

　"간옥지는 설옥영만을 바라고 있습니다. 두 사람의 혼인은 애초에 성상께서 허락한 일입니다. 다만 그때 위보형이 먼저 아내로 맞아들였기에 간옥지가 다투다가 도리어 벌을 받았습니다. 하지만 간옥지는 지금도 분해하며 설옥영을 잊지 못하고 있습니다. 성상께서 **간옥지와 설옥영의 혼인을 허락한 문서**를 주신다면 옥지는 반드시 설옥영을 아내로 맞아들일 것입니다. 그리되어야만 후환이 없을 것입니다."

　"경이 제일 충성스럽도다. 내 반드시 그 말대로 하겠노라."

– 작자 미상, 「천수석」 –

**18.** 윗글에 대한 설명으로 가장 적절한 것은?

① 시간의 역전을 통해 사건의 진상을 밝히고 있다.
② 인물 간 대화와 요약적 진술로 서사 전개의 완급을 조절하고 있다.
③ 독백을 반복하여 내적 갈등의 해결 과정을 드러내고 있다.
④ 두 공간에서 동시에 일어나는 사건을 병렬적으로 배치하고 있다.
⑤ 인물 간의 대화를 통해 사건의 비현실적인 면모를 드러내고 있다.

**19.** 윗글의 인물에 대한 이해로 적절하지 <u>않은</u> 것은?

① 임금은 부마를 가려 뽑는 노력이 무용하다고 판단하고는 이생을 동창 공주의 부마로 삼으려던 결정을 철회하였다.
② 설정문은 상소를 통해 자기 의견을 표출하려는 위광미와 달리 상소를 올리는 것에 미온적인 태도를 보였다.
③ 위보형은 자신이 뜻을 펼치지 못하는 것에 곽 숙비의 압력이 작용했다고 여기고는 분노를 느꼈다.
④ 임금은 자신의 결정에 대한 위광미와 위보형의 저항이 지속되자 극단적인 조치를 감행하였다.
⑤ 곽 숙비는 자신이 바라는 바가 위보형에게도 이로운 일이라고 생각하며 위보형의 행동을 이해하지 못하였다.

**20.** <학습 활동>을 수행한 결과로 가장 적절한 것은?

> ────── 〈 학습 활동 〉 ──────
>
> 　「천수석」에는 여러 인물이 등장하기에 인물 간 소통 양상을 파악하며 감상할 필요가 있다. 윗글에 나타난 인물 간 소통의 내용을 정리해 보자.

| | 인물 A | 인물 B | 소통의 내용 |
|---|---|---|---|
| ① | 임금 | 곽 숙비 | B가 위보형의 자질을 몰라본 자신의 잘못을 자책하자, A가 B의 말을 인정함. |
| ② | 위광미 | 설정문 | A가 임금의 명령에 대한 우려를 표하자, B가 상심한 A를 달래며 위로함. |
| ③ | 위보형 | 설옥영 | A가 B의 앞날에 관해 걱정하자, B는 A에게 문제의 해결 방안을 제시함. |
| ④ | 위광미 | 임금 | A가 상소로써 B의 결정을 비판하자, B는 이익을 앞세워 A를 회유하려 함. |
| ⑤ | 누자량 | 곽 숙비 | A가 설옥영을 처리할 방법을 제안하자, B는 A에게 사례하며 제안을 수용함. |

**21.** <보기>를 참고하여 윗글을 감상한 내용으로 적절하지 <u>않은</u> 것은? [3점]

> ────── 〈 보 기 〉 ──────
>
> 　고전 소설에서 주인공이 권력자에게 원치 않는 혼인을 강요받는 늑혼 모티프는 인륜보다 권력자의 의지가 중시되는 문제적 현실을 보여 준다. 「천수석」에서 늑혼은 인물 간 갈등을 유발하며 관계가 단절되는 원인이 된다. 이 과정에서 주변 인물들은 각자의 이해관계에 따라 개입하는데, 이로 인해 갈등의 양상이 다면화되고 서사적 긴장감이 고조된다.

① 위보형이 '혼인하였음'에도 '동창 공주의 부마'로 삼겠다고 임금이 명령하는 것은, 주인공에게 혼인이 억지로 강요되는 늑혼 모티프를 이루며 이후 인물 간 갈등으로 이어지는군.
② '공주의 대사'를 결정한 배후에 '곽 숙비에 대한 성상의 총애'가 있다는 것은, 인륜보다 권력자의 의지가 중시되는 현실을 보여 주며 늑혼의 문제적 성격을 드러내는군.
③ '임금의 뜻'에 맞서더라도 '그대와는 이별하게 될 듯하'다고 위보형이 추측하는 것은, 늑혼으로 인해 인물 간의 관계가 단절되는 방향으로 서사가 전개될 것을 암시하는군.
④ 간옥지가 누자량에게 접근해 '많은 돈을 주고 부탁하'는 것은, 주변 인물의 개입을 통해 갈등의 주체가 새로운 인물로 바뀌면서 갈등이 다면화됨을 보여 주는군.
⑤ 누자량이 곽 숙비에게 '간옥지와 설옥영의 혼인을 허락한 문서'를 요구하는 것은, 늑혼에 따른 갈등 상황을 심화한다는 점에서 이어질 서사의 긴장감을 고조하는 데 기여하는군.

[22~26] 다음을 읽고, 물음에 답하시오.

**(가)**

그립다
**말을 할까**
하니 그리워

그냥 갈까
그래도
다시 더 한 번……

저 산에도 **까마귀**, 들에 까마귀
서산에는 해 진다고
**지저귑니다.**

앞 강물, 뒷 강물,
**흐르는 물은**
**어서 따라오라고 따라가자고**
흘러도 연달아 흐릅디다려.

— 김소월, 「가는 길」 —

**(나)**

[A]
뉘엿뉘엿 저무는 시간에, 나는 차분하지 못하여
그 집의 너른 유리창가에 앉으면
**바람부는 창밖은 딴 세상의 풍경처럼** 아름다왔다

[B]
잔조롭게 흔들리는 산목련 줄기 사이로
휙 가로지르는 새도 새려니와
불그레불그레 물드는
찔레꽃 이파리들 무심히 바라다보면
울컥하고 치미는 눈물 또한 어쩌지 못했다

[C]
후르르후르르 **산목련 줄기에서 흔들리는 건**
산목련잎이 아니라 **외줄기 내 영혼이었기**
기댈 곳 그리운 우리 정신이었기
오래오래 나는 울었다

[D]
어둠이 완전히 창을 지워 버렸을 땐
넋장이 무너지듯 내 아픔도 깊어져
하염없는 슬픔으로 어깨기침을 했다

누군들 왜 모르랴
어두워지는 건 **밤**이 아니라
속수무책의 **한 생애**
무방비 상태의 **우리 희망**이거니

[E]
그 집의 주인은 조용히 다가와
너른 창에 커튼을 내리고
내 좁은 어깨를 따뜻이 감쌌다
(새도 날기 위해 날개를 접는 거란다. 빛과 어둠이 하나이
듯 말야!)

문득, 신경통에 좋다는 골담초 꽃망울이
건들건들 흔들리는 ㉠ <u>고향집</u>이 그리웠다

— 고정희, 「황혼 일기」 —

**(다)**

부친다[寄]는 것은 붙어 산다[寓]는 말이다. 즉 있기도 하고 없기도 하고, 가고 오고가 일정하지 않은 상태를 말하는 것이다. 사람이 하늘과 땅 사이에 살고 있는 것이 참으로 있는 것인가, 아니면 참으로 없는 것인가? 태어나기 이전의 상태에서 본다면 원래 없는 것이고, 이미 태어난 상태에서 본다면 완전히 있는 것이며, 죽음에 이르고 보면 또 없는 데로 돌아가는 것이다. 만약 그게 사실이라면 **사람이 산다는 것은 결국 있고 없는 그 사이에 부쳐 사는 꼴**이다.

(중략)

사는 것도 부쳐 사는 것뿐인데 하물며 밖에서 오는 **영욕(榮辱)**이며, 밖에서 오는 **화복(禍福)**이며, 밖에서 오는 **득상(得喪)**이며, 밖에서 오는 **이해(利害)**이겠는가. 이 모두는 성명(性命)이 아니고 부쳐 사는 것일 뿐인데, 어떻게 일정할 수가 있겠는가. 영욕이 일정하지 않고, 화복이 일정하지 않고, 득상이 일정하지 않고, 이해가 일정하지 않은데, 사람도 결국 그것들과 함께 모두 죽어 없어지고 만다. 그렇다면 그 **일정하지 않은 것들은 다 죽어 없어지고** 일정한 것만이 죽어 없어지지 않는 것 아니겠는가.

죽어 없어지는 것은 사람이고, 없어지지 않고 영원히 존재하는 것은 하늘이며 따라서 하늘과 합치되는 자는 반드시 사람과는 맞지 않게 되는데, 사리에 통달한 자는 그 길을 가리켜 이르기를 주어진 그 시기에 편안히 살고 하늘이 시키는 대로 따르라고 하였고, 성인은 그를 논하기를 평이하게 살면서 운명을 따르라고 하였다. **환경을 따름으로써 구속에서 풀려난 것이나, 천성을 다해 하늘을 섬기는 것이나 그 결과는 같은 것이다.** 부쳐 살 것이 와도 부쳐 사는 것이 없는 것처럼 여기고, 부쳐 살다가 가면 원래 없었던 것으로 생각하며, 상대가 나에게 부쳐 살지언정 나는 상대에 부쳐 살지 말고, 형체가 마음에 부쳐 살지언정 마음은 형체에 부쳐 살지 않는다면 못 부쳐 살 것이 뭐가 있겠는가.

**풀이 무성했다** 하여 봄에 대해 감사하지 않고, 나무가 **잎이 졌다고 가을을 원망하지 않는 것처럼** 내 생애를 잘 꾸려 가는 것이 바로 내가 좋게 죽을 수 있는 길인 것이다. 부쳐 사는 동안을 잘 처리하면 돌아갈 때 잘 돌아갈 수 있을 것 아닌가.

내가 기재 영감과 죄를 같이 얻어 나는 두메산골로 귀양 오고, 영감은 바닷가로 귀양살이 갔는데, 나 역시 산골 내 거소에다 ㉡ <u>여암(旅菴)</u>이라고 편액을 달았다. 나그네[旅]나, 부쳐 사는 것[寄]이나 그게 그것인데, 이 어찌 같은 병을 앓는 자는 같은 길을 간다는 것 아니겠는가. **나그네 신세, 부쳐 사는 생활이 어느 때 끝나려는지 모를** 일이지만 나그네를 면하고 부쳐 사는 생활을 청산하는 것 역시 조물자에게 맡겨 둘 뿐 나와 영감은 거기에 관심을 두지 않는다. 다만 내가 나그네 생활을 **당연한 것으로 받아들이고 있는** 뜻을 그대로 써서 그에게 보내는 것이다.

— 신흠, 「기재기」 —

**22.** (가)~(다)에 대한 설명으로 적절한 것은?

① (가)와 (나)는 모두 과거 시제의 사용을 지양하여 장면의 생동감을 강조하고 있다.

② (가)와 (다)는 모두 동일한 종결 어미의 반복을 활용하여 상황의 의미를 나타내고 있다.

③ (나)와 (다)는 모두 색채어를 활용하여 공간적 배경이 만들어내는 분위기를 드러내고 있다.

④ (가), (나), (다)는 모두 청유의 방식을 통해 주제 의식을 강조하고 있다.

⑤ (가), (나), (다)는 모두 도치의 방식을 통해 대상과의 거리가 좁혀지는 과정을 드러내고 있다.

**23.** [A]~[E]에 대한 이해로 적절하지 <u>않은</u> 것은?

① [A]에서 화자가 '차분하지 못'한 이유는 [C]의 '기댈 곳 그리운 우리 정신'에서 암시된다.

② [A]에서 '너른 유리창가에 앉아 밖을 보는 화자의 행위는 [E]에서 '그 집의 주인'의 행위로 인해 끝난다.

③ [B]에서 '잔조롭'던 '산목련 줄기'는 [C]에서 '후르르후르르' '흔들리'며 내적 갈등을 겪는 화자의 상황을 부각한다.

④ [B]의 '눈물 또한 어쩌지 못했다'와 [D]의 '하염없는 슬픔'은 통제할 수 없는 감정이 지속되는 상황을 드러낸다.

⑤ [D]에서 '완전'한 '어둠'으로 인한 화자의 인식 전환은 [E]에서 '빛과 어둠이 하나'라는 깨달음을 떠올리는 계기로 작용한다.

**24.** <보기>를 참고하여 (가)와 (나)를 감상한 내용으로 적절하지 <u>않은</u> 것은? [3점]

---
<보 기>

(가)와 (나)에 그려진 자연은 화자의 정서를 심화하거나, 화자가 처한 상황과 내면을 인식하게 하는 기능을 한다. (가)의 자연은 지속성과 반복성을 지님으로써 화자가 자신의 처지를 수용하게 하는 역할을 하고, (나)의 자연은 아름답고 고요한 모습으로 묘사되어 화자의 부정적 내면과 삶의 비극성을 드러내는 역할을 한다.

---

① (가)에서 '말을 할까' 망설이는 상황에서 '까마귀'들이 '지저'귀는 것은, 반복적인 성질의 자연물을 통해 화자가 스스로 표출하지 못하는 정서를 대신 드러내고 있음을 보여 주는군.

② (가)에서 '흐르는 물'이 '어서 따라오라고 따라가자'고 하는 것처럼 여기는 것은, 자연의 지속적 흐름 속에서 화자가 결국 떠날 수밖에 없는 자신의 처지를 인식하고 있음을 드러내는군.

③ (나)에서 '창밖'을 마치 '딴 세상의 풍경처럼' 느끼는 것은, 아름다운 자연의 정경이 오히려 화자의 내면을 대비적으로 부각하고 있음을 보여 주는군.

④ (나)에서 '산목련 줄기'를 보고 '외줄기 내 영혼'이 '흔들'린다고 여기는 것은, 화자가 느끼는 고독이 자연에 투영되어 구체화되는 양상을 보여 주는군.

⑤ (나)에서 '밤'이 찾아온 것을 보고 '한 생애'와 '우리 희망'의 어두움을 떠올리는 것은, 자연의 변화를 매개로 삶에 깃든 비극을 인식하는 화자의 모습을 나타내는군.

**25.** ㉠, ㉡에 대한 설명으로 가장 적절한 것은?

① ㉠과 ㉡은 화자와 글쓴이가 멀리 떨어진 타인과의 유대감을 느끼는 공간이다.

② ㉠과 ㉡은 화자와 글쓴이가 현재 겪고 있는 아픔을 해소할 수 있는 공간이다.

③ ㉠은 화자가 그리워하는 공간이고, ㉡은 글쓴이가 과거 행위로 인해 가게 된 공간이다.

④ ㉠은 화자의 불안이 지속되는 공간이고, ㉡은 글쓴이가 초월적 존재의 힘을 체감하는 공간이다.

⑤ ㉠은 화자가 과거를 회상하는 공간이고, ㉡은 글쓴이가 다시 세상에 나갈 의지를 다지는 공간이다.

**26.** <보기>를 참고하여 (다)를 감상한 내용으로 적절하지 <u>않은</u> 것은?

---
<보 기>

「기재기」에는 삶을 임시적인 것으로, 죽음을 본래의 상태로 돌아가는 것으로 인식하는 도가적 관점이 드러난다. 이러한 사상은 외적인 가치에 집착하지 않으며 순리에 따라 살아가야 한다는 삶의 자세를 강조하는 방식으로 전개된다. 이는 신흠이 유배 상황에서도 좌절하지 않고 이를 담담히 받아들이는 이유를 잘 보여 준다.

---

① '사람이 산다는 것'이 '결국 있고 없는 그 사이에 부쳐 사는 꼴'이라는 데서, 인간의 삶을 영구적인 것이 아닌 일시적인 상태로 보는 관점이 드러나는군.

② '밖에서 오는 영욕', '화복', '득상', '이해'는 '일정하지 않은 것들'이라 '죽어 없어'진다는 데서, 외적 가치에 의미를 두는 삶을 허무하게 여기는 인식이 드러나는군.

③ '환경을 따름으로써 구속에서 풀려난 것'과 '천성을 다해 하늘을 섬기는 것'의 '결과는 같은 것'이라는 데서, 죽음을 피할 수 없는 대상으로 여기는 모습이 드러나는군.

④ '풀이 무성했다'는 이유로 '봄에 대해 감사하지 않'거나 '잎이 졌다'는 이유로 '가을을 원망하지 않'는다는 데서, 자연의 순리를 있는 그대로 수용하는 자세가 드러나는군.

⑤ '나그네 신세'가 '어느 때 끝나려는지 모'르지만 이를 '당연한 것으로 받아들이고 있'다는 데서, 유배의 상황에서도 좌절하지 않고 이를 담담히 수용하는 자세가 드러나는군.

[27~30] 다음을 읽고, 물음에 답하시오.

[앞부분의 줄거리] 기이한 귓병을 앓는 성 중위는 후송을 바라지만, 의무중대의 군의관은 이를 계속 거부한다. 결국 성 중위는 같은 대학 동문인 의무참모에게 후송을 가게 해달라고 부탁한다.

성 중위는 ⓐ 의무참모와 이야기가 된 후 얼마쯤 지나서 틈을 내어 의무중대로 ⓑ 군의관을 찾아갔다.

"그렇다면," 그에게서 대강 이야기를 듣고 난 군의관은 무표정하게 말했다.

"후송 수속을 밟으십시오."

후송 수속을 밟기 위해서 성 중위는 그가 소속해 있는 사단 본부중대 의무지대로 ⓒ 지대장을 찾아갔다. 지대장은 성 중위의 얘기를 듣고, 그리고 성 중위의 왼쪽 귀를 진찰하고 나서 말했다.

"참모님이 그렇게 말씀하셨다면 후송 상신은 해드립니다."

군의관은 야전 의무표를 꺼내 책상 위에 펼쳐놓고 펜에 잉크를 묻힌 다음 잠시 망설이다가 말을 계속하였다.

"㉠ 그러나 안 하시는 게 좋을 겁니다. 물론 사단 의무중대는 벗어나실 겁니다만 야전병원을 빠져나가기는 어렵습니다. 설사 그곳을 빠져나간다 하더라도 후송병원은 더 까다롭습니다. 거기는 야전군 바운더리를 벗어나는 거니까요." 군의관은 잠시 성 중위의 표정을 살피다가 계속했다. "여기서 후송은 많이 갑니다. 그러나 보통 군단병원에서 한 일주 묵다가 빠꾸돼 와요. 그런 헛수고를 뭣하러 합니까?"

"헛수고를 할 수는 없지요."

성 중위는 가라앉은 목소리로 말했다. 잠시 침묵이 흘렀다. 퀀셋 칸막이 저쪽에서 ⓓ 위생병들이 장기 두는 소리가 들려왔다.

"어폐 있는 말씀 같습니다만," 군의관이 침묵을 깨뜨리고 부드러워진 목소리로 말했다. "㉡ 정 귀에서 그런 증상이 있으시다면 시설이 좋은 육군병원에 가서 진단서를 끊어 오시는 게 좋지 않을까요? 야전병원이나 후송병원에는 시설이나 설비가 불충분해서 드러난 증상 외에는 인정할 수가 없습니다."

[중략 부분의 줄거리] 성 중위는 후송병원에 입원하여 증상이 언제부터 시작되었냐는 군의관의 질문에 대답한다.

"총을 쏜 다음부터 시작되었습니다. 45구경 권총 말입니다. 세 박스를, 그러니까 백오십 발을 선 자리에서 다 쏘아 없앴지요. 총열의 과열도 생각지 않고 그냥 쏘아댔습니다. 무엇이 있었냐고요? 아무것도 없었습니다. **먹고 버린 빈 깡통**이 하나 뒹굴고 있었지요. 그리고 주위에는 **아무도 없었**습니다, 나밖에는."

빈 깡통을 본 순간, 그는 그것을 없애버리고 싶었었다. 버려져서 뒹구는 빈 깡통이었다. 그는 그것을 향해서 연방 탄창을 갈아 끼우며 방아쇠를 당겼었다. 탄환이 떨어지고 어깨가 무거워지며 피로가 온 몸을 습격해 왔었다. 그러나 그의 마음은 후련해져 있었다.

"그때부터 계속해서 소리가 났습니까?"

격발반동은 쾌감을 주었다. 충격이 어깨에 전해질 때마다 쾌감이 전신으로 퍼져 나갔다. 상쾌한 고통이 폭음과 더불어 짜릿하게 전신을 파고들었다. 격발할 때마다 총구와 깡통은 동시에 튀어 올랐다. 격발은 반복되었다. 쾌감도 따라 올랐다. 탄환이 떨어지자 격

발은 그쳤다. 갑자기 피로하여졌다. 빈 깡통은 보기 흉하게 이지러져 있었다.

㉢ "그때부터 소리가 계속해서 났느냔 말이에요."

ⓔ 군의관이 소리를 높여 재차 물었다.

"그렇습니다." 성 중위는 자기의 시선이 상대방에게가 아니라 그 너머 캐비닛 위에 있었음을 깨달았다. 그러나 그는 캐비닛 위의 약병들을 보고 있었던 것도 아니었다. "그때부터 죽…. 처음에 귀가 먹먹하도록 소리가 났습니다만 사격 뒤에 으레 있는 것으로 생각하여 대수롭잖게 여겼습니다. 그러나 소리는 이삼 일 사이에 훨씬 작아졌지만 그치지는 않았어요. 그것은 **지금까지 계속되고 있**습니다."

"일종의 신경외상입니다. 포병장교에게 많지요. 수도병원이 시설이 젤 나아요. 오디오미터도 부속병원과 수도병원에밖에 없습니다."

"그리로 후송 보내 주셨으면 감사하겠습니다."

"글쎄, 이 오디오그램 의견란에도." 군의관은 병상일지에 첨부된 오디오그램을 펼쳤다. "특별치료를 위해서 **수도육군병원에 후송 입원**하라고 되어 있는데…. 이 **의견**과 여기의 후송 방향과는 별문젭니다."

㉣ "수도병원으로 입원해서 특별치료를 꼭 받아 보라고 말씀하시던데."

"여기서 수도로 못 갑니다. 응급환자 외에는. 위궤양으로 위가 터진 환자 같으면 야전병원에서도 수도로 헬리콥터 후송을 합니다만."

"그럼 어느 병원이 그 담으로 시설이 좋습니까?"

"그 외엔 다 비슷비슷하지요. 대구가 좀 낫다고 그러지만."

"그러면… 어느 병원으로 가야 수도로 후송이 될 수 있습니까?"

"여기를 벗어나면 수도로 가기는 더욱 어렵지요. 수도가 이비인후과 병원 비슷해요. 거기서도 후방 육군병원으로 많이 후송 보내고 있습니다. 거기는 베드 수가 적어서 항상 환자가 넘치니까요. 그런데 후방 육군병원에서 그리로 후송이 되겠어요?"

"가려면 여기서 가야 되겠군요."

"그렇지요. 그런데 여기선 그리로 보내 드릴 수 없다 그 말씀이에요." / "……."

㉤ "그리고 어디로 후송 가느냐 하는 문제보다 후송이 되느냐 하는 것부터 생각해 봐야죠."

"후송이 되느냐, 라뇨? 입원 환자에게 적당한 치료 방책이 없으면 후송시키는 거 아닙니까?"

"입원은 내가 시켰지만 후송은 내가 안 시켜요. **후송심사위원회**라는 것이 있어요. 군사령부 의무참모부에서도 나오지요. 그리고 개인 후송도 없어요. 다 집단 후송입니다."

– 서정인, 「후송」 –

**27.** 윗글에 대한 설명으로 가장 적절한 것은?

① 대화를 통해 인물의 성격 변화를 보여 주고 있다.
② 과거 회상을 통해 긴박한 분위기를 조성하고 있다.
③ 인물 간의 첨예한 갈등을 대화를 통해 드러내고 있다.
④ 서술자가 개입하여 인물이 처한 상황에 대해 평가하고 있다.
⑤ 작중 서술자가 자신의 이야기를 하여 신뢰성을 높이고 있다.

**28.** ⓐ~ⓔ에 대한 이해로 가장 적절한 것은?

① ⓑ는 ⓐ의 지시가 개입하자 지금까지 거부해 왔던 '성 중위'의 요청에 대해 태세를 전환하고 있다.
② ⓒ와 ⓔ는 모두 '성 중위'가 ⓐ에게 후송을 청탁한 사실을 언급하며 노골적으로 거부감을 드러내고 있다.
③ ⓒ는 야전병원의 의료진이 후송병원의 의료진보다 '성 중위'를 더욱 까다롭게 대할 것이라고 경고하고 있다.
④ ⓓ는 ⓑ의 지시로 '성 중위'와 ⓒ의 대화를 엿듣기 위해 칸막이 반대편에서 장기를 두는 척을 하고 있다.
⑤ ⓔ는 '성 중위'의 요구를 철회시키기 위해 집요하게 발병 시기에 대해 반복적으로 묻고 있다.

**29.** ㉠~㉢에 대한 설명으로 적절하지 <u>않은</u> 것은?

① ㉠ : 상대방의 계획에 대한 부정적 인식을 드러내고 있다.
② ㉡ : 가정의 방식으로 상대방에 대한 불신을 드러내고 있다.
③ ㉢ : 발병 원인을 설명하는 상대방을 믿지 못해 반박하고 있다.
④ ㉣ : 타인의 말을 근거로 자신의 주장을 우회적으로 펼치고 있다.
⑤ ㉤ : 상대방이 고민하는 것에 앞서 선결되어야 할 과제가 있음을 일깨우고 있다.

**30.** <보기>를 참고하여 윗글을 감상한 내용으로 적절하지 <u>않은</u> 것은? [3점]

〈 보 기 〉

문학 작품에서 '병'은 표면적으로는 인물이 실제로 겪고 있는 육체적 고통을 의미하지만, 이면적으로는 다양한 상징성을 갖는다. 윗글에서도 귓병은 후송 과정에서 나타나는 소통의 불가능성, 군대 내 권위주의와 비효율적인 관료제, 발병 원인에서 확인할 수 있는 현대인의 공허한 내면세계 등의 의미를 지닌다.

① '성 중위'가 '빈 깡통'을 본 순간 없애버리고 싶었던 것은 자신의 병을 인정하지 않는 군대 내 권위주의에 대한 반발 의식 때문이었군.
② '성 중위'가 고통을 호소했음에도 불구하고 '의무참모'에게 '부탁'한 이후에야 후송에 대한 준비가 시작된다는 점에서 군대 내의 권위주의를 확인할 수 있군.
③ '성 중위'가 '빈 깡통'을 사격한 이후로 귀에서 총성이 '지금까지 계속되고 있다'는 사실은 그가 실제로 겪는 육체적 고통으로서의 병을 형상화한 것이라 할 수 있겠군.
④ '수도육군병원에 후송 입원'하라는 '의견'에도 불구하고 '후송심사 위원회'를 거쳐야만 후송 여부가 결정되는 상황은 군대 내의 비효율적인 관료제를 보여 준다고 할 수 있어.
⑤ '성 중위'가 '먹고 버린 빈 깡통'에 무의미한 사격을 가했고, 주변에 '아무도 없었'다는 사실을 털어놓는 장면에서 그의 병이 공허한 내면세계로 인해 발생한 것임을 확인할 수 있어.

[31~34] 다음을 읽고, 물음에 답하시오.

**(가)**

　　숨어 사는 남의 종과 도망한 살인 죄인
〔A〕　오합지졸 모였으니 믿을 것 전혀 없다
　　땅은 몹시 좁고 흉년 들면 죽을 데로다
　　인근 읍이 머니 곡식 수송 어찌하리
이십 일 만에 갑산 오니 폐단도 많으시고
지난 환곡 산더미 같고 녹용 진상 어렵더라
**촌민들의 생계는 무엇으로 하던고**
담비를 사냥하여 먹은 환곡 바치려 하니
**몹쓸 원이 오게 되면 강제로 사들이고 빼앗아 가는구나**
　　　　　　(중략)

　　사람 만나 길 묻기를 아무 데를 저리로 가나
　　사납게 대답하길 누가 아니라콩
　　말버릇 괴이하데 콩 자는 무슨 뜻인고
〔B〕　어떤 이는 오라 하면 귀 빠지게 달아나고
　　어떤 이는 가라 하면 코가 닿게 엎드리데
　　엎드리나 달아나나 흘깃흘깃 돌아보노
엊그제 갓 낳은 아이 냉수에 넣어보기
기품(氣稟)을 시험하니 육진서 그리하데
시골의 **삼척동자 상투**는 무슨 일인고
나무할 때 간편하다 아이 어른 **요망하다**
멀리 있는 일가친척 죽으면 어찌하노
피부와 살은 다 벗기고 뼈다귀만 모아다가
상자 속에 넣어 메니 편리하긴 하겠지만
어찌 차마 하던고 **아마도 짐승이로다**
무산 갑산 그렇더니 단천 이원 또 같더라
　　모두 다 그러하랴 그중에도 거룩한 이 없을쏘냐
　　학행도 진실하고 마음도 충직한 ㉠사람
〔C〕　이따금 있건마는 누가 그를 등용하리
　　효자 열녀 행실 적은 문서가 무수하더라
　　조수(鳥獸)와 한 무리가 되고 목석과 함께 살아
　　세상 사람 모를망정 충신 의사 없을쏘냐
　　　　　　　　　　　　　　　　　　－ 구강, 「북새곡」 －

**(나)**

비를 맞으며 밭이랑에 엎드려 김을 매니　　帶雨鋤禾伏畝中
검고 추하니 어찌 사람의 모습이리오　　形容醜黑豈人容
㉡왕손공자여 나를 업신여기지 말라　　王孫公子休輕侮
**부귀호사가 나로부터 나오나니**　　富貴豪奢出自儂

새 곡식 푸릇푸릇 아직도 이랑에 있는데　　新穀青青猶在畝
**현관서리는 벌써 조세를 징수하네**　　縣胥官吏已徵租
힘써 밭 갈아 **나라를 부강하게 하는 것은 우리에게 달렸**는데
　　　　　　　　　　　　　　　力耕富國關吾輩
어찌 이다지도 괴롭히며 살을 벗겨 가는가　　何苦相侵剝及膚
　　　　　　　　　　　　　　　　　　－ 이규보, 「대농부음」 －

**31.** (가)와 (나)에 대한 설명으로 가장 적절한 것은?

① (가)는 (나)와 달리, 색채어를 사용하여 시적 분위기를 조성하고 있다.

② (나)는 (가)와 달리, 행위를 자연물에 빗대어 교훈의 효과를 높이고 있다.

③ (가)와 (나)는 모두 묘사의 방식으로 상황을 구체화하고 있다.

④ (가)와 (나)는 모두 설의적 표현을 활용하여 대상을 희화화하고 있다.

⑤ (가)는 권유하는 어조를, (나)는 명령하는 어조를 사용하여 화자의 인식을 드러내고 있다.

**32.** [A]~[C]에 대한 이해로 적절하지 <u>않은</u> 것은?

① [A]에서는 내력을 근거로 거주민들에 대한 신뢰가 부족한 원인을 드러내고 있다.

② [B]에서는 거주민들이 사용하는 독특한 말버릇을 통해 그들에게 느낀 낯선 인상을 드러내고 있다.

③ [C]에서는 기록을 통해 이 지역에 실질적인 변화가 일어날 수 있다는 확신을 드러내고 있다.

④ [A]에서는 주변과 멀리 떨어져 있어 외부와 단절된 상태를, [B]에서는 질문에 대답하는 태도를 통해 외부에 배타적인 분위기가 형성되어 있음을 드러내고 있다.

⑤ [B]에서는 지시와 반대로 행동하는 모습을 통해 타인에 대한 경계심을, [C]에서는 인재가 있어도 쓰이기 어려운 현실을 통해 사회적 한계를 드러내고 있다.

**33.** ㉠, ㉡에 대한 이해로 가장 적절한 것은?

① ㉠은 자신이 처한 상황에서 벗어나기 위해 지속적으로 노력하는 인물이다.

② ㉡은 내면과 달리 겉으로는 화자를 배려하는 듯한 태도를 보이는 인물이다.

③ ㉠과 ㉡은 모두 화자의 처지를 대비적으로 부각하기 위해 제시되는 인물이다.

④ ㉠은 화자가 그 가치를 알아보는 인물이고, ㉡은 화자의 가치를 알아주지 않는 인물이다.

⑤ ㉠은 스스로를 드러내지 않고 살아가는 인물이고, ㉡은 스스로를 드러내어 인정받고자 하는 인물이다.

**34.** <보기>를 참고하여 (가)와 (나)를 감상한 내용으로 적절하지 <u>않은</u> 것은? [3점]

> ─────── 〈 보 기 〉 ───────
> (가)와 (나)는 모두 사대부 작가가 당대 백성들의 삶을 그린 작품이다. (가)의 화자는 외부자의 시선으로 백성의 삶을 관찰하며, 그들의 고통에 안타까움을 표현하면서도 유교 윤리에 어긋난 습속에 대해서는 거부감을 드러내는 이중적 태도를 보인다. 반면 (나)의 화자는 백성의 입장에서 스스로의 처지를 대변하며, 백성들이 국가의 기반이 되는 존재임에도 존중받지 못하는 현실과 사회 구조의 모순을 비판하고 있다.

① (가)의 화자가 '삼척동자 상투'를 보고 '요망하다'고 평가하는 것에서, 어린아이가 어른의 풍습을 따르는 이질적 습속에 대한 거부감을 확인할 수 있군.

② (나)의 화자가 '나라를 부강하게 하는 것'이 '우리에게 달렸'다고 말하는 것에서, 스스로 국가의 기반이 되는 존재라고 인식하고 있음을 알 수 있군.

③ (가)의 '촌민들의 생계는 무엇으로 하던고'에서 화자가 '폐단'으로 인한 백성들의 고통을 안타까워하고 있음을, (나)의 '부귀호사가 나로부터 나오나니'에서 화자가 노력한 만큼의 기회가 주어지지 않는 사회 구조의 모순을 비판하고 있음을 알 수 있군.

④ (가)의 '몹쓸 원이 오게 되면 강제로 사들이고 빼앗아 가는구나'와, (나)의 '현관서리는 벌써 조세를 징수하네'에서 두 화자가 모두 백성들의 삶을 위협하는 현실로 관리들의 수탈을 지적하고 있음을 알 수 있군.

⑤ (가)의 '아마도 짐승이로다'에서 화자가 백성들의 풍습을 외부자의 시선으로 관찰하여 부정적으로 평가하고 있음을, (나)의 '나를 업신여기지 말라'에서 화자가 존중받지 못하는 백성들의 처지를 그들의 입장에서 직접 대변하고 있음을 확인할 수 있군.

> *** 확인 사항**
> ○ 답안지의 해당란에 필요한 내용을 정확히 기입(표기)했는지 확인하시오.
> ○ 이어서, 「선택과목(화법과 작문, 언어와 매체)」문제가 제시되오니, 자신이 선택한 과목을 선택하여 풀이하시오.

[35~37] 다음은 학생의 발표이다. 물음에 답하시오.

여러분은 밤에 잘 주무시나요? 저는 요즘 불면증으로 고생 중인데요. (㉠ 화면 제시) 사실 수면 문제는 건강한 사람의 약 25%가 경험할 정도로 흔하며, 사람마다 다양한 형태로 나타납니다. 저는 오늘 '수면 문제'를 주제로, 수면 문제의 정의, 측정 방법, 해결 방안의 순서로 발표를 진행하려 합니다.

보통 수면 문제는 수면 단계 중에서도 '개시'와 '유지' 단계에서 발생합니다. 수면 개시의 어려움은 적절한 때에 잠들지 못하는 문제로, 과도한 낮잠이나 운동, 부적절한 수면 환경 등으로 발생합니다. 수면 유지 문제는 잠든 후 자주 깨는 문제인데요. (㉡ 화면 제시) 보시는 것처럼 수면 시에는 깊은 잠인 비렘수면과 얕은 잠인 렘수면의 주기가 반복되는데, 수면 유지에 문제가 있으면 렘수면에서 비렘수면으로 가지 못하게 됩니다. 이로 인해 자고 일어나도 개운하지 않은 거죠.

(㉢ 화면 제시) 수면 다원 검사는 수면 문제를 객관적으로 평가하는 방법입니다. 호흡, 심박수, 뇌파 등을 수면 주기별로 측정하는데요, 부착하는 기기가 많고 비싸다는 단점이 있습니다. 반면, 수면 일기는 수면과 관련된 정보를 직접 기록하여 문제 유형과 원인을 평가하는 방식으로, 당사자의 주관이 개입되기에 평가의 정확도가 떨어지지만 경제적입니다.

마지막으로는 가장 쉬운 수면 문제 해결법인 '취침 시간 용암법'을 알려드릴게요. 저처럼 수면 문제가 있는 분들에게 특히 도움이 될 테니 잘 들어주세요. 취침 시간 용암법은 평소 잠드는 시각보다 30분 뒤를 취침 시각으로 설정하고 침대에 누운 지 15분 내로 잠들 경우 취침 시각을 15분씩 앞당기는 것입니다. 핵심은 아무리 졸려도 미리 정한 취침 시각까지 깨어있어야 한다는 것이고, 정해진 취침 시간 내에 잠들지 못할 경우 침대에 누워서 휴대폰을 하는 것이 아니라 침실 밖으로 나와서 1시간을 보내야 한다는 것입니다. 원하는 취침 시각에 도달할 때까지 이 과정을 반복해서 취침 시각을 앞당기면 됩니다. 저는 당장 오늘부터 취침 시간 용암법을 실천해 볼 생각입니다. 혹시 관심 있는 분들이 있으시다면 제가 더 상세한 지침을 공유해 드릴게요. 감사합니다.

**35.** 위 발표자의 말하기 방식으로 가장 적절한 것은?

① 청중의 이해도를 점검하고 발표 내용을 요약하며 마무리하고 있다.

② 청중의 반응을 반영하여 사전에 안내한 발표 순서를 바꾸고 있다.

③ 구체적인 수치를 활용하여 중심 화제를 다른 개념과 비교하고 있다.

④ 발표 내용의 신뢰성을 높이기 위해 관련 전문가의 견해를 인용하고 있다.

⑤ 발표 내용이 특정 대상에게 유용하다는 것을 언급하여 경청을 유도하고 있다.

**36.** 다음은 발표자가 보여 준 화면이다. 발표자의 시각 자료 활용에 대한 설명으로 가장 적절한 것은?

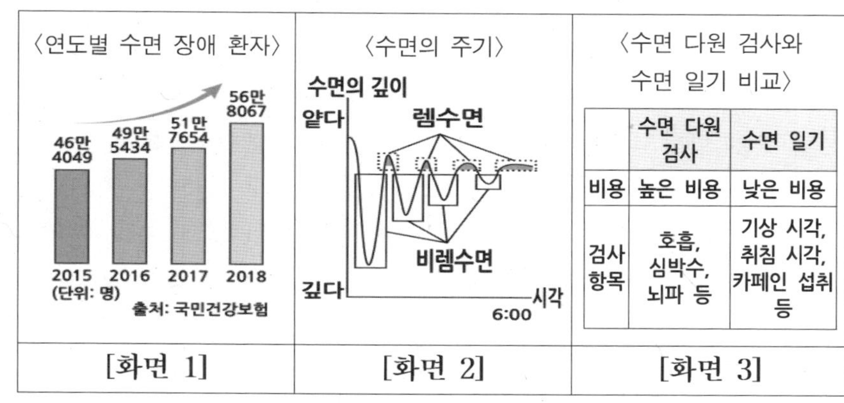


| | 수면 다원 검사 | 수면 일기 |
|---|---|---|
| 비용 | 높은 비용 | 낮은 비용 |
| 검사 항목 | 호흡, 심박수, 뇌파 등 | 기상 시각, 취침 시각, 카페인 섭취 등 |

① [화면 1]은 청소년의 수면 문제가 심각한 수준임을 보여 주는 자료로 ㉠에 제시하였다.

② [화면 2]는 수면 유지에 문제가 있으면 비렘수면 시간이 더 길어짐을 보여 주는 자료로 ㉡에 제시하였다.

③ [화면 2]는 부적절한 수면 환경으로 인해 수면 개시에 문제가 발생하는 과정을 보여 주는 자료로 ㉡에 제시하였다.

④ [화면 3]은 수면 다원 검사를 통해 수면 문제를 평가할 때의 단점을 보여 주는 자료로 ㉢에 제시하였다.

⑤ [화면 3]은 수면 일기를 작성할 때 비용을 절감하는 방법을 보여 주는 자료로 ㉢에 제시하였다.

**37.** 다음은 청자와 발표자가 나눈 질의응답의 일부이다. [A]에 들어갈 청자의 질문으로 적절하지 <u>않은</u> 것은?

> **청자** : 좋은 내용 공유해 주셔서 감사합니다. 한 가지 질문이 있는데요. ____[A]____
>
> **발표자** : 시간 관계상 그 내용은 발표에서 다루지 못했네요. 지금 답변드리도록 하겠습니다.

① 수면 문제는 보통 개시와 유지 단계에서 발생한다고 하셨는데, 또 다른 수면 단계로는 무엇이 있나요?

② 수면 개시 문제가 있는 사람은 적절한 시각에 잠들지 못한다고 하셨는데, 적절한 취침 시각은 언제인가요?

③ 수면 다원 검사는 여러 항목을 수면 주기별로 측정한다고 하셨는데, 수면 주기별 신체 반응은 어떻게 달라지나요?

④ 취침 시간 용암법에서 15분 내로 잠들면 취침 시각을 당기라고 하셨는데, 15분 내에 잠들지 못하면 어떻게 하나요?

⑤ 수면 일기는 수면과 관련된 정보를 직접 기록하는 방법이라고 하셨는데, 얼마나 오랜 기간 정보를 기록해야 하나요?

[38~42] (가)는 비평문을 쓰기 위해 학생들이 나눈 대화이고, (나)는 이를 바탕으로 작성한 초고이다. 물음에 답하시오.

**(가)**

**학생 1** : 다음 주에 '스마트폰이 청소년들의 학습 능력에 미치는 영향'에 관한 글을 교지에 싣기로 했잖아. 어떤 내용으로 구성하면 좋을지 한 명씩 이야기해 보자.

**학생 2** : 나는 △△효과에 관해 조사했어. △△효과는 사람들이 스마트폰으로 찾을 수 있는 정보는 기억하지 않으려 하는 경향을 말하는데, 스마트폰이 청소년들의 기억력을 저하시킨다는 주장의 근거로도 활용되더라고.

**학생 3** : 좋은데? 나는 통계 자료를 좀 찾아봤는데 국내 성인의 95%가 스마트폰을 보유하고 있대. ㉠△△효과를 스마트폰 보급률과 연결 지어 설명하는 것 어때?

**학생 1** : 좋아. 그런데 청소년들의 학습 능력에 관한 글이니까 청소년의 스마트폰 보급률을 찾아봐야 하지 않을까?

**학생 3** : 그렇네. 오늘 논의가 끝나면 다시 조사해서 공유할게.

**학생 1** : 고마워. 나는 스마트폰으로 인해 기억력이 저하된 게 아니라 기억하는 대상이 바뀐 거라는 연구를 봤어.

**학생 2** : ㉡기억하는 대상이 바뀌었다니 잘 이해가 가지 않는데, 좀 더 구체적으로 설명해 줄 수 있어?

**학생 1** : 사람들이 전화번호를 기억하는 대신, 스마트폰을 사용해 전화번호를 찾는 방법을 기억한다는 거야.

**학생 3** : 스마트폰 사용으로 인해 정보 자체보다는 정보를 찾는 방법을 기억하게 되었다는 거구나. 그렇지?

**학생 1** : 맞아. 그리고 △△효과를 우리 뇌가 효율적으로 진화한 증거로 보는 관점이 △△효과가 스마트폰으로 인한 기억력 저하의 증거라고 주장하는 견해보다 우세하대.

**학생 3** : 스마트폰이 기억력 저하와 관련이 없을 수도 있구나. 참 신선하다. 그럼 두 입장 중 더 우세한 입장만 소개할까?

**학생 2** : ㉢음, 그것보다는 두 견해를 비교한 뒤 어떤 견해가 더 우세한지 언급하는 게 독자들에게 더 와닿을 것 같아.

**학생 1** : 좋아. 그런데 지금까지 논의한 내용은 모두 기억력에 관한 거잖아. 기억력 말고 다른 학습 능력도 있을 텐데, 기억력에 관련된 자료들만을 바탕으로 스마트폰이 학습 능력을 저하시키지 않는다고 주장하면 설득력이 부족할 것 같아.

**학생 3** : 내가 조사한 자료들은 스마트폰이 집중력을 약화한다는 메타분석 결과라서 우리 글에 활용할 수 있을 것 같아. 집중력도 중요한 학습 능력이잖아.

**학생 1** : 메타분석이 뭐야? 처음 들어보는데.

**학생 3** : ㉣메타분석은 기존의 연구 결과들을 종합해서 분석한 결과를 의미하는데, 메타분석 결과를 살펴보면 현재 연구들의 큰 흐름을 읽을 수 있어.

**학생 2** : 그렇구나. ㉤내가 읽은 책에도 스마트폰이 집중력을 저하시킨다는 내용이 담겨 있었어.

**학생 3** : 그럼 스마트폰이 기억력 저하와는 무관할 수 있지만, 집중력에는 부정적인 영향을 미친다는 거네. 생각보다 복합적인걸. 집중력 측면에서는 독자들이 스마트폰 사용을 경계할 필요가 있다는 걸 강조하면 좋겠어.

**학생 1** : 좋은 생각이야. 일단 내가 초고를 쓸 테니 한번 살펴봐 줘. 다들 고마워.

**(나)**

한국청소년정책 연구원의 보고서에 따르면, 10대 청소년의 98%가 스마트폰을 보유하고 있다. 이처럼 학생들에게 스마트폰이 광범위하게 보급됨에 따라, 스마트폰이 학생들의 학습 능력에 미치는 영향에 대한 사회적 관심이 커지고 있다.

스마트폰을 통해 언제든 찾을 수 있는 정보는 굳이 기억하지 않으려 하는 현상을 '△△효과'라고 한다. 일부 연구자들은 청소년들 사이에 만연한 △△효과가 스마트폰이 청소년들의 기억력을 떨어트린 결과를 단적으로 보여 준다고 주장한다. 청소년들이 스마트폰에 지나치게 의존한 나머지 스마트폰 없이는 아무것도 기억하지 못하는 일종의 '디지털 기억 상실증'을 겪고 있다는 것이다.

하지만 최근에는 △△효과가 우리 뇌가 효율적으로 진화한 증거라는 주장이 힘을 얻고 있다. 예를 들어, 워싱턴대학교 뇌과학 연구진이 진행한 실험에서, 학생들은 스마트폰 사용이 불가능할 때는 정보 자체를 기억하지만, 스마트폰 사용이 가능할 때는 정보 자체보다 정보를 찾는 방법을 더 잘 기억하는 모습을 보였다. 이는 스마트폰으로 인해 학생들의 기억력이 감퇴한 것이 아니라 기억하는 대상이 바뀐 것임을 의미한다.

그러나 학습 능력의 여러 요인 중 하나인 기억력만으로 스마트폰이 청소년들의 학습 능력에 미치는 영향을 단정하기는 어렵다. 이러한 점에서, IT 학자 니콜라스는 스마트폰과 집중력의 관계에 주목하였다. 니콜라스는 저서에서, 스마트폰이 사용자를 방대한 정보에 끊임없이 노출시킴으로써, 필요한 정보에 집중하는 능력을 약화한다고 지적하였다. 여러 연구를 종합한 메타분석 결과 역시 그의 주장과 일치하는 내용을 보고하고 있는데, 평소 집중력이 약한 사람일수록 스마트폰이 집중력에 미치는 악영향은 더욱 큰 것으로 나타났다.

이처럼 스마트폰이 청소년의 학습 능력에 미치는 영향은 복합적이다. 스마트폰은 기억력을 손상하기보다 뇌가 기억하는 방식을 효율적으로 변화시켰다고 볼 수 있다. 하지만 학습 능력의 또 다른 주요 요소인 집중력에는 방해가 된다는 연구 결과가 지배적이다. 만약 집중력이 낮아 공부에 어려움을 겪고 있다면, 하루에 1시간이라도 스마트폰과 같은 디지털 기기의 사용을 중단하고 휴식하는 처방 요법인 '디지털 디톡스'를 실천해 보는 것은 어떨까.

**38.** (가)의 대화에서 '학생 1'에 대한 설명으로 적절하지 <u>않은</u> 것은?

① 대화 참여자에게 대화 주제를 상기시키며 참여를 유도한다.
② 대화 참여자의 조사 내용이 글에 적합하지 않음을 지적한다.
③ 대화 참여자의 요청에 따라 자신의 발언을 부연 설명한다.
④ 대화 참여자들의 논의 내용을 요약하여 문제점을 밝힌다.
⑤ 대화 참여자에게 자신이 이해한 내용이 맞는지 질문한다.

**39.** 대화의 흐름을 고려할 때, ㉠~㉤에 대한 이해로 가장 적절한 것은?

① ㉠: 대화 내용을 떠올리며 스마트폰의 문제점을 제시하는 방식에 관한 대화 참여자의 의견을 일부 수용하고 있다.

② ㉡: 앞선 발화 내용에 이의를 제기하며 스마트폰으로 인해 기억력이 저하되는 과정에 관한 설명을 요청하고 있다.

③ ㉢: 앞선 발화 내용에 반대하며 같은 현상에 대한 상반된 견해를 비교하는 것이 타당한 이유를 제시하고 있다.

④ ㉣: 자신의 발언을 부연하며 메타분석을 통해 도출된 결과를 해석할 때 주의해야 할 점을 강조하고 있다.

⑤ ㉤: 앞선 발화 내용을 재진술하며 스마트폰이 집중력에 미치는 영향에 대한 자신의 의견을 드러내고 있다.

**40.** 다음은 '학생 1'이 (가)의 대화 내용을 정리하여 (나)의 글쓰기 계획을 세운 것이다. 글쓰기 계획 중 (나)에 반영되지 <u>않은</u> 것은?

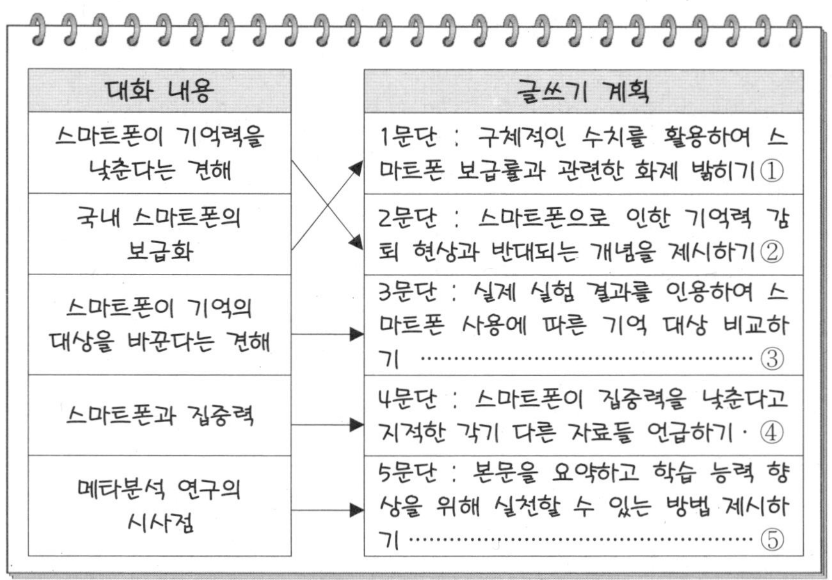



**41.** <조건>을 반영하여 (나)의 제목을 작성한 것으로 가장 적절한 것은?

〈 조 건 〉

○ 학습 능력의 요인에 따라 다른 스마트폰의 영향력에 대한 글쓴이의 관점을 드러낼 것.
○ 부제에서 비유적 표현을 활용할 것.

① 스마트폰에 관한 오해를 풀다
　－ △△효과가 학습 능력에 미치는 영향
② 디지털 디톡스가 필요한 사람들
　－ 스마트폰 중독, 마음 건강에 켜진 빨간불
③ 기억력은 높이고 집중력은 낮추는 스마트폰
　－ 스마트폰과 멀어질 용기가 필요한 시점
④ 스마트폰은 청소년의 학습 능력을 저해하는가?
　－ 디지털 기억상실증을 피하기 위한 방법
⑤ 스마트폰으로부터 안전한 기억력, 위험한 집중력
　－ 뇌의 진화를 가져오는 스마트폰, 누군가에겐 독사과입니다

**42.** '학생 2'가 다음의 점검 기준에 따라 (나)를 점검한다고 할 때, 그 내용으로 적절하지 <u>않은</u> 것은? [3점]

| 점검 기준 | 점검 결과 (예/아니요) |
|---|---|
| ▪ 사회적으로 관심을 가질 만한 주제임을 드러냈는가? | ⓐ |
| ▪ 필자가 선택하지 않은 관점의 주장도 다루었는가? | ⓑ |
| ▪ 객관적 자료를 활용하여 신뢰감을 형성했는가? | ⓒ |
| ▪ 필자가 선택하지 않은 관점의 약점을 비판했는가? | ⓓ |
| ▪ 주제에 대한 필자의 관점을 명확하게 드러냈는가? | ⓔ |

① 스마트폰이 학생들의 학습 능력에 미치는 영향에 대한 사회적 관심이 커지고 있다고 언급한 점을 고려하여 ⓐ에 '예'라고 해야지.

② 청소년들이 스마트폰에 과도하게 의존한 나머지 디지털 기억상실증을 겪고 있다는 주장을 제시한 점을 고려하여 ⓑ에 '예'라고 해야지.

③ 스마트폰으로 인해 뇌가 효율적으로 진화했다는 주장의 근거로 워싱턴대학교의 연구 자료를 활용한 점을 고려하여 ⓒ에 '예'라고 해야지.

④ 학습 능력은 기억력만으로 결정되는 것이 아니므로 정보를 찾는 방법보다 정보 자체를 기억하는 것이 중요하다고 강조한 점을 고려하여 ⓓ에 '예'라고 해야지.

⑤ 스마트폰이 기억력은 손상하지 않지만 집중력은 약화한다며 청소년 학습 능력에 대한 스마트폰의 영향력이 복합적이라고 주장한 점을 고려하여 ⓔ에 '예'라고 해야지.

[43~45] 다음은 교지에 싣기 위해 학생이 작성한 초고이다. 물음에 답하시오.

　최근 주목받고 있는 오픈사이언스 운동은 과학 지식의 확장을 위해 누구나 과학 연구 및 그와 관련된 자료에 접근하여 그것을 활용할 수 있도록 하자는 움직임이다. 오픈사이언스 연구는 연구 출판물뿐만 아니라 연구에 활용된 데이터나 소프트웨어, 연구 기법과 내용 등을 다른 연구자 및 대중과 공유하는 형태로 이루어진다.

　어떤 연구 결과가 과학적 지식이 되기 위해서는 해당 연구의 실험을 다시 실행했을 때 같은 결과가 도출되는 '재현 가능성'을 확보해야 한다. 그런데 지금까지의 폐쇄적인 연구 관행에서는 연구자들이 다른 과학자의 연구를 반복 재현하기 어려웠을뿐더러 이를 악용해 연구 결과를 왜곡하는 일도 만연했다. 연구 과정과 그에 활용된 자원들을 투명하게 공개하는 오픈사이언스는 이러한 반복 재현 문제와 그로 인해 높아진 과학에 대한 불신을 해결하는 대안이 될 수 있다.

　그러나 연구에 활용된 데이터를 모두에게 공개하는 것이 항상 올바른 선택인 것은 아니다. 연구 참가자의 유전 정보처럼 사적 정보가 포함되어 있거나 연구 데이터가 범죄 등에 악용될 가능성이 있는 경우에는 예외적으로 공개 데이터에서 제외하는 것이 연구 윤리에 더 부합한다.

　　오픈사이언스는 과학자뿐만 아니라 대중에게도 매우 중요한 문제이다. 학술지나 출판물에 게재된 연구 논문들을 누구에게나 무료로 공개하자는 운동인 '오픈액세스' 또한 오픈사이언스의 일종으로, 과학 연구를 보다 투명하게 만들 뿐 아니라 공동체의 모든 구성원이 과학적 정보에 접근할 동등한 권리를 보장하는 선택지로 각광받고 있다. 세계적인 학술지 출판사에서도 오픈액세스 정책을 시행하고 있는 만큼, 이에 대한 국내 학계의 관심도 필요한 시점이다.

```
[A]
```

**43.** 다음은 초고를 작성하기 전에 학생이 떠올린 생각이다. ㉠~㉤ 중, 학생의 초고에 반영되지 <u>않은</u> 것은?

> ○ 오픈액세스의 내용과 취지를 설명해야겠어. ·················· ㉠
> ○ 오픈사이언스 연구의 장단점을 제시해야겠어. ··············· ㉡
> ○ 오픈사이언스 연구를 통해 공유되는 것들을 언급해야겠어. · ㉢
> ○ 오픈사이언스 운동이 무엇을 지칭하는 개념인지 밝혀야겠어. ·················· ㉣
> ○ 과학적 지식의 조건과 그것에서 비롯되는 문제를 소개해야겠어. ·················· ㉤

① ㉠　　② ㉡　　③ ㉢　　④ ㉣　　⑤ ㉤

**44.** 다음은 초고를 읽은 교지 편집부 학생의 조언이다. 이를 반영하여 [A]를 작성한다고 할 때, 가장 적절한 것은?

> "초고의 2문단과 4문단에 제시된 오픈사이언스의 필요성을 요약하여 모두 언급하고, 사회 전체의 이익에 기여하는 과학의 보편적 가치와 오픈사이언스를 관련지으며 마무리하는 게 좋겠어."

① 연구에 활용된 데이터를 함부로 공개할 경우 연구 참여자의 사생활이 노출될 수 있으므로 오픈사이언스 연구는 이를 늘 유의할 필요가 있다.

② 오픈사이언스는 과학의 재현 가능성과 투명성, 대중의 지식 접근권 확보를 위해 반드시 필요한 움직임이며, 공동체 구성원 모두를 위한 과학의 발판이다.

③ 과학적 지식에 대한 공동체 구성원들의 동등한 접근 권리를 보장하기 위해 학계와 정부는 오픈사이언스 연구를 위한 적절한 제도와 지원책을 마련할 필요가 있다.

④ 오픈사이언스 연구가 일반화된다면 누구나 접근할 수 있는 보편적 과학 지식과 그 생성 체계가 확보될 것이므로, 이를 위한 더 많은 이들의 지지와 협력이 필요하다.

⑤ 오픈사이언스를 통해 공개된 데이터는 과학 실험을 재현하여 여러 연구 결과를 검증하는 데 사용됨으로써 신뢰성 있는 과학 지식의 확보에 긍정적인 영향을 끼칠 수 있다.

**45.** <보기>는 초고를 보완하기 위해 추가로 수집한 자료이다. 자료 활용 방안으로 적절하지 <u>않은</u> 것은? [3점]

> < 보 기 >
>
> **(가) 설문 조사 결과**
>
> **<오픈사이언스 연구에 대한 대중들의 인식>**
>
> 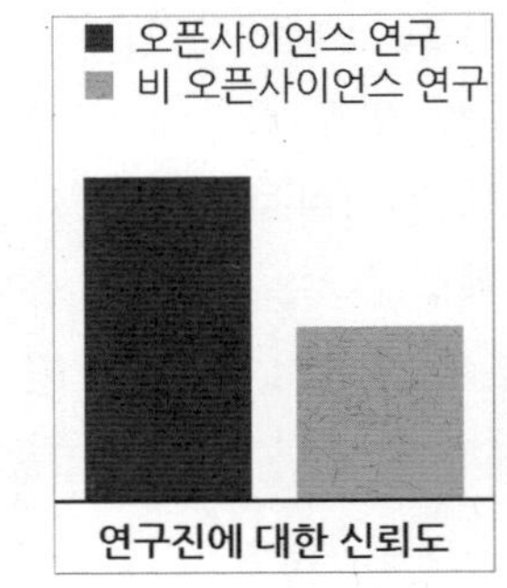
> 
> 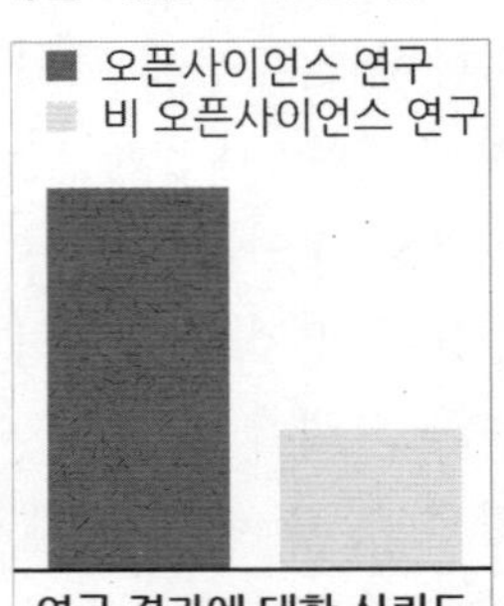
> 
>
> **(나) 신문 기사**
>
> 　　오픈액세스 운동이 일어난 배경에는 학술 출판사들의 과도한 구독료 인상이 있다. 학술지를 통해 신뢰성이 높은 전문 지식을 얻고자 했던 사람들이 높은 구독료로 인해 정보에 대한 접근을 포기하게 되면서, 이에 불만을 제기한 것이다. 그러나 학술 출판사들은 민간 영리 기업이기에, 현재로서는 출판사의 행위를 규제할 제도적 근거가 부족한 상황이다.
>
> **(다) 전문가 인터뷰**
>
> 　　"세계적 감염병과 기후 변화 등 오늘날 발생하고 있는 전 인류 차원의 위기에 대항하기 위해서는 연구자들의 대규모 협력이 필요합니다. 오픈사이언스가 좋은 해결책이 될 수 있지요. 그러나 관련 논의는 주로 국제 학술지만을 대상으로 이루어지고 있을 뿐, 국내 학계에서는 이에 대한 철학과 전략이 여전히 미흡한 실정입니다."

① (가) : 오픈사이언스와 비 오픈사이언스 연구에 대한 대중의 인식 차이를, 오픈사이언스가 과학에 대한 불신을 해소할 방법이 될 수 있음을 강조하는 자료로 2문단에 추가한다.

② (나) : 오픈액세스 운동의 배경이 된 사건을, 오픈액세스가 대중의 동등한 정보 접근권을 보장할 수 있음을 구체화하는 자료로 4문단에 추가한다.

③ (나) : 학술 출판사들의 과도한 구독료 인상을 규제할 제도가 미비한 상황을, 오픈액세스와 관련한 정책 마련이 필요함을 제시하는 자료로 4문단에 추가한다.

④ (다) : 오늘날 발생한 전 세계적 위기 사례를, 연구자 간 협력을 위해 모든 연구 데이터의 공유가 이루어져야 하는 예외 상황을 보여 주는 자료로 3문단에 추가한다.

⑤ (다) : 오픈사이언스에 관해 이루어지고 있는 논의의 문제점을, 오픈사이언스에 대한 국내 학계의 관심이 필요함을 뒷받침하는 자료로 4문단에 추가한다.

> **＊ 확인 사항**
> ○ 답안지의 해당란에 필요한 내용을 정확히 기입(표기)했는지 확인하시오.

[35~36] 다음 글을 읽고 물음에 답하시오.

　표준 발음법의 제1항은 "표준 발음법은 표준어의 실제 발음을 따르되, 국어의 전통성과 합리성을 고려하여 정함을 원칙으로 한다."이다. 이 항목 중 중요한 것은 '전통성'과 '합리성'이다. '표준어의 실제 발음'은 개인별로 각각 다르게 나타날 수 있기 때문에 '전통성'과 '합리성'이라는 기준을 세운 것이다. 먼저 '전통성'은 현대 국어에서는 뚜렷하게 드러나지 않더라도 역사적으로 그렇게 발음해 온 전통이 있다면 받아들이자는 취지이다. 예를 들어, '눈[雪]'과 '눈[目]'은 음운의 장단(長短)을 통해 그 의미를 구분해 온 전통이 있는데, 요즘 젊은 세대가 그렇게 발음하지 않는다고 하더라도 표준 발음을 '눈[雪]'은 [눈ː]으로, '눈[目]'은 [눈]으로 제시하고 있다. '합리성'은 국어의 규칙 내지는 법칙에 따라 표준 발음을 합리적으로 정한다는 의미로, 일정한 음운 환경이 주어졌을 때 동일한 법칙에 따라 발음하도록 규정하여 발음에 대한 혼동을 줄이려는 것이다. 예컨대, 구개음화, 비음화, 유음화 등이 이에 속한다.

　한글 맞춤법의 제1항은 "한글 맞춤법은 표준어를 소리대로 적되, 어법에 맞도록 함을 원칙으로 한다."이다. '소리대로 적되'는 표음주의 표기 원리에 따른 것이다. 굳이 형태소를 구분하여 적지 않아도 사람들이 그 의미를 파악하는 데에 크게 무리가 없는 말들을 위한 규정으로, 보통 불규칙 용언이나 파생어 등을 표기하는 데에 적용된다. '어법에 맞도록 함'은 표의주의 표기 원리에 따른 것으로, 형태소를 구분하여 적음으로써 눈으로 읽고 이해하는 데에 유리하다는 특징이 있다. 체언과 조사를 구분하여 적게 하거나, 어간과 어미를 구분하여 적게 하는 등의 규정이 그 예이다.

**35.** 윗글을 읽은 독자가 <보기>에 대해 보인 반응으로 적절하지 <u>않</u>은 것은?

< 보 기 >

벼-훑이　[벼훌치]　벼의 알을 훑는 농기구.

목-거리　[목꺼리]　목이 붓고 아픈 병. 【←목+걸-+-이】

걷다¹　[걷따]　〔걷어, 걷으니, 걷는[건-]〕
　　　　구름이나 안개 따위가 흩어져 없어지다.

걷다²　[걷ː따]　〔걸어, 걸으니, 걷는[건ː-]〕
　　　　다리를 움직여 바닥에서 발을 번갈아 떼어 옮기다.

① '벼훑이'가 [벼훌치]로 발음되는 것은 국어의 '합리성'에 따라 규정된 것으로 볼 수 있군.
② '목거리'에서 형태소 '-이'가 구분되지 않은 것은 '소리대로 적되'와 관련이 있다고 볼 수 있군.
③ '걷다¹'의 활용형이 '걷어, 걷으니'와 같은 형태로 표기되는 것은 '어법에 맞도록 함'과 관련이 있다고 볼 수 있군.
④ '걷다²'의 '걷-'이 [걷ː-]으로 발음되는 것은 국어의 '전통성'에 따라 규정된 것으로 볼 수 있군.
⑤ '걷다¹'과 '걷다²'의 활용형 '걷는'에서 모두 [ㄷ]이 [ㄴ]으로 교체되는 것은 국어의 '전통성'과 관련이 있군.

**36.** 윗글을 바탕으로 <보기>의 규정을 분석한 것으로 가장 적절한 것은? [3점]

< 보 기 >

**[표준발음법]**

**제10항** 겹받침 'ㄳ', 'ㄵ', 'ㄼ, ㄽ, ㄾ', 'ㅄ'은 어말 또는 자음 앞에서 각각 [ㄱ, ㄴ, ㄹ, ㅂ]으로 발음한다.
　다만, '밟-'은 자음 앞에서 [밥]으로 발음한다.

**제20항** 'ㄴ'은 'ㄹ'의 앞이나 뒤에서 [ㄹ]로 발음한다.

**[한글맞춤법]**

**제5항** 한 단어 안에서 뚜렷한 까닭 없이 나는 된소리는 다음 음절의 첫소리를 된소리로 적는다.
　다만, 'ㄱ, ㅂ' 받침 뒤에서 나는 된소리는, 같은 음절이나 비슷한 음절이 겹쳐 나는 경우가 아니면 된소리로 적지 아니한다.

**제15항** 용언의 어간과 어미는 구별하여 적는다.
[붙임 1] 두 개의 용언이 어울려 한 개의 용언이 될 적에, 앞말의 본뜻이 유지되고 있는 것은 그 원형을 밝히어 적고, 그 본뜻에서 멀어진 것은 밝히어 적지 아니한다.

① '제10항'의 예로 '없어[업써]'가 있으며, 합리성을 따른 규정이라 할 수 있다.
② '제10항 다만'의 예로 '밟는[밤는]'이 있으며, 합리성을 따르지 않은 규정이라 할 수 있다.
③ '제20항'의 예로 '칼날[칼랄]'이 있으며, 국어의 전통성을 따른 규정이라 할 수 있다.
④ '제5항 다만'의 예로 '국쑤→국수'가 있으며, 어법에 맞도록 한 규정이라 할 수 있다.
⑤ '제15항 [붙임 1]'의 예로 '넘어지다'가 있으며, 어법을 따르지 않은 규정이라 할 수 있다.

**37.** <보기>에 대한 학생의 반응으로 적절하지 <u>않</u>은 것은?

< 보 기 >

**선생님** : 국어의 안긴문장들은 안은문장 내에서 특정한 문장 성분으로서 기능하게 됩니다. 이제 각 안긴문장의 특성을 바탕으로 그것이 어떠한 문장 성분으로 기능하는지 발표해 볼까요?

① "그는 키가 아주 크다."에서 '키가 아주 크다'라는 서술절은 안은문장의 주어를 서술하므로 서술어로 기능합니다.
② "어둠이 오기 전에 떠나자."에서 '어둠이 오기'라는 명사절은 '떠나자'라는 동사의 객체이므로 목적어로 기능합니다.
③ "집에 간다고 말했다."에서 '집에 간다'라는 인용절은 '말했다'라는 용언을 수식하고 있으므로 부사어로 기능합니다.
④ "아름다운 바다를 보고 싶다."에서 '아름다운'이라는 관형절은 '바다'라는 체언을 수식하고 있으므로 관형어로 기능합니다.
⑤ "그가 집에 가도록 조치했다."에서 '그가 집에 가도록'이라는 부사절은 '조치했다'라는 용언을 수식하고 있으므로 부사어로 기능합니다.

**38.** <보기>에 나타난 시간 표현에 대해 이해한 내용으로 적절하지 <u>않</u>은 것은?

---

〈 보 기 〉

(가) a. 향기가 <u>있는</u> 꽃이 좋다.
　　b. 향기가 <u>없는</u> 꽃도 좋다.
(나) a. 그 사과를 먹<u>은</u> 사람은 모두 열 명이다.
　　b. 그 사과를 먹<u>는</u> 사람은 모두 열 명이다.
(다) a. 영수는 놀이공원에 <u>가다가 돌아왔다</u>.
　　b. 영수는 놀이공원에 <u>갔다가 돌아왔다</u>.
(라) a. 아름이는 지금쯤이면 부산에 도착했<u>겠</u>다.
　　b. 아름이는 내일쯤이면 부산에 도착하<u>겠</u>다.

---

① (가) : a의 '-는'과 b의 '-는'은 모두 현재의 시제를 나타낸다.
② (나) : a의 '-은'은 과거의 시제를 나타내고, b의 '-는'은 현재의 시제를 나타낸다.
③ (다) : a의 '가다가 돌아왔다'와 b의 '갔다가 돌아왔다'는 모두 과거에 이루어진 행위임을 나타낸다.
④ (다) : a의 '가다가'는 목적지까지 다 가지 않고 중단한 것을, b의 '갔다가'는 목적지까지 도착한 것을 나타낸다.
⑤ (라) : a와 b의 '-겠-'은 모두 현재의 시점에서 미래의 일을 추측하고 있음을 나타낸다.

**39.** 다음은 중세 국어의 조사의 쓰임에 대한 학습 자료이다. 밑줄 친 부분에 대해 이해한 내용으로 적절하지 <u>않</u>은 것은?

---

(가) 어린 <u>빅셩이</u> 니르고져 홇 배 이셔도
　　→ 어리석은 백성이 이르고자 할 바가 있어도
(나) <u>불휘</u> 기픈 남ᄀᆞᆫ ᄇᆞᄅᆞ매 아니 뮐씨
　　→ 뿌리가 깊은 나무는 바람에 아니 흔들리므로
(다) 찬 <u>구드리</u> 자니 비가 세너려셔 즈로 ᄃᆞ니니
　　→ 찬 구들에서 자니 배가 탈이 나서 자주 다니니
(라) <u>如來(여래)ㅅ</u> 몸과 말ᄊᆞᆷ과 ᄠᅳᆮ 業(업)이
　　→ 여래(부처)의 몸과 말씀과 뜻의 업이
(마) 부톄 <u>나롤</u> 어엿비 너기샤
　　→ 부처가 나를 어여삐 여기시니

---

① (가)의 '빅셩이'로 보아 중세 국어에서도 주격 조사로 '이'가 쓰였음을 알 수 있군.
② (나)의 '불휘'로 보아 중세 국어에서는 주격 조사가 생략된 형태도 존재했음을 알 수 있군.
③ (다)의 '구드리'로 보아 '익'가 중세 국어에서 관형격 조사로 쓰였음을 알 수 있군.
④ (라)의 '如來(여래)ㅅ'로 보아 'ㅅ'이 중세 국어에서 관형격 조사로 쓰였음을 알 수 있군.
⑤ (마)의 '나롤'로 보아 '롤'이 중세 국어에서 목적격 조사로 쓰였음을 알 수 있군.

---

**[40~43]** (가)는 보이는 라디오의 본방송이고, (나)는 이 방송을 들은 학생의 메모이다. 물음에 답하시오.

(가)

**진행자** : 매주 월요일, 최근 여행 경향에 관해 알아보는 '요즘 여행'을 시작합니다. #○○○○로 문자를 보내 방송에 참여하실 수 있고요, 보이는 라디오 시청자는 실시간 댓글도 이용하실 수 있습니다. 다만 문자는 한 건당 200원으로 유료 서비스라는 점을 유의해 주세요. ⓐ <u>오늘도 스튜디오에는 여행가 신□□ 님이 나와 계십니다.</u>

**여행가** : 안녕하세요. 반갑습니다.

**진행자** : 지난 시간에 알려 주셨던 '레트로 여행'에 대한 반응이 뜨겁습니다. 오늘은 어떤 여행을 저희에게 알려 주실지 기대가 됩니다.

**여행가** : 하하. 살짝 부담스러운데요? ⓑ <u>오늘은 '오프그리드 여행'에 관해 말씀을 드릴까 합니다.</u>

**진행자** : 오프그리드는 전기나 가스 같은 에너지를 직접 생산하는 생활 방식을 일컫는 말로 알고 있는데, 맞나요?

**여행가** : 잘 알고 계시네요. 오프그리드 여행은 전원의 삶을 즐기기 위해 떠나는 여행입니다. ⓒ <u>최소한의 필요 용품만을 가지고 떠나 자연을 느끼며 휴식하는 여행이지요.</u> 도시에서 받았던 스트레스를 해소하고 온전히 '나'에게 집중할 수 있다는 점에서 최근 주목받고 있습니다.

**진행자** : 말만 들어도 평화로운데요. 아, 잠시만요. 많은 분들이 실시간 문자를 통해, 지난주 방송했던 레트로 여행에 관해 물으시네요. 갑작스럽지만 간단히 설명 부탁드립니다.

**여행가** : 레트로 여행은 향수를 불러일으키는 여행지로 여행을 떠나는 것을 말합니다. 요즘 학생들이 아날로그 감성이라는 말을 많이 하죠? 비교적 예전의 모습을 잃지 않은 지역으로 떠나는 여행을 레트로 여행이라 합니다.

**진행자** : 발전한 도시 지역에서 벗어난다는 점을 생각하면, 오늘 주제인 오프그리드 여행과도 비슷하네요. 그럼 우리나라의 대표적인 오프그리드 여행지는 어딘가요?

**여행가** : 네. 오늘 두 곳을 소개해 드리려고 하는데요, 먼저 ◇◇군에 위치한 ◇◇ 자작나무숲 사진을 보여 드리겠습니다. 얼마 전 '국민의 숲'으로 지정되어 일반인에게 개방된 국유림입니다. 숲을 오가는 전기차를 운영하고 있으니, 체험을 원한다면 ◇◇군 누리집에서 신청하시면 됩니다.

**진행자** : ⓓ <u>초록색을 보니까 심신이 안정되는 기분입니다.</u> 라디오로만 듣고 계신 분들도 궁금하시죠? 저희가 방송국 누리집에 미리 사진을 올려 두었으니 확인해 보세요. 아, 2452 님께서 실시간 댓글로 '오프그리드면 핸드폰도 못 쓰나요?'라고 물어보셨네요. 어, 저도 궁금한데요?

**여행가** : 핸드폰이나 인터넷을 전혀 사용하지 않는 분들도 물론 계십니다. 그러나 여행을 떠나는 사람마다 유연하게 결정할 수 있어요.

**진행자** : 그렇죠. 누가 감시하고 있다가 "그건 오프그리드가 아니

잖아!" 하고 점수를 깎는 것도 아닐 테니까요. 하하. 벌써 1부 마칠 시간이 다 되었네요. 두 번째 여행 장소 소개는 2부로 미루고 잠시 광고 시간이 있겠습니다.

**여행가**: 네, ⓔ 오프그리드 여행에 꼭 필요한 게 바로 아웃도어 의류입니다. 방수를 비롯하여 다양한 기능을 갖춘 △△패션의 아웃도어 의류가 캠핑의 계절을 맞아 할인 중이라고 하니까요, 관심 있으신 분들은 △△패션 누리집을 참고하세요.

**(나)**

> 지리 수업 시간에 오프그리드 여행에 관해 발표해야겠어. ㉠ 오프그리드의 의미와 효과에 관한 슬라이드는 여행가의 말을 정리하되 오프그리드의 효과가 잘 나타날 수 있도록 표현하고, 시각적 이미지를 활용해야지. ㉡ '◇◇ 자작나무숲'에 관한 슬라이드에서는 여행에 유용한 정보를 추가하고, 수용자의 기대감을 불러일으킬 수 있는 홍보 문구를 넣어야지.

**40.** (가)에 나타난 정보 전달 방식으로 적절하지 <u>않은</u> 것은?

① 수용자에게 요금이 부과되는 서비스를 활용하므로 방송의 첫머리에 이와 관련된 정보를 전달한다.

② 수용자가 방송에 대한 흥미를 유지해야 하므로 가상의 상황을 설정하여 유쾌한 분위기를 조성한다.

③ 수용자가 방송에 실시간으로 참여할 수 있으므로 이어질 정보의 순서를 수용자의 요청에 따라 조정한다.

④ 시각 자료를 함께 접할 수 있는 수용자가 있으므로 이를 고려하여 방송 주제와 관련된 장소의 이미지를 제시한다.

⑤ 수용자에게 정보를 제공할 수 있는 시간이 한정적이므로 방송 주제와 관련성이 높은 정보를 우선적으로 선별하여 전달한다.

**41.** 다음은 (가)가 끝난 후의 청취자 게시판이다. 참여자들의 소통 양상으로 가장 적절한 것은?

> **청취자 게시판**
>
> **너구리**: 레트로 여행처럼 이번 주 주제와 상관없는 이야기를 방송 중간에 하는 경우가 많네요. 그래서 생략되는 정보가 있을 것 같아 찜찜합니다.
> ↳ **고라니**: 맞아요. 지난번에도 시청자 댓글에 대답하다가 이야기가 삼천포로 빠지기도 했어요. 아쉽습니다.
> ↳ **염소**: 저도 공감해요! 그런데 진행자님 누리 소통망에 매회 주제와 관련한 추가 정보가 올라오는 거 아시나요? 저는 그나마 그걸 보면서 만족 중이에요.

① 방송 구성에 관한 '너구리'의 오해가 '고라니'와 '염소'의 댓글을 통해 수정되고 있다.

② 방송에 대한 '너구리'의 감상이 '고라니'와 '염소'에게 공유되며 공감대를 형성하고 있다.

③ 방송 내용에 관한 '너구리'와 '고라니'의 서로 다른 생각이 '염소'에 의해 절충되고 있다.

④ 방송 내용에 관한 '너구리'와 '고라니'의 공통된 생각에 '염소'가 근거를 들어 반박하고 있다.

⑤ 방송에 대한 '너구리'와 '고라니'의 부정적 감정이 '염소'에 의해 긍정적 감정으로 전환되고 있다.

**42.** 다음은 (나)에 따라 제작한 발표 자료이다. 제작 과정에서 고려한 내용으로 적절하지 <u>않은</u> 것은? [3점]



① 여행가의 말을 정리하기로 한 ㉠은 오프그리드 여행의 의미와 효과에 관한 내용을 간추려 하나의 슬라이드로 구성하자.

② 오프그리드의 효과를 잘 나타내기로 한 ㉠에는 오프그리드 여행을 통해 얻을 수 있는 점을 강조하여 드러내자.

③ 시각적 이미지를 활용하기로 한 ㉠에는 이미지를 삽입하여 오프그리드 여행에서 금지되는 것들을 나타내자.

④ 여행에 유용한 정보를 추가하기로 한 ㉡에서는 방송에서 언급되지 않은 체험 프로그램을 소개하자.

⑤ 홍보 문구를 넣기로 한 ㉡에서는 자작나무숲에 대한 긍정적 인식을 할 수 있도록 비유를 활용한 문구를 사용하자.

**43.** ⓐ～ⓔ에 대한 설명으로 가장 적절한 것은?

① ⓐ: 종결 어미 '-ㅂ니다'를 사용하여, 주체인 여행가를 공손하게 높이고 있다.

② ⓑ: 보조사 '은'을 사용하여, '오늘'이 문장의 주어로 사용됨을 보여 주고 있다.

③ ⓒ: 연결 어미 '-며'를 사용하여, 오프그리드 여행의 조건을 나열하고 있다.

④ ⓓ: 피동 접사 '-되다'를 사용하여, 감정 변화가 외부의 요인에 의한 것임을 드러내고 있다.

⑤ ⓔ: 부사 '바로'를 사용하여, 오프그리드 여행을 방송에서 소개하는 이유가 무엇인지 밝히고 있다.

[44~45] (가)는 전자 문서로 된 사용 설명서의 일부이고, (나)는 이를 바탕으로 나눈 누리 소통망 대화이다. 물음에 답하시오.

**(가)**

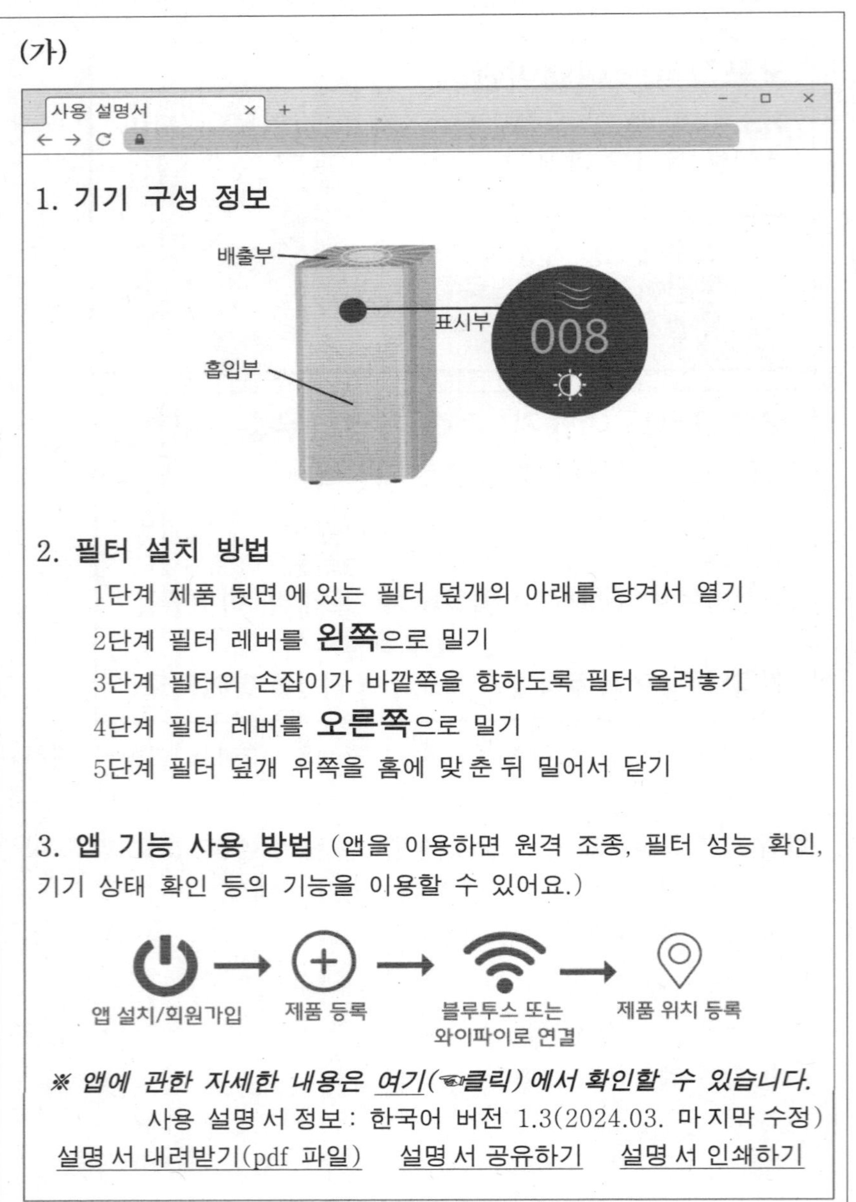



**(나)**

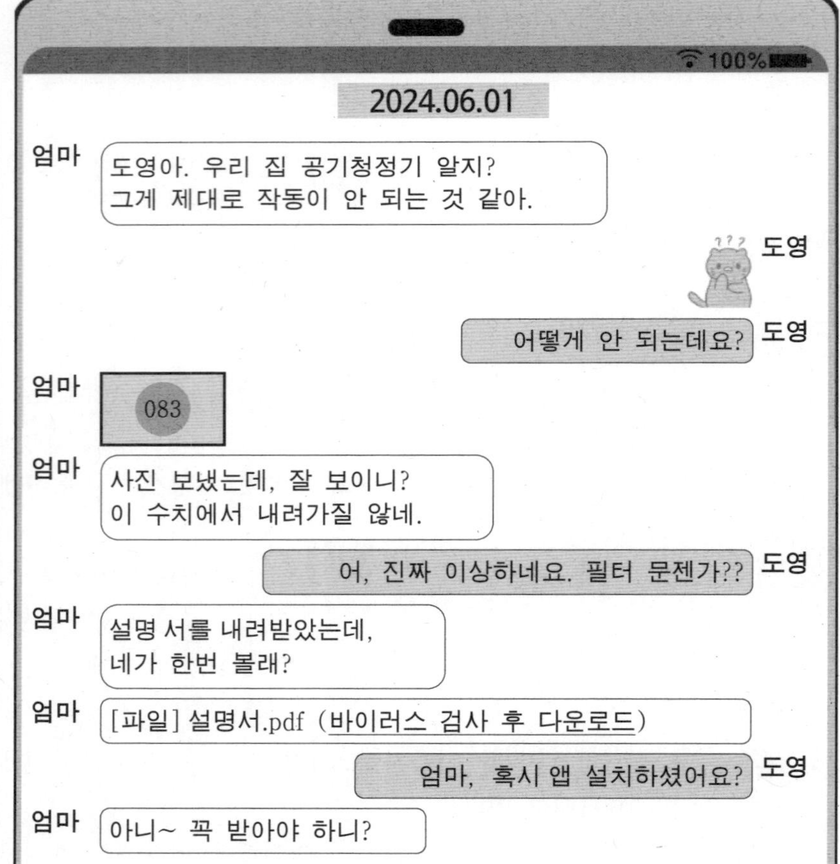



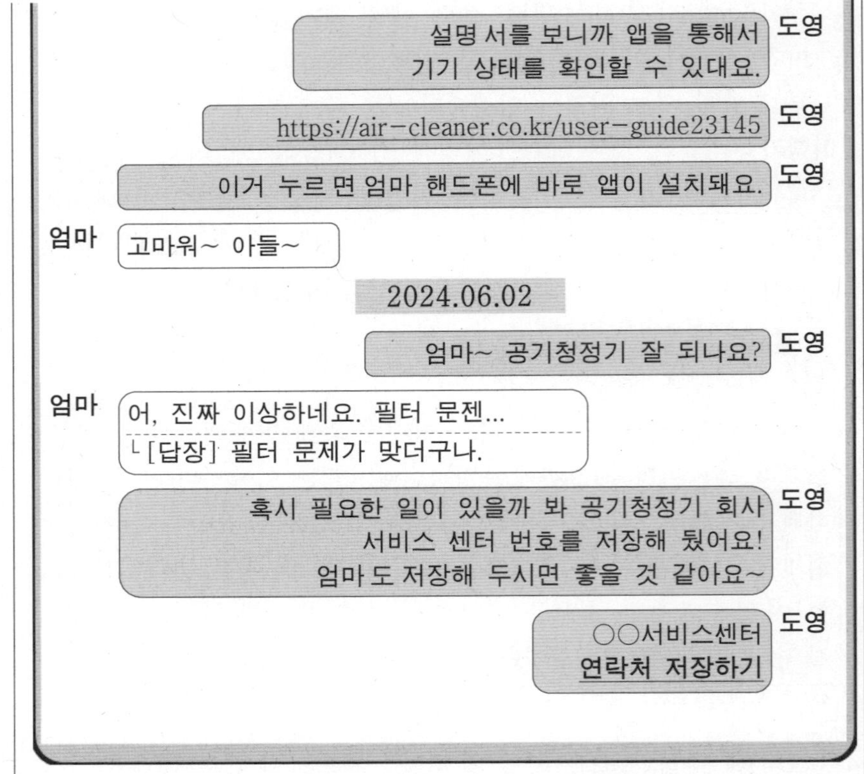



**44.** (가)의 정보 구성 및 제시 방식으로 가장 적절한 것은?

① 기기 구성 정보에서는 제품을 구성하는 부분을 나누어 각 부분의 작동 원리를 전달했다.

② 기기 구성 정보에서는 표시부가 나타내는 아이콘을 나열하여 각각이 의미하는 내용을 설명했다.

③ 필터 설치 방법에서는 혼동하기 쉬운 정보를 글자의 크기와 굵기를 다르게 표시하여 강조했다.

④ 앱 기능 사용 방법에서는 앱 화면을 제시하여 앱을 설치했을 때 사용할 수 있는 여러 기능을 소개했다.

⑤ 사용 설명서에서는 마지막으로 수정된 날짜와 수정된 내용을 함께 제공했다.

**45.** (가)와 (나)에서 확인할 수 있는 매체 활용에 대한 이해로 적절하지 **않은** 것은?

① (가)는 이미지를 삽입하여 대상의 작동 과정을 알기 쉽게 전달할 수 있군.

② (나)는 답장 기능을 사용하여 상대방에게 이전의 대화 내용을 환기할 수 있군.

③ (가)는 (나)와 달리 사용자가 필요한 자료를 바로 출력하여 볼 수 있군.

④ (나)는 (가)와 달리 사용자들이 다양한 형태의 자료를 쌍방향으로 주고받을 수 있군.

⑤ (가)와 (나)는 모두 하이퍼링크를 사용하여 수용자에게 외부의 정보를 제공할 수 있군.

---

*** 확인 사항**

ㅇ 답안지의 해당란에 필요한 내용을 정확히 기입(표기)했는지 확인하시오.

전형태 모의고사 답안지

① 교시 국 어 영 역

※ 답안지 작성(표기)은 반드시 컴퓨터용 사인펜만을 사용하고, 연필 또는 샤프를 절대 사용하지 마십시오.

## 수험생 준수사항

1. 표기란에는 원안을 모두 바르게 제워서 표기해야 합니다.
   ※ 필기도구 종류 및 크기 와 관계없이 2곳 이상 표기 시 불이익 발생 가능

2. 답안지 수정은 흰색 수정 테이프만을 사용하여 완전하게 수정해야 합니다.

3. 표기란에는 와 같이 바르게 표기해야 합니다.
   ※ 잘못된 표기 예시

공 통 과 목

선 택 과 목

※ 자신이 선택한 과목인지 확인하고, 답을 정확히 표시하시오.

선 택 과 목

| 문번 | 답 란 |
|---|---|
| 35 | ① ② ③ ④ ⑤ |
| 36 | ① ② ③ ④ ⑤ |
| 37 | ① ② ③ ④ ⑤ |
| 38 | ① ② ③ ④ ⑤ |
| 39 | ① ② ③ ④ ⑤ |
| 40 | ① ② ③ ④ ⑤ |
| 41 | ① ② ③ ④ ⑤ |
| 42 | ① ② ③ ④ ⑤ |
| 43 | ① ② ③ ④ ⑤ |
| 44 | ① ② ③ ④ ⑤ |
| 45 | ① ② ③ ④ ⑤ |

공 통 과 목

| 문번 | 답 란 |
|---|---|
| 21 | ① ② ③ ④ ⑤ |
| 22 | ① ② ③ ④ ⑤ |
| 23 | ① ② ③ ④ ⑤ |
| 24 | ① ② ③ ④ ⑤ |
| 25 | ① ② ③ ④ ⑤ |
| 26 | ① ② ③ ④ ⑤ |
| 27 | ① ② ③ ④ ⑤ |
| 28 | ① ② ③ ④ ⑤ |
| 29 | ① ② ③ ④ ⑤ |
| 30 | ① ② ③ ④ ⑤ |
| 31 | ① ② ③ ④ ⑤ |
| 32 | ① ② ③ ④ ⑤ |
| 33 | ① ② ③ ④ ⑤ |
| 34 | ① ② ③ ④ ⑤ |

공 통 과 목

| 문번 | 답 란 |
|---|---|
| 1 | ① ② ③ ④ ⑤ |
| 2 | ① ② ③ ④ ⑤ |
| 3 | ① ② ③ ④ ⑤ |
| 4 | ① ② ③ ④ ⑤ |
| 5 | ① ② ③ ④ ⑤ |
| 6 | ① ② ③ ④ ⑤ |
| 7 | ① ② ③ ④ ⑤ |
| 8 | ① ② ③ ④ ⑤ |
| 9 | ① ② ③ ④ ⑤ |
| 10 | ① ② ③ ④ ⑤ |
| 11 | ① ② ③ ④ ⑤ |
| 12 | ① ② ③ ④ ⑤ |
| 13 | ① ② ③ ④ ⑤ |
| 14 | ① ② ③ ④ ⑤ |
| 15 | ① ② ③ ④ ⑤ |
| 16 | ① ② ③ ④ ⑤ |
| 17 | ① ② ③ ④ ⑤ |
| 18 | ① ② ③ ④ ⑤ |
| 19 | ① ② ③ ④ ⑤ |
| 20 | ① ② ③ ④ ⑤ |

※ 결시자 확인 (수험생은 표기하지 말것.)
검은색 컴퓨터용 사인펜을 사용하여 수험번호란과 옆란을 표기  ○

※ 문제지 표지에 안내된 필적 확인란 문구를 아래 '필적 확인란'에 정자로 기재하여야 합니다.

필 적 확인란

선택 과목
① 언어와 매체
② 화법과 작문

성 명

수 험 번 호

| 0 | 0 | 0 | 0 |
| ① | ① | ① | ① |
| ② | ② | ② | ② |
| ③ | ③ | ③ | ③ |
| ④ | ④ | ④ | ④ |
| ⑤ | ⑤ | ⑤ | ⑤ |
| ⑥ | ⑥ | ⑥ | ⑥ |
| ⑦ | ⑦ | ⑦ | ⑦ |
| ⑧ | ⑧ | ⑧ | ⑧ |
| ⑨ | ⑨ | ⑨ | ⑨ |

※ 감독관 확인 (수험생은 표기하지 말것)
본인 여부, 수험번호 및 문항의 표기가 정확한지 확인, 옆란에 서명 또는 날인

서 명 (또는 날인)



시험장에 강한 실전국어 전형태

전형태 모의고사 답안지

# ① 교시 국 어 영 역

## 수험생 준수사항

1. 표기란에는 원안을 모두 바르게 채워서 표기해야 합니다.
   ※ 필기도구 종류 및 크기와 관계없이 2곳 이상 표기 시 불이익 발생 가능

2. 답안지 수정은 흰색 수정 테이프만을 사용하여 완전하게 수정해야 합니다.

3. 표기란에는 ● 와 같이 바르게 표기해야 합니다.
   ※ 잘못된 표기 예시
   △✘⊙⊙⊝⊠⊟⊠

※ 자신이 선택한 과목인지 확인하고, 답을 정확히 표시하시오

시험장에 강한 실전국어 전형태

※ 결시자 확인 (수험생은 표기하지 말 것.)
검은색 컴퓨터용 사인펜을 사용하여 수험번호란과 옆란을 표기   ○

※ 문제지 표지에 안내된 필적 확인 문구를 아래 '필적 확인란'에 정자로 기재하여야 합니다.

필적 확인란

선택 과목
① 언어와 매체
② 화법과 작문

성 명

수 험 번 호

| | | | | | | | |
|---|---|---|---|---|---|---|---|
| ⓪ | ⓪ | ⓪ | ⓪ | ⓪ | ⓪ | ⓪ | ⓪ |
| ① | ① | ① | ① | ① | ① | ① | ① |
| ② | ② | ② | ② | ② | ② | ② | ② |
| ③ | ③ | ③ | ③ | ③ | ③ | ③ | ③ |
| ④ | ④ | ④ | ④ | ④ | ④ | ④ | ④ |
| ⑤ | ⑤ | ⑤ | ⑤ | ⑤ | ⑤ | ⑤ | ⑤ |
| ⑥ | ⑥ | ⑥ | ⑥ | ⑥ | ⑥ | ⑥ | ⑥ |
| ⑦ | ⑦ | ⑦ | ⑦ | ⑦ | ⑦ | ⑦ | ⑦ |
| ⑧ | ⑧ | ⑧ | ⑧ | ⑧ | ⑧ | ⑧ | ⑧ |
| ⑨ | ⑨ | ⑨ | ⑨ | ⑨ | ⑨ | ⑨ | ⑨ |

※ 감독관 확인 (수험생은 표기하지 말 것)
본인 여부, 수험번호 및 문항의 표기가 정확한지 확인, 옆란에 서 명 또는 날 인

www.scooling.co.kr

## 공통 과목

| 문번 | 답 란 |
|---|---|
| 1 | ① ② ③ ④ ⑤ |
| 2 | ① ② ③ ④ ⑤ |
| 3 | ① ② ③ ④ ⑤ |
| 4 | ① ② ③ ④ ⑤ |
| 5 | ① ② ③ ④ ⑤ |
| 6 | ① ② ③ ④ ⑤ |
| 7 | ① ② ③ ④ ⑤ |
| 8 | ① ② ③ ④ ⑤ |
| 9 | ① ② ③ ④ ⑤ |
| 10 | ① ② ③ ④ ⑤ |
| 11 | ① ② ③ ④ ⑤ |
| 12 | ① ② ③ ④ ⑤ |
| 13 | ① ② ③ ④ ⑤ |
| 14 | ① ② ③ ④ ⑤ |
| 15 | ① ② ③ ④ ⑤ |
| 16 | ① ② ③ ④ ⑤ |
| 17 | ① ② ③ ④ ⑤ |
| 18 | ① ② ③ ④ ⑤ |
| 19 | ① ② ③ ④ ⑤ |
| 20 | ① ② ③ ④ ⑤ |

공 통 과 목

## 공통 과목

| 문번 | 답 란 |
|---|---|
| 21 | ① ② ③ ④ ⑤ |
| 22 | ① ② ③ ④ ⑤ |
| 23 | ① ② ③ ④ ⑤ |
| 24 | ① ② ③ ④ ⑤ |
| 25 | ① ② ③ ④ ⑤ |
| 26 | ① ② ③ ④ ⑤ |
| 27 | ① ② ③ ④ ⑤ |
| 28 | ① ② ③ ④ ⑤ |
| 29 | ① ② ③ ④ ⑤ |
| 30 | ① ② ③ ④ ⑤ |
| 31 | ① ② ③ ④ ⑤ |
| 32 | ① ② ③ ④ ⑤ |
| 33 | ① ② ③ ④ ⑤ |
| 34 | ① ② ③ ④ ⑤ |

## 선택 과목

| 문번 | 답 란 |
|---|---|
| 35 | ① ② ③ ④ ⑤ |
| 36 | ① ② ③ ④ ⑤ |
| 37 | ① ② ③ ④ ⑤ |
| 38 | ① ② ③ ④ ⑤ |
| 39 | ① ② ③ ④ ⑤ |
| 40 | ① ② ③ ④ ⑤ |
| 41 | ① ② ③ ④ ⑤ |
| 42 | ① ② ③ ④ ⑤ |
| 43 | ① ② ③ ④ ⑤ |
| 44 | ① ② ③ ④ ⑤ |
| 45 | ① ② ③ ④ ⑤ |

선 택 과 목

※ 답안지 작성(표기)은 반드시 컴퓨터용 사인펜을 사용하고, 연필 또는 샤프를 절대 사용하지 마십시오.

# 전형태 모의고사 1회 정답 및 해설

## • 1교시 국어 영역 •

***공통**

| 1 | ② | 2 | ④ | 3 | ⑤ | 4 | ① | 5 | ③ |
|---|---|---|---|---|---|---|---|---|---|
| 6 | ② | 7 | ⑤ | 8 | ⑤ | 9 | ⑤ | 10 | ④ |
| 11 | ⑤ | 12 | ⑤ | 13 | ④ | 14 | ④ | 15 | ③ |
| 16 | ③ | 17 | ① | 18 | ④ | 19 | ⑤ | 20 | ⑤ |
| 21 | ④ | 22 | ④ | 23 | ④ | 24 | ① | 25 | ② |
| 26 | ③ | 27 | ④ | 28 | ① | 29 | ⑤ | 30 | ④ |
| 31 | ③ | 32 | ⑤ | 33 | ④ | 34 | ③ | | |

***선택 과목(화법과 작문)**

| 35 | ③ | 36 | ⑤ | 37 | ① | 38 | ② | 39 | ⑤ |
|---|---|---|---|---|---|---|---|---|---|
| 40 | ② | 41 | ④ | 42 | ③ | 43 | ④ | 44 | ② |
| 45 | ② | | | | | | | | |

***선택 과목(언어와 매체)**

| 35 | ④ | 36 | ④ | 37 | ① | 38 | ③ | 39 | ② |
|---|---|---|---|---|---|---|---|---|---|
| 40 | ① | 41 | ⑤ | 42 | ④ | 43 | ② | 44 | ③ |
| 45 | ② | | | | | | | | |

## [독서]

**1. ②**

*** 정답 해설**

② 3문단에 따르면, 미숙한 독자는 쉬운 수준의 텍스트만 읽게 되므로 어려운 텍스트를 성공적으로 읽어낼 수 있다는 읽기 효능감을 얻기 어려워진다고 하였다. 반면, 능숙한 독자는 자신의 읽기 수준보다 좀 더 높은 난도의 텍스트를 읽으며 독서 효능감을 극대화할 수 있다고 하였다. 즉, 쉬운 수준의 텍스트는 성공적으로 읽더라도 읽기 효능감을 높이지 못함을 알 수 있다. 따라서 성공적인 독서 경험이 누적된다고 해서 그에 비례하여 읽기 효능감을 얻는다고 보기는 어렵다.

*** 오답 해설**

① 3문단에 따르면, 미숙한 독자와 능숙한 독자의 텍스트 이해 격차가 커지면 읽기 효능감과 읽기 흥미 등 정의적 측면에서의 차이를 유발한다고 하였다. 따라서 읽기 효능감과 읽기 흥미는 독서의 정의적 측면에 포함된다는 것을 알 수 있다.

③ 1문단에 따르면, 독서 경험을 통해 형성되는 독서 습관 중에는 올바르지 않은 것도 있으며, 잘못된 독서 습관은 지식 습득이나 문제 해결과 같은 학습 독서에 부정적인 영향을 미치므로 주의해야 한다고 하였다. 또한 2~4문단에서 잘못된 독서 습관을 지닌 미숙한 독자는 올바르게 독서하는 능숙한 독자와 읽기 방식에서 차이를 보이며, 쉬운 수준의 텍스트만 읽거나 독서 상황의 문제를 혼자서 해결하려는 경향을 보인다고 하였다. 따라서 독서 습관의 형성이 학습 독서에 반드시 긍정적으로만 작용되지는 않음을 알 수 있다.

④ 2문단에 따르면, 미숙한 독자는 모르는 어휘를 생략하거나, 자신의 배경지식과 경험에 근거해 어휘의 의미를 자의적으로 해석하려 한다고 하였다. 따라서 사실적 읽기를 제대로 수행하지 못하고, 이에 따라 글의 전체적인 흐름과 의미를 추론하는 단계로 나아갈 수 없는 문제가 발생한다고 했으므로 글의 전체적인 의미를 추론하여 독해하기 위해서는 사실적 읽기가 선행되어야 함을 알 수 있다.

⑤ 3문단에 제시된 인지 연구에 따르면, 상대적으로 어휘 지식이 부족한 미숙한 독자는 어휘의 의미를 해석하는 데 시간을 쓰게 되면서 인지 처리 능력을 텍스트 이해에 집중시키는 발달 시기를 놓치게 만든다고 하였다. 따라서 어휘 지식이 부족할수록 텍스트를 이해하는 인지 능력이 발달하기 어려움을 알 수 있다.

**2. ④**

*** 정답 해설**

④ 〈보기〉에 따르면, 렉사일 지수(L)는 어휘 및 통사의 난이도를 고려하여 텍스트의 독서 지수를 수치화한 것이다. 또한, 개별 독자는 자신의 읽기 능력을 렉사일 지수로 평가받는다. 이때 독자의 읽기 능력 지수가 텍스트의 독서 지수와 같으면 75% 정도를 무리 없이 이해할 것으로 기대된다고 하였다. 미숙한 독자(㉠)와 능숙한 독자(㉡)가 모두 고등학생이라고 가정하였고, 고등학생의 평균적인 읽기 능력 지수가 1,000L이라고도 가정하였으므로, ㉡은 읽기 능력 지수가 1,000L보다 큰 값일 가능성이 크고, ㉠은 읽기 능력 지수가 1,000L보다 작은 값일 가능성이 크다고 볼 수 있다. 이러한 상황에서 독서 지수가 1,250L인 텍스트 C를 읽는다면, ㉡보다 ㉠에게 텍스트의 어휘가 훨씬 어렵게 느껴질 가능성이 크다. 2문단에 따르면, 텍스트 난도가 높아 텍스트에 모르는 어휘가 제시되었을 때, ㉡은 맥락이나 사전을 활용하여 어휘의 의미를 적절하게 확정하지만

㉠은 해당 어휘를 생략하거나 자신의 배경지식과 경험에 근거해 자의적으로 해석하려 한다는 것을 알 수 있다. 즉, 텍스트 C를 읽을 때 배경지식을 근거로 어휘의 의미를 자의적으로 해석할 가능성은 ㉡보다 ㉠에게서 더 크게 나타날 것이다.

**＊ 오답 해설**
① 〈보기〉에 따르면, 렉사일 지수는 텍스트 난이도를 측정하는 데에도 쓰이지만, 개별 독자가 자신의 읽기 능력을 평가받는 데에도 쓰인다. 즉, 개인의 텍스트 이해 능력은 렉사일 지수에 반영될 것이다. 그런데 3문단에 따르면, 저학년에서 고학년으로 올라갈수록 ㉠과 ㉡의 텍스트 이해 격차는 점차 커진다고 하였다. 그러므로 ㉠과 ㉡의 읽기 능력 지수도 그 격차가 학년이 올라갈수록 점점 커질 가능성이 크다고 볼 수 있다.
② 〈보기〉에 따르면, A는 독서 지수가 B, C보다 낮은 텍스트이므로, 셋 중에서 가장 쉬운 책일 것이다. 2문단에 따르면 ㉠에게는 글의 전체적인 흐름과 의미를 추론하는 단계로 나아갈 수 없는 문제가 발생한다고 하였으므로, 텍스트 A의 의미를 추론하는 단계로 나아가지 못할 가능성이 큰 사람은 ㉠뿐일 것이다.
③ 3문단에 따르면, ㉠은 쉬운 수준의 텍스트만 읽게 되므로 어려운 텍스트를 성공적으로 읽어낼 수 있다는 읽기 효능감을 얻기 어렵다. ㉡은 자신의 읽기 수준보다 좀 더 높은 난도의 텍스트를 읽을 때 독서 효능감을 극대화할 수 있다. 이를 고려할 때, B는 평균적인 고등학생 독자의 읽기 능력과 같은 점수의 독서 지수를 가진 텍스트이다. 두 독자가 모두 고등학생이라고 가정하였으므로, 상대적으로 ㉡은 자기 수준에 맞거나 자기 수준보다 오히려 쉬운 B를 읽는다면 독서 효능감이 극대화되기 어렵다. 또한 ㉠은 읽기 효능감을 얻기 어려우므로 독서 효능감이 극대화될 가능성에 대해 비교할 수 없기 때문에 선지의 내용은 적절하지 않다.
⑤ 〈보기〉에 따르면, C는 제시된 텍스트 중에 가장 어려운 텍스트에 해당한다. 또한 2문단에 따르면, 텍스트 난이도가 높아 텍스트에 모르는 어휘가 제시되었을 때, ㉡은 맥락이나 사전을 활용하여 어휘의 의미를 적절하게 확정하지만 ㉠은 해당 어휘를 생략하려 한다고 하였다. 즉 모르는 어휘를 건너뛰면서 텍스트를 읽을 가능성은 ㉠이 ㉡보다 더 클 것이다.


**3. ⑤**
**＊ 정답 해설**
⑤ ⓐ는 독자 간의 독서 능력 차이가 어휘적인 측면에서만 발생하는 것이 아님을 설명하고 있고, 〈보기〉는 독서 능력이 타인의 읽기 과정을 관찰하는 경험을 통해 발달함을 설명하고 있다. 또한 4문단에 따르면, 능숙한 독자는 읽기 공동체에 속한 다른 독자와 독서 전략 사용을 비교하면서 자신의 읽기 과정을 객관적으로 성찰함으로써 독서 상황

의 문제를 해결하고자 하여 사회적 측면에서도 독서 능력의 차이가 발생한다고 하였다. 이를 종합하면 〈보기〉의 관점에서 ⓐ를 보완하는 내용으로는, 타인과의 상호 작용을 통해 읽기 경험을 공유함으로써 독서 전략을 학습하고 독서 효능감을 얻을 수 있다는 ⑤가 적절하다.

**＊ 오답 해설**
① 4문단에서는 미숙한 독자의 문제가 어휘력과 같은 개인적 차원의 인지적 요소와 관련 있음을 언급하고 있다. 그러나 〈보기〉에서 독서 능력은 개인적인 측면에서 발달하기보다는 타인의 수행을 관찰하는 사회적인 경험을 통해 발달함을 설명하고 있으므로, 독서 능력은 개인적인 특성에 따라 차이를 보인다는 선지의 진술은 〈보기〉의 관점에 부합하지 않는다.
② 4문단에 따르면, 능숙한 독자는 읽기 공동체에 속한 다른 독자와 독서 전략 사용을 비교하면서 독서 상황의 문제를 해결할 수 있다. 이를 통해 독자마다 독서 전략이 달라질 수 있음을 알 수 있다. 그러나 윗글에서 독자 간의 독서 능력 차이를 발생시키는 요인이 독서 전략의 사용 여부라고 설명하지는 않았다. 또한, 이러한 선지의 내용은 독서 능력과 사회적 상호 작용의 영향 관계를 설명하는 〈보기〉의 관점과도 무관하다.
③ 4문단에 따르면, 능숙한 독자는 읽기 공동체에 속한 다른 독자와 독서 전략 사용을 비교하면서 자신의 읽기 과정을 객관적으로 성찰함으로써 독서 상황의 문제를 해결할 수 있다. 즉 여기서 말하는 성찰은 타인과의 비교를 통한 객관적인 성찰이므로, 단순히 개인 내적 차원에서만 이루어지는 성찰이라고 보기는 어렵다. 또한, 〈보기〉에서는 독서 능력이 타인의 읽기 과정을 관찰하는 경험을 통해 발달함을 강조하여 설명하고 있으므로, 타인에 대한 관찰이 아니라 개인 내적 차원에서의 성찰을 강조하는 선지의 진술은 〈보기〉의 관점에 부합하지 않는다.
④ 4문단에서는 ⓐ와 관련한 맥락에서 미숙한 독자의 문제를 해결하기 위해서는 어휘력과 같은 개인적 차원의 인지적 요소뿐만 아니라 사회적 측면의 요소도 보강되어야 함을 언급하고 있으므로, 선지의 내용은 적절하지 않다. 또한, 이러한 내용은 독서 능력과 사회적 상호 작용의 영향 관계를 설명하는 〈보기〉의 관점과도 무관하다.


[비문학－인문]

**4. ①**
**＊ 정답 해설**
① (가)의 1문단에 따르면, 철학자들은 인격 동일성의 판단 기준에 관한 문제를 인격 동일성의 문제라고 지칭하고, 이를 탐구하기 위해 무엇이 인격의 본질을 규정하는지 질문

*2*

해 왔다. 즉, 인격 동일성의 문제를 탐구하기 위해서는 무엇이 인격의 본질을 규정하는지에 대한 탐구가 먼저 이루어져야 하는 것이므로, 인격 동일성 문제가 인격의 본질이 무엇인지에 관한 탐구에 선행하는 것이 아니라, 반대로 인격의 본질이 무엇인지에 관한 탐구가 인격 동일성 문제에 선행한다는 것이 적절한 이해이다.

* 오답 해설
② (가)의 2문단에 따르면, 인격 본질주의는 인격을 특정 속성 X를 필연적으로 갖는 존재로 규정하는데, 인격 본질주의를 대표하는 심리적 관점에서는 기억으로 규정되는 '심리적 능력'을 기준으로 인격 동일성이 기억의 지속성에 의해 확보된다고 주장한다. 즉, 인격 본질주의는 그 개체에 내재하는 본질적 속성 X를 제시하며, 그 속성 X가 지속하는 만큼 인격 동일성이 확보된다고 설명하므로, 인간에게 내재한 속성을 토대로 인격 동일성을 논의한다고 볼 수 있다.
③ (가)의 3문단에 따르면, 동물주의는 인격을 규정하는 속성 X가 결여되었거나 상실된 상태를 들어 인격 본질주의를 반박하면서, 심리적 능력이 인격 동일성의 기준으로는 불충분하다고 지적하였다. 즉, 동물주의는 심리적 능력만으로는 인격 동일성을 판단할 수 없다고 주장한 것이다.
④ (나)의 1문단에 따르면, 동물주의는 유기체로서의 신체를 중시한다는 점에서 인격 본질주의와 같은 한계를 지니지는 않지만, 인격과 유기체를 혼동함으로써 인격 동일성 문제에 적절한 해답을 제공하지는 못한다. 즉, 동물주의는 신체와 인격을 혼동하여 인격 동일성 문제를 풀지 못하므로, 인격 동일성 문제를 풀지 못한다는 지적을 받기도 하는 것이다.
⑤ (나)의 1문단에 따르면, 인격 본질주의는 신체를 간과한다는 문제를 지니기에, 신체를 갖지 못한 행위자는 도덕적·법적 행위자가 될 수 없을 뿐 아니라 도덕적·법적 책임을 지닌 인격으로 고려될 수 없다는 점을 해명하지 못한다. 즉, 인격 본질주의는 인격 동일성 문제에서 신체를 간과하여 인간이 갖는 권리와 의무를 설명하지 못한다는 한계가 있는 것이다.

5. ③
* 정답 해설
③ (나)의 2문단에 따르면, 일인칭 시점은 유기체에는 오직 우연적으로만 속하지만, 인격에는 본질적으로 귀속된다. 즉 일인칭 시점은 유기체에 필연적으로 귀속되는 것이 아닌, 우연적으로만 속하는 것이므로 선지의 내용은 적절하지 않다.

* 오답 해설
① (나)의 2~3문단에 따르면, 구성주의적 관점에서는 인간이 인간 인격에 해당한다고 보고, 그러한 인간 인격은 인간 유기체를 토대로 구성된다고 보았다. 이때 인격이란 일인

칭 시점을 지닌 존재를 의미하는데, 구성주의적 관점에서는 인격 동일성이 강한 일인칭 시점의 동일성에서 확보된다고 주장하였다. 이를 종합하면, 일인칭 시점은 인격이 지니는 속성이며, 이 인격이 인간 유기체를 토대로 구성되어 인간 인격, 즉 인간이 된다. 이때 기초적인 일인칭 시점이 아닌 강한 일인칭 시점은 인격의 동일성이 확보될 수 있도록 하는 인간의 본질적 속성이 될 수 있으므로 선지의 내용은 적절하다.
② (나)의 2문단에 따르면, 인간 인격은 통합성을 지니므로, 특정 순간에 인간 유기체와 따로 존재하는 것이 아니라 하나의 인간 인격으로서 일원적으로 존재하나, 인간 유기체와 인간 인격은 동일한 것이 아니다. 이때 인간 인격은 일인칭 시점을 지닌 존재인 인격이 인간 유기체를 토대로 구성된 것을 말한다. 즉, 인간 인격은 인간 유기체와 구별되면서도 통합되어 하나로 존재하며 일인칭 시점을 특징으로 지니는 것이므로 선지의 내용은 적절하다.
④ (나)의 2~3문단에 따르면, 구성주의적 관점은 일인칭 시점을 특정 개체가 자기 자신을 '나'라고 의식하면서 느낌, 생각, 기억 등의 내적 체험을 '나'의 경험이라고 인지하는 것으로 설명하였다. 그리고 구성주의적 관점에서는 동물과 달리 인간의 경우, 이러한 인지가 '나'라는 인칭 대명사나 '나의'라는 소유 대명사를 통해 개념적으로 이루어진다고 보았다. 즉, 강한 일인칭 시점은 인간 유기체가 내적 체험을 소유 대명사에 기초해 개념적으로 인지함으로써 형성되는 것이므로 선지의 내용은 적절하다.
⑤ (나)의 3문단에 따르면, 구성주의적 관점에서는 인격 동일성이 강한 일인칭 시점의 동일성에서 확보된다고 주장하였다. 이러한 강한 일인칭 시점은 자기 자신을 개념적으로 이해하는 데 근거하는데, 이를 통해 자기의식을 획득한다고 하였다. 그러나 동물은 자신을 기준으로 특정한 행동을 수행하더라도 그것을 '나'라는 개념으로 이해하지는 못하므로, 강한 일인칭 시점을 가질 수 없다고 하였다. 즉, 자기 자신을 기준으로 한 특정 행동을 수행한다고 해도 '나'라는 개념을 이해하지 못하면 강한 일인칭 시점을 지닐 수 없으므로, 자기의식을 획득할 수 없는 것이므로 선지의 내용은 적절하다.

6. ②
* 정답 해설
② (가)의 2문단에 따르면, 인격 본질주의는 인격을 특정 속성 X를 필연적으로 갖는 존재로 규정하고, 속성 X가 지속하는 만큼 인격 동일성이 확보된다고 설명하였다. 즉, 인격 본질주의는 인격 동일성이 인간을 규정하는 성질로서 속성 X가 지속하는 동안에만 확보된다고 본 것이다. 한편, (가)의 4문단에 따르면, 동물주의는 인간은 본질적으로 유기체이므로 인격 동일성이 유기체의 동일성에서 확보되어야 한다고 주장하였다. 즉, '동일한 유기체'이기에 연속성이 있으면 인격 동일성이 확보된다고 본 것이다. 따라서

인격 본질주의와 동물주의는 모두, 인간을 규정하는 성질이 지속하는 동안에만 인격 동일성이 확보될 수 있다는 진술에 동의할 것이다.

## * 오답 해설

① (가)의 2문단에 따르면, 인격 본질주의를 대표하는 심리적 관점은, 인간이 자기 자신을 의식하는 것과 같은 특정한 심리적 능력을 본질적 속성으로 가질 때 인격이 성립한다고 주장하였다. 반면, (가)의 3문단에 따르면, 동물주의는 심리적 능력이 인격 동일성의 기준으로는 불충분하다고 지적했다. 따라서 인격 본질주의와 달리, 동물주의는 인격이 심리적 능력을 바탕으로 성립한다는 선지의 진술에 동의하지 않을 것이다.

③ (가)의 2문단에 따르면, 인격 본질주의를 대표하는 심리적 관점은 인간이 자기 자신을 의식하는 것과 같은 특정한 심리적 능력을 본질적 속성으로 가질 때 인격이 성립한다고 보고, 심리적 능력이 구체적으로는 기억으로 규정된다고 보았다. 따라서 인격 본질주의는 인격의 본질을 기억에 두고, 이러한 기억 능력을 갖추고 있지 않은 존재는 인격으로 보기 어렵다고 생각할 것이다. 반면, (가)의 3~4문단에 따르면, 동물주의는 인격을 규정하는 속성 X가 결여되었거나 상실된 상태를 들어 인격 본질주의를 반박하며, 심리적 능력이 인간의 필연적 속성이 아닌 우연적 속성이므로 심리적 능력이 인격 동일성의 기준으로는 불충분하다고 지적했다. 이에 따라 동물주의는 인격 동일성이 유기체의 동일성에서 확보된다고 보았다. 즉, 동물주의는 인격의 본질을 기억에 두지 않으므로, 기억 능력을 갖지 않는다고 해서 인격이 성립하지 않는다고 주장하지는 않을 것이다.

④ (가)의 2문단에 따르면, 인격 본질주의를 대표하는 심리적 관점은 인간이 자기 자신을 의식하는 것과 같은 특정한 심리적 능력을 본질적 속성으로 가질 때 인격이 성립한다고 보고, 심리적 능력이 구체적으로는 기억으로 규정된다고 보았다. 즉, 인격을 설명하기 위해 심리적 능력인 기억 능력에 주목하였으며, 유기체적 특성을 고려하지는 않았다. 한편, (가)의 3~4문단에 따르면, 동물주의는 인격 본질주의와 달리 인격의 동일성이 심리적 능력이 아닌 유기체에서 확보된다고 보았다. 즉, 인격을 설명하기 위해 심리적 능력보다는 유기체적 특성에 주목한 것이다. 따라서 인격 본질주의와 동물주의는 모두, 인격을 종합적으로 설명하기 위해 심리적 능력과 유기체적 특성을 함께 고려해야 한다는 진술에 동의하지 않을 것이다.

⑤ (가)의 2문단에 따르면, 인격 본질주의는 인격이 자기 자신을 의식하는 것과 같은 특정한 심리적 능력을 본질적 속성으로 갖는 존재로 보며, 그 심리적 능력은 기억으로 규정된다. 이에 따라 인격 동일성은 기억의 지속성에 의해 확보된다고 하였다. 한편, (가)의 4문단에 따르면, 동물주의는 인격 본질주의를 비판하면서, 인간이 성장하면서 심

리적 능력을 지니게 되는 것은 사실이지만 그 심리적 능력의 형성에는 여러 복잡한 요인들이 영향을 미치므로 심리적 능력은 인격 동일성의 기준이 될 수 없다고 주장하였다. 동물주의는 이러한 인격 본질주의의 한계를 지적하면서 인격 동일성 문제에 유기체적 동일성을 고려해야 한다고 보았다. 따라서 인격 본질주의와 동물주의는 모두, 특정 개체를 인격으로 고려하기 위해 성장에 영향을 미치는 복잡한 요인을 살펴보아야 한다는 진술에 동의하지 않을 것이다.

## 7. ⑤

## * 정답 해설

⑤ (가)의 3문단에 따르면, 동물주의는 인격 본질주의의 주장을 받아들일 경우 '태아가 어느 시점부터 인격으로 지칭될 수 있는지 모호해진다.(㉠)'라고 비판하였다. 즉 인격 본질주의는 인격 동일성의 기준을 심리적 능력에서 찾지만, 태아의 경우 심리적 능력을 지니고 있지 않으며, 어느 시점부터 심리적 능력을 갖추는지 특정하기 어려우므로 심리적 능력을 인격 동일성의 기준으로 보기는 어렵다는 것이다. 한편 (나)의 3문단에 따르면, 구성주의적 관점은 일인칭 시점을 기초적 일인칭 시점과 강한 일인칭 시점으로 구분하고, 인간이 태아일 때는 기초적인 일인칭 시점을 갖는 유기체이지만, 특정 언어 공동체에서 성장함에 따라 강한 일인칭 시점을 갖는 인간 인격이 된다고 주장하였다. 인격은 자기 자신에 대한 의식에 근거하는데, 이러한 자기의식은 강한 일인칭 시점을 통해 획득된다는 것이다. 즉 구성주의적 관점에서 태아는 특정 언어 공동체에서 성장하는 과정에서 강한 일인칭 시점에 근거한 자기의식을 지니게 되며, 그러한 자기의식을 지닌 후부터 인격적 존재가 되는 것이므로, 선지의 내용이 ㉠에 대해 할 수 있는 말로 가장 적절하다.

## * 오답 해설

① (나)의 3문단에 따르면, 구성주의적 관점은 일인칭 시점을 기초적 일인칭 시점과 강한 일인칭 시점으로 구분하고, 인간이 태아일 때는 기초적인 일인칭 시점을 갖는 유기체라고 주장하였다. 이러한 관점에 따르면 기초적 일인칭 시점만을 갖는 태아는 인격으로 보기 어렵다. 인격이 되기 위해서는 기초적 일인칭 시점이 아닌 강한 일인칭 시점에 토대를 둔 자기의식을 지녀야 하기 때문이다. 즉 구성주의적 관점에서 출생 직후의 태아가 유기체인 것은 맞지만, 유기체가 갖는 기초적 일인칭 시점에 근거하여 태아를 인격으로 볼 수 있는 것은 아니다.

② (나)의 2~3문단에 따르면, 구성주의적 관점은 인격의 본질을 심리적 능력이 아닌 일인칭 시점에서 찾았다. 또한 구성주의적 관점은 일인칭 시점을 기초적 일인칭 시점과 강한 일인칭 시점으로 구분하고, 동물과 태아가 모두 기초적 일인칭 시점을 갖추고 있다고 주장하였다. 따라서 구성주의적 관점에서 동물과 태아는 모두, 자신을 기준으로 특

*4*

정한 행동을 수행하더라도 자기 자신을 인칭 대명사나 소유 대명사에 기초하여 개념적으로 이해하지 못하는 기초적 일인칭 시점만을 갖는다. 즉 구성주의적 관점이 인격의 본질을 심리적 능력이 아니라고 본 것은 맞지만, 이를 토대로 태아가 동물과 달리 태어날 때부터 인격이라고 주장한 것은 아니다.

③ (나)의 2~3문단에 따르면, 구성주의적 관점은 인격의 본질을 일인칭 시점에서 찾고, 일인칭 시점을 기초적 일인칭 시점과 강한 일인칭 시점으로 구분하였다. 이 구분에 따르면 기초적 일인칭 시점은 자신을 기준으로 특정한 행동을 수행하더라도 그것을 '나'라는 인칭 대명사나 '나의'라는 소유 대명사를 통해 이해하지는 못하는 동물에게서 나타나며, 자기 자신을 개념적으로 이해하는 존재는 강한 일인칭 시점을 갖는다. 구성주의적 관점은 태아가 기초적인 일인칭 시점을 갖는 유기체이지만, 특정 언어 공동체에서 성장함에 따라 강한 일인칭 시점을 갖는 인간 인격이 된다고 주장하였다. 즉 구성주의적 관점에서 태아가 인칭 대명사를 사용해 자기 자신을 이해하지 못하는 것은 맞지만, 태아는 성장하면서 강한 일인칭 시점을 갖는 인간 인격이 되므로 어느 시점에서도 인격으로 지칭될 수 없는 것은 아니다.

④ (나)의 3문단에 따르면, 구성주의적 관점은 태아가 태어난 직후부터 자신을 기준으로 특정한 행동을 수행하는 기초적 일인칭 시점을 가지며, 이후 특정 언어 공동체에서 성장함에 따라 자기 자신을 개념적으로 이해하게 됨으로써 강한 일인칭 시점을 갖는 인간 인격이 된다고 주장하였다. 즉 구성주의적 관점에서 태아가 태어날 때부터 유기체인 것은 맞지만, 성장 과정에서 강한 일인칭 시점을 갖추게 되는 것이지, 기초적 일인칭 시점을 갖지 못할 수 있는 것은 아니다.

## 8. ⑤
*** 정답 해설**

⑤ (나)의 3문단에 따르면, 구성주의적 관점은 인격 동일성이 강한 일인칭 시점의 동일성에서 확보된다고 주장하였다. 또한 (나)의 2문단에 따르면, 일인칭 시점이란 특정 개체가 자기 자신을 '나'라고 의식하면서 느낌, 생각, 기억 등의 내적 체험을 '나'의 경험이라고 인지하는 것을 말하는데, 자신을 기준으로 특정한 행동을 수행하는 것은 기초적 일인칭 시점에 머무르는 것이지만, 자기 자신을 인칭 대명사나 소유 대명사에 기초하여 개념적으로 이해하는 것은 강한 일인칭 시점에 해당한다. 즉, 강한 일인칭 시점이 되어야 인격이 된다고 본 것이다. 한편, 〈보기〉에 따르면 갑은 교통사고를 당하여 전신 마비 판정을 받았으나, 뇌 이식 수술을 받은 후에 마취에서 깨어나 의식을 찾았다. 구성주의적 관점에서 이식 수술을 받은 후 갑이 인격 동일성을 확보하기 위해서는 강한 일인칭 시점, 즉 자기 자신을 '나'라고 지칭함으로써 자기의식을 지녀야 한다. 따라서 이식 수술을 받은 갑이, 과거에 자신이 축구 선수였다는 기억, 즉 내적 체험을 '나'의 체험으로 인지하지 못한다면, 축구라는 행위를 수행하더라도 이식 수술 전과 후의 갑의 인격이 동일하다고 보지 않을 것이다.

*** 오답 해설**

① (가)의 4문단에 따르면, 동물주의는 인격 동일성이 유기체의 동일성에서 확보되어야 한다고 보고, 태아 시기의 '나'와 현재의 '나'가 동일한 유기체이기에 양자 사이에 연속성이 있으므로 인격 동일성이 확보된다고 주장하였다. 한편, 〈보기〉에 따르면 갑은 교통사고를 당하여 전신 마비 판정을 받았으나, 뇌 이식 수술을 받은 후에 마취에서 깨어나 의식을 찾았다. 동물주의의 관점에서 갑의 인격 동일성은 갑이 이식 수술을 받은 후에도 갑에게 고유한 신체가 동일한 것으로 남아 있다면 확보될 것이다. 즉, 동물주의의 관점에서 갑의 인격 동일성은 뇌 이식 수술 후에도 갑에게 고유한 것으로 남아 있는 신체의 지속성에 기반하여 확보된다.

② (가)의 2문단에 따르면, 인격 본질주의를 대표하는 심리적 관점은 인격 동일성이 기억의 지속성에 기초하여 확보된다고 주장하였다. 어떤 사람이 과거의 기억을 현재에도 소유하고 있고, 그 기억을 통해 자기 자신을 과거와 동일한 존재로 의식한다면, 그 사람은 단순한 유기체가 아닌 인격이라는 것이다. 한편, 〈보기〉에 따르면, 갑은 교통사고를 당하여 전신 마비 판정을 받았으나 뇌 이식 수술을 받은 후에 마취에서 깨어나 의식을 찾았다. 인격 본질주의의 심리적 관점에서 이식 수술을 받은 후 갑의 인격 동일성은, 갑이 과거의 기억을 통해 자기 자신을 과거와 동일한 존재로 의식해야 확보된다.

③ (가)의 2문단에 따르면, 인격 본질주의를 대표하는 심리적 관점은 인격 동일성이 기억의 지속성에서 확보된다고 보고, 기억을 통해 자기 자신을 과거와 동일한 존재로 의식한다면 그는 단순한 유기체가 아닌 인격이라고 주장하였다. 한편, 〈보기〉에 따르면 갑은 교통사고를 당하여 전신 마비 판정을 받았으나, 뇌 이식 수술을 받은 후에 마취에서 깨어나 의식을 찾았다. 인격 본질주의의 심리적 관점에서 이러한 갑의 인격 동일성은 이식 수술을 받은 후에 갑이 자신의 과거를 떠올리지 못한다면 확보되지 않을 것이다. 즉, 인격 본질주의의 관점에서 갑이 이식 수술을 받은 후 자신이 과거에 축구 선수였다는 기억을 떠올리지 못한다면, 이식 수술 전의 갑과 이식 수술 후의 갑은 동일하다고 보기 어렵다.

④ (나)의 3문단에 따르면, 구성주의적 관점은 인격 동일성이 강한 일인칭 시점의 동일성에서 확보된다고 주장하였으며, 강한 일인칭 시점은 자기 자신을 '나'라는 인칭 대명사나 '나의'라는 소유 대명사를 통해 이해하는 것을 말한다. 한편, 〈보기〉에 따르면, 갑은 교통사고를 당하여 전신 마비 판정을 받았으나 뇌 이식 수술을 받은 후에 마취에

서 깨어나 의식을 찾았다. 구성주의의 관점에서 이식 수술을 받은 후의 갑이 자기 자신을 '나'라는 인칭 대명사나 '나의'라는 소유 대명사를 통해 개념적으로 이해한다면 인격 동일성이 확보될 것이다. 이때 인칭 대명사나 소유 대명사를 통해 자기 자신을 개념적으로 이해하는 것은 자기 자신에 대한 의식을 의미한다고 볼 수 있고, 이는 자기 자신을 타인과 구별하여 이해하는 것을 가리킨다고 볼 수 있다. 즉, 구성주의의 관점에서 갑의 인격 동일성은 갑이 자기 자신을 뇌사 상태의 환자를 포함한 타인과 구별하여 '나'라는 인칭 대명사로 지칭할 수 있는지의 여부에 의존하여 논의되는 것이다.

## 9. ⑤
**＊ 정답 해설**
⑤ ⓐ의 '따르다'는 '어떤 일이 다른 일과 더불어 일어나다.'의 의미이다. '경기를 회복하는 데는 많은 어려움이 따를 것으로 전망된다.'의 '따르다' 또한 이와 같은 의미이므로 ⓐ와 문맥상 의미가 가장 가깝다.

**＊ 오답 해설**
① 선지의 '따르다'는 '일정한 선 따위를 그대로 밟아 움직이다.'의 의미이다.
② 선지의 '따르다'는 '남이 하는 대로 같이 하다.'의 의미이다.
③ 선지의 '따르다'는 '어떤 경우, 사실이나 기준 따위에 의거하다.'의 의미이다.
④ 선지의 '따르다'는 '관례, 유행이나 명령, 의견 따위를 그대로 실행하다.'의 의미이다.

# [비문학-예술]

## 10. ④
**＊ 정답 해설**
④ 2문단의 '엄격한 이 규칙을 실제의 작곡 과정에서 지키는 것은 쉬운 일이 아니었기에 쇤베르크 자신도 이것을 위반하는 경우가 종종 있었다고 한다.'에서 확인할 수 있다.

**＊ 오답 해설**
① 2문단에 따르면, 무조성은 어떤 한 음도 다른 음보다 강조되어서는 안 되며, 모든 음이 동등하게 취급되어야 하는 것임을 알 수 있다. 또한 작곡가가 특정 음을 으뜸음으로 삼는 경우가 생길 수 있는데, 이와 달리 쇤베르크는 '음렬주의'를 사용한다는 것에서도 알 수 있다.
② 1문단에 따르면, 팔레스트리나와 동시대 작곡가들의 작품들에서 공통된 특징의 기법을 추출하여 '대위법'이라 이름 붙인 것일 뿐, 팔레스트리나가 대위법을 확립한 것은 아니

다.
③ 3문단에서, 음렬주의를 따르더라도 작곡가의 창조성을 해치지 않는다는 것을 알 수 있다. 따라서 음렬주의를 따를 경우 대위법을 사용하기 어렵다는 설명은 적절하지 않다.
⑤ 2~3문단을 통해 음렬주의는 음을 규정하는 것이며, '작곡에는 음 이외에도 리듬, 음색, 강약 등 다른 요소들도 중요하'다는 것을 보더라도 음렬주의가 음색과 강약을 규정하지 않음을 알 수 있다.

## 11. ⑤
**＊ 정답 해설**
⑤ 2문단에 따르면, 음렬주의는 12개의 음이 모두 나오기 전까지는 그 중 어떤 음도 반복해서 사용할 수 없다. ⓐ, ⓑ 모두 음렬주의에 맞게 작곡하였다고 했기 때문에, 둘 다 12음이 모두 나올 때까지 음이 반복될 수 없다.

**＊ 오답 해설**
① 3문단에 따르면, 역행 음렬은 기본 음렬의 가장 뒤부터 차례로 처음으로 돌아오며 사용하는 것이다. 따라서 ⓑ가 ⓐ의 역행 음렬임을 알 수 있다.
② 3문단에서, 음렬주의를 따르더라도 작곡가의 창조성을 해치지 않는다는 것을 알 수 있다. 따라서 ⓐ, ⓑ 모두 창조성을 저해하지 않는다.
③ 2문단을 통해 무조성을 지닌 음렬주의는 특정 음을 으뜸음으로 삼지 않는다는 것을 알 수 있다. ⓐ, ⓑ 모두 음렬주의에 맞게 작곡된 것으로 어떤 음도 으뜸음으로 볼 수 없다.
④ 3문단에 따르면, 기본 음렬인 ⓐ의 위와 아래를 뒤집으면 ⓐ의 전위 음렬이 된다. 또, 역행 음렬인 ⓑ를 역행하면 기본 음렬인 ⓐ가 되고, 이를 전위하면 결국 ⓐ의 전위 음렬이 되기 때문에 둘은 같은 음렬이라고 볼 수 있다.

## 12. ⑤
**＊ 정답 해설**
⑤ 쇤베르크가 음렬 음악의 창시자로 인정받는 이유는, 그가 자신만의 철학적 신념을 기반으로 한 음렬 음악의 구체적인 창작방법론을 제시하였기 때문이다. 이는 2문단의 "쇤베르크는 음악에서 무조성(atonality), 즉 어떤 한 음도 다른 음보다 강조되어서는 안 되며, 1옥타브에 있는 12음 모두가 동등하게 취급되어야 한다는 철학적 신념을 지니고 있었다. 작곡가가 특정 음을 으뜸음으로 삼는 경우가 생길 수 있는데, 이와 달리 쇤베르크는 '음렬주의'를 사용한 것이다."에서 확인할 수 있다.

**＊ 오답 해설**
① 팔레스트리나는 대위법의 창시자가 아니다. 1문단에서 팔레스트리나를 비롯한 동시대 작곡가들의 작품들의 공통점으로부터 대위법이 확립된 것임을 알 수 있다. 또한 팔레스트리나가 음렬 음악을 작곡했는지 여부는 윗글에서 찾

을 수 없다.
② 특정 기법의 창시자를 규정하는 것이 음악사에서 중요하
다는 설명은 윗글에서 찾을 수 없다.
③ 1문단에 따르면 쇤베르크의 《피아노를 위한 모음곡》이
음렬주의를 따른 것은 맞다. 그러나 이 작품이 최초로 음
렬주의가 쓰인 작품인지는 윗글에서 찾을 수 없다.
④ 3문단에서 '음렬주의'에 따라 작곡하더라도 작곡가의 창
조성을 충분히 발휘할 수 있음을 알 수 있다. 그러나 그
것이 쇤베르크에 의한 것인지는 윗글에서 찾을 수 없다.

## 13. ④
*** 정답 해설**
④ ㉮와 ㉯의 '따르다'는 '관례, 유행이나 명령, 의견 따위를
그대로 실행하다.'의 의미로 쓰였다.

*** 오답 해설**
① '다른 사람이나 동물의 뒤에서, 그가 가는 대로 같이 가
다.'의 의미이다.
② '어떤 일이 다른 일과 더불어 일어나다.'의 의미이다.
③ '앞선 것을 좇아 같은 수준에 이르다.'의 의미이다.
⑤ '좋아하거나 존경하여 가까이 좇다.'의 의미이다.


# [비문학─과학]


## 14. ④
*** 정답 해설**
④ 2문단에 따르면, 바이오미네랄리제이션은 산소가 없는 조
건에서 에너지를 만들어 생존하는 혐기성 미생물이 산소
대신 여러 무기 이온을 이용해 호흡하여 일어나는 작용이
다. 이때 미생물 내부의 산소가 무기 이온으로 이동하는
과정은 일어나지 않는다.

*** 오답 해설**
① 1문단에서 조개의 단백질이 바이오미네랄리제이션을 거
쳐 광물 이온을 진주로 만들어 내기도 한다고 하였다. 바
이오미네랄리제이션은 미생물 활동으로 유기물에서 고체
의 무기물 결정을 만들어 내는 작용이므로 진주가 무기물
에 해당함을 알 수 있다.
② 3문단을 통해, 해당 금속류와 친화성이 높은 효소나 생체
단백질이 주어지는 일정한 환경이 갖춰진다면 미생물과
금속 이온의 반응성을 높게 유지할 수 있음을 알 수 있
다.
③ 2문단의 '셀레늄 배수 처리법'의 예를 통해 알 수 있다.
⑤ 3문단에서 적정한 영양소만 부여하면 미생물의 자기 증
식으로 지속적인 정화가 가능하다고 하였다.

## 15. ③
*** 정답 해설**
③ 2문단에서 산화 셀레늄이 미생물의 호흡 과정에서 환원
되어 원소 상태의 셀레늄이 되면 용해도가 낮아져 오염도
를 낮출 수 있다고 하였으므로 적절한 추론이다.

*** 오답 해설**
① 미생물이 산소를 공급하는 역할을 한다는 내용은 지문에
서 확인할 수 없다.
② 2문단을 통해 산소가 제거되는 반응이 환원 작용임을 알
수 있으나, 혐기성 미생물은 산소 없이 에너지를 얻는 미
생물이므로 산화된 물질에서 제거된 산소를 이용하지 않
을 것이다. 혐기성 미생물은 무기 이온의 환원 작용을 이
용해 산소가 아닌 에너지를 얻는다.
④ 2문단에 따르면, 오염 물질의 정화는 오염 물질 내부의
무기 이온이 흡수되기 때문이 아니라, 오염 물질이 철분
이온과 결합하여 고체 상태의 광물로 변화하기 때문에 일
어난다.
⑤ 2문단을 통해 셀레늄이 아예 소멸되는 것이 아니라 철분
이온과 결합하여 철-셀레나이드 결정이 되는 것을 알 수
있으므로, '해당 물질이 소멸'된다는 선지의 내용은 적절하
지 않다.

## 16. ③
*** 정답 해설**
③ 3문단을 통해 셀레늄 배수 처리법이 환경에 무해한 이유
는 부산물이 생성되지 않기 때문이 아니라, 부산물이 독성
을 지니지 않고 생태계 순환 질서에 포함되는 물질로서
쉽게 분해되기 때문임을 알 수 있다.

*** 오답 해설**
① 2문단에서 셀레늄 정화에는 금속 환원 미생물을 이용한
다고 하였으므로 선지의 내용은 적절하다.
② 2문단에 따르면, 환원된 원소 상태의 셀레늄은 철분 이온
과 결합하여 고체 상태의 광물인 철-셀레나이드 결정으로
변환된다.
④ 2문단을 통해 셀레늄 배수 처리법은, 토양이나 지하수에
용해된 산화 셀레늄을 용해도가 낮은 원소 상태의 셀레늄
으로 환원시켜 정화하는 방법임을 알 수 있다.
⑤ 2문단을 통해 셀레늄 배수 처리법에서 일어나는 바이오
미네랄리제이션은 결국 산화 셀레늄이 용해된 토양 혹은
지하수에서 광물 철-셀레나이드 결정으로 변환되는 과정
임을 알 수 있다.

## 17. ①
*** 정답 해설**
① 1문단에서 뼈의 생장에 미생물의 활동으로 유기물에서
고체 무기물 결정을 만들어 내는 작용인 바이오미네랄리
제이션이 관여한다고 하였다. 즉, 무기질의 칼슘과 인에

미생물이 결합하는 것이 아니라, 뼈의 유기질 성분이 미생물의 작용을 거쳐 무기질인 수산화 인회석을 만들어 내 뼈가 생장하는 것이다.

**＊ 오답 해설**
② 1문단에 따르면, 바이오미네랄리제이션이 일어나 수산화 인회석이 생성되면 이에 따라 뼈가 성장한다. 즉, 수산화 인회석이 만들어졌다는 것은 바이오미네랄리제이션이 이루어졌다는 것을 의미하므로 골 기질이 생장한다는 선지의 내용은 적절하다.
③ 〈보기〉에 따르면, 수산화 인회석은 뼈의 단단함을 결정하는 칼슘과 인이 결합한 인산 칼슘의 고체 광물 형태이다.
④ 1문단에 따르면, 콜라겐에서 바이오미네랄리제이션이 일어나면 수산화 인회석이 생성된다. 또한 〈보기〉를 통해 수산화 인회석이 무기질 성분임을 알 수 있다.
⑤ 1문단을 통해 콜라겐 성분이 바이오미네랄리제이션을 거치면 수산화 인회석이 된다는 것을 알 수 있다. 또한 〈보기〉에 따르면, 수산화 인회석은 무기질 성분인 칼슘과 인이 결합한 인산 칼슘의 고체 광물 형태이다.


# [문학─복합]


**18. ④**
**＊ 정답 설명**
④ (가)에서는 '밤', (나)에서는 '여름밤', (다)에서는 '겨울'과 같은 시간 관련 표지를 활용하고 있다. 이를 통해 각각 작품의 시적 분위기를 조성하고 있으므로 선지의 내용은 적절하다.

**＊ 오답 설명**
① (가)에서 화자가 끝없이 걷는 모습과 (나)에서 열대어가 수족관에 갇힌 모습은 비극적인 상황으로 볼 수 있으나, 어떤 자연 법칙을 서술하고 있지는 않다. 한편, (다)에서 글쓴이는 눈과 겨울 풍경을 통해 인간과 자연의 관계에 대해 이야기하고 있을 뿐, 자연 법칙을 통해 상황의 비극성을 드러내고 있지는 않다.
② (가)~(다)에는 각각 '깊은 산', '아마존 강', 눈이 덮인 풍경 등과 같이 자연의 세계를 이상적인 세계로 여기는 화자의 태도가 드러나고 있을 뿐, 자연과 인간이 조화를 이루는 세계가 도래할 것임을 예견하고 있지는 않다.
③ (가)는 '산을 깎아 대체 무엇을 메웠을까?'에서, (나)는 열대어가 수족관의 유리벽에 끼어 헤엄치며 목말라하는 모습에서 자연 파괴에 대한 사례를 확인할 수 있다. 그러나 이를 통해 자연을 착취하는 태도에 변화가 필요함을 강조하고 있지는 않다. 한편, (다)에서는 자연 파괴에 대한 사례가 드러나고 있지 않다.

⑤ (가)에서는 '눈꽃~박꽃', '때까치~물', (나)에서는 '열대어', (다)에서는 '눈'이라는 자연물을 관찰하고 있으나, (가)~(다) 모두 대상에 대해 '공경하면서 두려워하는 마음'인 경외심을 드러내고 있지는 않다.


**19. ③**
**＊ 정답 설명**
③ 〈보기〉에 따르면, (나)는 열기에 둘러싸인 삭막한 도시 공간을 배경으로, 진정한 삶의 의미를 회복하고자 하는 화자의 욕망을 보여 주는 작품이다. (나)의 '연기'와 '고무 탄내'는 이러한 삭막한 도시 문명을 드러내는 소재이므로, 이를 도시의 재생 가능성을 나타내는 감각적 이미지로 보기는 어렵다.

**＊ 오답 설명**
① 〈보기〉에 따르면, (가)는 현재의 부정적 세계의 속박으로부터 벗어나 진정한 삶의 의미를 회복하고 고결한 삶에 도달하려는 화자의 욕망을 구체화한 작품이다. (가)에서 화자가 '잡념'이 '희어지도록' 걷는 행위는 '눈사람'이 되기 위한 과정에 해당하므로, 부정적인 세속 세계에서 순수하고 고결한 세계로 향하려는 화자의 의도를 반영하고 있다고 볼 수 있다.
② 〈보기〉에 따르면, (가)의 화자는 추위를 견디겠다는 의지를 가지고 고결한 삶에 도달하려는 열망을 지니고 있다. 따라서 (가)의 화자가 '들어가자'고 말하는 '추위 속'은 '깊은 산'에 다다르기 위해 견뎌야 하는 것이며, 고결한 삶의 경지에 이르기 위한 단련의 과정이라고 볼 수 있다.
④ 〈보기〉에 따르면, (나)는 삭막한 도시라는 부정적 세계의 속박으로부터 벗어나 진정한 삶의 의미를 회복하고자 하는 화자의 욕망을 구체화한 작품이다. (나)의 화자는 '열대어들'이 '수족관 속'에 있으면서도 여전히 '목마르다'고 토로하고 있다. 이는 기계화된 삭막한 도시 공간에서 화자가 진정한 삶의 의미, 즉 인간성, 생명력 등을 회복하고자 하는 열망을 열대어에 투영한 것이라고 볼 수 있다.
⑤ 〈보기〉에 따르면, (가)와 (나)는 다양한 감각적 표현을 통해 화자가 외부 세계와 맺고 있는 관계 혹은 화자의 내적 욕망을 드러내는 작품이다. (가)의 화자는 '사람들은 산을 다 어디에 두고 다닐까?', '혹은 산을 깎아 대체 무엇을 메웠을까?'와 같은 생각을 떠올리다가 '생각을 돌리자'며 '눈발'이 날리는 모습을 보게 된다. 즉, '눈발'은 화자의 잡념을 정화해 주는 긍정적인 대상이자, '눈발이 날'리는 장면은 '깊은 산'으로 가 잡념을 잊고자 하는 화자의 내적 욕망으로 해석할 수 있다. 한편 (나)에서 '노란달'이 '출렁이'는 것은 본래 열대어들이 살아야 할 야생의 '아마존'의 모습을 떠올린 것으로, 부정적 세계로부터 벗어나 진정한 삶의 의미 즉, 야생성과 생명력을 회복하고자 하는 화자의 내적 욕망이라고 해석할 수 있다.

20. ⑤
* 정답 설명
⑤ (가)의 4연과 6연에서는 산에서 볼 수 있는 자연물을 나
  열하고 있다. 이는 화자가 잡념을 없애기 위해 걸으며 '깊
  은 산에 가고 싶다'고 말하고 있음을 생각해 볼 때, 화자
  가 긍정적으로 여기는 대상이라고 해석할 수 있다. 한편
  (다)는 '눈에 덮인 공원, 눈에 안긴 성사, 눈 밑에 누운 무
  너진 고적, 눈 속에 높이선 동상'에서 눈 온 풍경의 모습
  들이 나열되어 있음을 확인할 수 있다. (다)의 화자는 눈
  에 대해 긍정적으로 인식하고 있으며, 눈이 내린 풍경들을
  보는 것은 '흥취'가 깊다고 말하고 있으므로 나열된 대상
  들 역시 화자가 긍정적으로 여기는 것들임을 알 수 있다.

* 오답 설명
① (가)는 '눈사람이 되려면 얼마나 걸어야 할까?', '잡념과
  머리카락이~얼마를 걸어야 될까?', '사람들은 산을 다 어
  디에 두고 다닐까?', '혹은 산을 깎아 대체 무엇을 메웠을
  까?'에서 의문형 어미를 반복하고 있다. 그러나 이를 통해
  화자의 예찬을 강조하고 있지는 않다. 한편, (다)는 의문형
  어미를 반복하고 있지 않다.
② (가)는 자연물을 인공물에 빗대고 있지 않으며, 회고적
  정서를 환기하고 있지도 않다. 한편, (다)는 '눈이 와서 도
  회가 잠시 문명의 구각을 탈하고 현란한 백의를 갈아입을
  때'에서 자연물인 '눈'을 인공물인 '백의(흰옷)'에 빗대고 있
  으나, 회고적 정서를 환기하고 있지는 않다.
③ (가)에서는 '잡념과 머리카락이 희어지도록'에서 흰색의
  색채 이미지를 활용하고 있으나, 이를 통해 머리가 하얗게
  셀 정도로 생각이 많음을 드러내고 있을 뿐, 대상의 아름
  다움을 표현하고 있지는 않다. 한편 (다)에서는 '백설' 등
  에서 흰색의 색채 이미지를 활용하여 대상의 아름다움을
  표현하고 있다.
④ (가)는 화자가 현재 계속해서 걷고 있음을 암시하고는 있
  지만, 화자의 공간 이동에 따라 장면을 전환하고 있지는
  않다. 한편, (다)에는 화자의 공간 이동이 나타나지 않는
  다.

21. ④
* 정답 설명
④ (나)에서 화자가 '열대어들에게 시'를 선물한 이후 야생의
  아마존의 풍경이 제시되는 것으로 보아, '시'는 수족관에
  갇힌 열대어의 야생성 혹은 생명력을 회복해 주고자 하는
  화자의 바람을 반영한 것으로 볼 수 있다. 한편 (다)에서
  '우울한 옛 시'는 눈 덮인 풍경을 바라보며 느끼는 '흥취'
  를 비유적으로 표현한 것이므로, '나'의 감상을 드러낸다고
  볼 수 있다.

* 오답 설명
① (나)의 '아마존 수족관'은 인공적 세계를 상징하는 부정적
  인 공간으로 묘사되고 있다. 그러나 화자가 이러한 인공적

인 세계를 포용하고자 하는 의지를 보이고 있지는 않다.
한편, (다)의 '킬리만자로'는 글쓴이가 세상에 존재하는 여
러 '눈'을 설명하기 위해 제시한 한 장소일 뿐이므로 이상
적인 세계라고 보기 어렵다. 따라서 이상적인 세계를 지향
하는 '나'의 의지를 부각한다고 볼 수 없다.
② (나)의 '여름밤'은 '열대어들이 / 유리벽에 끼어 헤엄'치며
  '열난 기계들이 길을 끓이'고 '변기 같은 귓바퀴에 소음'이
  웅성거리는 시간이다. 즉, '여름밤'을 도시의 열기를 드러
  내는 부정적인 의미의 시어로 볼 수는 있으나, (나)의 화
  자가 부정적인 현실을 깨닫고 좌절하는 시간이라고 보기
  는 어렵다. 한편, (다)의 '눈 오는 밤'은 '나'가 눈에 대한
  자신의 체험이 '서울 거리를 술집이나 몇 집 들어가며 배
  회하는 정도에 국한'되는 한계가 있는 것임을 인식하는 순
  간이다. 그러나 '나'가 그러한 경험의 한계를 극복하겠다는
  결심을 하고 있지는 않다.
③ (나)의 '장어구이집'과 '아스팔트'는 현대 문명을 대표하는
  것으로, '연기'와 '고무 탄내'와 함께 도시 공간에 대한 화
  자의 비판적인 태도를 보여 준다고 해석할 수 있다. 한편
  (다)의 '공원', '성사', '고적', '동상'은 글쓴이가 눈 덮인 풍
  경의 아름다움을 설명하기 위해 나열한 장소이며 현대 문
  명을 상징하고 있지 않다. 따라서 현대 문명에 대한 '나'의
  예찬적 태도를 보여 주는 것으로 보기는 어렵다.
⑤ (나)의 '후리지아 꽃'은 야생의 아마존의 풍경을 상징적으
  로 보여 주는 것으로, 화자가 꿈꾸는 야생성과 생명력이
  넘치는 세계와 연관되므로 열대어들의 목마름이 지속될
  것이라는 전망을 드러낸다고 보기는 어렵다. 한편 (다)의
  '알라바스터의 꽃'은 눈 덮인 풍경의 신비로움을 가중하는
  자연물로 볼 수 있다.

22. ④
* 정답 설명
④ 화자는 2연과 3연에서 사람들이 사물에 이름을 붙이고
  그러한 이름에 매여 산다고 말하면서, 사람들이 모두 산을
  어딘가에 두고 다니거나 산을 깎아 무엇인가를 메웠다고
  말한다. 이는 사람들이 산과 산의 가치를 잃어버렸으며,
  따라서 자신은 그것을 추구하기 위해 '깊은 산에 가고 싶
  다'고 토로하는 것이다. 즉, 화자가 잡념을 잠재우고 '눈사
  람'이 되기 위해 '추위 속'으로 '들어가'겠다고 말하는 것을
  볼 때, 화자는 '산을 깎아' 내기 바쁜 현대 사회에서 상실
  된 자연의 가치가 '깊은 산'에 존재한다고 인식하고 있음
  을 알 수 있다.

* 오답 설명
① 화자는 추위 속에서도 끊임없이 걸으면서 '눈사람'이 되고
  자 한다. 이때 '눈사람'은 내리는 눈발에 화자가 동화되어
  잡념이 사라진 상태를 의미하므로, 화자가 그리워하는 대
  상을 지칭하는 시어가 아니다.
② 화자는 '잡념과 머리카락이 희어지도록' 걸었는데 '밤의
  끝에서 또 얼마'를 더 걸어야 하는지 질문을 던지고 있다.

즉, '밤의 끝'은 화자가 잡념을 떨치기 위해 오랜 시간 걸 었음을 암시하는 시어이다.
③ '이름에 매여 사는 사람들'은 허구와 허상을 좇으며 현대 문명사회를 살아가는 사람들의 모습을 나타내므로, 주체적인 삶의 모습이라고 볼 수는 없다.
⑤ 화자가 '분침 하나' '움직이지 못했다'는 것은 무기력하게 살아왔던 자신의 지난 삶에 대한 화자의 반성을 드러낸다. 그러나 이를 통해 자연에서의 시간이 도시에서의 시간보다 천천히 흐른다는 내용을 도출하기는 어렵다.

## 23. ④
*** 정답 설명**
④ 〈보기〉에 따르면 수필의 글쓴이는 자신이 전달하고자 하는 바를 효과적으로 표현하기 위해 대조의 방법을 활용할 수 있다. (다)에서 글쓴이는 '참된 눈'은 '도회'가 아니라 '산중 깊이 천인만장의 계곡'에서 체험되어야 한다고 말하고 있다. 이는 '도회'라는 개념과 '천인만장'이라는 개념을 대조한 것으로 볼 수 있다. 그러나 마지막 문단에서 글쓴이는 눈에 대한 자신의 체험이 '도회'에만 국한되는 것에 대해 안타까워하고 있으므로, 글쓴이가 '천인만장의 계곡'에서의 경험을 가지고 있다고 보기는 어렵다.

*** 오답 설명**
① 〈보기〉에 따르면 수필은 글쓴이의 경험뿐만 아니라 주관을 드러내는 글이다. (다)에서 글쓴이는 '겨울'의 '바람'에서 '태고의 향'을 느낄 수 있기에 '겨울'을 '사랑한다'고 하였다. 이는 글쓴이가 겨울을 좋아하는 주관적인 이유를 드러낸 부분이므로 선지의 내용은 적절하다.
② 〈보기〉에 따르면 수필의 글쓴이는 특정한 분위기나 인상을 창조하기 위해 다른 개념을 끌어와 풍경을 묘사하는 주관적 묘사를 활용하여 글을 읽는 재미를 부여하기도 한다. (다)에서 글쓴이는 도시에 눈이 내린 광경을 '도회'가 '현란한 백의를 갈아입'는다고 표현하고 있다. 이는 눈 내린 도시의 풍경을 '현란한 백의'라는 개념을 활용하여 표현한 주관적 묘사로 볼 수 있으므로 선지의 내용은 적절하다.
③ 〈보기〉에 따르면 수필의 글쓴이는 가치 있는 삶에 대한 자신의 깨달음을 전달한다. (다)에서 글쓴이는 도시에 '눈'이 덮인 광경을 보고 '눈'과 함께 '넓고 힘세고 성스러운 나라'가 왔다고 말하고 있다. 이를 통해, 글쓴이가 '눈'으로 인해 '도회'의 '문명의 구각'이 벗겨진 모습을 바람직한 것으로 여기고 있음이 드러나므로 선지의 내용은 적절하다.
⑤ 〈보기〉에 따르면 수필의 글쓴이는 특정한 분위기나 인상을 창조하기 위해 다른 소재를 끌어와 풍경을 묘사하는 주관적 묘사를 활용하여 글을 읽는 재미를 부여하기도 한다. (다)에 나열된 '안타르크리스', '우랄과 알라스카의 고원', '상부 이탈리아' 등은 여러 가지 종류의 '눈'이 주는 인상을 창조하기 위해 글쓴이가 끌어온 소재들로 볼 수 있다.

[문학-고전 산문]

## 24. ③
*** 정답 해설**
③ 유경악은 천자에게 주봉을 해평 도사로 추천하며, "충성과 지혜를 갖춘 사람"이 "지금 주봉만 한 사람이 없다"고 주봉의 능력을 높이 평가하였다. 앞서 조정 백관(모든 벼슬아치)이 "무슨 벼슬을 하여 부모 처자를 먹여 살리며 제사를 받들겠"냐고 한탄하며 주봉을 원망한 것을 고려할 때, 이는 유경악이 주봉에게 일부러 위험한 임무를 맡겨 자신의 권세를 되찾고자 하는 욕망이 반영되었다고 볼 수 있으므로 선지의 내용은 적절하다.

*** 오답 해설**
① 주 승상은 해평 도사를 제수 받아 해평으로 가게 된 것에 대해 "이는 반드시 조정 백관이 시기하여 나를 죽이려는 것"이라고 한탄하며 스스로 죽음을 선택하였을 뿐, 그들에 대한 복수를 다짐하지는 않았다.
② 천자는 해평 도사를 보낸 지 칠 년이 되도록 소식이 없자, 신하들에게 "문무 제신 중에 충성과 지혜를 갖춘 사람을 가려 보"라고 명령하였을 뿐, 해평 도사를 대체할 인물을 직접 추천하지는 않았다.
④ 백관은 천자에게 "황제의 명을 받고도 집에서 사약을 먹고 죽"어 불충을 저지른 주 승상과 달리, 주봉은 "용맹과 지략이 그를 따를 자가 천하에 없"다며 도적을 잡아 천하를 평정할 수 있다고 주장하였다.
⑤ 천자는 주봉에게 해평 도사, 즉 황성을 범하려 하는 역적을 처단하는 일을 맡겼는데, 해평으로 가는 길이 "육로로는 사만 사천 리요, 수로로는 육만 팔천 리"이므로 "각별히 조심하"라고 말하였다. 즉, 천자는 주봉이 명령을 수행하며 직면할 문제를 숨기지 않았으므로 선지의 내용은 적절하지 않다.

## 25. ②
*** 정답 해설**
② 백관은 주봉이 병부의 벼슬을 "열둘을 차지"할 정도로 권세가 높아져 자신들이 할 벼슬이 줄어들자, 주봉의 출세로 인한 위기감을 느끼며 ⓒ(원망)과 같은 반응을 보인다. 백관은 이러한 위기를 극복하기 위해 주봉을 해평 도사로 보내려고 하는데, 이때 유경악은 주봉의 능력에 대한 불만을 말한 것이 아니라 주봉의 "충성과 지혜"를 칭찬하며 천자에게 주봉을 천거(어떤 일을 맡아 할 수 있는 사람을 그 자리에 쓰도록 소개하거나 추천함)하였으므로 선지의 내용은 적절하지 않다.

*** 오답 해설**
① 주 승상은 해평 도사를 제수한 천자의 명령을 "어찌 거역하"겠냐며 천자의 지시에 저항할 수 없다고 느껴 ⊙(대

10

성통곡)과 같은 반응을 보인다. 부인은 이러한 주 승상의 모습을 보며 자신과 주봉이 "누구를 의지하여 살아"야 하냐며 주 승상이 부재한 상황을 가정하였다.
③ 천자는 "국가의 큰 환란이 있을까 두렵"다는 유경악의 말을 듣고, 유경악이 지적한 문제에 공감하여 ⓒ(근심)과 같은 반응을 보인다. 이에 천자가 새로 해평 도사로 제수할 인물의 추천을 지시하자, 유경악은 주봉을 해평 도사로 추천하여 주봉을 견제할 기회를 마련하였다.
④ 천자가 주봉을 해평 도사로 천거하는 이가 있으면 "국법으로 선참(죄인의 목을 먼저 벰)"하겠다며 주봉을 편애하는 모습을 보이자, 백관은 ⓔ(통곡)과 같은 반응을 보인다. 천자는 이를 보고 '민망한 생각이 들'어 백관의 요구에 따라 주봉을 해평 도사로 제수하기를 결정하였다.
⑤ 천자는 ⓜ(탄식)하며 주봉에게 "경이 한 번 수고를 아끼지 말고~그리하면 천하를 반으로 나누어 주고 조정의 큰일을 맡겨 짐은 뒤에서 한가하게 지내고 싶으니 부디 다녀오도록 하여라."라며 해평 도사의 임무를 당부하는데, 이는 주봉을 깊이 아끼는 마음이 드러난 반응이라고 볼 수 있다. 주봉은 천자의 말을 듣고 "폐하의 뜻이 그러하시니 물불인 듯 어찌 사양하겠습니까?"라며 충심을 바탕으로 천자의 명령을 받들고자 하였다.

## 26. ③
*** 정답 해설**
③ ⓒ는 주봉을 해평 도사로 보내기를 주저하는 마음이 드러나는 천자의 발언이다. 이에 대해 백관들은 ⓓ에서 천자가 "사사로운 정만 생각"한다고 지적하면서, 주봉을 해평 도사로 보내지 않으려는 천자의 의도를 짐작하여 반감을 드러내었다. 또한 이러한 결정이 "대사를 그르칠 수도 있"다며 천자의 태도를 비판하였으므로 선지의 내용은 적절하다.

*** 오답 해설**
① ⓐ는 신하들에게 해평 도사로 보낼 충성과 지혜를 갖춘 인물을 가려 보라고 명령한 천자의 발언이며, ⓑ는 주봉이 해평 도사로 보내기에 가장 적합하다는 유경악의 발언이다. 주봉을 해평 도사로 보내고 싶은 유경악의 욕망을 고려할 때, 유경악이 ⓐ를 듣고 실망했다고 볼 수 없다.
② ⓑ는 주봉이 충성과 지혜를 갖춘 인물로 가장 적합하다는 유경악의 발언이며, ⓒ는 이러한 주장에 대해 의문을 드러낸 천자의 발언이다. 그러나 이후 천자가 주봉을 해평 도사로 천거하는 이가 있으면 국법으로 처벌하겠다고 하였음을 고려할 때, ⓒ는 주봉을 보내지 않으려는 천자의 태도를 드러내는 발언일 뿐, 상대인 유경악의 조언을 수용하기 위한 발언이라고 볼 수 없다.
④ ⓓ는 주봉을 해평 도사로 보내지 않으려는 천자의 태도를 비판하는 대신들의 발언이며, ⓔ는 자신의 태도를 비판하는 백관을 꾸짖는 천자의 발언이다. 따라서 ⓔ는 격앙된 감정을 표출하며 자신의 의지를 드러낸 발언일 뿐, 상대에

게 판단의 근거를 요구하는 발언이라고 볼 수 없다.
⑤ ⓔ는 주봉을 해평 도사로 보내지 않겠다는 천자의 발언이며, ⓕ는 주봉을 해평 도사로 보내지 않으면 차라리 벼슬을 버리고 산중으로 들어가겠다며 항의하는 대신들의 발언이다. 즉, ⓕ에는 ⓔ에 대한 대응이 드러나므로, ⓕ를 대응을 포기하고 상대의 결정에 따르겠다는 결심을 드러낸 발언이라고 볼 수 없다.

## 27. ④
*** 정답 해설**
④ 〈보기〉에 따르면, 이 작품에서 위기는 권력자의 총애를 받는 주인공 부자에 대한 주변 인물들의 견제로 촉발되며, 목숨이 위협받는 임무를 수행하게 하는 방식으로 구체화된다. 이때 주봉은 그러한 위기에도 유교적 덕목을 실천하는 인물로 형상화됨으로써 도덕적 정당성을 확보한다. 윗글에서 조정 백관은 주봉을 해평 도사로 보내자고 천자에게 천거하고, 천자가 이를 거부하자 "한 사람만 생각하시고 국사를 생각하지 않으"신다며 천자를 압박한다. 이는 공적 임무라는 명분을 제시하여 주봉을 위험에 빠뜨리는 모습이라 할 수 있다. 그러나 이러한 위기 상황은 오히려 주봉이 황제의 명을 받아들이며 유교적 덕목을 실천하는 인물로 형상화되는 계기로 제시된다. 따라서 주봉이 도덕적인 면모를 보이지 못하도록 방해하였다는 선지의 내용은 적절하지 않다.

*** 오답 해설**
① 〈보기〉에 따르면, 이 작품에서는 같은 위기가 세대를 이어 반복되는 구조가 나타나고, 세대에 따라 대응 방식이 다르게 제시된다. 윗글에서 주 승상은 해평 도사로 제수되었음에도 주어진 임무를 수행하지 않고 '사약을 먹고 죽'는 선택을 한다. 이는 조정 백관의 시기라는 근본 원인이 해결되지 않은 상황에서 소극적으로 대응하여 이후에도 비극이 반복될 가능성을 남겨 둔 것이라고 할 수 있다.
② 〈보기〉에 따르면, 이 작품에서는 같은 위기가 세대를 이어 반복되는 구조가 나타나고, 이 위기는 권력자의 총애를 받는 주인공 부자에 대한 주변 인물들의 견제로 촉발된다. 윗글에서는 '주봉의 권세'가 높아지자 조정 백관이 그를 원망하고, 유경악이 묘책으로 천자에게 주봉을 '해평 도사로 보내'자고 제안하는 모습이 제시된다. 이는 조정 백관으로 제시되는 주변 인물들의 견제가, 주 승상에게 그치지 않고 그의 아들인 주봉에게 반복되어 같은 위기를 초래하고 있음을 보여 준다고 할 수 있다.
③ 〈보기〉에 따르면, 이 작품에서는 같은 위기가 세대를 이어 반복되는 구조가 나타나는데, 이때 위기는 목숨이 위협받는 임무를 수행하게 하는 방식으로 구체화된다. 윗글에서 주 승상과 주봉은 모두 해평 도사에 제수되는데, 주 승상은 "육로로는 사만 사천 리요, 수로로는 육만 팔천 리"니 "한번 가면 다시 오지 못하고 죽는다"고 말하고, 주봉 또한 어머니께 "한번 가면 다시 오기는 만무하다"고

**11**

말한다. 이처럼 두 인물이 모두 '해평'으로 가면 돌아오지 못한다고 인식하는 것은, 주인공 부자에게 반복되는 위기의 양상이 목숨을 위협하는 위험한 임무로 구체화됨을 보여 준다고 할 수 있다.
⑤ 〈보기〉에 따르면, 이 작품에서는 같은 위기가 세대를 이어 반복되는 구조가 나타나는데, 같은 위기 상황임에도 세대에 따라 대응 방식이 다르게 제시된다. 이때 주봉은 유교적 덕목을 실천하는 인물로 형상화된다. 윗글에서 주 승상과 주봉은 모두 해평 도사에 제수되지만, 사약을 먹고 죽은 주 승상과 달리 주봉은 조금도 '사양하지 않고' 받드는 모습을 보인다. 이는 주봉을 유교적 덕목인 충을 실천하는 이상적 인물로 형상화한 것으로, 그가 아버지와 달리 위기 상황에 적극적으로 대응하고 있음을 보여 주는 것이라 할 수 있다.

# [문학-고전시가]

## 28. ①
### * 정답 해설
① 수능에서 정답으로 나왔던 그 선지다! 시에서는 과거를 한 줄이라도 언급하면 과거를 환기한 것이다. '엇딘디 날 보시고 네로다 녀기실ᄉᆡ / 나도 님을 미더 군뜨디 전혀 업서 / 이릭야 교틱야 어ᄌᆞ러이 구돗쎤디 / 반기시ᄂᆞᆫ 놋 비치 녜와 엇디 다ᄅᆞ신고.'는 이별의 원인을 제시하는 구절로, 여기서 임과 헤어지게 되는 과거의 상황을 환기하고 있다.

### * 오답 해설
② 해 지는 시기에서 밤중으로 시간의 흐름은 드러난다고 할 수 있다. 하지만 화자는 시간의 흐름과 관계없이 일관되게 그리움의 정서를 드러내고 있으므로, 화자의 심리 변화를 제시하였다는 선지의 내용은 적절하지 않다.
③ 하나의 감각을 다른 감각에 전이시키는 공감각적 심상은 활용되지 않았다.
④ 임에 대한 화자의 마음을 상징하는 자연물인 '낙월'과 '구ᄌ비'가 대립적이라는 것은 허용할 수 있다. 하지만 청자는 화자의 이야기를 들으며 위로를 해 주고 있으므로, 화자와 청자 간의 갈등이 드러난다는 선지의 내용은 적절하지 않다.
⑤ 화자와 청자 간의 대화를 직접 제시하는 방법을 활용하고 있으나, 이를 통해 화자와 '임' 사이의 갈등을 부각하고 있지는 않다. 화자와 '임' 사이의 갈등을 부각하려면, 화자를 꾸짖는 임의 대화를 제시해야 한다.

## 29. ⑤
### * 정답 해설
⑤ ㉤에서 나타나는 '어엿븐(불쌍한) 그림재'는 화자의 그림자에 해당한다. 이는 화자의 외로움을 부각할 뿐, 화자는 자신의 그림자의 임의 형상으로 보고 있지 않다.

### * 오답 해설
① ㉠은 화자가 자신의 죄가 산처럼 쌓여있다며 자신을 원망하는 부분이다. 따라서 이에 대해 자책하면서 괴로워하지 말라는 위로를 하는 것은 적절한 반응이다.
② ㉡은 화자가 마음속에 맺힌 일이 있다며 하소연을 하는 부분이다. 따라서 화자는 임을 가까이서 모시고 돌봐드릴 수 없어서 안타까움을 느끼는 것이므로, 선지의 내용은 적절한 반응이다.
③ '구롬'과 '안개'는 임의 소식을 알기 위해 산에 오른 화자로 하여금 임이 있는 곳을 볼 수 없게 하는 존재들이다. 따라서 이들로 인해 화자의 마음이 임에게 닿지 않는 것이라는 반응은 적절하다고 볼 수 있다.
④ 화자는 임과 이별하여 쓸쓸히 있는 처지이다. 화자의 입장에서는 물가에 사공 없이 홀로 있는 빈 배가 마치 자신의 상황과 비슷하게 보일 수 있으므로, 선지의 내용은 적절한 반응이다.

## 30. ④
### * 정답 해설
④ 〈보기 2〉에서 '사름'과 '늘새'는 겨울이라는 계절적 배경을 묘사하기 위해 동원된 요소일 뿐, 화자와 외부와의 소통을 매개하는 대상이 아니다. 또한 윗글의 화자가 '모쳠 ᄎᆞᆫ 자리'로 돌아온 것은 '놉픈 뫼'와 '믈ᄀᆞ'를 헤매고 다니며 임으로부터의 소식을 들으려 하다가 밤이 되어 집으로 돌아온 것일 뿐, 외부와의 소통을 포기한 것은 아니다. 화자는 집에 와서도 임을 그리워하며 낙월이 되길 지향하고 있으므로 선지의 내용은 적절하지 않다.

### * 오답 해설
① 판단은 항상 상대적이다. 속미인곡의 화자도 임의 소식을 듣기 위해 여기저기 방황하는 모습을 보인다. 이 부분만 갖고 고민하면 적극성이 있다고 볼 순 있다. 하지만 사미인곡과 상대적으로 비교하면 다르다. 〈보기 2〉의 화자는 임에게 '양춘'이나 '희'를 보내며 자신의 존재를 어필하고 있으나, 윗글의 화자는 '님다히 쇼식'을 전해 들으려는 태도만 보이고 있으므로 상대적으로 소극적인 모습을 보이고 있다고 할 수 있다.
② '텬샹 백옥경을 엇디ᄒᆞ야 니별ᄒᆞ고'와 〈보기 2〉의 '엇디 ᄒᆞ야 하계예 ᄂᆞ려오니'라는 부분에서 화자가 천상에서 내려온 것임을 확인할 수 있다. 〈보기 1〉을 고려할 때, 임과 멀리 떨어져 다른 세상에 오게 되었다는 것은 탄핵을 당해 유배를 온 상황으로 이해할 수 있다.
③ '범나븨'는 임이 자신을 몰라준다고 하더라도 계속 임을

좇는 존재로 형상화되고 있으므로 적절한 진술로 볼 수 있다.

⑤ 〈보기 2〉에서는 ‘므스 일로’, ‘엇디ᄒ야’ 등의 표현을 통해 자신이 적강하게 된 상황을 명확하게 전하고 있지 않지만, 윗글에서는 “이ᄅᆡ야 교ᄐᆡ야 어ᄌ러이 구돗썬디”, “내 몸의 지은 죄 뫼ᄀᆞ티 싸혀시니” 등을 통해 자책을 거듭하다가 급기야 ‘조믈의 탓’, 곧 자신이 이 세상에 태어난 것 자체가 잘못이라는 자기부정까지 보이고 있다. 〈보기 1〉을 고려할 때, 이는 상황이 호전될 가능성에 대한 기대가 줄었기 때문으로 볼 수 있다.


# [문학─현대 산문]


**31.** ③
*** 정답 설명**
③ 중략 후 서술자의 서술을 보면, ‘홍 선생’은 노인들이 ‘과거를 미화하든가 신화화해서 받드는’ 것에 ‘학질’을 떼고 (괴롭고 어려운 상황에서 벗어나느라 진이 빠지거나 질리게 되다) ‘신물’을 내는 인물로, 과거에 안주하여 ‘추한 일상을 합리화하는 것을 죽도록 싫어’하는 인물이다. ‘홍 선생’은 그러한 마음을 ‘죽은 마누라를 향해 독백’으로 풀어내는데, 그러한 독백은 ‘시도 때도 없이 장소를 가리지 않’는다. 또한, ‘홍 선생’이 ‘이탈리아 요리 전문집’에서 독백하며, “혼자 식사하는 모습이 쓸쓸해 뵌다구? 몸에 붙은 습관인데 어때. 나는 이게 편해.”라고 말하는 것을 볼 때, ‘홍 선생’이 홀로 밥을 먹어 온 지 오래되었음을 알 수 있다. 따라서 선지의 내용은 윗글의 내용에 대한 이해로 적절하다.


*** 오답 설명**
① ‘박 선생’은 죽음을 앞둔 ‘장만상’이 마지막 소원으로 ‘은정이’와 통화를 하고 싶어 한다는 사실에 대해 ‘장만상’이 ‘은정이’를 짝사랑하고 있었을 것으로 추측하는데, ‘은정이’는 이에 동의하지 않으며 어린 시절 추억 몇 개를 떠올린다. 그러자 ‘박 선생’은 그게 다 호감의 표시라고 말하고, 이를 들은 ‘은정이’는 ‘박 선생’의 이름을 언급하며 “누구 말대로 호감을 두었던 모양이지.”라고 말한다. 이는 ‘송사리 선물이나 이름 언급’은 호감의 표시가 아니라는 것으로, ‘박 선생’이 자신과 ‘장만상’ 사이에 호감이 있었던 것이 아닌지 추측했던 것이 말도 안 되는 생각임을 드러낸 것이다. 따라서 ‘은정이’가 ‘박기수’, 즉 ‘박 선생’을 향한 호감을 지녀왔음을 인정했다고 보기는 어렵다.
② ‘박 선생’은 ‘은정이’에게 ‘장만상’의 소원을 꼭 들어 달라고 이야기하며, “나에게 비하면 그 친구는 퍽 순수해. 기껏 전화 하나에 소원을 걸다니.”라고 말한다. 즉, ‘박 선생’은 ‘장만상’의 마지막 소원이 순수하다고 생각하고 있으므

로, 그가 ‘장만상’의 소원을 속물적이라 생각하고 있다고 보기는 어렵다.
④ ‘홍 선생’은 ‘남산순환도로에서 조금 내려선 레스토랑’에서 ‘죽은 아내’에게 이야기하듯 혼잣말을 하면서, “에스빠르라는 양식집이야.”, “이탈리아 요리 전문집인데 상호를 왜 희망이라는 프랑스어로 붙였는지 모르겠어. 그야 어쨌건 메뉴가 다양해. 혀에 선 것들이 대부분이긴 해도 벤처 정신이 뭐야.”라고 말한다. 이를 종합해 볼 때, ‘홍 선생’은 ‘희망’이라는 상호의 이탈리아 양식집이 다양한 음식을 파는 것을 부정적으로 보고 있는 것은 아니다.
⑤ ‘은정이’는 ‘박 선생’으로부터 ‘장만상’의 마지막 소원에 관해 전해 들은 후, “둘이 그토록 친했습니까.”라는 질문을 듣는다. 그에 “친하긴요. 사경에 놓인 분에게는 안됐지만 그 양반이 무슨 연유로 나를 막판에 생각해냈는지 어림조차 안 가네요.”라고 답하는 것을 볼 때, ‘은정이’는 ‘장만상’이 죽음을 앞두고 자신을 떠올린 것에 대해 의아해하고 있으므로, ‘은정이’가 그 이유를 짐작하고 있었다고 보기는 어렵다.


**32.** ⑤
*** 정답 설명**
⑤ ‘은정이’는 ‘박 선생’의 “동창의 너나들이라는 게” 뭐냐며 “전화 하나에 소원”을 건 ‘장만상’의 부탁을 꼭 들어 달라는 말을 듣고는 “내 한마디로 저승 가는 길이 편해진다면” 하겠다고 말한다. 또한 죽음을 앞둔 사람이 자신을 떠올렸다는 사실을 ‘뜻밖의 영광’이라고 말하는 것에서 상대의 부탁을 수용하는 것을 내키지 않아 했다고 보기는 어렵다. 참고로, 그 후 ‘은정이’가 ‘친구에게 전화를 걸어 위로한 경위’를 ‘박 선생’에게 전했다는 서술을 통해서도 ‘은정이’가 ‘장만상’의 소원을 들어주었음을 알 수 있다.


*** 오답 설명**
① ㉠ 이후의 서사를 고려해 볼 때, ‘은정이’는 죽음을 앞두고 있는 ‘장만상’이 마지막 소원으로 자신과 전화하기를 원하고 있음을 ‘박 선생’으로부터 전해 들었을 것으로 추론할 수 있다. ‘장만상’이 ‘암’을 앓고 있음을 알게 된 ‘은정이’가 “장만상씨 참 안됐네요.”라고 말하는 것은, 그를 향한 연민을 드러낸 것이라고 할 수 있다. 즉, ㉠은 ‘박 선생’으로부터 전해들은 정보와 관련된 대상인 ‘장만상’에게 느끼는 연민을 드러낸다고 볼 수 있다.
② ‘박 선생’은 ‘은정이’에게 ‘장만상’이 암을 앓고 있으며 죽음을 앞둔 상황에서 ‘은정이’와의 전화를 마지막 소원으로 생각하고 있음을 전달한다. 그러자 ‘은정이’는 ‘장만상’을 향한 연민을 드러내며, “아주 희망이 없나요.”라고 묻는다. ‘박 선생’은 이에 대해 “오죽하면 옛 생각에 매달”리겠느냐고 말하는데, 이는 ‘장만상’이 회복할 가능성이 없기에 ‘은정이’와의 ‘옛 생각’에 매달리는 것 아니겠느냐는 ‘박 선생’의 인식을 드러낸다. 즉, ㉡은 ‘은정이’가 질문하는 ‘장만상’의 상황에 대한 비관적 전망을 드러낸다고 할 수 있다.

**13**

③ '박 선생'은 '장만상'이 죽음을 앞두고 '은정이'를 떠올린 것에 대해 "둘이 그토록 친했"냐고 '은정이'에게 묻는다. '은정이'가 '장만상'과 친하지 않았음을 밝히면서 '장만상'이 무슨 이유로 자신을 떠올린 것인지 모르겠다고 말하자, '박 선생'은 '장만상'이 '은정이'를 짝사랑한 것 아니냐고 추측한다. 이에 '은정이'는 과거 어린 시절을 회상하며, '장만상'이 '송사리 몇 마리'를 '불쑥 내민다든가' '오자미 다섯 개를 갖다 준 기억은' 난다고 말한다. 그 후 '은정이'가 자신의 이름을 아는 것에 대해 '박 선생'이 묻자, '은정이'가 "누구 말대로 호감을 두었던 모양이지."라고 답하며 '박 선생'을 놀리고 있는 것을 확인할 수 있다. 즉, ⓒ은 '은정이'가 '박 선생'의 추측에 동의하지 않고 있음을 드러낸다고 볼 수 있다.

④ '박 선생'은 '장만상'과의 어린 시절 기억을 잊지 않고 있는 '은정이'에게 "아직까지 그걸 기억하는 정이씨 속이 더 말짱한 것 아"니냐고 말하며, '은정이'의 이름을 언급한다. 그러자 '은정이'는 "내 이름마저 잊고 산 지가 언젠"지도 모를 만큼 한참 되었다고 말하면서, "오늘 호강"한다고 이야기한다. 즉, ⓔ은 더는 이름으로 불리지 않는 노년의 삶에서 자신을 이름으로 불러 주고, 이를 통해 자신의 본모습을 환기해 준 '박 선생'과의 대화를, '은정이'가 일상에서 벗어난 특별한 일로 생각하고 있음을 드러낸다고 볼 수 있다.

## 33. ④
*** 정답 설명**
④ [형태쌤의 과외 시간] <u>소설에서 대화의 의도를 물어 볼 때, 문장이 '물론 A but B'의 구조로 나올 때는 조심해야 한다. 여기서 A는 기존 논지와는 다른 내용이 들어가지만 결국 화자가 말하고자 하는 논지는 B다. 문제는 지문을 읽을 때 '물론 A' 부분만 보면 화자의 논지가 A처럼 보인다는 것이다. 평가원이 고난도 문항을 출제할 때 주목하는 문장 구조이니 이 부분을 신경 써야 한다.</u> 여기서도 ⓐ는 일견 '가부장 개념이 드센 탓'에 아내를 향한 사랑이나 그리움을 쉽게 드러내지 못했던 지난 시대의 사회적 분위기에 대한 '홍 선생'의 옹호를 드러내는 것 같지만, 전체 구조를 볼 때 ⓐ는 '물론 A' 부분에 해당하는 부분으로 '홍 선생'의 진짜 논지가 아니다. 사실은 '아내를 위해 울' 수 있는 남자들이 더욱 많아져야 한다는 자신의 가치관과 '이제는 남자가 울어도 과히 흉잡히지 않을 시대가 되었'다는, 변화한 사회적 분위기에 대한 자신의 인식을 드러내기 위하여 '홍 선생'이 꺼내는 말이다.

그는 '일본의 문학평론가 에토 준'이 '아내를 암으로 떠나보내고 자신도 심장병에 시달리다가 스스로 목숨을 끊었다'는 사실에도 큰 감동을 표함으로써, 자신도 죽은 아내를 여전히 사랑하고 그리워하기에 지금의 삶의 모습을 유지하고 있다는 것을 우회적으로 드러낸다. 결국 ⓐ는 '홍 선생'이 '이탈리아 요리 전문집'에서 홀로 밥을 먹으면서

아내 없이(새로 다른 여자를 만나지 않고) 살아가는 자신의 현재 삶의 모습을, 변화한 사회적 분위기를 언급하며 스스로에게 납득시키려는 과정에서 꺼낸 말로 볼 수 있다.

*** 오답 설명**
① '홍 선생'은 혼자 밥을 먹으며 아내를 향해 이야기하듯 독백을 하고 있다. '일본의 문학평론가 에토 준'이 아내를 따라 '스스로 목숨을 끊었다는' 사실에 대해 감동이 크다고 말하는 '홍 선생'은, '아내 자랑을 팔불출의 으뜸으로 치는 우리나라'는 '가부장 개념이 드'셌기에 '망부석'이 없는 것을 이해할 수도 있겠다고 밝힌다. 그러나 이를 통해, '홍 선생'이 과거 자신의 실수를 합리화하고 있다고 보기는 어렵다.

② '홍 선생'은 '가부장 개념'을 바탕으로 '아내 자랑을 팔불출의 으뜸으로 치는' 우리나라에서 '망부석'이 없다는 것은 이해할 수 있는 일이라고 말한다. '부부 구실이 엄연'히 나뉘어 있었을 뿐만 아니라, 남자가 우는 것은 '흉잡히'는 일이었기에, '망부석은 있어도 망부석'이 없는 것은 이치였다는 것이다. 이를 통해, '홍 선생'이 세상의 이치에 대한 자신의 깨달음이 잘못되었음을 인식하고 있다고 보기는 어렵다.

③ '홍 선생'은 '일본의 문학평론가 에토 준'이 아내를 따라 '스스로 목숨을 끊었다는' 사실에 대해 감동이 크다고 말하면서, '아내 자랑을 팔불출의 으뜸으로 치는 우리나라'에도 '아내를 위해' 우는 남자들이 많아져야 한다는 생각을 털어놓는다. 남편을 기다리다가 아내가 돌이 되었다는 전설은 전해져도 그 반대의 이야기는 없는 것이 우리나라 상황에서는 이치였으나, 이제는 '남자가 울어도 과히 흉잡히지 않을 시대가 되었'다는 것이다. 즉, 현실의 달라진 모습이 오히려 '홍 선생'의 가치관과 부합한다고 볼 수 있으며, '홍 선생'이 현실의 변화를 비판하고 있다고 보기는 어렵다.

⑤ '홍 선생'은 '망부석은 있어도 망부석'이 없다는 것이 이치였던 우리나라도 '남자가 울어도 과히 흉잡히지 않을 시대'가 되었음을 인식하고 있다. '홍 선생' 자신의 세대는 '식민지 백성'으로 태어나 '전쟁의 복판에서' 살아남았고, '끼니가 온데간데없는 민생고'를 견뎌 왔는데, '인터넷 바다'에서 또 살아남기 위해 노력해야 하는 세대임을 언급하고 있다. 따라서 ⓐ를 통해 변화하는 시대에도 자신은 변하지 않겠다는 의지를 드러내고 있는 것은 아니다.

## 34. ③
*** 정답 설명**
③ 〈보기〉에 따르면, 윗글의 서술자는 특정 인물의 시각에서 서사를 전개하기도 한다. 죽음을 앞둔 동창의 부탁을 받고 '은정이'를 만나러 간 '박 선생'의 이야기가 이러한 서술 방식을 통해 전개되고 있는데, 특히 '친구에게 전화를 걸어 위로한 경위를 전하는 데 그치지 않고 시간을 내달라는 요청이 의외였으나 즐거웠다.'라는 서술은, 서술자가

**14**

'박 선생'의 시각에서 서사를 전개하며 '박 선생'의 심리를 드러내고 있는 것으로 볼 수 있다. 그러나 선지의 진술처럼, '은정이'의 말을 통해 '박 선생'이 '국회의원' 선거에 '출마했다 떨어'졌다는 사실을 제시하는 것은, '박 선생'의 과거 행적을 제시하는 것일 뿐, 이러한 서술 방식과는 관련이 없다. 또한, 서술자가 '은정이'의 시각에서 서사를 전개하고 있다고 보기도 어려우므로, 선지의 내용은 적절하지 않다.

*** 오답 설명**
① 〈보기〉에 따르면, 윗글의 서술자는 작중 인물과 거리를 유지하며 관찰자나 전달자로서 인물의 삶을 객관화하기도 한다. 중략 후 부분에서, '남산순환도로에서 조금 내려선 레스토랑에 앉아 문장의 앞뒤를 갖춰 서술하듯 차분히 읊는 독백을 들어보기로 한다.'라는 서술을 확인할 수 있는데, 이는 서술자가 '홍 선생'의 행동을 관찰하며 그의 독백을 그대로 전달하고 있음을 보여 준다. 즉, 서술자가 작중 인물과 거리를 유지하며 전달자로서 인물의 삶을 객관화하고 있음을 알 수 있다.
② 〈보기〉에 따르면, 윗글의 서술자는 인물의 삶에 관해 적극적으로 논평하기도 한다. 중략 후 부분에서, '진짜로 유별나고 독보적인 홍 선생다움의 진수는 겉치레 아닌 사고방식이다.'라는 서술에서, 서술자가 '홍 선생'의 삶에 관한 논평을 하고 있음을 확인할 수 있다.
④ 〈보기〉에 따르면, 윗글은 늙음과 죽음에 대한 인물들의 각기 다른 태도를 보여 줌으로써 독자가 특정 인물에게 지나치게 몰입하지 않고 노년의 삶을 다각도에서 관망할 수 있도록 한다. 중략 후 부분에서, '홍 선생'이 '과거를 미화하든가 신화화해서 받드는 또래들에게 학질'을 떼며 '과거는 모조리 아름답고 현재는 하나같이 못돼먹었다는 한탄에 신물'을 내는 것은, 늙음이나 노년의 삶에 대한 '홍 선생'의 인식이 '또래들'의 그것과 다르다는 점을 보여 준다. 또한, '아내를 암으로 떠나보내고 자신도 심장병에 시달리다가 스스로 목숨을 끊었다'는 '일본의 문학평론가 에토 준'의 삶에 감동을 표하는 '홍 선생'의 내면이나, '남자가 울어도 과히 흉잡히지 않을 시대가 되었'다는 '홍 선생'의 인식은 노인에 대한 고정관념에서 벗어난 모습을 보여 준다. 이를 통해 독자는 노년의 삶을 다각도에서 바라볼 수 있게 된다.
⑤ 〈보기〉에 따르면, 윗글은 늙음과 죽음에 대한 인물들의 각기 다른 태도를 보여 줌으로써 노년 역시 젊은 세대만큼이나 풍부한 감성을 지닌 채 다양한 문제로 고민하며 살아가는 세대임을 드러낸다. '은정이'를 만난 '박 선생'이 '들떠 있'는 것은, '아무리 감정이 바삭바삭 마른' 나이라 하더라도 '남녀 간에 의식하는 미세한 긴장'을 느끼는 것이 불가피함을 깨달았기 때문이다. 이를 통해, 노년 세대 역시 풍부한 감성을 지니고 있음을 확인할 수 있다. 한편, '홍 선생'은 남들의 눈에는 자신이 '사치스러워 보일'지라

도 '식민지', '전쟁', '민생고'라는 '질풍노도'의 시대를 겪어 온 같은 세대의 다른 사람들처럼 자신 역시 힘들다는 사실을 말하고 있다. 이를 통해 노년 세대 역시 다양한 문제로 고민하며 살아가는 세대임을 확인할 수 있다.

# [화법과 작문]

**35. ③**
*** 정답 해설**
③ 1문단에서 발표자는 발표 주제인 '빅(Big) 5 성격 검사'를 제시하기 위해 그와 유사한 개념인 엠비티아이(MBTI) 성격 유형 검사를 언급하고 있다. 그런데 이때 엠비티아이(MBTI) 성격 유형 검사와 빅(Big) 5 성격 검사가 반의 관계라고 볼 수는 없으며, 이어지는 발표 내용에서도 특정 개념의 이해를 돕기 위해 그 개념의 반의어를 활용하고 있지 않다.

*** 오답 해설**
① 1문단의 "여러분 모두 엠비티아이(MBTI) 성격 유형 검사를 해본 적 있으시죠? 저도 이 검사 결과와 관련된 이야기들을 참 좋아하는데요."에서 발표자는 청중과 공유할 만한 경험, 즉 엠비티아이(MBTI) 성격 유형 검사를 해본 경험에 관해 언급하고 있다. 이어서 "이보다 더 공신력 있는 '빅(Big) 5 성격 검사'에 따른 성격의 다섯 요인을 소개하고자 합니다."라며 발표 주제를 제시하고 있다.
② 2문단의 "인간의 성격을 유형화하려는 시도는~관련 연구들이 시작되었습니다."에서, 발표자는 발표 주제인 빅(Big) 5 성격 검사와 관련한 역사적 사실들을 시간 순서에 따라 제시하고 있다.
④ 4문단의 "(청중의 반응을 보며) 간략한 설명을 원하시는 것 같아 우호성 및 개방성에 관한 심화 자료는 생략할게요."에서 발표자는 청중의 반응을 확인하고 발표 내용을 생략하여 발표할 내용의 분량을 조절하고 있다.
⑤ 5문단의 "제가 여기 빅 5 검사지를 가져왔으니 여러분도 한번 측정해 보시기 바랍니다. 제 발표는 여기까지입니다."에서 발표자는 발표 주제와 관련된 활동인 빅 5 성격 검사를 직접 해볼 것을 청중에게 권유하며 발표를 마무리하고 있다.

**36. ⑤**
*** 정답 해설**
⑤ [화면 3]은 심혈관계 질환으로 인한 사망률과 재해·사고로 인한 사망률을 신경증 수준에 따라 나타낸 그래프이다. 이는 4문단의 "신경증 수준이 높으면 스트레스에 민감하여 심혈관계 질환에 취약하지만, 재난이나 사고에 더 철저히 대비할 수 있어 생존율이 높습니다."라는 내용을 보여

주는 자료라고 할 수 있다. 따라서 신경증 수준이 높은 사람에게서 나타나는 두 가지 특성, 즉 심혈관계 질환에는 취약하지만 재난이나 사고 상황에서 생존율이 높다는 점이 대조적임을 보여 주고 있어 [화면 3]을 ©에 제시하였다는 선지의 내용은 적절하다.

**＊ 오답 해설**
① [화면 1]은 외향성이 높은 사람과 낮은 사람이 각각 타인과의 만남 전후에 심리적 에너지가 어떻게 달라지는지 보여 주는 그래프이다. 이는 3문단의 ㉠에 활용되어, "외향적인 사람은 타인과의 교류를 통해 에너지를 얻는데요."라는 내용을 보여 주는 자료라고 할 수 있다. 그러나 발표에서 외향성이 높은 사람보다 낮은 사람이 우호성이 떨어진다는 내용을 언급하고 있지는 않다.
② 발표자가 다양성에 대한 수용도 즉, 개방성과 외향성을 관련짓고 있지는 않으며, 개방성은 [화면 1]의 자료를 통해 도출할 수 있는 내용이 아니다.
③ [화면 2]는 성실성의 수준에 따라 과제 수행 점수가 어떻게 달라지는지 보여 주는 그래프이다. 이는 3문단의 ㉡에 활용되어, "이 특성은 완벽주의로 이어질 확률이 높아서~본 과제를 수행하는 능력이 저하되기도 합니다."라는 내용을 보여 주는 자료라고 할 수 있다. 발표자가 성실성과 완벽주의의 연관성을 언급하고는 있으나, 발표자는 완벽주의가 지나치면 오히려 능력 저하로 이어질 수 있음을 언급할 뿐, 성실성의 부족을 보완하기 위해 완벽주의가 도움이 됨을 언급하고 있지는 않다. [화면 2] 또한 성실성이 너무 낮거나 높을 때 과제 수행이 저하됨을 보여 주는 것이지 성실성과 완벽주의가 상호보완적임을 보여 주는 것은 아니다.
④ 4문단에서 발표자는 신경증 수준이 높은 사람이 사고에 철저히 대비하므로 생존율이 높다고 언급하고 있다. 해당 그래프에서도 신경증 수준이 낮은 사람은 사고로 인한 사망률이 신경증 수준이 높은 사람에 비해 더 높게 나타났으므로, [화면 3]이 신경증 수준이 낮을수록 사고의 위험으로부터 안전함을 보여 주는 자료라고 해석할 수는 없다.

**37. ①**
**＊ 정답 해설**
① 발표자가 질의응답에서 "아니요."라고 답하며 성격은 "일관적인 성질"이라고 설명했음을 생각해 볼 때, [A]에는 특정 상황이나 대상에게 다른 특성을 보이는 경우에 관한 내용이 들어가야 함을 알 수 있다. 선지의 "낯선 사람이 아닌 친한 친구들과의 교류만 즐"겁다는 것은 대상에 따라 다른 특성을 보이는 것을 의미한다. 즉, 발표자는 해당 특성을 보이는 사람의 경우 일관적이지 않으므로 외향적이지 않다고 답할 것이다. 따라서 해당 선지의 내용이 [A]에 들어갈 질문으로 가장 적절하다.

**＊ 오답 해설**
② 3문단에서 성실성이 '완벽주의로 이어질 확률이 높'다는 사실은 확인할 수 있다. 즉, 선지의 "성실성이 높지만, 완벽주의 성향이 낮"은 상황은 성실성과 완벽주의의 일반적인 관계와는 다른 특수한 사례이기는 하지만, 한 개인에게서 나타나는 일관적이지 않은 성질을 보여 주는 것은 아니다.
③ 4문단에서 우호성이 "이타심이나 신뢰처럼 타인에게 협조적인 태도를 의미"한다는 내용을 확인할 수 있다. 하지만 우호성이 낮은 사람이 혼자 하는 일에 더 능숙한지의 여부와 성격이 "일관적인 성질을 의미"한다는 내용은 자연스럽게 연결되지 않는다.
④ 4문단에 따르면 개방성이 "고정 관념을 벗어나 상상력을 발휘"하는 성향인 것은 맞지만, 개방성에 가장 큰 영향을 미치는 요인에 관한 질문은 발표자의 답변과 관련이 없다.
⑤ 4문단에 따르면 신경증이 "부정적 정서를 쉽게 느끼는 성향"인 것은 맞지만, 신경증과 긍정적 정서의 관계에 관한 질문은 발표자의 답변과 관련이 없다.

**38. ②**
**＊ 정답 해설**
② (가)의 2문단에서, 사고 기록지 작성 방법을 첫 번째 칸인 '사건' 영역, 두 번째 칸인 '사고' 영역, 마지막 칸인 '결과' 영역으로 나누어 설명하고 있다.

**＊ 오답 해설**
① (가)의 1문단에서, 학생은 '분노 다스리기' 행사에 참여하여 '사고 기록지'를 작성해 보았으며, 이는 자신이 어떤 사고 과정을 거쳐 분노를 경험하는지 깨달을 수 있었던 유익한 시간이었다고 서술하였다. 이를 통해 분노 다스리기 행사에 대한 학생의 만족감을 확인할 수는 있으나, 이를 서술하기 위해 학생이 과거의 경험과 비교하는 방식을 사용하고 있지는 않다.
③ (가)의 2문단에서, 학생은 사고 기록지가 '자신의 왜곡된 사고나 부적응적 사고를 찾을 수 있도록 도와준다'고 언급하면서, 사고 기록지의 작성 방법을 '사건', '사고', '결과'의 항목으로 나누어 설명하였다. 이를 통해 사고 기록지가 부정적 사고를 찾는 데 활용됨을 알 수는 있으나, 사고 기록지의 각 항목이 부정적 사고를 찾는 데 활용되는 이유는 확인할 수 없다.
④ (가)의 3문단에서, 학생은 자신이 분노를 느끼는 구체적인 상황을 언급하면서 사고 기록지를 통해 해당 상황에 대한 이해도가 높아졌음을 서술하고 있다. 하지만 학생이 제시한 상황을 분노 다스리기 행사와 관련된 문제 상황이라고 볼 수는 없다.
⑤ (가)의 4문단에서, 사고 기록지 각 영역의 지시문을 이해하기 어려울 때 누리집 게시판에 다른 사용자들이 올려둔 사고 기록지를 살펴볼 수 있음을 언급하고 있으나, 사고 기록지를 누리집에 업로드 할 것을 촉구한 것은 아니

*16*

다.

**39. ⑤**
*** 정답 해설**
⑤ 〈보기〉에서 '사고 기록지가 익숙하지 않은 사람도 혼자 쉽게 작성할 수 있으려면 사고 기록지가 개선될 필요가 있다'는 학생의 생각을 확인할 수는 있으나, (가)의 마지막 문단에는 사고 기록지의 개선에 관한 내용 대신 사고 기록지 작성에 어려움을 겪는 사용자가 도움을 받을 수 있는 방안이 제시되어 있다. 즉, 사고 기록지에 대한 개선 방안을 제안하라는 내용의 조언은 〈보기〉를 고쳐 쓰는 데 반영되었다고 볼 수 없다.

*** 오답 해설**
① 〈보기〉는 사고 기록지의 '양식 또한 쉽게 구할 수 있'음을 언급하였으나, 그 방법에 관해서는 설명하고 있지 않다. 한편 (가)의 마지막 문단에서는 '○○ 지역 보건소 누리집에서 양식을 쉽게 내려받을 수 있다.'를 통해, 구체적인 방법을 안내하고 있다.
② 〈보기〉는 '사고 기록지가 익숙하지 않은 사람'을 위해 '사고 기록지가 개선될 필요가 있다'고 언급하였을 뿐, 그러한 사람들이 어떠한 어려움을 겪을 수 있는지는 설명하고 있지 않다. 한편 (가)의 마지막 문단에서는 '처음에는 사고 기록지 각 영역의 지시문을 이해하기 어려울 수 있으므로'를 통해, 사고 기록지를 처음 작성하는 사람들이 겪을 수 있는 어려움을 구체적으로 언급하고 있다.
③ 〈보기〉는 '사고 기록지가 익숙하지 않은 사람도 혼자 쉽게 작성할 수 있으려면 사고 기록지가 개선될 필요가 있다'고 언급하였을 뿐, 사고 기록지 작성에 어려움을 겪는 사람들에게 도움이 될 만한 내용을 설명하고 있지 않다. 한편 (가)의 마지막 문단에서는 '누리집 게시판에 다른 사용자들이 올려 둔 사고 기록지를 먼저 살펴보면 도움이 될 것이다.'를 통해, 어려움을 느낀 사람들이 도움을 얻을 수 있을 만한 내용을 추가하고 있다.
④ 〈보기〉는 '사고 기록지는 다양한 정서 문제 분석에 사용될 수 있다'고 언급하였을 뿐, 구체적인 정서들을 제시하고 있지 않다. 한편 (가)의 마지막 문단에서는 '사고 기록지는 분노뿐만 아니라 우울, 불안, 걱정, 권태감과 같은 다양한 부정적 정서를 분석할 때도 사용될 수 있다'는 내용을 통해, 사고 기록지에 활용될 수 있는 정서들을 나열하여 소개하고 있다.

**40. ②**
*** 정답 해설**
② [B]에서 '학생 1'은, "사고 기록지를 유인물로만 나눠 주면 다시 사용할 것 같지 않"다는 '학생 2'의 의견에 대해 "맞아."라며 공감하였다. 이어서 '학생 1'은 "인터넷으로 파일들 배포"하자는 '학생 2'의 의견을 수용해야 하는 이유로 "나도 종이로만 나눠 주면 재사용하기 힘들다고 생각"

함을 언급하였다. 그러나 이는 '학생 2'가 언급한 이유와 같은 것이므로, '학생 1'이 '학생 2'의 의견을 수용해야 하는 또 다른 이유를 제시하고 있지는 않다.

*** 오답 해설**
① [A]에서 '학생 1'은 "자유롭게 적는 것도 좋지만"이라며, 앞선 '학생 2'의 "학생들이 자신의 정서를 자유롭게 적을 수 있게 하면 어때?"라는 발화 중 일부를 재진술하였다. 그 후, '학생 1'은 "보기를 주고 선택하도록 하는 방식이 사용자에게 더 편할 것 같아."라며 '학생 2'의 의견과는 다른 자신의 생각을 드러내었음을 확인할 수 있다.
③ [B]에서 '학생 3'은 "내가 QR코드를 사용해서 인터넷에 있는 파일을 쉽게 배포하는 방법을 알아. 한번 준비해 볼게."라고 말하였다. 이는 앞서 '학생 2'가 "인터넷으로 파일을 배포했으면 하는데 어때?"라고 제안한 것을 실현할 구체적인 방법으로, "내 메일 주소를 알려주고 사고 기록지를 받고 싶은 사람은 연락하라고 하자."라는 '학생 1'의 제안이 "현실적으로 쉽지 않을" 것이라는 점을 들며 보다 현실적으로 실현 가능한 방법을 제시하는 것이다.
④ [A]에서 '학생 2'는 "학생들의 부정적 정서에 분노만 있는 건 아니"라는 근거를 내세워, "문제가 되는 기분을 기술하는 칸을~자유롭게 적을 수 있게 하면 어때?"라며 이에 대해 '학생 1'과 '학생 3'의 의견을 묻고 있다. 한편, [B]에서 '학생 2'는 "사고 기록지를 유인물로만 나눠 주면 다시 사용할 것 같지 않"다는 근거를 내세워, "인터넷으로 파일을 배포했으면 하는데 어때?"라며 '학생 1'과 '학생 3'에게 의견을 묻고 있다.
⑤ [A]에서 '학생 3'은 부정적 정서의 "보기를 주고 선택하도록 하"자는 '학생 1'의 의견을 따를 경우, "감정의 종류가 수십 개가 넘"는다는 점에서 해당 항목이 비효율적으로 구성될 수 있다는 문제를 언급하여 반대의 뜻을 밝히고 있다. 한편 [B]에서 '학생 3'은 "내 메일 주소를 알려주고 사고 기록지를 받고 싶은 사람은 연락하라고 하자."는 '학생 1'의 의견을 따를 경우, "한 사람이 모든 연락을 받는 건 현실적으로 쉽지 않"다는 문제가 발생함을 언급하여 반대의 뜻을 밝히고 있다.

**41. ④**
*** 정답 해설**
④ (가)의 마지막 문단 '처음에는 사고 기록지 각 영역의 지시문을 이해하기 어려울 수 있으므로'를 통해, 사고 기록지를 처음 작성하는 사람들에게는 사고 기록지의 지시문 이해에 어려움이 있음을 알 수 있다. 이에 대해 (나)에서 '학생 3'은 "사고 기록지를 처음 접하는 학생들이 많을 테니까 지시문과 함께 구체적인 예시를 적어 주자."라며 지시문과 구체적인 작성 사례를 함께 제시하자고 하였다. 즉, (나)의 학생들이 사고 기록지 지시문의 난이도를 고려하여 해당 내용을 ○○ 지역 보건소 행사의 사고 기록지와 달리 구성하고자 한 것은 맞지만, 지시문과 함께 예시

를 제시하고자 한 것이지 지시문을 대신하여 구체적인 작성 예시를 제시하고자 한 것은 아니다.

**＊ 오답 해설**
① (가)의 마지막 문단 '○○ 지역 보건소 누리집에서 양식을 쉽게 내려받을 수 있다.'를 통해, ○○ 지역 보건소 행사의 사고 기록지는 인터넷에서 내려받을 수 있음을 알 수 있다. 이에 대해 (나)에서 '학생 2'는 "사고 기록지를 유인물로만 나눠 주면 다시 사용할 것 같지 않"다며, "○○ 지역 보건소처럼 인터넷으로 파일을 배포"하자고 하였다. 즉, (나)의 학생들은 사고 기록지의 사용성을 고려하여 ○○ 지역 보건소의 사례를 수용함으로써, 인터넷으로 해당 파일을 배포하고자 함을 알 수 있다.
② (가)의 첫 번째 문단을 통해, (나)의 학생들이 논의하는 사고 기록지가 ○○ 지역 보건소에서 진행한 '분노 다스리기' 행사에서 활용되었음을 확인할 수 있다. 이에 대해 (나)에서 '학생 3'은 "○○ 지역 보건소 행사 홍보 자료"에 "사고 기록지는 병원에서 실제로 사용하는 도구라고 명시되어 있"음을 언급하며, "발표 내용의 신뢰도를 높이기 위해, 발표할 때 이 점을 강조하자"고 하였다. 즉, (나)의 학생들은 발표 내용의 신뢰성을 고려하여 ○○ 지역 보건소의 사례를 수용함으로써, 실제 병원에서 사고 기록지가 사용된다는 점을 강조하고자 함을 알 수 있다.
③ (가)의 1문단 "'분노 다스리기' 행사에 참여하여 '사고 기록지'를 작성해 보았다."와 2문단 "'사건' 영역에는 분노를 느낀 상황을 육하원칙에 따라 기술한다."를 통해, ○○ 지역 보건소 행사의 사고 기록지는 분노라는 정서를 분석 대상으로 삼고 있음을 알 수 있다. 이에 대해 (나)에서 '학생 2'는 "부정적 정서 3개는 각각 선지로 구성하고 4번 선지는 자유롭게 적을 수 있"도록 하자고 하였다. 즉, (나)의 학생들은 분석 대상이 되는 정서의 종류를 고려하여 해당 내용을 ○○ 지역 보건소 행사의 사고 기록지와 달리 구성함으로써, 사고 기록지를 작성하는 학생들이 특정 정서를 선택할 수 있도록 항목화하고자 함을 알 수 있다.
⑤ (가)의 2문단 내용을 통해, ○○ 지역 보건소 행사의 사고 기록지는 '사건', '사고', '결과'의 세 영역으로 구성되어 있음을 알 수 있다. 이에 대해 (나)에서 '학생 1'은 "앞으로 실천하고자 하는 긍정적 사고나 적응적 사고 그리고 그에 따른 예상 결과를 적는 칸도 만들"자고 하였다. 즉, (나)의 학생들은 사고 기록지의 효용성을 고려하여 해당 내용을 ○○ 지역 보건소 행사의 사고 기록지와 달리 구성함으로써, 적응적 사고와 그에 따른 예상 결과를 기술하는 칸을 추가하고자 함을 알 수 있다.

**42. ③**
**＊ 정답 해설**
③ (나)에서 '학생 2'는 "5점을 만점으로 하면 사고 간의 점수 비교가 어려울 것 같거든."이라고 말하며, "사고 영역에서 사용되는 5점 척도를 100점 척도"로 바꾸자고 하였

다. 이는 ㉢을 통해 해당 내용이 구현된 것을 확인할 수 있다. 즉, 여러 사고 간의 용이한 비교를 위해 '사고' 영역에서 사용되는 척도가 5점에서 100점으로 늘어났다고 볼 수 있다.

**＊ 오답 해설**
① (나)의 학생들은 "우리 학교 학생들이 가장 빈번하게 경험하는 부정적 정서 3개는 각각 선지로 구성하고 4번 선지는 자유롭게 적을 수 있는 빈칸으로 만들"자는 '학생 2'의 제안을 수용하였다. 이는 ㉠을 통해 구현되었음을 확인할 수 있다. 그러나 (나)의 심각성이 높아 해결이 시급한 정서를 분류하여 제시하기로 하지는 않았다.
② (나)에서 '학생 3'은 "사건을 육하원칙에 따라 기술하라는 지시문보다는 무슨 사건이 언제, 어디서, 어떻게 왜 발생했는지 기술하라는 지시문이 더 이해하기 쉽다고 생각해."라고 주장하였다. 이에 '학생 2'가 동의의 뜻을 표하였으며, ㉡을 통해 해당 내용이 구현된 것을 확인할 수 있다. 즉, (나)의 학생들은 (가)에 언급된 사고 기록지의 지시문을 수정하여 제시하기로 했을 뿐, '육하원칙에 따라 기술'하라는 수정 전의 지시문을 수정한 제시문과 함께 제시하기로 한 것은 아니다.
④ (나)에서 '학생 3'은 "사고 기록지를 처음 접하는 학생들이 많을 테니까 지시문과 함께 구체적인 예시를 적어 주자."라고 제안하였다. 이에 '학생 1'이 제안을 수용하였고, ㉣을 통해 해당 내용이 구현된 것을 확인할 수 있다. 그러나 "사고 영역에서 사용되는 5점 척도를 100점 척도로 바꾸면 좋겠어."라는 '학생 2'의 발화를 통해, 특정 내용을 평가해야 하는 영역은 '결과' 영역이 아닌 '사고' 영역임을 알 수 있다. 따라서 (나)의 학생들이 부적응적 사고에 따른 부정적 결과의 정도를 평가하기로 했다고 볼 수 없다.
⑤ (나)에서 '학생 3'은 "지시문과 함께 구체적인 예시를 적어 주자"고 하였으며, '학생 1'은 "지시문과 예시는 다른 글씨체를 사용"하여 구분하자고 하였다. 이는 ㉤과 다른 예시들을 통해 구현되었음을 확인할 수 있다. 즉, 글씨체를 다르게 설정해야 하는 것은 긍정적 사고를 계획하는 영역이 아닌 모든 지시문과 예시 항목임을 알 수 있다.

**43. ④**
**＊ 정답 해설**
④ (나)의 3문단에서는 대체 식품이 환경 파괴 문제를 고려하는 사람에게도 훌륭한 선택지가 될 수 있음을 언급하면서, '축산업이 환경과 동물 복지에 악영향을 끼친다는 이유로 대체육을 소비하려는 사람이 증가하고 있'음을 설명하였다. 이를 통해 대체 식품이 환경 보호 측면에서 이점을 지닌다는 사실을 알 수 있으나, 대체 식품의 생산 방식 또한 친환경적이라는 내용의 근거는 찾을 수 없으므로 선지의 내용은 적절하지 않다.

**＊ 오답 해설**
① (나)의 1문단에서는 '본래 대체 식품이란 특정 식품을 구하거나 먹을 수 없는 경우에 그 식품을 대신하여 섭취하는 식품을 이르는 말'이었으나, '그 의미가 점차 확대되어, 현재는 과학 기술을 활용해 생산된 신유형의 식품을 지칭하는 단어가 되었'음을 언급하고 있다. 이는 본래 대체 식품이 지녔던 의미를 제시한 후, 그 의미가 현재 변화했음을 밝힌 것에 해당한다.
② (나)의 1문단에서는 '우리나라의 대체 식품 시장은 2021년 약 51조 원 규모로 성장했으며, 2030년에는 그 규모가 233조 원에 달할 것'이라고 언급하며, 구체적인 수치를 활용하여 국내 대체 식품 시장의 규모와 전망을 설명하였다.
③ (나)의 2문단에서는 '소의 젖으로 구성된 우유에 들어있는 유당을 소화하지 못하는 유당불내증이 있는 사람'의 사례를 들어, 이러한 경우 '두유를 통해 우유와 유사한 영양분을 섭취할 수 있'음을 설명하였다. 또한, '두유 외에도, 견과류로 만든 식물성 우유나 해조류의 성분을 기반으로 한 우유 등 다양한 제품'이 실제 '시중에 판매되고 있'음을 설명하였다.
⑤ (나)의 4문단에서는 '국내에서도 대체 식품에 대한 수요가 나날이 증가하고 있지만, 우리나라의 대체 식품 관련 기술 개발은 아직 미흡한 실정'임을 언급하고 있다. 이는 우리나라의 대체 식품 관련 기술이 '맛과 식감 구현에서 여전히 한계'를 보임에 따라, 대체 식품에 대한 사회적 요구를 충족하지 못하고 있음을 제시한 것으로 볼 수 있다.

## 44. ②
**＊ 정답 해설**
② (나)의 2문단에서는 대체 식품이 '체질이나 건강상의 이유로 특정 식품을 섭취하지 못하는 사람에게 유용'함을, 3문단에서는 '환경 파괴 문제나 윤리적 문제를 고려하는 사람에게도 훌륭한 선택지'임을 언급하였다. 선지에서 제시한 '기존 식품이 지닌 다양한 문제'는 식품별 소비자의 건강 문제와 '환경 파괴 문제', '윤리적 문제'를 지칭한 것으로 볼 수 있으며, 대체 식품을 통해 이를 극복할 수 있다는 점과 '균형 잡힌 영양 섭취와 환경 보호'가 가능하다는 점을 제시한 것은 대체 식품의 의의를 밝힌 것으로 적절하다. 또한 '오늘부터 대체 식품을 먹어 보는 건 어떨까?'에서 대체 식품의 소비를 권장하고 있다.

**＊ 오답 해설**
① (나)의 1문단을 통해, '대체 식품의 시장 규모는 앞으로도 계속해서 확대될 것이다.'라는 선지의 진술이 적절한 내용임을 알 수 있다. 또한 4문단에서는, '우리나라의 대체 식품 관련 기술 개발은 아직 미흡한 실정이다.'라고 하였으므로, '기술 개발에 더욱 힘써야 한다.'는 선지의 진술 역시 적절하다고 볼 수 있다. 그러나 대체 식품의 의의를 밝히고 있지 않으며, 대체 식품의 소비를 권장하고 있지도

않다.
③ '사회적으로 대체 식품에 대한 수요가 증가하고 있으니 우리나라도 대체 식품 소비를 늘려가는 것이 필요하다.'에서, 대체 식품의 소비를 권장하고 있다고 볼 수는 있다. 그러나 '대체 식품은 특정 식품 대신 섭취할 수 있는 식품을 의미한다.'는 대체 식품이 지녔던 본래의 의미만을 나타내고 있을 뿐, 2, 3문단에서 언급한 특징을 바탕으로 하여 대체 식품의 의의를 밝히는 것은 아니다.
④ '대체 식품은 축산업 제품을 대체함으로써 축산업으로 인한 환경 파괴를 줄일 수 있다.'라는 선지의 진술은 (나)의 3문단에 제시된 대체 식품의 특징을 바탕으로 하여 그 의의를 밝힌 것으로 볼 수 있다. 그러나 2문단에서 언급한 대체 식품의 특징을 언급하고 있지 않으며, 대체 식품 소비를 권장하고 있지도 않다.
⑤ '특정 식품을 먹지 못하는 소비자는 그와 유사한 영양분을 가진 대체 식품을 통해 건강상의 도움을 받을 수 있다.'라는 선지의 진술은 (나)의 2문단에 제시된 대체 식품의 특징을 바탕으로 하여 그 의의를 밝힌 것으로 볼 수 있다. 그러나 3문단에서 언급한 대체 식품의 특징을 언급하고 있지 않으며, 대체 식품 소비를 권장하고 있지도 않다.

## 45. ②
**＊ 정답 해설**
② [자료 1]은 우리나라 대체육 생산 기술의 발전 단계에 따른 핵심 기술 및 개선해야 할 점과 사례를 보여 주는 보고서 자료이다. 이를 통해, 우리나라 대체육 생산 기술의 단계별 개선점을 확인할 수는 있다. 그러나 [자료 1]에 제시된 단계별 개선점을 통해, 대체 식품에 대한 국내 시장의 수요가 증가하고 있음을 구체화할 수는 없으므로 선지의 내용은 적절하지 않다.

**＊ 오답 해설**
① [자료 1]을 통해, 1세대 대체육을 위해 '단백질 조직 생산' 기술을, 2세대 대체육을 위해 '식물 유래 단백질'을 통한 '고기 맛 구현' 기술을, 3세대 대체육을 위해 '소의 조직 세포를 배양'하는 기술을 활용함을 알 수 있다. 따라서 [자료 1]을 활용하면, (나)의 1문단에서 언급된 '과학 기술을 활용해 생산된 신유형의 식품'이라는 확대된 의미의 대체 식품을 보여 줄 수 있을 것이다.
③ [자료 2]는 국내 소비자들이 대체 식품 소비를 증대하고자 하는 이유와 대체 식품에 불만족하는 이유를 설문 조사한 자료이다. 이를 통해, 34.1%의 사람들이 대체 식품 소비를 증대하려는 이유로 '필요 영양소 섭취'를 언급했음을 알 수 있다. 이는 (나)의 2문단에서 언급된 '대체 식품은 체질이나 건강상의 이유로 특정 식품을 섭취하지 못하는 사람에게 유용하다.'는 내용을 뒷받침하는 자료로 활용될 수 있을 것이다.
④ [자료 2]를 통해, 대체 식품 소비를 현재보다 증대하려는

이유에 '환경 보호' 및 '동물 복지'가 포함됨을 알 수 있다. 이는 (나)의 3문단 '대체 식품은 환경 파괴 문제나 윤리적 문제를 고려하는 사람에게도 훌륭한 선택지이다.'라는 내용을 구체화하는 자료로 활용될 수 있을 것이다.

⑤ [자료 2]를 통해, 사람들이 대체 식품에 만족하지 못하는 이유로 '맛'과 '식감'이 가장 큰 비중을 차지함을 알 수 있다. 한편, (나)의 4문단에서는 우리나라의 대체 식품 관련 기술이 아직 미흡한 실정이며, '맛과 식감 구현에서 여전히 한계를 보인다'고 하였다. 따라서 [자료 2]를 활용하면, 우리나라 대체 식품 관련 기술이 현재 '맛과 식감 구현'에서 지닌 한계를 극복하는 것이 중요함을 강조할 수 있을 것이다.


# [언어와 매체]

## 35. ④
*** 정답 해설**

④ 〈자료〉에 따르면, (나) 이후에 다시 이중 모음 'ㅟ[uy]', 'ㅚ[oy]'가 각각 [y], [ø]로 단모음화하여 현대 국어와 같은 (다)의 10모음 체계가 되었다고 하였다. 이를 통해 모음 체계가 변화하면서 단모음화가 일어난 것이 아니라, 단모음화가 일어나면서 모음 체계가 변화한 것임을 알 수 있다. 또한 'ㅐ, ㅔ'의 단모음화는 (나)에 이미 적용되어 있기 때문에 (나)에서 (다)로의 변화에서 단모음화가 시작이 되었다는 선지의 내용도 적절하지 않다.

*** 오답 해설**

① 〈자료〉에 따르면, (나)는 'ㆍ'의 소멸로 인한 체계의 불균형을 해소하기 위하여 변동된 체계라고 하였다. 이를 통해 'ㆍ'의 소멸은 안정적이었던 (가) 체계가 불안정하게 된 내부 변화 요인으로, (나)는 안정된 체계를 향해 변화한 결과물이라 할 수 있다.

② 〈자료〉의 '음운의 체계는 고정 불변의 것이 아니어서 내부에 변화 요인이 발생하면 다시 안정된 체계를 향하여 변화의 길을 걷게 된다.'에서 확인할 수 있다.

③ 〈자료〉의 '이중 모음 'ㅟ[uy]', 'ㅚ[oy]'가 각각 [y], [ø]로 단모음화하여 현대 국어와 같은 (다)의 10모음 체계가 되었는데,'에서 확인할 수 있다.

⑤ 〈자료〉의 (나)는 'ㆍ'의 소멸로 인한 체계의 불균형을 해소하기 위하여 생겨난 체계로, 대략 18세기 후기에 형성된 것으로 보인다. 이는 중세 국어에서 이중 모음이었던 'ㅐ[ay]'와 'ㅔ[əy]'가 각각 [æ], [e]로 단모음화하여 이루어진 8모음 체계이다.'에서 확인할 수 있다.


## 36. ④
*** 정답 해설**

④ 〈자료〉의 (가)를 통해 알 수 있듯, 훈민정음 창제 당시에는 상형의 원리로 만들어진 기본자 'ㆍ, ㅡ, ㅣ'와 기본자들을 합성하여 만들어진 초출자 'ㅏ, ㅓ, ㅗ, ㅜ'까지 총 7자를 단모음으로 취급하였다. 초출자와 'ㆍ'를 합성하여 만든 재출자 'ㅑ, ㅕ, ㅛ, ㅠ'는 당시에도 이중 모음으로 취급되었다.

*** 오답 해설**

① 〈자료〉를 통해 훈민정음이 만들어진 15세기에는 (가)에 나와 있는 일곱 개 모음만이 단모음이고, 나머지는 이중 모음이었다는 것을 알 수 있다. 'ㅓ'는 단모음이 아닌 기본자 'ㆍ'에 'ㅣ'를 합한 'ㅣ' 합용 중성자이다.

② 현재는 단모음에 해당하는 'ㅔ'를 'ㅓ+ㅣ'로 발음하는 것은 'ㅔ'가 이중 모음이었던 예전의 습관이 그대로 이어진 것으로 이해할 수 있다.

③ 'ㅟ'의 경우 초출자 'ㅜ'와 'ㅣ'가 합용되어 만들어진 'ㅣ' 합용 중성자로, (다)에서 확인할 수 있듯 현재는 단모음에 해당한다. 〈자료〉의 '이중 모음 'ㅟ[uy]', 'ㅚ[oy]'가 각각 [y], [ø]로 단모음화하여 현대 국어와 같은 (다)의 10모음 체계가 되었는데, 대략 19세기 말에서 20세기 초에 걸쳐 형성되기 시작한 것으로 보인다.'를 통해 18세기 후기에는 이중 모음으로 발음했을 것임을 알 수 있다.

⑤ 'ㅐ'는 'ㅏ'와 'ㅣ'를 합용하여 적은 것으로, 학생들의 대화와 〈자료〉를 통해 당시 사람들은 초출자 'ㅏ'와 기본자 'ㅣ'를 각각 따로 인식하여 발음했음을 알 수 있다. 그러므로 현대 국어와 달리 [ay]와 같이 이중 모음으로 발음되었으리라 유추할 수 있는 것이다.


## 37. ①
*** 정답 해설**

① ㉠에서 '말이'의 '이'는 주격 조사이다. 이 문장에서 보어는 '사실이' 하나이다.

*** 오답 해설**

② '아빠'와 같이 앞 체언의 끝 음절이 모음으로 끝나면 '가'가 쓰이고, '거짓'과 같이 앞 체언의 끝 음절이 자음으로 끝나면 '이'가 쓰인다.

③ 보격 조사는 '이, 가'로, 해당 문장은 본래 '그녀가 원래 나쁜 사람이 아니다.'의 형태였다. 그러나 격 조사는 생략이 가능하기 때문에 '이'를 생략하고 보조사 '은'을 사용한 것이다. 이처럼 보격 조사가 생략되고 보조사가 결합한 체언도 보어의 역할을 할 수 있다.

④ ㉢에서 보어 역할을 하는 '배가 고픈 것'은 관형절 '배가 고픈'과 의존 명사 '것'이 결합된 형태이다.

⑤ ㉤에서 첫 번째 문장의 '얼음이'는, '되다' 앞에서 보격 조사 '이'가 사용된 것이므로 보어로 취급되지만 두 번째 문장의 '얼음으로'는, '되다'가 반드시 필요로 하는 성분임에

도 불구하고 부사격 조사 '으로'가 사용되었기 때문에 보어가 아닌 부사어로 취급됨을 알 수 있다.

## 38. ③
*** 정답 해설**
③ '눈동자'는 [눈똥자]로 발음된다. 이때 '눈'은 어간이 아니고, '동자'는 어미가 아니기에 ⓒ의 조건에 해당되지 않는다. 그리고 받침 'ㄴ'은 안울림소리가 아니므로 ⑤의 조건에도 해당되지 않는다. 참고로 '눈동자'는 합성어에서 일어나는 사잇소리 현상으로 인해 뒷말의 첫소리가 된소리가 되는 것이다.

*** 오답 해설**
① '깎고'는 안울림소리인 'ㄲ(〉ㄱ)'과 'ㄱ'이 만나서 뒤의 소리가 된소리로 발음되는 경우이므로 〈보기〉의 ⑤에 해당한다.
② '젊지'는 어간의 끝소리가 울림소리인 'ㅁ(ㄻ)'이고 어미의 첫소리가 'ㅈ'이어서 된소리로 발음되는 경우이므로 〈보기〉의 ⓒ에 해당한다.
④ '신고'는 어간의 끝소리가 울림소리인 'ㄴ'이고 어미의 첫소리가 'ㄱ'이어서 된소리로 발음되는 경우이므로 〈보기〉의 ⓒ에 해당한다.
⑤ '옆집'은 안울림소리인 'ㅍ(〉ㅂ)'과 'ㅈ'이 만나서 뒤의 소리가 된소리로 발음되는 경우이므로 〈보기〉의 ⑤에 해당한다.

## 39. ②
*** 정답 해설**
② '여겨졌다'는 '여기다'의 어간 '여기-'에 '-어지다'가 결합한 것이다. '여기다'의 어근은 '여기-'로, 사동이나 피동 접미사가 결합되지 않은 단일어에 해당된다. 사동과 피동에서 가장 신경 써야 할 부분은 기본형이 의심스러운(사동이나 피동 접미사가 결합한 것처럼 보이는) 단어들이다. 따라서 문제를 풀 때, 꼭 '기본형'을 염두에 두도록 하자!

*** 오답 해설**
① 끊겨졌다 → 끊-(어근)+-기-(피동 접미사)+-어지다(통사적 피동 표현)
③ 씻겨졌다 → 씻-(어근)+-기-(피동 접미사)+-어지다(통사적 피동 표현)
④ 보여졌다 → 보-(어근)+-이-(피동 접미사)+-어지다(통사적 피동 표현)
⑤ 믿겨지지 → 믿-(어근)+-기-(피동 접미사)+-어지지(통사적 피동 표현)

## 40. ①
*** 정답 해설**
① (가)에서 진행자는 방송을 마무리하면서, '전시 볼래요?'의 누리집 청취자 게시판에 '반 고흐 전에 대한 기대 평'을 남기면 '무료 관람권'을 받을 수 있는 이벤트를 소개하고 있다. 이는 방송에서 진행하는 이벤트 참여 방법을 안내한 것일 뿐, 전시와 관련한 추가 정보를 얻을 수 있는 방법을 소개한 것이 아니다.

*** 오답 해설**
② (가)에서 진행자는 "지금 스튜디오에는 미술 평론가로 활약하고 계신 김□□ 님께서 나와 계십니다."라고 말하며, 스튜디오의 현재 상황을 음성 언어로 전달하고 있다. 이는 청각적 정보만으로 내용이 전달되는 라디오의 특성을 반영한 것이라고 볼 수 있다.
③ (가)에서 진행자는 방송을 시작하며 "요즘 볼 만한 전시가 없으시다고요? 매주 화요일, △△라디오 '전시 볼래요?'를 들으시면 그 생각이 바뀌실 겁니다."라고 말하였으며, 방송을 마무리하면서도 "매주 화요일에 찾아오는 '전시 볼래요?', 다음 주에도 새로운 소식을 가지고 찾아오겠습니다."라고 말하였다. 이처럼 방송이 매주 화요일에 반복된다는 사실을 방송 처음과 마지막에 언급하는 것은 수용자가 다음 방송을 청취하도록 유도하기 위한 것으로 볼 수 있다.
④ (가)에서 진행자는 "오늘도 문자를 통해 방송에 실시간으로 참여하실 수 있으니, 많은 관심 부탁드려요."라고 말하며, 수용자의 실시간 방송 참여가 가능함을 언급하였다. 또한 '3411', '4852'가 보낸 실시간 문자를 읽고 그와 관련된 평론가의 대답을 유도함으로써 방송에서 전달할 정보를 구성하고 있다.
⑤ (가)에서 진행자는 스튜디오에 나와 있는 평론가와 문답을 이어 가거나, 스튜디오 외부에 있는 자문가와 전화 연결을 통해 문답을 이어 가는데, 이는 방송 내용과 관련하여 수용자에게 신뢰할 수 있는 정보를 전달하기 위한 것이므로 선지의 내용은 적절하다.

## 41. ⑤
*** 정답 해설**
⑤ '달콤'이 라디오 방송에서 설명되지 않았다고 생각한 반 고흐 전의 특징은, (가)에서 "반 고흐의 실제 작품을 볼 수 있는 건가요?"라는 진행자의 질문에 대해 "아닙니다. 이번 전시는 반 고흐의 다양한 작품을 미디어아트의 형태로 감상할 수 있다는 점이 특별합니다."라고 말한 평론가의 답변을 통해 알 수 있다. 이를 지적한 '방울'과 '풀잎'의 댓글을 보고 '달콤'은 '앗. 제가 놓친 거군요. 알려 주셔서 감사해요.'라고 말하며 자신이 방송 내용을 부분적으로 수용했다는 깨달음을 얻고 있으므로 선지의 내용은 적절하다.

*** 오답 해설**
① '달콤'은 방송에 언급된 전시 정보를 듣지 못하고 해당 내용을 방송에서 설명해 줬으면 좋았겠다고 지적하고 있으므로 방송 내용에 대해 긍정적인 반응을 하고 있다는

21

설명은 적절하지 않다. 또한 '방울'은 '달콤'의 말에 반박하고 있을 뿐, 방송 내용에 대한 긍정적인 반응을 보이지는 않았다.
② '풀잎'은 '달콤'의 말에 반박하는 '방울'의 의견에 동조하고 있을 뿐, '달콤'과 '방울'의 의견을 절충하고 있지는 않다.
③ '달콤'은 방송의 일부 내용을 놓친 후, 방송의 정보가 불충분함을 지적하고 있다. 그러나 '방울'과 '풀잎'은 이에 동의하는 것이 아니라 반박하고 있다.
④ '달콤'은 포털 사이트에 검색하여 방송에서 소개한 전시가 반 고흐의 실제 작품을 볼 수 있는 전시가 아님을 알게 되었다고 밝히며, 방송의 정보가 불충분함을 지적하고 있다. 하지만 '방울'과 '풀잎'은 이에 반박하고 있을 뿐, 자신들의 인식을 바꾸고 있지는 않다.

## 42. ④
**＊ 정답 해설**
④ (나)에서 학생은 카드 뉴스가 우리 학교 학생들을 대상으로 한다는 점을 고려하여 카드 뉴스에 유용한 정보를 추가하겠다는 계획을 세웠다. 이를 반영하여 카드 뉴스의 두 번째 카드(ⓒ)에서는 학교에서 출발하여 반 고흐 전이 열리는 한나 미술관까지 가는 방법을 설명하였다. 그러나 다양한 출발점을 전제로 미술관에 가는 방법을 설명하고 있지는 않으므로 선지의 내용은 적절하지 않다.

**＊ 오답 해설**
① (나)에서 학생은 카드 뉴스에 전문가들의 말을 정리하여 미디어아트의 의미와 특징을 전달하겠다는 계획을 세웠다. 이를 반영하여 카드 뉴스의 첫 번째 카드(ⓒ)에서는 (가)의 평론가와 자문가의 발언을 정리하여 미디어아트의 의미와 특징에 관해 제시하였다. 이때 미디어아트의 특징으로 제시된 '360도 비디오 맵핑 기술이나 VR 기술을 적용하여 미술 작품을 더욱 생생하게 감상할 수 있음!'은 (가)에서 자문가가 "이번 전시에서는 300여 점에 이르는 반 고흐의 작품에 최첨단 360도 비디오 맵핑 기술을 적용하였습니다. 이 기술을 통해 관람객은 더욱 생생한 감상을 할 수 있지요. 그뿐만 아니라 작품에 VR 기술을 적용하여 반 고흐의 방에 직접 들어간 것 같은 체험을 할 수도 있습니다."라고 말한 내용을 반영한 것이다.
② (나)에서 학생은 카드 뉴스에서 미디어아트의 의미와 특징에 관한 내용을 명확하게 전달하겠다는 계획을 세웠다. 이를 반영하여 카드 뉴스의 첫 번째 카드(ⓒ)에서는 정보를 미디어아트의 의미와 특징으로 구분하고, 각 정보에 번호를 매겨 항목화하였으므로 적절하다.
③ (나)에서 학생은 카드 뉴스에 시각적 이미지를 활용하겠다는 계획을 세웠다. 이를 반영하여 카드 뉴스의 첫 번째 카드(ⓒ)에서는 '대중 매체'와 '미술'을 의미하는 그림을 사용해 미디어아트의 의미를 한눈에 파악할 수 있도록 정보를 제시하였으므로 적절하다.
⑤ (나)에서 학생은 카드 뉴스에 학생들이 전시를 쉽게 예매

할 수 있는 방법을 제시하겠다는 계획을 세웠다. 이를 반영하여 카드 뉴스의 두 번째 카드(ⓒ)에서는 QR코드를 삽입하여 수용자가 반 고흐 전의 예매 페이지로 바로 이동할 수 있도록 하였으므로 적절하다.

## 43. ②
**＊ 정답 해설**
② ⓑ에 사용된 '-던데'는 뒤 절에서 어떤 일을 설명하거나 묻거나 시키거나 제안하기 위하여, 그와 상관있는 과거 사실을 회상하여 미리 말할 때에 쓰는 연결 어미이다. 즉, '3411'은 이를 사용하여 '평론가'가 "최근에 반 고흐 전에 다녀"왔다는 과거 사실을 바탕으로, '평론가'에게 "혹시 그 전시에 대해 소개해 주시나요?"라는 질문을 하게 되었음을 나타내었다고 볼 수 있다.

**＊ 오답 해설**
① ⓐ의 '계시다'는 청자가 아닌 주체를 높이는 특수 어휘로, 방송을 듣고 있는 불특정 다수의 청자가 아닌 스튜디오에 나와 있는 미술 평론가 김□□를 높이기 위해 사용되었다.
③ ⓒ의 '까지'는 어떤 일이나 상태 따위에 관련되는 범위의 끝임을 나타내는 보조사로, "작품을 벽에 걸어 두고 감상하는 형태"의 전시회가 보편적이었음을 나타내기 위해 사용되었다. 여기서 전시회가 이루어지는 기간을 설명하고 있지는 않다.
④ ⓓ의 '보다'는 어떤 행동을 시험 삼아 함을 나타내는 보조 동사로, 자문가와의 전화 통화를 시도할 것임을 알리기 위해 사용되었다. 전화 연결이 이미 이루어졌음을 드러내기 위해 사용된 것이 아니다.
⑤ ⓔ의 '그야말로'는 전달하고자 하는 사실을 강조할 때 쓰는 부사로, 자문가의 말에 대한 긍정적 호응을 강조하기 위해 사용되었다. 진행자는 자문가의 말에 반박하고 있지 않으며, 자문가의 말에 반박하기 전에 자문가를 존중하는 뜻을 나타내기 위해 사용된 것도 아니다.

## 44. ③
**＊ 정답 해설**
③ [화면 2]에서는 '확대해서 보기'와 '360도 회전해서 보기' 기능을 제공하여 수용자가 제품의 외관을 살펴볼 수 있도록 하고 있다. 하지만 이는 수용자에게 제품의 외관을 상세히 보여 주는 것일 뿐, 수용자가 제품을 간접적으로 체험해 볼 수 있도록 하는 것이 아니므로 선지의 내용은 적절하지 않다.

**＊ 오답 해설**
① [화면 1]에서는 제품을 보는 방식이 '여러 제품 보기'로 선택되어 있으며, 실제로 화면에는 서로 다른 두 제품이 병렬적으로 제시되어 있다. 이는 수용자가 제품들을 쉽게 비교할 수 있도록 하므로 선지의 내용은 적절하다.
② [화면 1]에서는 '제품 정렬'의 기준을 '저장 용량,' 화면

*22*

크기', '판매량 순'으로 제시하고 있으며, 이러한 기준은 수용자가 선호하는 제품을 쉽게 찾을 수 있도록 할 것이므로 선지의 내용은 적절하다.

④ [화면 2]에서는 정보 제공자가 강조하고 싶은 내용인 '가볍다!', '편리하다!'를 다른 내용의 글자보다 크고 굵게 제시하고 있으므로 선지의 내용은 적절하다.

⑤ [화면 1]에서는 다른 수용자가 매긴 구매 평점을 제시하고 있다. 또한 [화면 2]에서는 '국가 고객 만족도 조사' 결과, 해당 태블릿 제조사가 '2년 연속 1위'를 차지했음을 제시하고 있다. 이는 수용자의 제품 구매를 유도하기 위한 것이므로 선지의 내용은 적절하다.


## 45. ②

**＊ 정답 해설**

② (가)는 사용자들이 외부 정보를 공유했다는 사실을 확인할 수 없다. 반면, (나)의 누리 소통망 대화창에서는 하이퍼링크와 '[답장] 민지야. 아까 민우가 태블릿 산다고 보내준 링크야. 이 모델 괜찮은지 봐줄래?'를 통해 대화에 참여한 이들이 외부 정보를 공유했다는 사실을 확인할 수 있다.


**＊ 오답 해설**

① (가)는 전자 제품을 판매하는 누리집의 일부이므로, 불특정 다수를 대상으로 한다. 따라서 해당 매체를 사용하는 사람들이 제한된다고 볼 수 없다. 반면, (나)는 누리 소통망의 대화창으로 대화에 초대된 대화 참여자만이 소통을 할 수 있다. 따라서 제한된 사람들을 대상으로 정보를 전달한다고 볼 수 있다.

③ (나)에서 민우는 이미지와 문자가 결합된 형태의 이모티콘을 사용하여 제품 구매에 대한 의사를 표출하고 있지만, 이를 통해 특정 정보를 강조하고 있지는 않다. 반면, (가)에서는 '국가 고객 만족도 조사'나 'AI 챗봇 상담'을 설명하는 부분에서, 문구와 이미지를 결합함으로써 특정 정보를 강조하고 있으므로 선지의 내용은 적절하지 않다.

④ (나)에서 민우는 (가)로 이동할 수 있는 하이퍼링크를 경수에게 전달하고 있다. 그러나 민우는 (가)의 정보를 그대로 경수에게 전달하였을 뿐, 정보의 형태를 바꾸어 유통하지는 않았다.

⑤ (나)에서 경수는 민우가 보낸 하이퍼링크를 통해 태블릿의 상품평을 비교하고 있다. 이는 경수가 (가)에 제시된 정보를 해석하였음을 보여 준다. 그러나 이를 바탕으로 (나)의 사용자가 (가)의 내용을 수정하고 있지는 않으므로 선지의 내용은 적절하지 않다.


*23*

# 전형태 모의고사 2회 정답 및 해설

## • 1교시 국어 영역 •

***공통**

| 1 | ⑤ | 2 | ③ | 3 | ④ | 4 | ⑤ | 5 | ① |
|---|---|---|---|---|---|---|---|---|---|
| 6 | ⑤ | 7 | ⑤ | 8 | ② | 9 | ③ | 10 | ② |
| 11 | ③ | 12 | ⑤ | 13 | ④ | 14 | ④ | 15 | ③ |
| 16 | ⑤ | 17 | ② | 18 | ④ | 19 | ① | 20 | ⑤ |
| 21 | ② | 22 | ② | 23 | ④ | 24 | ② | 25 | ⑤ |
| 26 | ⑤ | 27 | ⑤ | 28 | ④ | 29 | ⑤ | 30 | ④ |
| 31 | ⑤ | 32 | ④ | 33 | ② | 34 | ③ |  |  |

***선택 과목(화법과 작문)**

| 35 | ⑤ | 36 | ④ | 37 | ④ | 38 | ② | 39 | ④ |
|---|---|---|---|---|---|---|---|---|---|
| 40 | ⑤ | 41 | ⑤ | 42 | ④ | 43 | ④ | 44 | ③ |
| 45 | ④ |  |  |  |  |  |  |  |  |

***선택 과목(언어와 매체)**

| 35 | ④ | 36 | ② | 37 | ⑤ | 38 | ① | 39 | ④ |
|---|---|---|---|---|---|---|---|---|---|
| 40 | ④ | 41 | ④ | 42 | ② | 43 | ③ | 44 | ③ |
| 45 | ⑤ |  |  |  |  |  |  |  |  |

## [독서]

### 1. ⑤

*** 정답 해설**

⑤ 2문단에 따르면, 숙련 독자는 새로운 글을 읽으면서도 익숙한 배경지식을 활용하여, 총체적 이해에 인지 자원을 더 집중시킬 수 있다. 따라서 글에 담긴 새로운 정보를 이해할 때 배경지식을 활용하면 인지 자원을 효율적으로 사용할 수 있으므로 선지의 내용은 적절하다.

*** 오답 해설**

① 1문단에 따르면, 낭독은 눈으로 글자를 보고 본 내용을 소리 내어 읽으면서 뇌로 그 내용을 이해하는 작업을 동시에 수행하는 일이므로, 인지 자원을 더 많이 사용해야 한다. 그런데 2문단에 따르면, 낭독의 유창성은 개별 단어에 대한 인지에 의존하는 것이 아니라, 글 전체의 흐름이나 구성을 파악하는 데 더 큰 영향을 받으므로 선지의 내용은 적절하지 않다.

② 2~3문단에 따르면, 읽기 능력이 발달한 숙련 독자일수록 낭독 속도가 빨라지고, 동시에 정확하게 단어를 인식하고 발화하는 능력인 정확성이 올라가 낭독 오류가 줄어든다.

③ 4문단에 따르면, 읽기 능력이 발달한 숙련 독자는 단어, 문장, 문단 단위의 논리적 배열과 구성에 따라 낭독을 잠깐 멈추는 휴지를 적절하게 넣어 글을 알맞게 끊어 읽는다고 하였다. 이때, 미숙련 독자는 숙련 독자보다 더 긴 휴지를 삽입하는 경향을 보인다고 하였으므로 선지의 내용은 적절하지 않다.

④ 1문단에 따르면, 집중력과 같은 인지 자원은 한정되어 있다. 또한 2~4문단에 따르면, 낭독의 유창성은 단순히 인지 자원을 계속해서 늘리는 것이 아니라 글의 전체 구조와 흐름을 파악함으로써 인지 자원을 효율적으로 활용함으로써 달성하는 것이다.

### 2. ③

*** 정답 해설**

③ 4문단에 따르면, 낭독하면서 글의 내용에 따라 소리의 높낮이나 장단을 조절하는 운율도 독자의 읽기 능력을 드러낸다. 특히 단어, 문장, 문단 단위의 논리적 배열과 구성에 따라 낭독을 잠깐 멈추는 휴지를 적절하게 넣어 글을 알맞게 끊어 읽는 것은 숙련 독자가 보이는 특성이다. 그런데 ⓒ에서 화자가 단어를 길게 발음한 것은 글의 흐름을 놓쳐서 생각할 시간을 벌기 위한 것이므로, ⓒ를 글의 논리적 배열과 구성에 맞추어 소리의 장단을 조절한 운율 변화로 보기는 어렵다. 이는 3문단에서 말하는 낭독 과정에서의 오류에 가까우므로, 선지의 진술은 ⓒ를 이해한 내용으로 적절하지 않다.

*** 오답 해설**

① 1문단에 따르면, 글을 읽는 동안 독자의 읽기 능력을 평가하는 방법으로 낭독 유창성 분석이 있다. 이는 독자가 글을 낭독할 때 드러나는 발화 특성에 독자의 읽기 능력이 반영된다고 보아 발화 특성을 분석하는 방법이다. ⓐ에서 국어 수업 시간에 읽기 능력 평가를 위해 학생들이 책을 낭독하는 시간을 가졌다고 하였으므로, 여기에는 낭독 시 드러나는 발화 특성을 분석함으로써 학생의 읽기 능력을 평가할 수 있다는 관점이 반영되었을 것이다.

② 1문단에 따르면, 인간이 감각 기관으로 무언가를 인지하고 이를 이해할 때 사용할 수 있는 집중력과 같은 인지 자원은 한정되어 있다. ⓑ에서 화자는 친구가 낭독한 내용을 귀로는 들었지만, 뇌로는 그것을 동시에 곧바로 이해하지 못하였다고 하였다. 이를 통해 1문단에서 말한 것처럼 인간의 인지 능력이 한정적이라는 점을 확인할 수 있다.

④ 2문단에 따르면, 유형이 비슷한 글은 구조적 유사성을 갖기에, 많은 글을 읽은 숙련 독자는 새로운 글의 구조도 빠르게 간파할 수 있다. 그리고 이러한 사실이 인지 자원의 효율적 분배에 영향을 미침으로써, 독자는 글을 더 빠르고 유창하게 낭독할 수 있다고 하였다. ⓓ에서 화자는 낭독하는 글이 이전의 자료와 비슷한 유형이라는 점에 기반하여 비슷한 논리 전개 구조를 빠르게 파악함으로써 낭독하는 글의 흐름을 따라갈 수 있었다고 하였으므로, 선지의 진술은 ⓓ를 이해한 내용으로 적절하다.

⑤ 3문단에 따르면, 낭독 시 독자의 읽기 능력을 드러내는 두 번째 요소는 정확하게 단어를 인식하고 발화하는 능력인 정확성인데, 숙련 독자는 많은 독서 경험으로 인해 어휘력이 좋고 글의 전체적인 흐름을 예측하는 데 유리하다. 따라서 낭독 과정에서 미숙련 독자보다 적은 오류를 산출한다고 하였다. ⓔ에서 화자는 예전에 읽었던 책에서 접한 한자어를 통해 글을 더 유창하게 낭독할 수 있게 되었다고 하였으므로, 선지의 진술은 ⓔ를 이해한 내용으로 적절하다.

## 3. ④

*** 정답 해설**

④ 2문단에 따르면, 읽기 능력이 발달한 숙련 독자는 새로운 글을 읽으면서도 익숙한 배경지식을 활용하여 각 단어와 문장의 중요도를 빠르게 판별하면서 중요한 내용에 초점을 맞춘다. 즉 숙련 독자는 개별 단어나 문장을 이해하는 데 인지 자원을 많이 할당할 필요가 없기에, ㉠에 따라 총체적 이해를 빠르게 달성할 수 있다. 이를 고려할 때, ㉠과 같은 현상은 개별 표현에 집중하여 각각의 의미들을 정확히 파악하기 보다는 글 전체를 총체적으로 이해하는 것에 해당하므로, 선지의 진술은 [가]에 들어갈 말로 적절하지 않다.

*** 오답 해설**

① 3문단에 따르면, 숙련 독자는 많은 독서 경험으로 인해 어휘력이 좋고 담화 표지를 인식하는 능력이 뛰어나 글의 전체적인 흐름을 예측하는 데 유리하다. 따라서 글에 활용된 담화 표지를 인식하고 발화하는 것은 ㉠과 같은 현상에 해당한다.

② 2문단에 따르면, 읽기 능력이 발달한 숙련 독자는 글의 전체적인 흐름을 파악하고, 이어지는 내용을 예측하는 추론적 사고를 병행함으로써 글에 대한 총체적 이해를 빠르게 달성할 수 있다. 따라서 글의 흐름에 따라 이후에 이어질 내용을 예측하는 것은 ㉠과 같은 현상에 해당한다.

③ 2문단에 따르면, 읽기 능력이 발달한 숙련 독자는 각 단어와 문장의 중요도를 빠르게 판별하면서 중요한 내용에 초점을 맞추어 글의 흐름을 파악하고 결국 글에 대한 총체적 이해를 빠르게 달성할 수 있다. 따라서 글에서 상대적으로 중요한 부분의 내용에 더 집중하는 것은 ㉠과 같은 현상에 해당한다.

⑤ 2문단에 따르면, 비슷한 유형의 글은 구조적 유사성을 갖기에, 숙련 독자는 글의 구조도 빠르게 간파할 수 있다. 따라서 기존 독서 경험을 토대로 지금 읽는 글의 구조를 간파하는 것은 ㉠과 같은 현상에 해당한다.

# [비문학-예술]

## 4. ⑤

*** 정답 해설**

⑤ (나)의 2문단에 따르면, 달크로즈는 리듬이 음악뿐만 아니라 모든 예술의 기초라고 보았으며, 심장 박동이나 호흡과 같은 신체적 리듬이 가장 규칙적이고 조화로운 리듬이라고 설명하였다. 즉, 달크로즈가 모든 예술이 신체의 리듬에 기초한다고 본 것은 맞지만, 이때 신체의 리듬은 변칙적인 것이 아니라 규칙적인 것이므로 선지의 내용은 적절하지 않다.

*** 오답 해설**

① (가)의 1문단에 따르면, 오늘날에는 안무가 춤을 창작하는 행위로 이해되며, 춤을 창작하는 행위와 춤을 기호화하는 행위를 엄격히 구별한다. 반면, 20세기 초까지 안무는 기호를 사용해 춤을 기록하는 기술이라는 의미로 통용되었다. 따라서 오늘날의 안무 개념은 과거와 달리 춤을 기호로 표현하는 행위를 포함하지 않는다.

② (가)의 1, 3문단에 따르면, 푀이예는 무용 기보를 춤의 창작이나 신체적 움직임의 원리를 분석하기 위한 수단으로 간주하고, 신체적 움직임이 만들어 내는 춤은 대칭 혹은 균형의 원리에 기초하여 조화로운 양상을 보인다고 설명하였다. 즉, 푀이예는 무용 기보법을 통해 신체적 움직임을 연구함으로써 대칭 혹은 균형에 기초한 조화를 강조한 것이다.

③ (나)의 1문단에 따르면, 푀이예의 이차원적 조형성은 19세기 이후에도 여전히 춤의 이상으로 여겨졌으며, 이는 20세기 초에 현대 무용이 등장하기까지 지속되었다. 이를 통해 19세기 후반까지도 푀이예의 이차원적 조형성은 이상적 규범으로 받아들여졌음을 알 수 있다.

④ (나)의 3문단에 따르면, 덩컨은 춤을 고유의 리듬에 따라 인간의 내적 감정을 표현함으로써 자유를 실현하는 예술로 보았으며, 무용수가 자신의 감정을 있는 그대로 표현하기 위해서는 거추장스러운 의상보다는 가벼운 옷을 입어야 한다고 주장하였다. 이를 통해 덩컨은 화려하고 거추장스러운 복장은 내적 감정을 그대로 표현하는데 방해가 되므로 이에 따라 자유를 경험하는 데에도 방해가 된다고 볼 것임을 알 수 있다.

5. ①

*** 정답 해설**

① (가)의 3문단에 따르면, 푀이예는 춤이 규칙적 형상 또는 불규칙적 형상으로 나타나며, 무용수들의 동선이 대칭적일 경우에 춤의 형상은 규칙적이지만, 동선이 동일할 경우에는 불규칙적이라고 보았다. 그러나 그는 어떠한 경우라 하더라도 무용수들의 신체적 움직임은 대칭 혹은 균형의 원리에 기초한 기하학적 형태의 궤적으로 이루어져 춤의 형상이 언제나 조화롭게 나타난다고 설명하였다. 또한 (가)의 2문단에 따르면, 무용수들의 춤이 만들어 내는 기하학적 형상은 이차원적 조형성을 지닌다. 즉, 푀이예는 이차원적 조형성 개념을 바탕으로 무용수들의 신체적 움직임이 언제나 대칭 혹은 균형의 원리를 따른다고 보았을 뿐, 반드시 대칭적이어야만 하는 이유를 정당화하지는 않았다.

*** 오답 해설**

② (가)의 1~2문단에 따르면, 푀이예는 안무 개념을 기보를 토대로 한 춤의 창작으로 정의하고, 무용 기보를 신체적 움직임의 원리를 분석하기 위한 수단으로 간주했다. 또한 무용수의 춤을 위에서 내려다보았을 때 나타나는 기하학적 형상이 평면 위의 도형과 같다며, 안무는 이차원 평면 위에 특정 형상을 그려 내는 것이라는 점에서 이차원적 조형성을 지니게 된다고 보았다. 더하여 (가)의 4문단에서 푀이예가 안무를 평면성에 기초해 기하학적 형상을 그리는 작업으로 이해하였다고 하였으므로, 이차원적 조형성은 무용수들의 신체적 움직임을 평면 위에서 분석하기 위해 고안된 개념이라고 할 수 있다.

③ (가)의 2~3문단에 따르면, 푀이예는 실제 춤이 삼차원 공간에서 이루어지지만, 무용수들의 춤을 내려다보면 그 진로와 궤적이 기하학적 형상으로 나타난다고 하였다. 또한 그는 이러한 형상의 기초가 되는 것이 평면과 선이라고 하였다. 즉, 무용수들의 동작은 위에서 내려다볼 때 일정한 궤적을 그리게 되고, 이 궤적이 바로 평면 위에서의 특정한 선으로 나타난다는 것이다. 푀이예는 이처럼 무용수의 신체적 움직임이 평면 위에서 특정한 선으로 나타나는 것을 이차원적 조형성이라고 규정하였다.

④ (가)의 2, 4문단에 따르면, 푀이예는 삼차원 공간의 움직임을 무용 기보법을 통해 이차원 평면 위에 나타내는 것을 춤이 추구해야 하는 특성으로 보았다. 그러나 이러한 이차원적 조형성은 안무가의 관찰 시점을 전제로 하기 때문에 무용수의 신체를 안무가에 의해 관찰되는 객체로 전락시켰다. 따라서 이차원적 조형성은 무용수들이 춤을 통해 추구하는 이상적 특성이면서도 무용수의 주체성을 상실시키는 결과를 가져왔다고 할 수 있다.

⑤ (가)의 2문단에 따르면, 푀이예는 삼차원 공간에서 수행되는 실제 춤을 내려다보면 그 진로와 궤적이 평면 위의 도형처럼 나타난다고 보았다. 그는 이를 이차원적 조형성이라 하였는데, 이는 (가)의 1문단에서 언급된 바와 같이 '춤의 창작과 기록이 불가분한 관계'라는 인식에 바탕을 둔 것이다. 따라서 푀이예의 이차원적 조형성은 춤의 기록과 창작이 분리되지 않는다는 인식을 전제하여 성립한다고 볼 수 있다.

6. ⑤

*** 정답 해설**

⑤ (나)의 3문단에 따르면, 덩컨은 춤을 고유의 리듬에 따라 인간의 내적 감정을 표현함으로써 자유를 실현하는 예술로 보았으며, 이는 무용수의 자유분방한 움직임을 통해 나타난다고 보았다. 또한, 무용수는 춤을 통해 신체의 정형화된 움직임에서 벗어나 자유를 경험하게 된다고 주장하였다. 한편, (나)의 4문단에 따르면, 커닝엄은 리듬이 무용수의 움직임 자체에서 발생한다고 보고, 특정 동작과 연결될 수 있는 다음 동작이 정해져 있다는 기존의 견해를 부정하면서 모든 동작이 서로 이어질 수 있으며 그러한 연결이 춤에 고유한 리듬을 형성한다고 보았다. 따라서 덩컨과 커닝엄 모두 춤이 특정한 형식에 얽매이지 않고 자유분방한 움직임 속에서 리듬을 표현하는 예술이라는 점에 동의할 것이다.

*** 오답 해설**

① 덩컨 : X, 커닝엄 : X / (나)의 1, 3문단에 따르면, 이차원적 조형성에 따른 춤은 제한된 공간과 한정된 테크닉에 의존하여 무용수의 신체적 움직임을 정형화하는 결과를 낳았고, 이에 대한 반발로 자유로운 신체적 움직임을 추구하는 현대 무용이 등장하였다. 이때 덩컨은 춤을 무용수가 신체를 자유롭게 움직여 자신의 내면을 표현하는 예술로 이해하였다. 따라서 덩컨은 춤이 인간의 내면을 표현하는 예술이라는 점에는 동의할 수 있지만, 역사적 조형성에 기초해야 한다는 점에는 동의하지 않을 것이다. 한편, (나)의 4문단에 따르면, 커닝엄은 춤을 신체적 움직임만으로도 의미를 지닐 수 있다고 보았을 뿐, 인간의 내면을 표현하는 예술이라고 보지는 않았다.

② 덩컨 : O, 커닝엄 : X / (나)의 3문단에 따르면, 덩컨은 춤이 인간의 내적 감정을 표현하는 예술이므로 무용수가 자신의 내면에 집중하고 자신의 감정을 있는 그대로 표현해야 한다고 주장하였다. 따라서 덩컨은 무용수가 자신의 내적 감정을 이해해야 좋은 춤을 출 수 있다고 보았을 것이다. 반면, (나)의 4문단에 따르면, 커닝엄은 신체적 움직임만으로도 춤으로서의 의미를 지닐 수 있다고 보았으므로 선지의 진술에 동의하지 않을 것이다.

③ 덩컨 : X, 커닝엄 : X / (나)의 3문단에 따르면, 덩컨은 춤이 기쁨뿐만 아니라 고통과 슬픔도 표현하는 예술이며, 이는 무용수의 자유분방한 신체적 움직임을 통해 나타난다고 보았다. 따라서 덩컨은 무용수가 관객에게 좋은 감정만을 전달해야 한다고 보지 않을 것이다. 한편, (나)의 4문단에 따르면, 커닝엄은 모든 동작이 서로 이어져 고유한

*3*

리듬을 형성한다고 보았다. 그러나 무용수의 임무가 관객에게 감정을 전달하는 것이라고 보지는 않았으므로 선지의 진술에 동의하지 않을 것이다.

④ 덩컨 : X, 커닝엄 : X / (나)의 2~3문단에 따르면, 덩컨은 춤이 인간의 정서를 표현한다고 보았으며, 이는 무용과 음악을 접목하여 춤이 심장 박동이나 호흡과 같은 신체적 리듬에 근거해야 한다는 달크로즈의 영향을 받은 것이다. 즉, 덩컨은 음악이 아니라 무용수의 신체적 리듬에 따라 춤이 이루어진다고 본 것이다. 한편, (나)의 4문단에 따르면, 커닝엄은 무용수가 음악의 리듬에 맞춰 신체를 움직이기보다는 음악과 별개로 몸을 즉흥적으로 움직임으로써 고유한 리듬을 만들어 내야 한다고 주장하였으므로 선지의 진술에 동의하지 않을 것이다.

7. ⑤

* 정답 해설

⑤ (가)의 1~2문단에 따르면, 푀이예는 춤의 창작과 춤을 기호화하여 기록하는 것이 불가분의 관계라는 인식을 토대로 ㉠(안무 개념)을 기보를 토대로 한 춤의 창작으로 정의하였다. 또한 그는 실제 춤은 삼차원 공간에서 수행되지만 평면 위에 무용수의 신체적 움직임에 따른 기하학적 형상을 그리는 행위를 안무의 주된 원칙으로 삼았으며, 이러한 기하학적 형상이 안무의 전제 조건이자 무용수들의 춤이 추구해야 하는 특성이라고 보았다. 따라서 기호화된 춤이 삼차원 공간에서 재현되는 것은 ㉠에 포괄된다고 할 수 있다. 한편, (나)의 1, 4문단에 따르면, ㉡(현대 무용)은 자유로운 신체적 움직임을 추구하는 것이며, 커닝엄은 춤에 즉흥성을 도입하여 모든 동작이 서로 이어질 수 있다고 주장하였다. 즉, 커닝엄의 주장은 ㉡에 속하는 것이므로, ㉡은 신체를 즉흥적으로 움직임으로써 새로운 동작을 창안하는 것을 포괄한다고 볼 수 있다.

* 오답 해설

① ㉠ X, ㉡ O / (가)의 3문단에 따르면, 푀이예는 춤이 규칙적 형상 또는 불규칙적 형상으로 나타날 수 있으며, 어떠한 경우라도 무용수의 움직임이 만들어 내는 춤은 기하학적 형태의 궤적으로 이루어진다고 보았다. 즉, ㉠은 춤이 반드시 규칙적인 기하학적 형태를 그려 내야 한다고 보지 않았다. 한편, (나)의 3~4문단에 따르면, 덩컨과 커닝엄은 정형화된 움직임에서 벗어난 자유롭고 즉흥적인 움직임을 강조하였다. 즉, ㉡은 춤이 불규칙적인 움직임을 표현하기도 한다고 본 것이다.

② ㉠ O, ㉡ X / (가)의 4문단에 따르면, ㉠은 춤을 위에서 아래로 관조하는 안무가의 시점을 요구한다는 점에서, 안무가를 춤의 주체로 만들고 무용수들의 신체를 안무가에 의해 관찰되는 객체로 만드는 결과를 낳았다고 볼 수 있다. 따라서 ㉠은 무용수들의 움직임을 관망하는 안무가의 역할을 강조한다. 한편, (나)의 1문단에 따르면, ㉡은 무용수들이 신체적 움직임을 정형화하는 춤에서 벗어나 자유로운 신체적 움직임을 추구하는 것을 지향한다. 이때 안무가 자체를 배제하고 무용수들만을 강조한다는 내용은 확인할 수 없다.

③ ㉠ X, ㉡ O / (가)의 2문단에 따르면, 푀이예는 무용수의 신체적 움직임이 이루어지는 공간을 사각형의 평면으로 규정하였다. 즉, ㉠은 무용수들이 움직이는 공간을 입체적으로 규정하지 않았다. 한편, (나)의 1, 4문단에 따르면, ㉡은 제한된 공간에 의존하는 고전적 견해에서 벗어나려 하였으며, 이에 커닝엄은 무대 어디에서든 춤이 이루어질 수 있도록 무대를 구성해야 한다고 주장하였다. 따라서 ㉡은 춤이 수행되는 삼차원 공간을 과거에 비해 더 넓게 활용한 것이다.

④ ㉠ O, ㉡ X / (가)의 1~2문단에 따르면, 푀이예는 ㉠을 기보를 토대로 한 춤의 창작으로 정의하였다. 또한 무용수들에 의해 재현되는 춤의 진로와 궤적이 기하학적 형상으로 나타나며, 무용수들이 이를 추구해야 한다고 보았다. 따라서 ㉠은 무용수들이 무대 위에서 기보에 따라 사전에 결정된 경로에 따라 움직이도록 요구한 것이다. 한편, (나)의 2~4문단에 따르면, ㉡의 개념을 따르는 달크로즈, 덩컨, 커닝엄 모두 무용수가 자유로운 신체적 움직임을 통해 리듬을 표현해야 한다고 보았을 뿐, 안무가가 정한 음악에 따라 춤을 추도록 요구하지는 않았다.

8. ②

* 정답 해설

② (나)의 2문단에 따르면, 달크로즈는 무용과 음악을 접목하여 유리드믹스를 창안했다. 이때 유리드믹스란 신체적 움직임을 통해 리듬을 표현하는 방식인데, 달크로즈는 특히 심장 박동이나 호흡과 같은 신체적 리듬이 가장 규칙적이고 조화로운 리듬이라고 보았다. 한편, 〈보기〉에 따르면, 포사이드는 무용수들이 신체를 비유기적이고 예측 불가능한 방식으로 움직임으로써 음악적 리듬을 표현한다고 하였다. 즉, 달크로즈는 규칙적이고 조화로운 리듬을 추구한 반면, 포사이드는 신체의 비유기적이고 예측 불가능한 움직임을 통한 음악적 리듬을 강조하므로, 달크로즈는 포사이드의 관점을 수용하지 않을 것이다.

* 오답 해설

① (가)의 2~3문단에 따르면, 푀이예는 이차원적 조형성이 안무의 전제 조건이라고 주장하였는데, 이차원적 조형성이란 평면과 선으로 구조화된 무용수들의 춤이 대칭 혹은 균형의 원리에 기초해 기하학적 형태의 궤적으로 조화롭게 나타나는 것을 가리킨다. 한편, 〈보기〉에 따르면, 포사이드는 고전 무용이 추구했던 조화로운 균형미를 해체하고자 하였다. 즉, 푀이예는 춤이 이차원적 조형성에 근거한다고 보았으므로, 조화로운 균형미를 해체하고자 한 포사이드의 작업에 부정적 태도를 보일 것이다.

③ (나)의 3문단에 따르면, 덩컨은 무용수가 춤을 통해 정형
  화된 신체 움직임에서 벗어나 자유를 경험한다고 보았다.
  한편, 〈보기〉에 따르면, 포사이드는 무용수가 신체 부위를
  활용해 어떤 방식으로든 움직임을 형성할 수 있으며, 그러
  한 움직임을 예측 불가능한 방식으로 연결한다고 설명하
  였다. 즉, 덩컨은 무용수가 정형화된 신체의 움직임에서
  탈피하여 자유로워질 수 있다고 보았으므로, 신체의 불규
  칙적인 움직임과 그러한 움직임의 예측 불가능한 연결을
  강조했던 포사이드의 주장에 수긍할 것이다.
④ (나)의 4문단에 따르면, 커닝엄은 특정 동작과 연결될 수
  있는 다음 동작이 정해져 있다는 기존의 견해를 부정하고,
  모든 동작이 서로 이어질 수 있다고 주장하였다. 한편,
  〈보기〉에 따르면, 포사이드는 무용수들의 신체 부위가 어
  떤 방식으로든 움직임을 형성할 수 있으며, 그 움직임들이
  비유기적인 방식으로 연결될 수 있다고 보았다. 즉, 커닝
  엄은 어떠한 동작이든 연결될 수 있다는 점에서 춤을 구
  성하는 동작의 연결에 제한이 없다고 보았으므로, 신체의
  비유기적 움직임으로 춤이 이루어질 수 있다고 보았던 포
  사이드의 견해에 동의할 것이다.
⑤ (나)의 4문단에 따르면, 커닝엄은 춤은 무대의 어디서든
  수행될 수 있기에, 관객 또한 어느 방향에서든 춤을 볼
  수 있도록 무대를 구성해야 한다고 주장하였다. 한편, 〈보
  기〉에 따르면, 포사이드는 무대에 조명 장치나 소품을 배
  치하여 관객의 시선이 춤에 집중되는 것을 의도적으로 방
  해하였다. 즉, 커닝엄은 어느 위치에서든 춤이 보이도록
  무대 공간이 구성되어야 한다고 보았으므로, 춤을 향한 관
  객들의 시선을 의도적으로 방해하려 시도했던 포사이드의
  무대 구성 방식에 비판적일 것이다.

## 9. ③

*** 정답 해설**

③ ⓐ(맞추다)는 신체를 리듬과 어긋나지 않게 움직인다는
  문맥에서 사용되었음을 고려할 때, '서로 어긋남이 없이
  조화를 이루다.'라는 의미이다. 선지의 '맞추다' 또한 색깔
  을 서로 어긋남이 없이 조화를 이루도록 배열하는 의미이
  므로 문맥상 의미가 가장 가깝다.

*** 오답 해설**

① 선지의 '맞추다'는 '다른 사람의 의도나 의향 따위에 맞게
  행동하다.'의 의미이다.
② 선지의 '맞추다'는 '서로 떨어져 있는 부분을 제자리에 맞
  게 대어 붙이다.'의 의미이다.
④ 선지의 '맞추다'는 '둘 이상의 일정한 대상들을 나란히 놓
  고 비교하여 살피다.'의 의미이다.
⑤ 선지의 '맞추다'는 '어떤 기준이나 정도에 어긋나지 아니
  하게 하다.'의 의미이다.

# [비문학–기술]

## 10. ②

*** 정답 해설**

② 3문단을 통해 촬상 소자가 카메라 내부에서 빛 신호를
  전기 신호로 변환하는 장치임을 확인할 수 있지만, 촬상
  소자의 변환 원리에 대한 정보는 제시되지 않았으므로 선
  지의 내용은 적절하지 않다.

*** 오답 해설**

① 1문단에 따르면 인간은 서로 약간 떨어져 있는 두 눈을
  가져 같은 대상이라도 두 눈에 서로 약간 다른 상으로 비
  치는데, 이러한 상의 차이를 시차라 하였다. 그리고 인간
  의 뇌는 이러한 시차를 통해 대상에 대한 입체감을 얻는
  다고 하였으므로 선지의 내용은 적절하다.
③ 1문단에서 인간이 두 눈의 시차로 입체감을 얻는 것과
  카메라 두 대의 시차를 통해 거리 정보를 얻는 스테레오
  비전은 유사하다는 내용을 확인할 수 있다. 이를 통해 카
  메라 한 대가 아니라, 두 대가 있어야 이미지 간의 시차
  를 토대로 한 거리감을 얻을 수 있음을 알 수 있다.
④ 4문단에서 촬영 이후 두 이미지의 시차를 통해 얻은 거
  리 정보가 불만족스럽다면 두 카메라의 사이를 이전보다
  더 넓힌 후, 즉 거리차를 더 키운 후 재촬영한 이미지로
  시차 및 거리 정보를 계산하는 것이 좋다는 내용을 확인
  할 수 있다.
⑤ 1~2문단에서 스테레오 비전이 카메라로 얻은 두 이미지
  에서 시차 정보를 얻는다고 하였으며, 3문단에서 시차·
  거리차·초점 거리를 통해 거리 정보를 계산하는 원리를
  설명하고 있으므로 선지의 내용은 적절하다.

## 11. ③

*** 정답 해설**

③ 2문단의 〈그림〉의 예에 대한 설명을 보면, 카메라1과 카
  메라2의 높이가 같아 $y_1$과 $y_2$의 값이 같게 나타난다고 하
  더라도, $x_1$과 $x_2$의 값은 두 카메라가 대상을 바라보는 각
  도에 따라 달라지는데, 여기서 $x_1$과 $x_2$의 차이가 바로 시
  차이다. 즉 두 카메라의 높이가 같게 설치되더라도 시차가
  있으므로 선지의 내용은 적절하다.

*** 오답 해설**

① 1문단에서 인간이 두 눈의 시차로 입체감을 얻는 것과
  카메라 두 대의 시차를 통해 거리 정보를 얻는 스테레오
  비전은 유사하다고 제시되어 있다. 따라서 시차는 한 눈이
  아니라, 두 눈을 이용해서 얻을 수 있는 정보이므로 선지
  의 내용은 적절하지 않다.
② 3문단에 따르면 거리차는 촬영 전에 카메라를 설치함으
  로써 미리 정해지는 값이고, 초점 거리는 카메라의 구조와
  설정에 따라 미리 정해지는 값이므로, 결국 스테레오 비전

으로 얻는 거리 정보에 가장 큰 영향을 미치는 것은 시차
이다. 즉, 시차는 카메라의 설치 및 설정에 따라 미리 정
해지는 값이 아니므로 선지의 내용은 적절하지 않다.
④ 1문단에 따르면 인간은 서로 약간 떨어져 있는 두 눈이
있기에 같은 대상이라도 두 눈에 서로 약간 다른 상으로
비치는데, 이러한 상의 차이를 시차라 한다. 따라서 시차
가 인간의 두 눈에 맺히는 상이 같아지는 원리에 의해 나
타난다는 선지의 내용은 적절하지 않다.
⑤ 3문단에 따르면 스테레오 비전의 정확성은 시차가 작아
지는 정도가 아니라, 시차가 얼마나 잘 계산되는지를 토대
로 평가할 수 있다. 또한 4문단에서 시차가 크게 나타날 수
록 그 값을 토대로 대상의 거리 정보를 더 정밀하게 계
산할 수 있다고 하였으므로, 시차가 작아질수록 거리 계산
이 어려워짐을 알 수 있다. 따라서 선지의 내용은 적절하
지 않다.

**12. ⑤**
*** 정답 해설**
⑤ 2~4문단에 따르면, 스테레오 비전에서 같은 대상을 서로
떨어져 있는 카메라로 촬영하였을 때 얻은 두 이미지 사
이에서 같은 대상에 대하여 나타나는 공간적 좌푯값의 차
이가 시차이고, 그러한 시차를 활용함으로써 촬영자와 대
상 사이의 실제 직선거리를 계산할 수 있다. 따라서 ⓐ에
서 말하는 것과 달리 같은 대상이 두 이미지에 공통으로
나타나지 않는다면, '같은 대상이 두 이미지에서 갖고 있
는 차이'라는 개념인 시차를 얻을 수 없고, 그에 따라 시
차를 토대로 대상의 거리 정보를 계산하는 스테레오 비전
의 작동이 불가능해질 것임을 알 수 있다.

*** 오답 해설**
① 4문단에서 두 카메라 사이의 거리차가 커지면 시차가 커
진다는 내용은 확인할 수 있지만, 시차는 실제 직선거리에
따라 변화하는 값이지, 미리 결정되는 값이 아니므로 선지
의 내용은 적절하지 않다.
② 3~4문단에서 두 이미지에 공통으로 나타나는 대상 간의
차이가 스테레오 비전으로 얻는 시차임을 알 수 있으므로,
공통으로 나타나는 대상이 없을 때 시차가 커진다는 선지
의 내용은 적절하지 않다.
③ 3~4문단에서 두 이미지에 공통으로 나타나는 대상 간의
차이가 스테레오 비전으로 얻는 시차이고, 이 값을 토대로
촬영자와 대상의 실제 직선거리라는 거리 정보를 계산함
을 알 수 있다. 따라서 시차가 없어야 거리 정보를 계산
할 수 있다는 선지의 내용은 적절하지 않다.
④ 4문단에 따르면 거리차가 커질수록 두 카메라가 더 멀어
짐에 따라, 두 카메라로 얻는 이미지에 공통으로 나타나는
영역은 점점 줄어들므로 선지의 내용은 적절하지 않다.

**13. ④**
*** 정답 해설**
④ 2~3문단과 〈보기〉의 내용을 참고할 때, $r$은 촬영자와 대
상 사이의 실제 직선거리, $b$는 거리차, $f$는 초점 거리, $d_l$
과 $d_r$ 간의 차이가 시차임을 확인할 수 있다. 4문단에 따
르면 시차($d_l$과 $d_r$ 간의 차이)가 크게 나타날수록 그 값을
토대로 $r$과 같은 '대상의 거리 정보'를 더 정밀하게 계산
할 수 있으므로 선지의 내용은 적절하지 않다.

*** 오답 해설**
① 4문단에 따르면, 다른 조건이 일정하더라도 촬영자와 대
상의 실제 직선거리($r$)가 가까울수록 시차($d_l$과 $d_r$ 간의
차이)는 커지므로 선지의 내용은 적절하다.
② 4문단에 따르면, 다른 조건이 일정하더라도 두 카메라의
거리차($b$)가 커지면 시차($d_l$과 $d_r$ 간의 차이)는 커지므로
선지의 내용은 적절하다.
③ 3문단에 따르면, 촬영자와 A 사이의 실제 직선거리($r$)는
거리차($b$)와 초점 거리($f$)를 곱한 값을 시차($d_l$과 $d_r$ 간의
차이)로 나눈 값과 같기 때문에, 시차·거리차·초점 거리
라는 세 가지 요소를 통해 두 카메라 사이에 A를 똑바로
마주한 채 서 있는 촬영자와 A 사이의 실제 직선거리를
계산할 수 있다고 하였으므로 선지의 진술은 적절하다.
⑤ 4문단에 따르면, 거리차($b$)가 커질수록 한 번에 거리 정
보를 계산할 수 있는 영역은 더 좁아진다고 하였으므로
선지의 내용은 적절하다.


# [비문학－사회]


**14. ④**
*** 정답 해설**
④ 4문단에 따르면, 강행 규정을 위반한 법률 행위의 법적
효력이 무효 처리되는 것은 효력 규정에 해당한다. 그러나
2문단에 따르면, 일부 강행 규정은 한쪽 당사자에게만 적
용되므로, 임대차 계약에 대해 임대차 보호법을 근거로 계
약 무효를 주장할 수 있는 것은 임차인뿐이다. 즉, 임대인
이 이를 주장하는 것은 법률의 취지에 부합한다고 보기
어려우므로 선지의 내용은 적절하지 않다.

*** 오답 해설**
① 3문단에 따르면, 강행 규정은 선량한 풍속 및 기타 사회
질서와 관계있는 규정으로, 이를 위반한 법률 행위는 원칙
적으로 무효이다. 한편 5문단에서는 위반 행위를 무효로
하는 것이 법률 규정의 취지에 부합한다면 강행 규정을
효력 규정으로 해석하지만, 위반 행위를 무효로 하는 것이
사회의 거래 질서를 흔드는 것처럼 강행 규정의 본래 취
지와 어긋나는 사회적 영향을 미친다고 판단되면 단속 규

정으로 해석한다고 하였다. 이를 고려할 때, 규정을 위반한 법률 행위를 원칙적으로 무효화하는 강행 규정의 본질에, 효력 규정이 단속 규정보다 더 가깝다고 할 수 있다.

② 1문단에 따르면, 당사자의 의사에 따라 법률 적용을 배제하는 것이 허용되는 임의 규정은 사적 자치의 원칙을 따르는데, 사적 자치의 원칙을 설명하는 민법 105조에 따르면 당사자의 의사에 따라 배제되는 법령은 선량한 풍속 및 기타 사회 질서와 무관해야 한다. 이는 법률 적용에 대한 당사자의 배제 의사가 선량한 풍속 및 기타 사회 질서를 지키는 것보다 우선시되기 어려움을 말하므로 선지의 내용은 적절하다.

③ 1~2문단에 따르면, 사적 자치의 원칙을 따르며 당사자의 의사에 따라 법률 적용을 배제하는 것이 허용되는 임의 규정과 달리, 강행 규정은 사회적 형평을 위해 당사자의 의사에 의해 법률 적용을 배제하는 것을 허용하지 않는다. 또한, 4문단에 따르면, 강행 규정을 위반한 법률 행위는 반사회성의 정도를 고려하여 무효 처리되기도 하지만, 행정적인 제재만 가해지고 법적 효력을 인정받기도 한다. 이를 종합할 때, 강행 규정이 임의 규정과 달리 개인 간 법률관계에 국가의 간섭을 허용한다고 볼 수는 있으나, 규정 위반 행위의 효력을 모두 무효로 처리하지는 않으므로 해당 선지의 내용은 적절하다.

⑤ 4~5문단에 따르면, 개별 강행 규정이 효력 규정인지 단속 규정인지 규별하기 위해 반사회성의 정도를 고려하며, 사회적 영향 등 규정 위반 행위의 구체적인 상황을 고려하여 법원이 해당 법률 규정의 취지에 따라 법규를 해석하여 적용한다고 하였으므로 선지의 내용은 적절하다.

## 15. ③
*** 정답 해설**

A. ㉮는 법조문이 임의 규정인지 강행 규정인지는 명시되어 있지 않으므로, 규정에 대한 해석이 필요하다는 내용이다. 3문단에 따르면, 일반적으로 법률 규정의 표현이 '~할 수 있다.'라고 표기된 것은 임의 규정으로, '~해야 한다.'라고 표기된 것은 강행 규정으로 본다. 제시된 자료의 '농수산물 유통 및 가격 안정에 관한 법률'에서 '도매 시장 법인은 농수산물을 경매 또는 입찰의 방법으로 매매해야 한다'고 규정하고 있으므로, 법조문 표현의 일반적인 특징을 고려할 때 해당 규정은 강행 규정으로 해석할 수 있다. 따라서 A에는 '**강행 규정**'이 들어가는 것이 적절하다.

B. 4문단에 따르면, 강행 규정을 위반했을 때 위반 행위가 무효 처리된다면 그 규정은 효력 규정이라 하고, 위반 행위에 행정적인 제재만 가하고 그 법적 효력을 인정할 경우 그 규정은 단속 규정이라 한다. 제시된 자료에서 우리나라 법원은 도매 시장 법인이 경매 또는 입찰을 거치지 않고 개별 거래를 했더라도, 거래 자체가 법적으로 무효는 아니라고 판단하였다. 이를 통해 해당 규정이 단속 규정임을 알 수 있다. 따라서 B에는 '**단속 규정**'이 들어가는 것이 적절하다.

C. 5문단에 따르면 효력 규정과 단속 규정은 규정 위반 행위의 구체적인 상황을 고려하여 해당 법률 규정의 취지에 따라 법규를 해석하여 적용함을 알 수 있다. 즉, 제시된 자료의 법원은 강행 규정의 법률상 원칙에 따라 위반 행위를 무효화하는 것보다는, 강행 규정의 취지 및 목적에 따라 농수산물 거래의 사회적 질서를 지키는 것을 중시한 것으로 이해할 수 있다. 따라서 C에는 '**법률을 규정한 취지**'가 들어가는 것이 적절하다. 만약 C에 '법률의 원칙적 적용'이 들어간다면, 강행 규정을 위반한 행위는 무효 처리되어야 하는데, 제시된 자료에서는 거래 자체가 법적으로 무효는 아니라고 판단하고 있으므로 적절하지 않다.

## 16. ⑤
*** 정답 해설**

⑤ 선지의 조건을 보면서 '특약'을 우선시했는지, '법'을 우선시했는지 판단해야 한다. 선지에서는 법원이 계약 금액 재조정은 공공사업을 지연하여 국가계약법 제19조의 취지를 해친다고 본다는 조건을 제시하였는데, 만약 특약을 무효화하면 갑과 을의 계약 금액을 재조정해야 할 것이다. 5문단에 따르면, 위반 행위를 무효로 했을 때 강행 규정의 본래 취지와 어긋나는 사회적 영향을 미친다고 판단되면, 행정적 제재를 가하면서도 그 법적 효력은 유지한다. 즉, 특약(강행 규정을 위반한 행위)을 무효로 했을 때 국가계약법 제19조(규정)의 본래 취지에 어긋난다면, 갑에게 행정적 제재만 가하고 특약의 법적 효력은 유지할 가능성이 크다고 볼 수 있다.

*** 오답 해설**

① 〈보기〉의 계약에서 갑이 제시한 특약의 효력을 인정하는 것은 국가계약법 제19조를 계약 당사자의 의사에 따라 배제하는 것으로 볼 수 있다. 1문단에 따르면, 당사자의 의사에 의해 배제되는 법령은 선량한 풍속 및 기타 사회 질서와 무관한 임의 규정이다. 이때 갑이 승소하고 을이 패소하였다는 선지의 내용처럼, 법원이 국가계약법 제19조를 배제하는 특약의 효력을 인정하는 것은 국가계약법 제19조를 법원이 선량한 풍속 및 기타 사회 질서와 무관하다고 본 것으로 이해할 수 있다.

② 1문단에 따르면, 당사자의 의사에 따라 법률 적용을 배제하는 것이 허용되는 임의 규정은 사적 자치의 원칙을 따른다. 이때 사적 자치의 원칙은 계약과 같은 법률관계가 국가의 간섭 없이 개인들의 자유로운 의사에 따라 이루어지고, 그 결과에 대한 책임도 개인이 스스로 지도록 규율하는 것이 이상적이라고 보는 민법의 원칙이다. 이러한 관점에 따른다면, 을은 자신의 의사로 갑과 특약을 포함한 계약을 맺었으므로, 수입품 가격 급등으로 인한 결과는 국가계약법 제19조에 따라 갑이 책임지고 계약 금액을 재조정하는 것이 아니라 을이 책임지도록 해야 한다.

③ 2문단에 따르면, 강행 규정은 당사자의 의사에 의해 법률 적용을 배제하는 것이 허용되지 않는데, 이는 사회적 형평

을 위한 것으로 이해할 수 있다고 하였다. 사적 자치의 원칙이 보장하는 자유를 제한 없이 허용하면, 사회적·경제적 약자들이 불리한 계약을 체결하게 되기가 쉽기 때문이다. 이러한 내용을 고려할 때, 선지의 진술처럼 법원이 공공기관인 갑에 비해 개인 사업자인 을은 상대적 약자라고 보아 을을 보호하는 것을 중시한다면, 국가계약법 제19조를 강행 규정으로 보고 국가계약법 제19조를 배제하려는 의사를 담은 특약을 그러한 강행 규정을 위반한 법률 행위로 해석할 가능성이 크다. 그런데 선지의 진술처럼 특약의 효력은 인정하되 갑에게 행정상 제재만 가하는 것은, 4문단의 내용을 고려할 때 국가계약법 제19조를 효력 규정이 아닌 단속 규정으로 여기는 것이다. 이러한 해석을 따르면 갑이 법규를 위반했음에도 을에게 불리한 특약의 효력은 그대로 인정하는 셈이므로, 수입품 가격이 급등하였음에도 특약에 따라 계약 금액을 재조정할 수 없다는 을에게 불리한 결과가 여전히 도출된다. 따라서 이는 을을 보호하는 것을 중시하는 관점을 따른 것으로 보기 어렵다.
④ 〈보기〉는 특약이라는 계약 당사자의 의사와 국가계약법 제19조의 법 규정이 충돌하는 상황이다. 이때 선지의 내용처럼 법원이 법을 규정대로 엄격하게 적용하는 것을 중시한다면, 특약의 효력을 계약대로 유지하는 것이 아니라 법 규정에 따라 특약의 효력을 무효 처리해야 한다.

## 17. ②
* 정답 해설
② ⓑ '쉽다'는 약자가 불리한 계약을 체결하게 되기가 쉽다는 문맥을 고려할 때, '가능성이 많다.'의 의미로 쓰였다. 한편 선지의 '쉽다'는 전문 용어가 많이 쓰인 책의 내용이 어렵다는 문맥을 고려할 때, '하기가 까다롭거나 힘들지 않다.'의 의미로 사용되었다. 따라서 선지의 '쉽다'는 ⓑ와 가까운 의미로 사용되었다고 볼 수 없다.

* 오답 해설
① ⓐ와 선지의 '지다'는 문맥상 모두 '책임이나 의무를 맡다.'의 의미로 쓰였다.
③ ⓒ와 선지의 '보다'는 문맥상 모두 '대상을 평가하다.'의 의미로 쓰였다.
④ ⓓ와 선지의 '흔들다'는 문맥상 모두 '조용하던 곳이나 물체에 커다란 움직임이나 큰 충격이 일게 하다.'의 의미로 쓰였다.
⑤ ⓔ와 선지의 '미치다'는 문맥상 모두 '영향이나 작용 따위가 대상에 가하여지다. 또는 그것을 가하다.'의 의미로 쓰였다.

[문학 – 현대시]

## 18. ④
* 정답 해설
④ (가)의 '미워져', '가엾어집니다', '미워져', '그리워집니다'에서 '사나이'에 대한 심리 변화를 확인할 수 있으나, 시간의 흐름은 나타나지 않는다. (가)에서는 특정한 행위의 반복을 통해 대상에 대한 심리 변화를 부각하고 있다. 한편, (나)에서는 시간의 흐름을 통하여 화자의 심리 변화를 부각하고 있지 않다.

* 오답 해설
① (가)는 2연과 6연에서 유사한 문장을 변주하고 있으며, (나)는 1연과 5연에서 유사한 문장을 변주하고 있다.
② (가)는 의인화한 청자를 설정하고 있지 않으며, 화자의 독백으로 시상을 전개하고 있다. 한편, (나)의 화자는 '활자'를 의인화한 '벗'에게 말을 건네고 있다.
③ (가)에는 의문형 표현이 사용되지 않았다. 한편, (나)는 '나의 영은 죽어 있는 것이 아니냐'에서 의문형 표현을 사용하여 자유를 말하는 '활자'와 달리 영이 죽어 있는 자신의 상태에 대한 화자의 자조적 태도를 나타내고 있다.
⑤ (가)의 화자는 우물 속을 들여다보다가 돌아서고, 다시 가서 우물 속을 들여다보는 특정한 행동을 반복하고 있다. 이는 화자의 내적 갈등을 나타낸다. 한편, (나)의 화자는 특정한 행동을 반복하고 있지 않다. 참고로, '마음에 들지 않아라'는 특정한 행동이 아니라 상황에 대한 화자의 심정을 드러내는 표현이다.

## 19. ①
* 정답 해설
① (가)의 ㉠에서는 '외딴'이라는 표현을 통해 고립된 공간이라는 '우물'의 속성을 제시하고 있으며, 이러한 고립된 공간의 속성은 외부 현실과의 거리를 둔 고요한 내면 상태를 부각하고 있다. 이때 화자는 다른 공간이나 외부의 대상을 지향하지 않고 있으므로, 화자가 고독감을 느낀다고 볼 수는 없다.

* 오답 해설
② (가)의 ㉡은 평화롭고 아름다운 우물 속 자연 풍경의 모습을 드러낸 부분이므로 선지의 내용은 적절하다.
③ (가)의 ㉢ 이전에 화자는 '사나이'가 '미워'졌다고 하였으나, ㉢에서는 그를 '가엾'게 여긴다. 따라서 ㉢는 화자의 태도가 전환되는 부분으로, 화자가 '사나이'라는 대상을 향해 가여움과 미움의 양가적 감정을 지니고 있음을 알 수 있다.
④ (나)의 ㉣은 '활자'가 '반짝'거린다는 시각적 심상을 활용하여, '영'이 '죽어 있는' 화자와 대조되는 '활자'의 속성을 부각하고 있다.

*8*

⑤ (나)의 ⓜ에서 '않아라'는 부정 표현으로, 현실에 안주하는 상태를 나타내는 '고요함'을 마음에 들지 않아 하는 화자의 심정을 드러낸다. 이를 통해 현실을 대하는 화자의 부정적 인식을 알 수 있으므로 선지의 내용은 적절하다.

## 20. ⑤
**＊ 정답 해설**
⑤ 〈보기〉를 고려할 때, (가)의 '사나이'가 '다시 미워져 돌아'가는 것은 〈보기〉에 따르면 자신의 무의식과 대면한 주체가 이 과정에서 발견한 내면적 자아를 회피하거나 부정하는 것으로 해석할 수 있다. 화자는 자신의 내면적 자아인 '사나이'를 회피하고 부정하는 것이지, 자신에게 심리적 문제가 있음을 부정하는 것은 아니므로 선지의 내용은 적절하지 않다.

**＊ 오답 해설**
① 〈보기〉에 따르면, (가)는 주체가 자신의 무의식과 직면하는 과정을 그린 작품이다. 이때 무의식은 과거로부터 형성되고, 화자는 '우물'을 보는 것을 통해 자신의 무의식과 대면하므로 선지의 내용은 적절하다.
② 〈보기〉에 따르면, (가)에서 내적 갈등을 겪는 개인은 자기 성찰을 통해 과거에 형성되었던 무의식을 들여다보고, 그 과정에서 내면적 자아를 발견한다. '우물'은 자기 성찰의 매개체, 그 속의 '사나이'는 현실에 의해 억압되었던 자아의 일부이므로 선지의 내용은 적절하다.
③ (가)에서 화자는 결국 '사나이'를 그리워하며 '추억'으로 여기게 된다. 〈보기〉에 따르면, 이는 과거에 억압되었던 자아의 일부분을 개인이 성찰의 과정을 통해 다시 자신의 일부로 수용하는 모습으로 해석할 수 있으므로 선지의 내용은 적절하다.
④ (가)에서 화자는 '사나이'에 대한 미움을 느끼면서도 다시 '우물'을 들여다보는 행위를 한다. 〈보기〉에 따르면, 이러한 화자의 행동은 자기 내면의 무의식을 거부하면서도 다시 직면하여 심리적 문제를 해결하려는 의지로 해석할 수 있으므로 선지의 내용은 적절하다.

# [문학─복합]

## 21. ②
**＊ 정답 해설**
② (나)는 〈제10수〉의 '아이야'에서 명시적 청자 '아이'에게 말을 건네는 방식으로 화자가 느끼는 흥취를, 〈제12수〉의 '저 백운아'에서 청자 '백운'에게 말을 건네는 방식으로 화자의 초조한 심정을 드러내고 있다.

**＊ 오답 해설**
① (가)에서는 '달빛에 시 읊고 돌아오'는 화자의 모습 등을 통해 공간의 낭만적 분위기가 환기되고 있으나, 색채어를 활용하고 있지 않다.
③ (다)는 '온후하고 호탕한 풍치는 난만한 춘광을 불러일으켰다.~씻은 듯했다.'에서 묘사의 방식을 활용하고 있으나, 이를 통해 대상을 희화화하고 있지는 않다.
④ (나)에서는 '백운아'와 같이 의인화가 쓰이고 있으나, 이를 통해 냉소적 태도를 드러내고 있지는 않다. 한편, (다)에서는 대상을 의인화하고 있지 않다. 참고로, 냉소적 어조는 어떤 대상에 대하여 쌀쌀한 태도로 업신여기며 비웃는 어조를 뜻한다.
⑤ (나)의 〈제6수〉에서 '부러울 줄이 있으랴'라는 물음의 형식은, 부귀와 같은 세속적 가치와 대비되는 자연의 삶을 긍정적으로 인식하는 태도를 보여 준다. 한편, (다)에서는 "내가 왜 남의 마름을 보느냐?"라는 물음의 형식을 통해 소박한 현실에 만족하는 긍정적 인식을 드러내고 있다고 볼 수 있다. 반면, (가)에서는 물음의 형식이 활용되지 않았다.

## 22. ②
**＊ 정답 해설**
② (나)의 〈제6수〉에서 '남들'은 '뜬구름 같은 부귀'를 좇는 세속 사람들을 가리킨다. 반면 〈제12수〉의 '벗'은 세속의 삶을 떠난 화자가 머물고 있는 산중을 찾아오는 존재로, 세속 사람들과는 구별되는 인물이다. 화자는 세속적 부귀보다는 자연 속에서 얻는 소박한 즐거움과 평온함을 가치 있게 여기므로, 〈제6수〉의 '남들'을 화자와 가치관을 공유하는 대상으로 볼 수 없다. 따라서 〈제6수〉의 '남들'과 〈제12수〉의 '벗'이 동일시된다는 선지의 내용은 적절하지 않다.

**＊ 오답 해설**
① (나)의 〈제6수〉에서 '바구니 밥'은 화자가 자연에서 누리는 소박한 생활을 보여 주며, 세속적 가치를 드러내는 '뜬구름 같은 부귀'와 대비된다. 이에 대해 화자는 '부러울 줄이 있으랴'며 세속적 가치보다 자연 속에서 얻는 가치를 지향하고 있음을 드러내고 있으므로, '바구니 밥'은 화자가 지향하는 삶의 태도를 표상한다고 볼 수 있다.
③ (나)의 〈제9수〉에서 화자는 '생애는 백발 몇 가닥'이라며 나이가 들었음을 밝히고 있으므로, 화자가 노화라는 현상을 겪고 있음을 알 수 있다. 한편, 〈제20수〉에서 화자는 '죽고 살고 주리고 추움'을 '하늘께 부쳐 두'기로 마음먹는데, 이는 노화를 수용하는 태도로 이해할 수 있다.
④ (나)의 〈제12수〉에서 '무심한 백운'은 '동문'을 덮어 화자의 '벗'이 오는 길을 막는 존재로, '쓸수록 다시 난다'는 것을 통해 화자가 직접 통제할 수 없는 대상임을 알 수 있다. 한편, 〈제20수〉에서 화자는 자신이 '값없이 두는 것'이 '명월청풍'뿐이라고 밝히는데, 이때 '값없'다는 것은 대가를

치르지 않아도 됨을 뜻하므로 선지의 내용은 적절하다.
⑤ (나)의 〈제10수〉에서 화자는 '술'을 통해 '낙이망우'할 것
이라고 다짐하는데, 이는 〈제14수〉에서 스스로를 '무릉인'
이라 지칭하는 모습으로 이어진다. 이때 '무릉인'은 이상향
에 이른 존재를 뜻하며, 화자가 세속에서 비롯된 여러 근
심에서 벗어나 자연과 조화된 삶 속에서 스스로를 이상향
에 이른 존재로 자부하게 되었음을 보여 주므로 선지의
내용은 적절하다.

## 23. ④
* **정답 해설**
④ 〈보기〉에 따르면, (나)의 작가는 자연을 세속적 가치에서
벗어난 공간으로 여겼으며, 이에 따라 (나)에는 화자의 내
면을 자연에 투영하여 이상적 공간으로 형상화하는 경향
이 드러난다. (나)의 〈제10수〉에서는 자연물인 '소나무 국
화 원숭이 학'이 화자를 반기는 것과 같이 형상화되고 있
는데, 이는 화자가 자연에 느끼는 반가움과 친근감을 투영
한 것으로 볼 수 있다. 그러나 화자는 '늙어 해 올 일이
없어 산중에 돌아'온 상황에서 기쁨을 느끼고 있으므로,
이를 탈속이 유예되는 상황으로 보거나 화자의 극복 의지
를 내포한다고 볼 수 없다.

* **오답 해설**
① 〈보기〉에 따르면, (가)의 작가는 자연을 인간이 따라야
할 질서이자 조화로운 섭리로 인식하였으며, 이에 따라
(가)에는 있는 그대로의 자연에 조응하여 촉발되는 화자의
내면이 드러나는 경향이 드러난다. (가)의 1~2행에서 화자
는 '봄비'가 내린 후 '고사리'가 돋아나는 정경을 표현하고
있다. 이는 화자의 주관적 감정이 투영되지 않은, 있는 그
대로의 자연의 모습이면서도, 계절의 순환 원리에 따른 자
연 현상 그 자체의 조화로운 변화를 보여 준다고 할 수
있다.
② (가)의 7~8행에서 화자는 '귓가에 나'는 '바람'을 느끼면
서 '세상일을 잊어버리'고 있다. 〈보기〉를 고려할 때, 이때
'바람'은 화자의 주관이 개입되지 않은, 있는 그대로의 자
연으로 볼 수 있다. 따라서 화자가 '세상일을 잊어버'린 것
은 이러한 객관적인 자연의 자극에 의해 자연스럽게 촉발
된 심리적 작용이며, 이로 인해 내면의 평온과 여유가 촉
발된다고 볼 수 있다.
③ (나)의 〈제9수〉에서 화자는 '눈 달 바람 꽃'을 보고 '사시
가흥(사계절의 아름다운 흥취)'을 느낀다. 〈보기〉를 고려할
때, 이때 '눈 달 바람 꽃'은 부귀나 명예 같은 세속적 가치
와 거리가 먼 자연물로, 화자가 '사시가흥'을 두루 느끼게
하는 근거로 작용한다고 볼 수 있다.
⑤ (나)의 〈제14수〉에서 화자는 '골짜기'의 풍경을 보며 마치
'무릉도원'과 같다고 표현하였다. 〈보기〉를 고려할 때, 이
는 화자가 눈앞에 마주한 자연 경치를 내면의 이상향인
'무릉도원'과 일치하는 공간으로 그려 낸 것으로 볼 수 있
다.

## 24. ②
* **정답 해설**
② (가)의 화자는 봄이 되어 꽃을 보러 나들이를 나선 후 밤
까지 ㉠(시)을 읊고 집으로 돌아온 상황이므로, ㉠은 화자
가 만족감을 느끼는 상황에서 비롯된다고 할 수 있다. 한
편, (다)의 청년은 일본인의 밑에서 일을 해야 하는 상황
에서, 그들을 비판한 ㉡(영웅담)을 늘어놓는다. 목중노인은
이를 보고 청년이 겉으로는 애국자라고 하지만, 사실은
'가봉'과 '일본 사람 자리'가 부러워서 울화가 치민 것이라
고 해석한다. 따라서 ㉡은 일본 사람들에 대한 열등감에서
비롯된 것으로 볼 수 있다.

* **오답 해설**
① ㉠ X, ㉡ X / (가)의 화자는 꽃을 찾으러 나섰다가 밤이
되자 ㉠을 읊고 귀가한다. 이때 ㉠은 귀갓길에 화자가 즐
기는 대상일 뿐, 화자가 여정을 중단하는 이유가 아니다.
한편, (다)의 청년은 일본인 아래서 '월급 생활'을 하지만
'입버릇처럼' ㉡을 늘어놓으며 일본인을 향한 적대감을 드
러낸다. 이때 ㉡과 관련하여 그가 복종을 거부하고 있지는
않으므로, ㉡이 인물이 복종을 거부하는 원인으로 작용한
다고 볼 수 없다.
③ ㉠ X, ㉡ X / (가)의 화자는 봄이 되어 꽃을 보러 나들
이를 나선 후 밤까지 ㉠을 읊고 집으로 돌아와 만족감을
느끼는 상황이므로, ㉠이 목적을 이루지 못한 허탈함을 반
영한다고 볼 수 없다. 한편, (다)의 청년은 일본인에 대한
불만을 담아 ㉡을 주변 사람들에게 늘어놓고 있다. 이는
청년이 개인적으로 느끼는 울화와 관련한 것이지, 글쓴이
와 청년이 함께 느끼는 분노를 나타내는 것은 아니다. 따
라서 ㉡이 글쓴이와 청년이 공유하는 분노를 반영한다고
볼 수 없다.
④ ㉠ X, ㉡ X / (가)의 화자는 봄이 되어 꽃 피는 모습을
즐기며 밤까지 ㉠을 읊는 즐거움에 집중하였으므로 ㉠이
화자로 하여금 시간의 흐름을 자각하도록 하는 단서라고
볼 수 없다. 한편, (다)의 청년은 이미 조선인과 일본인 간
의 불평등을 인식하고 그에 대한 불만을 ㉡의 방식으로
토로하고 있다. 따라서 ㉡은 청년이 불평등한 현실을 깨닫
는 계기라고 볼 수 없다.
⑤ ㉠ X, ㉡ O / (가)의 화자가 꽃을 보러 다니며 흥취를
즐기고 있다는 점에서, ㉠은 화자의 근심과는 무관하다.
따라서 ㉠은 화자가 근심을 해소하고자 선택한 수단으로
볼 수 없다. 한편, (다)의 청년은 주변에 ㉡을 늘어놓으며
스스로 '애국자'라는 긍정적인 인상을 심어 두고 있다. 따
라서 ㉡은 청년이 타인에게 긍정적 인상을 주고자 선택한
수단으로 볼 수 있다.

## 25. ⑤
* **정답 해설**
⑤ (다)의 ⓔ는 '청년'과 같은 자를 경계하는 '목중노인'의 반
응이다. '목중노인'은 '청년'에 대해, 겉으로는 '왜놈'을 미

위하는 반응을 보이며 ‘애국자’라는 평판을 얻고 있지만, 사실은 ‘일본 사람 자리’를 부러워하며 권력을 휘두르기를 바란다고 이야기했다. 이때 목중노인은 ‘애국자’처럼 보이는 청년의 반응과 진의, 즉 겉모습과 속마음이 반대되는 상황을 문제시하며, ‘젊은 사람들’이 이러한 상황을 올바르게 파악해야 함을 촉구하고 있으므로 선지의 내용은 적절하다.

**＊ 오답 해설**
① (나)의 ⓐ는 화자가 ‘바구니 밥’과 ‘표주박 물’ 같은 소박한 생활에서 즐거움을 찾는 모습이다. 전체적인 시적 상황을 고려할 때, 이러한 소박한 삶은 화자에게 있어 특별한 것이 아니라 일상이므로 이에 대해 화자가 일상에서 벗어나는 경험을 좇는다거나, 삶의 활력을 회복하기를 소망한다고 볼 수는 없다. 따라서 선지의 내용은 적절하지 않다.
② (나)의 〈제12수〉에서 화자는 ‘벗’이 찾아온다는 소식을 듣고 직접 길을 쓸어 맞이하려 한다. 그러나 자꾸 ‘백운’이 일어 길을 가로막자, ⓑ에서 ‘백운’에게 동문을 덮지 말라고 명령하며 벗이 무사히 오기를 바라고 있다. 즉, ⓑ에서 화자가 우려하는 것은 자신이 목적지에 이르지 못하는 것이 아니라, ‘벗’이 목적지에 이르지 못하는 것이므로 선지의 내용은 적절하지 않다.
③ (다)에서 ‘목중노인’은 ‘재경 지주’에게서 마름(지주를 대리하여 소작권을 관리하는 사람) 자리를 제안받지만 ⓒ와 같이 말하며 거절한다. 그 이유는 먹을 것이 충분하기에 굳이 마름 자리를 맡을 필요가 없다고 느꼈고, 남의 땅을 가지고 호강하는 것이 부끄럽다고 생각했기 때문이다. 즉 ⓒ에서 ‘목중노인’은 타인의 도움으로는 가난에서 벗어날 수 없다는 현실 인식을 드러낸 것이 아니라, 자신의 가치관에 따라 마름 자리를 거절한 것이므로 선지의 내용은 적절하지 않다.
④ (다)에서 ‘목중노인’은 ‘괴롭다거나 생활이 어렵다고 걱정하는 말’을 듣고 ⓓ와 같이 타이른다. 여기서 그는 가난한 것을 싫어하는 태도가 ‘도둑질할 생각’으로 이어질 수밖에 없음을 경계하며, 가난을 미워하지 말고 있는 그대로 받아들여야 한다고 강조했을 뿐, 운명을 절대적으로 여기며 이에 순응하는 태도를 경계하지는 않았으므로 선지의 내용은 적절하지 않다.

**26. ⑤**
**＊ 정답 해설**
⑤ 〈보기〉에 따르면, (다)의 글쓴이는 첫머리에 두보의 시를 인용하여 어려운 상황에서도 자신만의 방식으로 살아가며 공동체를 지키는 ‘목중노인’의 태도를 긍정하고 있다. 그런데 (다)에서 ‘목중노인’이 염려하는 것은 ‘독립이’ 된 이후에, 겉으로는 ‘애국자’로 자처하지만 실제로는 권력과 이익을 탐하는 인물이 ‘그 자리에 앉’아 공동체를 해치는 상황이다. 즉, 이는 위선적인 인물에 대한 경계이지, 두보의 시에 나타난 ‘빗속’과 같은 외부의 위기가 반복되어 공동체가 분열되는 상황에 대한 경계가 아니므로 선지의 내용은 적절하지 않다.

**＊ 오답 해설**
① 〈보기〉에 따르면, (다)의 글쓴이는 ‘목중노인’을 ‘결명화’에 비견(서로 비슷한 위치에서 견줌)하여 세속의 기준에 얽매이지 않고 자신만의 방식으로 살아가는 태도를 긍정하고 있다. (다)에서 ‘목중노인’은 ‘행상’, ‘착실한 농부’, ‘훈장이며 학자’의 다양한 역할을 수행하는 모습을 보이는데, 이는 사회적 기준에 얽매이지 않고 스스로에게 주어진 역할을 성실히 수행하며 살아가는 태도이므로 선지의 내용은 적절하다.
② 〈보기〉에 따르면, (다)의 글쓴이는 어려운 상황에도 공동체를 지키는 ‘목중노인’의 태도를 긍정하고 있다. (다)에서 ‘목중노인’은 형편이 넉넉지 않음에도 불구하고 이웃을 돕고 구제하는 일에 적극적인 모습을 보이는데, 이는 자기 이익보다 공동체를 우선시하는 헌신적인 태도이므로 선지의 내용은 적절하다.
③ 〈보기〉에 따르면, (다)의 글쓴이는 두보의 시를 인용하여 ‘목중노인’을 ‘결명화’에 비견함으로써 어려운 상황에도 자신만의 방식으로 살아가는 태도를 긍정하고 있다. (다)에서 ‘목중노인’은 ‘기갈을 면할 정도’의 생활에도 늘 만족스럽고 유연한 태도를 보이는데, 이는 두보의 시에서 ‘가을 들어’ 다 져버린 ‘온갖 풀들’과 달리 시련을 견디는 ‘결명화’의 모습과 부합하므로 선지의 내용은 적절하다.
④ 〈보기〉에 따르면, (다)의 글쓴이는 세속의 기준에 얽매이지 않고 공동체를 지키는 ‘목중노인’의 태도를 긍정하고 있다. (다)에서 ‘목중노인’은 ‘마름’을 보면 호강할 수 있음에도 불구하고 그 요청을 거절하면서 ‘남이 진 농사로 호강하는 것이 가증하’다고 말한다. 이는 소작농들을 관리하며 얻을 수 있는 세속적 이익을 멀리하고 공동체적 가치를 추구하는 태도이므로 선지의 내용은 적절하다.


# [문학-현대 산문]

**27. ⑤**
**＊ 정답 해설**
⑤ [A]는 ‘어스름이 고이’는 모습을 제시함으로써 저녁 무렵이라는 시간적 배경을 드러내고 있으나, [B]는 공간적 배경을 묘사하고 있지 않다.

**＊ 오답 해설**
① [A]의 ‘그녀는 제왕처럼 자유롭다고 그는 생각하였다.’에서 ‘제왕처럼’은 ‘그’의 아내를 비유한 표현으로, 이를 통해 정해진 시간 없이 내키는 시간에 귀가하는 아내와 그러한 아내에게 간섭하지 못하는 ‘그’의 관계가 암시되고 있다.

② [B]에서 '그'는 옆집 초인종을 누른 다음 스스로 놀라 뒤로 주춤 물러서는데, 이러한 연속적인 행위는 자기도 모르게 충동적으로 저지른 행동에 약간의 당혹감을 느낀 '그'의 심리 상태를 나타낸다고 볼 수 있다.
③ [A]와 [B]는 모두 작품 밖의 서술자가 특정 인물인 '그'에게 서술의 초점을 맞추는 양상이 드러나고 있다.
④ [A]는 '기다린다는 것도 참 막연한 짓이군'이라는 '그'의 독백적 발화를, [B]는 '그'와 옆집 여자의 대화를 삽입함으로써 집에 돌아오지 않는 아내를 기다리는 '그'의 상황을 드러내고 있다.

## 28. ⑤
*** 정답 해설**
⑤ '그'는 잠긴 문 너머로 흘러나오는 옆집 사람의 목소리를 듣고 '나이와 촌스러움'을 느끼고는, 목소리의 주인공이 '나이 든 가정부'이거나 '시골서 올라온 노모'일 것으로 추측하였으므로 선지의 내용은 적절하다.

*** 오답 해설**
① '실인즉 열쇠를 두 개나 더 복제했었다.'를 통해 '그'가 열쇠를 단 하나만 놔둔 것이 아님을 알 수 있다. '그'는 다른 가족 구성원들이 다 가지고 있는 열쇠를 혼자만 가지지 않은 것이다.
② '그'는 자신이 아버지의 집을 떠나온 이래 이 나이에 이르도록 '잠긴 문밖에서 서성거리고 있었다는 느낌'이 들어 씁쓸함을 느꼈을 뿐, 집을 떠나온 아버지의 행색을 보고 씁쓸함을 느끼지는 않았다.
③ '그'는 낯선 이웃들이 '서둘러 제 구멍을 찾아 기어들고' 있음을 보고 자기 아내 또한 귀가했을 거라고 확신했을 뿐, 이웃들을 보고 아내의 부재에 분노하지는 않았다.
④ '그'는 아내가 나들이를 나가지는 않았을까 짐작하며 아내가 늦는 이유를 추측하였을 뿐, 아내와 함께 나들이를 갔던 일을 언급하며 '노인'을 안심시키지는 않았다.

## 29. ⑤
*** 정답 해설**
⑤ '그'는 '나들이해야 할 일인들 왜 없으랴.', '어쩌면 찻길이 막혔는지도 모른다.'와 같이 아내의 귀가가 늦어지는 까닭을 혼자 추측하고 있을 뿐, '노인'과 의견 대립을 벌이지는 않았다.

*** 오답 해설**
① 아내의 귀가를 추호도 의심하지 않았던 '그'는, 집 손잡이에 자기 책가방이 그대로 걸려 있는 것을 확인하고는 당황하며 '이 여자가 어떻게 된 거지? 가출했나?'라는 생각을 하였으므로 선지의 내용은 적절하다.
② '노인'은 집에 들어가지 않는 '그'의 모습을 보고 '그'의 아내가 귀가하지 않았음을 확인한 후, "무신 일 생긴 거 아이가?"라며 '아내'의 신변을 염려하였으므로 선지의 내용은

적절하다.
③ '그'는 '노인'에게 '괜한 걱정'을 하지 말라거나, "시내라도 나간 모양이지요 뭐."라고 말하며 '아내'의 귀가가 늦어지는 상황을 대수롭지 않게 여기려 하는 모습을 보였으므로서 선지의 내용은 적절하다.
④ '노인'이 "시상이 워낙 험해 놔서…… 요새 젊은 여자들 밤길 댕기겠더나 어데."라고 말하며 계속해서 '아내'를 걱정하자, '그'는 "걱정 마시라니깐요. 그렇게 젊은 여자도 아닙니다."라며 '좀 짜증스럽게 대꾸'하였으므로 선지의 내용은 적절하다.

## 30. ④
*** 정답 해설**
④ 그는 '열쇠꾸러미'를 '완전한 소유의 징표'로 여기는데, 이는 자기 가정을 '나의 가정'이 아니라 '그들의 가정'이라고 부르는 것이 마땅하다는 '그'의 생각과 관련이 있다. 이는 '그'가 자기 가정에 온전하게 소속감을 느끼지 못한다는 사실을 나타낼 뿐, 집을 소유하는 것의 중요성을 느낀 '그'의 내면을 의미하는 것이 아니므로 선지의 내용은 적절하지 않다.

*** 오답 해설**
① 〈보기〉에 따르면, 문학 작품에서 문은 개폐 상태에 따라 외부 세계를 대하는 개인의 태도를 나타내는 상징으로 활용된다. 윗글에서 옆집에 사는 여자는 '그'와 대화를 나누면서 문을 열 기미를 보이지 않는데, 이는 외부 세계를 대하는 개인의 폐쇄적 태도를 나타낸다고 볼 수 있다.
② 〈보기〉에 따르면, 윗글은 닫힌 문 앞에서 배회하는 인물들의 모습을 통해 가정에서 소외된 이들의 모습을 그리고 있다. 윗글에서 아내와 아이들과 달리 '그'에게만 열쇠가 없어 집에 들어가지 못하는 상황은 가정에서 소외된 '그'의 모습을 보여 준다고 할 수 있다.
③ 〈보기〉에 따르면, 윗글은 독자에게 인간적 교류와 소통이 단절된 현대 사회를 성찰할 기회를 제공하는 작품이다. 윗글에서 '그'가 옆집 사람과 대면한 상태가 아니라 닫힌 옆집 문에다 대고 머리를 숙여 인사하는 것은, 인간적 교류와 소통이 단절된 현대 사회의 모습을 보여 준다고 할 수 있다.
⑤ 〈보기〉에 따르면, 문학 작품에서 문은 그 개폐 상태에 따라 개인의 처지를 나타내는 상징으로 활용된다. 자신이 '늘 잠긴 문밖에서 서성거리고 있었다'고 생각하는 '그'의 모습은 '그'가 가정을 포함한 어느 한 곳에 소속감을 느끼지 못한 채 심적으로 방황하며 살아왔음을 나타낸다고 할 수 있다.

# [문학—고전 산문]

**31. ⑤**
*** 정답 해설**
⑤ “문어, 전복, 해삼탕은~제일 좋은 음식이라.”에서 좋은 음식들을 열거하여 솔개가 꿩병아리를 잡은 상황을 생동감 있게 그려 내고 있다. 또한 “연나라 장사 형가도~맹상군을 놓아주었네.”에서 솔개가 꿩병아리를 놓친 상황을, “동해수를 향해서 덤벅 빠져~이비 정령 좋았더니”와 “해상을 밟고 건넌 노중련도~지별기주 했으니”에서 여러 고사를 열거하여 각각 절개를 지키기 어려운 까투리의 상황과 까투리를 설득하는 장끼의 상황을 생동감 있게 그려 내고 있다.

*** 오답 해설**
① “우리 낭군을 잃고~오락가락 쫓아다니며 내일모레 기약하거늘”이라는 까투리의 발화를 통해 과거 사건을 요약적으로 제시하고 있으나, 서술자의 개입이 드러나고 있지는 않다.
② 속담과 고사 등 다양한 비유적 표현을 활용하고 있으나, 상황에 어울리지 않는 비유를 활용하여 웃음을 유발하고 있지는 않다.
③ ‘자식들을 굽어보고’ ‘덮쳐서 공중으로~저리 뒤적’이는 모습에서 솔개의 연속적인 행동을 서술하고 있으나, 이를 통해 인물의 성격 변화를 보여 주고 있지는 않다.
④ 동시에 일어나는 두 개의 사건을 병치하고 있지 않으며, 이를 통해 긴장감을 조성하고 있지도 않다.

**32. ④**
*** 정답 해설**
④ 장끼는 “종이 다른 물오리에게는 몸을 허락하기 어”려우나 자신은 같은 “꿩”이라며 까투리를 설득하고 있다. 이는 장끼가 까투리와 자신의 처지가 다르더라도 함께 지내는 데 문제가 없다고 주장하는 것이 아니라, 자신과 까투리의 유사성을 부각하며 까투리에게 함께 지내자고 설득하는 것이므로 선지의 내용은 적절하지 않다.

*** 오답 해설**
① 솔개는 잡았던 꿩병아리를 놓쳐 기대했던 상황이 뜻대로 이루어지지 않았음에도, “그것 잃고 내 못 살랴?”라고 말한 후 먹잇감을 놓친 것을 “적선”이라고 표현하며 여유로운 태도를 보이고 있으므로 선지의 내용은 적절하다.
② 까마귀는 “콩 한 낱을 못 참아서 죽었다는 말이 친구 중의 수치로다.”라며, 장끼가 사소한 일로 죽음을 맞이한 사실에 대한 부끄러움을 드러내고 있으므로 선지의 내용은 적절하다.
③ 까투리는 수절하려는 자신의 의지와 상관없이 “다른 오리들이 위력으로 겁탈하려 하고”, “오락가락 쫓아다니며 내

일모레 기약하”는 위협적인 상황을 겪으며 “일가친척 의지 없어 어느 누가 돌봐 줄” 수 없음을 한탄하고 있다. 또한 “이내 몸 갈 데 없”다는 발화를 통해 까투리가 갈 곳이 없는 무력한 자신의 처지를 자각하고 있음을 알 수 있으므로 선지의 내용은 적절하다.
⑤ 까투리는 “장가 진작 못 들어서 누대봉사할 몸이 대를 이을 자손 끊기는 것이 두렵구나.”라는 장끼의 말에 “아들과 딸 많이 낳아 남의 가문 이뤄 놓고,”라고 대답하였다. 이는 대가 끊길 것을 염려하는 장끼에게 가문을 번성시키겠다는 의지를 드러낸 것으로 볼 수 있으므로 선지의 내용은 적절하다.

**33. ②**
*** 정답 해설**
② ⓑ에서 까마귀는 “우리들이야 그런 음식을 볼을 치며 먹으라 한들 먹겠”냐며 죽은 장끼가 겪은 것과 유사한 상황을 가정하여, “콩 한 낱을 못 참아서 죽”은 장끼를 부정적으로 평가하는 근거를 제시하고 있으므로 선지의 내용은 적절하다.

*** 오답 해설**
① ⓐ에서 솔개는 “연 사나흘 굶”은 자신의 처지를 설명하며 먹잇감을 잡은 현재의 상황에 대한 기쁨을 표현하고 있을 뿐, 앞으로 벌어질 일에 대해 상대의 양해를 구하고 있지는 않다.
③ ⓒ에서 까투리는 “전생의 무슨 죄로 이내 팔자 기구하”다며 자신의 팔자를 탓하고 있을 뿐, 불행을 타인의 탓으로 돌리거나 원인을 제공한 인물을 언급하고 있지는 않다.
④ ⓓ에서 장끼는 “부인 말씀 같을진대,”라며 까투리의 심정에 공감하고 있음을 드러내고 있다. 하지만 “그래도 이 세상에 살아 있고 볼 것이라.”라며 죽음까지 생각한 까투리를 만류하고 있으므로 선지의 내용은 적절하지 않다.
⑤ ⓔ에서 까투리는 “이내 팔자 한두 낭군 아니었”던 자신에게 누가 “절행”이 있다고 이르겠냐며 개가(결혼하였던 여자가 남편과 사별하거나 이혼하여 다른 남자와 결혼함)하려는 의사를 드러내고 있으므로, 새롭게 변모하겠다는 의사를 표출한 것으로 볼 수 있다. 하지만 자신이 범한 과오(부주의나 태만 따위에서 비롯된 잘못)를 인정하고 있지는 않으므로 선지의 내용은 적절하지 않다.

**34. ③**
*** 정답 해설**
③ 까투리는 ‘문상’을 와서 자신에게 “백년동락”을 제안하는 까마귀에게 “졸곡도 안 하고 개가하여 간다는 말이 어느 선생의 예법인고? 금이 여수에서 나온다 하나 물마다 금이 나오며, 옥이 곤강에서 나온다 하나 산에서마다 옥이 나오냐?”라고 말하였다. 이때 ‘금이 여수에서 나온다’, ‘옥이 곤강에서 나온다’라는 관용적 표현은 귀한 것은 아무데서나 쉽게 발견되지 않는다는 의미이다. 즉, 까투리는 이

## 13

러한 관용적 표현을 제시하여 남편을 잃은 자신이 아무 상대와 쉽게 짝을 맺는 존재가 아님을 강조하며, 자신을 가볍게 여기는 까마귀의 태도가 부적절함을 비판하고 거절의 의사를 밝힌 것이므로 선지의 내용은 적절하지 않다.

**＊ 오답 해설**
① 솔개는 '병아리'를 놓친 후에 '하늘을 쳐다보고 크게 웃으며', 화용도 좁은 길에서 잡았던 조조를 놓아 준 "관운장"과, 가둔 유방을 풀어 준 "초나라 항우"의 고사를 제시하며, "악착한 솔개 장군도 꿩 새끼 하나 놓아주었"다고 말하였다. 즉, 주린 배를 채우고자 한 솔개의 욕망은 '병아리'를 놓치며 좌절되었으나, 자신을 역사 속 영웅들에 빗대어 마치 자신이 그러한 일을 의도한 것처럼 합리화하고 있는 것이므로 선지의 내용은 적절하다.
② 까마귀는 남편을 잃은 까투리의 '문상'을 가서, "장군 나자 용마가 나고, 문장 나자 명필이 난다 하네. 네가 오늘 과부 되자 내가 오늘 여기 왔네."라며 "백년동락"을 제안한다. 이때 '장군 나자 용마가 나고, 문장 나자 명필이 난다'라는 속담은 무슨 일이 잘 되려면 좋은 기회가 저절로 생김을 이르는 말이다. 즉, 까마귀는 이러한 속담을 통해 까투리가 과부가 된 상황을 자신의 욕망을 충족할 수 있는 자연스러운 기회로 정당화하고 있는 것이므로 선지의 내용은 적절하다.
④ 까투리는 "수절하며 삶을 마치고자 했"으나 그러지 못한 이유를 밝히며, "동해수를 향해서 덤뻑 빠져 죽자 하여 노중련의 자취"를 따르거나 "굴원의 혼이 되"고자 했음을 언급하였다. 이는 까투리가 절개를 지키기도 어렵고 "다른 가문으로 시집가"기도 어려운 상황에서 죽음까지 고려했음을 의미한다. 즉, 까투리는 죽음과 관련 있는 '노중련'이나 '굴원'의 사례를 제시함으로써, 어떻게든 생존하려 했던 욕망이 좌절되어 죽음을 고려했던 자신의 괴로운 처지와 내적 갈등을 드러내고자 한 것이므로 선지의 내용은 적절하다.
⑤ 장끼는 까투리의 말을 듣고 까투리가 언급한 '노중련'과 '굴원'의 사례를 똑같이 언급하지만, 까투리와 다르게 '노중련'은 "천하의 고사"가 되지 못했고, '굴원' 또한 "물고기 뱃속의 충혼이 되었을 뿐"이라며 "내 몸이 산 연후에 절행 치레 다음이라."라고 말하였다. 즉, 장끼는 까투리가 말한 것과 동일한 사례를 다르게 활용하여 비극적 선택의 무의미함을 강조함으로써, 까투리가 생존에 대한 욕망을 포기하지 않고 현실과 타협하도록 설득하고자 한 것이므로 선지의 내용은 적절하다.



**35.** ⑤
**＊ 정답 해설**
⑤ 발표자는 1문단에서 "여러분의 생애 첫 기억은 언제인가요?", 2문단에서 "왜 그럴까요?"라는 발표 주제와 관련된 질문을 청중에게 던져, '아동기 기억 상실'이라는 발표의 중심 화제에 대한 청중의 호기심을 자극하고 있다.

**＊ 오답 해설**
① 4문단의 '아마 많은 분께서 "그래서 부모의 대화 방식이 아동기 기억 상실과 무슨 관련이 있다는 거지?"라는 의문을 가지실 텐데요.'에서, 발표자는 청중의 반응을 예측하여 말하고 있다. 그러나 여기서 발표자가 자신의 구체적인 경험을 바탕으로 청중의 반응을 예측하고 있지는 않다.
② 3문단의 "(청중의 요청을 듣고) 쉬운 예를 들자면, 서양권 부모는~대화를 한다는 겁니다."에서, 발표자는 청중의 요청을 반영하여 발표에서 제시한 자료의 내용에 관해 추가적으로 예를 들고 있다. 이는 발표자가 예시를 들어 설명한 것일 뿐, 발표 자료 중 일부만을 선택하여 제시한 것은 아니다.
③ 위 발표에서 발표자가 사전에 안내된 발표 순서를 바꾸어 설명하는 부분은 찾을 수 없으며, 사전에 발표 순서를 안내했는지의 여부 또한 알 수 없다.
④ 2문단에서 발표자는 "굉장히 좋은 답변인데요."라며 청중을 칭찬하는 말을 하고 있으며, 여기서 청중과 긍정적인 유대감을 쌓고 있다고 볼 수 있다. 그러나 발표자가 이를 통해 발표를 마무리하고 있지는 않다.

**36.** ④
**＊ 정답 해설**
④ [자료 2]는 서양권과 동양권의 부모가 자녀와 상호 작용을 할 때 감정을 언급하는 비율의 차이를 나타낸 그래프이다. 이는 3문단의 "보시는 것처럼 동양권보다 서양권의 부모가 자녀와 과거 사건을 주제로 대화할 때 해당 사건에 대한 감정을 언급하는 비율이 훨씬 높습니다."를 보여 주는 자료라고 할 수 있다. 한편, 발표자는 자료 제시에 앞서 "생애 첫 기억 시점의 차이가 해마의 발달 시점보다는 후천적 경험에서 비롯된다는 관점에서 이 문제에 접근"한다고 하였다. 따라서 문화권에 따라 생애 첫 기억 시점이 다른 이유가 후천적 요인에 있음을 설명하기 위해 [자료 2]를 활용하겠다는 계획은 해당 발표에 반영되었다고 볼 수 있다.

**＊ 오답 해설**
① [자료 1]은 서양권과 동양권 아동의 생애 첫 기억 시점을 나타낸 그래프이다. 이는 2문단의 "그런데 보통 서양권 사람들이 동양권 사람들보다 더 이른 시기의 기억을 생애

첫 기억으로 갖고 있습니다."를 보여 주는 자료라고 할 수
있다. 한편, 2문단에서 발표자가 "동양인에 비해 서양인이
신체 성장 속도가 더 빠르"다는 점을 언급하기는 하였으
나, [자료 1]을 통해 서양권 아동과 동양권 아동의 신체
성장 속도의 차이를 파악할 수는 없으므로 선지의 내용은
적절하지 않다.

② 발표자는 2문단에서 서양인의 해마 성숙 시기가 동양인
보다 빠르기에 서양권 사람들의 생애 첫 기억 시점이 동
양권 사람들에 비해 빠를 수 있다고 언급했을 뿐, 서양권
과 달리 동양권 사람들의 아동기 기억 상실만이 해마의
성숙과 관련이 있다고 설명하지는 않았다. 또한 [자료 1]
을 통해 서양권 및 동양권 아동의 생애 첫 기억 시점과
해마 성숙 간의 관련성은 확인할 수 없다.

③ 발표자는 3문단에서 서양권과 달리 동양권의 부모가 친
구와 화해를 하려면 어떻게 해야 하는지와 같은 교훈적인
내용의 대화를 한다고 설명하였다. 또한 [자료 2]는 부모-
자녀 상호 작용 시 '감정 언급 비율'을 나타내고 있을 뿐
교훈적인 단어의 사용 비율을 나타내고 있지는 않으므로
선지의 내용은 적절하지 않다.

⑤ 발표자는 4문단에서 동양권의 부모와 달리 서양권의 부
모는 자녀와 대화를 할 때 과거 사건과 관련된 아이의 정
서를 많이 언급하기 때문에 해당 사건에 대한 아이의 기
억이 정서 기억으로 변해 더 오랫동안 상실되지 않고 뇌
속에 저장된다고 하였다. 따라서 [자료 1]과 [자료 2]는
부모가 자녀의 감정을 많이 언급할수록 자녀의 기억이 보
존되기 쉬움을 보여 주는 자료로 활용될 수 있다. 하지만
선지에서는 부모가 자신의 감정을 많이 언급한다고 설명
하였으므로 선지의 내용은 적절하지 않다.

## 37. ②
*** 정답 해설**
② 발표자는 [A]에 대해, "미처 조사하지 못한 부분"이라고
하였으므로, [A]의 질문에는 발표에 제시되지 않은 내용이
들어가는 것이 적절하다. 그런데 선지의 질문인, 과거 사
건에 관해 아이의 기분을 중시하는 서양권의 부모가 아이
에게 미치는 영향은, 4문단의 "서양권의 부모는 과거 사건
과 연관된 아이의 정서에 관해 많이 언급하기에~이는 더
오랫동안 상실되지 않고 뇌 속에 저장되는 것입니다."에서
이미 제시된 내용이다.

*** 오답 해설**
① 1문단의 "사람들은 대부분 출생 후 네 살까지의 일들은
잘 기억하지 못합니다."를 통해 아동기 기억 상실이 보편
적인 현상임을 언급하였으나, 네 살 이전 아이들의 기억
체계가 성인과 어떻게 다른지는 설명하지 않았다.
③ 3문단의 "동양권보다 서양권의 부모가 자녀와 과거 사건
을 주제로 대화할 때 해당 사건에 대한 감정을 언급하는
비율이 훨씬 높습니다."와 이어지는 발표 내용을 통해, 서
양권과 동양권에서 부모와 자녀 간의 소통 양상이 다르다

는 사실을 언급하였으나, 그 이유는 설명하지 않았다.
④ 4문단의 "이렇게 분노, 기쁨, 슬픔과 같이 정서와 관련된
기억을 '정서 기억'이라고 합니다. 이는 뇌질환으로도 잘
손상되지 않는 편도체라는 뇌 영역에 보관되는데요."를 통
해, 정서 기억이 뇌질환으로도 잘 손상되지 않는 편도체에
저장됨을 언급하였으나, 학습에 이를 적용할 방법에 관해
서는 설명하지 않았다.
⑤ 4문단의 "어린 시절에 대한 아이의 기억이 단순한 일화
기억이 아닌 정서 기억으로 변하는 것이죠. 그리고 이는
더 오랫동안 상실되지 않고 뇌 속에 저장되는 것입니다."
를 통해, 정서 기억이 뇌에 오래 저장됨을 언급하였으나,
정서의 종류에 따라 기억의 지속 기간이 달라지는지는 설
명하지 않았다.

## 38. ②
*** 정답 해설**
② 2문단의 '미국식품의약국에 따르면, 섭취량에 대한 체내
영양소 흡수율을 의미하는 소화 흡수율 판정에서 달걀은
최고점을 받았는데'를 통해, (가)가 전문 기관의 평가 결과
를 제시하고 있음을 알 수 있다. 또한, '이는 달걀이 훌륭
한 단백질 공급원임을 시사한다.'를 통해, 달걀의 우수함을
강조하기 위해 전문 기관의 평가 결과를 활용하였음을 확
인할 수 있다.

*** 오답 해설**
① 1문단의 '한때 달걀은 콜레스테롤 수치를 높인다는 누명
을 쓰기도 했지만'에서 달걀에 관한 고정 관념이 있었음을
알 수 있다. 또한, "현재는 여러 연구 결과를 바탕으로 '완
전식품'이라는 평가를 받고 있다."를 통해, 달걀에 관한 고
정 관념을 반박하는 여러 연구 결과가 있음을 확인할 수
있다. 그러나 1문단에서는 그러한 연구 결과가 있음을 언
급하고만 있을 뿐, 연구 결과들을 나열하고 있지는 않다.
③ 2문단의 '날달걀은 흡수율이 50% 정도인 반면, 삶은 달
걀은 흡수율이 90%에 달한다.'를 통해, 날달걀과 삶은 달
걀의 흡수율이 다름을 알 수 있다. 그러나 시간이 지남에
따라 달걀의 흡수율이 저하되는 현상에 대한 내용은 찾을
수 없다.
④ 3문단의 '달걀은 시력 보호, 근육 생성 등 신체 건강에
도움이 될 뿐만 아니라, 인지 기능 저하 예방과 기억력
및 집중력 개선을 돕는 등 정신 건강에도 긍정적 영향을
미친다.'를 통해, (가)가 달걀이 건강에 미치는 여러 영향
을 제시하고 있음을 알 수 있다. 그러나 3문단에서 그러
한 영향들을 서로 대조하고 있지는 않다.
⑤ 3문단에서는 학생이 달걀 축제를 통해 알게 된 달걀의
다양한 효능을 제시하고 있을 뿐, 독자와 공유하는 경험을
환기하고 있지는 않다.

**15**

39. ④
* 정답 해설
④ 〈보기〉의 '우리나라 달걀 등급제의 표현은 중량을 파악하는 데 직관적이지 않다.'에서는 국내, 해외의 달걀 중량 표현에 대한 차이점을 밝히지 않고 국내 달걀 등급제 표현의 문제점만 지적하고 있다. 한편 (가)의 4문단에서는, '국내의 경우 왕란, 특란, 대란, 중란, 소란으로 구분하는데, 표현이 직관적이지 않아 왕란과 특란 중 무거운 달걀이 무엇인지 이해하기 어렵다.'를 통해, 국내 달걀 등급제의 표현과 그 문제점을 제시하였다. 그러나 (가)에서도 해외의 달걀 중량 표현은 제시하고 있지 않으며, 국내와 해외의 중량 표현이 어떻게 다른지 또한 언급하고 있지 않다.

* 오답 해설
① 〈보기〉의 '우리나라와 미국, 일본에서 최고 등급의 달걀을 표기하는 방법은 저마다 상이하다.'에서는 나라별 최고 등급의 달걀을 표기하는 방법이 다름을 언급할 뿐, 구체적인 표기 방법을 밝히고 있지는 않다. 한편 (가)의 4문단에서는, '우리나라에서는 최고 등급의 달걀을 1+로 표기하는데, 미국은 AA급, 일본은 AAA급으로 표기한다.'를 통해, 나라별로 최고 등급 품질의 달걀을 어떻게 표기하는지 구체적으로 제시하였다.
② 〈보기〉의 '달걀의 품질과 중량 등급제가 나라마다 다르고 직관적이지 않아 아쉬운 점도 있음을 알게 되었다.'에서는 달걀 등급제가 직관적이지 않음에 대해 아쉬움을 표현하고 있을 뿐, 달걀 등급제가 직관적이지 않아 발생하는 문제에 대해서는 밝히고 있지 않다. 한편 (가)의 4문단에서는, '표현이 직관적이지 않아 왕란과 특란 중 무거운 달걀이 무엇인지 이해하기 어렵다.'를 통해, 직관적이지 않은 중량 표현으로 인해 발생할 수 있는 문제를 제시하였다.
③ 〈보기〉의 '이번 축제를 통해 세계 여러 나라의 달걀 요리를 맛볼 수 있어서 좋았다.'라는 문장은 '달걀의 품질과 중량 등급제'의 문제점에 관한 해당 문단의 통일성을 해치는 내용이다. 한편 (가)의 4문단에서는, 축제에서 좋았던 점을 기술한 부분을 삭제하고 '달걀 소비의 측면에서 아쉬운 점도 있다.'라며 관련 내용만으로 해당 문단을 구성하였다.
⑤ 〈보기〉의 '달걀의 품질과 중량 등급제가 나라마다 다르고 직관적이지 않아 아쉬운 점도 있음을 알게 되었다.'에서는 달걀 소비와 관련한 문제점을 제시하고 있지만, 이 문제가 개선됨으로써 얻을 수 있는 기대 효과에 대해서는 밝히지 않았다. 한편 (가)의 4문단에서는, '직관적인 달걀 등급제를 국제적으로 통일하여 사용한다면 더 많은 소비자가 합리적으로 달걀을 소비할 수 있을 것이다.'를 통해, 달걀 소비와 관련한 현재의 문제가 해결된다면 기대할 수 있는 효과에 관해 제시하였다.

40. ⑤
* 정답 해설
⑤ [A]에서 "밤의 효능을 두 측면으로 나눠서 제시하"자는 '학생 2'의 제안에 대해, "밤의 효능을 두 개만 제시하자는 거야?"라며 '학생 1'이 이해하지 못했다는 반응을 보이자, '학생 3'은 "신체적 측면과 정신적 측면의 두 측면에서 밤이 지닌 효능을 소개하자는 것 아닐까?"라고 의문의 형식으로 자신이 이해한 바를 제시함으로써 '학생 1'의 이해를 돕고 있다. 한편 [B]에서 '학생 1'은 (가)처럼 포스터에서도 조리 방법에 따라 달라지는 밤의 특성을 언급하자고 제안하였으며, 이에 대해 '학생 2'는 "밤도 조리 방법에 따라 흡수율이 다를까?"라며 의문을 제기하였다. 이에 '학생 1'이 자신의 제안은 "밤도 조리 방법에 따라 달라지는 요소가 있을 거라는 의미"였음을 설명하자, '학생 3'은 의문의 형식으로 그에 관한 예시를 들어 줄 것을 요청하고 있다. 즉, [A]와 [B] 모두에서 '학생 3'이 질문의 방식을 활용한 것은 맞지만, '학생 1'과 '학생 2'는 서로의 발화 내용을 정확히 이해하지 못한 것일 뿐, 상반된 견해로 인해 갈등하고 있지 않으며, '학생 3'의 질문이 이를 완화하고 있다고 볼 수 없다.

* 오답 해설
① [A]에서 '학생 1'은, "밤의 효능을 두 측면으로 나눠서 제시하"자는 '학생 2'에게 "밤의 효능을 두 개만 제시하자는 거야?"라고 물으며, 자신이 이해한 바가 맞는지 확인하고 있다.
② [A]에서 '학생 2'는 "내 설명이 미흡했네."라고 말하며, 앞서 '학생 1'이 자신의 제안을 이해하지 못했던 것의 책임이 자신에게 있음을 인정하고 있다. 또한, "단순히 효능을 나열하는 것보다 이렇게 구조화해서 제시하면 독자들이 보기 편할 것 같아."라고 말함으로써, "밤의 효능을 두 측면으로 나눠서 제시"하자는 주장의 근거를 밝히고 있다.
③ [B]에서 '학생 2'는 '학생 1'이 "나는 □□시 달걀 축제 소감문에서 조리 방법에 따라 달걀의 영양소 흡수율이 달라진다고 언급한 점이 특히 흥미로웠거든."이라고 말한 것에 대해, "나도 그 부분을 흥미롭게 읽었어."라며 공감을 표하였다. 그 후 '학생 2'는 앞서 '학생 1'이 "우리도 이런 내용을 넣으면 어때?"라고 제안한 것에 대해, "그런데 밤도 조리 방법에 따라 흡수율이 다를까?"라고 말하며 의문을 제기하였다.
④ [B]에서 '학생 1'은 앞서 '학생 3'이 "잘 이해가 안 되는데 예를 들어 줄 수 있어?"라고 요청한 것에 대해, "밤을 삶으면 비타민이 파괴된다거나, 생밤이 피부 미용에 더 좋다거나 하는 내용을 넣으면 더 실용적일 것 같아."라고 말하며, "밤도 조리 방법에 따라 달라지는 요소가 있을 거"라는 자신의 의견을 부연 설명하고 있다.

41. ⑤
* 정답 해설
⑤ (나)에서 ‘학생 3’은 “□□시 달걀 축제 소감문에서는 달
걀 등급제에 관한 이야기로 글을 마무리하고 있는데, 학생
들에게는 밤의 등급보다는 보관 방법에 관한 내용이 더
유용할 것 같아.”라고 말하였으며, 이에 대해 ‘학생 2’는
“지면이 한정적이니까 유형별로 크게 세 단계 정도로 요
약해서 넣는 게 좋”겠다고 말하였다. 즉, (나)의 학생들은
(가)와 다른 매체의 특성을 고려하여 내용을 요약하여 넣
는 것에 합의하였다. 그러나 이때 학생들이 언급한 내용은
밤을 보관하는 방법이지, ‘좋은 품질의 밤을 고르는’ 방법
이 아니다.

* 오답 해설
① (나)에서 ‘학생 2’는 “나는 □□시 달걀 축제에 관한 후기
처럼 밤의 효능을 두 측면으로 나눠서 제시하면 좋겠어.”
라고 주장하면서, “구조화해서 제시하면 독자들이 보기 편
할 것 같”다고 말하였다. 이에 ‘학생 3’은 “좋은 생각이
야.”라며 동의하였다. 즉, (나)의 학생들은 정보의 가독성
을 고려하여, (가)와 유사한 방식으로 밤의 효능을 신체와
정신적 측면으로 구분하여 제시하는 데 합의하였다.
② (나)에서 ‘학생 1’은 “□□시 달걀 축제 소감문처럼 밤의
주요 영양소 함량과 청소년 하루 섭취 권장량을 무게 단
위로 제시하는 건 학생들이 이해하기 어려울 것 같아.”라
고 주장하였으나, ‘학생 3’은 “조사 기간이 짧으니까 편의
상 영양소 함량은 무게 단위로 제시하”자고 제안하였으며,
‘학생 1’과 ‘학생 2’ 모두 이에 동의하였다. 즉, (나)의 학
생들은 조사 기간이 짧음을 고려하여, (가)와 유사한 방식
으로 밤의 주요 영양소 함량을 무게 단위로 표기하는 데
동의하였다.
③ (나)에서 ‘학생 1’은 “밤도 조리 방법에 따라 달라지는 요
소가 있”을 것이라며, “밤을 삶으면 비타민이 파괴된다거
나, 생밤이 피부 미용에 더 좋다거나 하는 내용을 넣으면
더 실용적일 것”이라고 주장하였다. 이에 ‘학생 2’는 “재미
있는 아이디어”라며 동의하였다. 즉, (나)의 학생들은 정보
의 실용성을 고려하여, (가)와 유사한 방식으로 조리 방법
에 따라 밤의 특성이 어떻게 달라지는지 조사하는 데 합
의하였다.
④ (나)에서 ‘학생 1’은 “□□시 달걀 축제 소감문처럼 밤의
주요 영양소 함량과 청소년 하루 섭취 권장량을 무게 단
위로 제시하는 건 학생들이 이해하기 어려울 것 같아.”라
고 주장하였으며, 이에 ‘학생 3’은 “영양소 함량은 무게 단
위로 제시하되, 하루 섭취 권장량은 청소년들이 이해하기
쉽게 밤의 개수로 알려 주면 어때?”라고 제안하였다. 그리
고 ‘학생 1’과 ‘학생 2’는 모두 찬성하였다. 즉, (나)의 학
생들은 (가)와 달리, 독자의 이해도를 고려하여 청소년의
하루 밤 섭취 권장량을 개수로 나타내는 데 합의하였다.

42. ②
* 정답 해설
② (나)에서 ‘학생 3’은 “포스터를 보는 사람은 주로 학생들
이니까 우리는 청소년 하루 섭취 권장량을 사용하면 어
때?”라고 제안하였다. ⓒ의 ‘밤 8알이면, 청소년 하루 비타
민C 섭취 권장량인 75~90mg을 충분히 채울 수 있답니
다!’는 이를 반영한 것으로 볼 수 있다.

* 오답 해설
① (나)에서 ‘학생 2’는 “영양소 함량 비율이 높을수록 위쪽
에 배치해서 밤에 어떤 영양소가 가장 많이 함유되어 있
는지 한눈에 알 수 있도록 하자.”라고 말하였다. 그러나
㉠에서 탄수화물, 지방, 단백질, 비타민C는 영양소 함량
비율이 높은 순서대로 제시되어 있지 않다. 또한 (나)의
학생들은 “밤에 어떤 영양소가 가장 많이 함유되어 있는
지” 보여 주기로 했을 뿐, 다른 식품에 비해 밤에 많이 함
유된 영양소들을 위쪽에 배치하기로 한 것은 아니다.
③ (나)에서 ‘학생 2’는 밤의 효능을 “신체적 측면과 정신적
측면”으로 나누어 제시하자고 하였다. ⓒ은 이를 나타낸
것으로 볼 수 있다. 그러나 (나)의 학생들은 밤의 효능을
신체적 측면과 정신적 측면으로 분류하고 구조화하여 제
시하자고 했을 뿐, 두 측면의 효능을 균형 있게 제시하기
로 하지는 않았다. 따라서 정신 건강과 관련한 정보를 추
가해야 한다고 볼 수 없다.
④ (나)에서 ‘학생 1’은 “밤은 냉장 보관도 가능하고 냉동 보
관도 가능하니까 두 방법”을 모두 다루자고 하였고, 이에
‘학생 2’는 “유형별로 크게 세 단계 정도로 요약해서 넣”
자고 하였다. ⓔ은 이를 나타낸 것으로 볼 수 있다. (나)의
학생들이 밤을 신선하게 유지하여 보관하는 방법을 제시
하는 데 동의하였다고 볼 수는 있으나, 유형별로 방법을
제시하자고 하였으므로, 보관 유형에 상관없이 제시하자고
했다는 설명은 적절하지 않다.
⑤ (나)에서 ‘학생 1’은 “밤도 조리 방법에 따라 달라지는 요
소가 있을 거”라며 이를 포스터에 제시하자고 하였다. ⓜ
은 이를 나타낸 것으로 볼 수 있다. 그러나 (나)의 학생들
은 조리 방법에 따라 달라지는 밤의 특성에 관해 제시하
자고 하였을 뿐, 생밤과 삶은 밤이 다른 효능을 지니게
되는 원리를 설명하자고 하지는 않았으며, 조리 과정을 설
명하자는 데 합의하지도 않았다.

43. ④
* 정답 해설
④ (나)의 3문단에서는 착한 소비가 ‘물가 상승의 위험 속에
서도 계속될 것’이라고 언급하면서, ‘착한 소비를 위해 추
가 비용을 지출할 의향이 있다’는 의견이 증가했음과 ‘제
품의 윤리성 등을 제외하고 낮은 가격만을 우선시하는 소
비 경향’이 감소하였음을 설명하였다. 이를 통해, 착한 소
비에 대한 현재의 인식은 확인할 수 있다. 그러나 (나)에
서 착한 소비에 대한 과거의 인식을 제시하고 있지 않고,

착한 소비에 대한 과거와 현재의 인식 차이를 대조하고 있지도 않으므로 선지의 내용은 적절하지 않다.

* 오답 해설
① 1문단에서는 '착한 소비'의 예로 '동물 실험을 하지 않는 비건 화장품을 구매하'는 것, '일회용품 근절을 위해 개인 컵을 사용하'는 것, '장애인 고용 기업의 제품을 구매하는' 것 등을 들고 있다. 이러한 일상 속 사례를 통해, '개인이 추구하는 신념과 가치를 투영한 소비 활동'인 '착한 소비'의 의미를 구체화하고 있으므로 선지의 내용은 적절하다.
② 2문단에서는 '착한 소비'가 '전 세계적으로 각광받게 된' 이유를 '삶의 의미와 목적을 갖고자 하는 현대인들의 욕구', 이타적 소비 행위를 통한 '정서적 만족감'과 '이미지 상승'에 대한 기대, 인터넷의 발달을 통한 '윤리적 소비'의 용이성으로 나누어 제시하고 있다. 또한 1문단에서 '착한 소비'는 '양심적이고, 윤리적이며, 친환경적인 소비 방식을 지향'한다고 설명하였으므로 선지의 내용은 적절하다.
③ 3문단에서는 '성인 남녀 5천 명을 대상으로 진행된 한 설문 조사'의 결과를 바탕으로, '착한 소비'가 '물가 상승의 위험 속에서도 계속될 것'이라는 전망을 제시하고 있으므로 선지의 내용은 적절하다.
⑤ 4문단에서는 '그렇다면 우리는 왜 착한 소비를 지향해야 할까?'라는 질문을 던진 후, '소비자의 구매 활동은 개인의 행복뿐 아니라 사회 환경, 지구 생태계 등 광범위한 분야에 영향을 끼치기 때문'이라는 답을 내놓음으로써 착한 소비가 사회에 미치는 영향을 제시하고 있으므로 선지의 내용은 적절하다.

**44. ③**
* 정답 해설
③ '매출의 90%를 사회에 환원'하는 ○○여행사는 '윤리적 사업을 시행하고 있는 기업의 사례'로 볼 수 있으며, '일회성에 그치지 않는 지속적인 착한 소비를 실천하자.'는 '독자들에게 착한 소비를 권장'하면서 마무리하는 것으로 볼 수 있다.

* 오답 해설
① O, X / '신제품 수익 전부를 위탁 아동 후원에 사용'한 □□기업은 '윤리적 사업을 시행하고 있는 기업의 사례'로 볼 수 있다. 그러나 '착한 소비'를 통해 '더불어 살아가는 세상'을 만들 수 있음을 말하고 있을 뿐, 독자에게 착한 소비를 권장하고 있지는 않다.
② X, X / '착한 소비에 동참하고자 한다면, 수산물을 구매할 때 △△마크가 부착된 재료를 구매해 보자.'는 착한 소비의 한 방법으로 제시된 것일 뿐, '윤리적 사업을 시행하고 있는 기업의 사례'라고 볼 수 없다. 또한 해당 마크가 의미하는 바를 설명하고 있을 뿐, 독자들에게 착한 소비를 권장하면서 마무리하고 있지 않다.
④ X, O / '폐수를 무단 방류'한 ◇◇기업은 '윤리적 사업을 시행하고 있는 기업의 사례'가 아닌 비윤리적 행태를 보이는 기업의 사례이다. 반면, '착한 소비를 통해 기업의 도덕성 함양을 강력히 촉구하는 건 어떨까?'는 독자들에게 착한 소비를 권장한 것으로 볼 수 있다.
⑤ X, O / '초콜릿이나 커피 원두 제조업계'에서 벌어지는 비윤리적 행태를 제시하고 있을 뿐, '윤리적 사업을 시행하고 있는 기업의 사례'를 제시하고 있지는 않다. 반면, '더 이상 우리는 착한 소비에 동참하는 것을 망설여서는 안 된다.'는 착한 소비를 권장한 것으로 볼 수 있다.

**45. ④**
* 정답 해설
④ [자료 2]의 기사 자료에 따르면, '착한 소비'는 '2030세대인 Z세대와 밀레니얼세대가 디지털 환경을 바탕으로 주도하는 것이 특징'이다. 또한 (나)의 4문단에서는 우리가 '착한 소비를 지향'해야 함을 언급하였다. 그러나 [자료 1]의 〈세대별 '착한 소비' 참여 의향〉을 살펴보면, 20~30대에 비해 40~60대에서 '착한 소비'에 참여할 의향이 높게 나타났다. 즉, 중장년층 역시 착한 소비에 참여할 의향이 높다는 것이므로 선지의 내용은 자료 활용 방안으로 적절하지 않다.

* 오답 해설
① [자료 1]의 〈'착한 소비 활동' 동참 의향〉에 따르면, '의향이 없는 편이다'라는 의견이 5.7%에서 4.2%로 감소하였다. 한편 (나)의 3문단에서는, '제품을 구매할 때 제품의 윤리성 등을 제외하고 낮은 가격만을 우선시하는 소비 경향'이 감소하였음을 제시하였다. [자료 1]이 제시한 '착한 소비'에 동참할 의향이 없다는 의견이 감소하였다는 것은, (나)의 3문단에서 제시한 '제품의 윤리성'은 고려하지 않고 '낮은 가격만을 우선시하는 소비 경향'이 감소한 것과 유사한 맥락에서 이해될 수 있다. 즉, [자료 1]을 활용하여 (나)의 3문단에 제시된 해당 내용을 강화할 수 있을 것이므로 선지의 내용은 자료 활용 방안으로 적절하다.
② [자료 2]의 기사 자료에 따르면, '착한 소비'는 '환경과 사회에 미치는 영향을 고려해 상품이나 서비스를 구매하는 행위'를 말한다. 한편 (나)의 1문단에서는, '착한 소비'가 '양심적이고, 윤리적이며, 친환경적인 소비 방식을 지향한다.'는 점과 그 사례를 언급하고는 있으나 그 의미를 한 번에 파악하기 어렵다. 즉, [자료 2]를 활용하면 '착한 소비'의 의미를 더 명확하게 제시할 수 있을 것이므로 선지의 내용은 자료 활용 방안으로 적절하다.
③ [자료 2]의 기사 자료에 따르면, '착한 소비'는 '착한 생산을 유도할 뿐만 아니라, 직장 내 평등 문화를 정착시키는 데까지 나아갈 수 있'다. 한편 (나)의 4문단에서는, '소비자의 구매 활동'이 '개인의 행복뿐 아니라 사회 환경'에도 영향을 끼친다고 하였다. 즉, [자료 2]를 활용하여 소비자의 구매 행위가 직장 내의 평등한 문화를 조성하는 데 기여함으로써, 사회적으로 영향을 끼친다는 점을 구체화할 수

있으므로 선지의 내용은 자료 활용 방안으로 적절하다.
⑤ [자료 1]의 〈'착한 소비 활동' 동참 의향〉을 통해 착한 소비에 동참할 의향이 있다는 의견이 64.4%에서 72.9%로 증가하였음을 알 수 있으며, [자료 2]의 기사 자료를 통해 '착한 소비'가 '착한 생산을 유도'함을 알 수 있다. 한편 (나)의 3~4문단에서는, '착한 소비'가 '물가 상승의 위험 속에서도 계속될 것'이라며 이러한 새로운 소비 경향에 따라 기업들은 윤리적 사업 전략을 구상하여 실행하고 있다고 했다. 즉, [자료 1]과 [자료 2]를 활용하여, '착한 소비'가 계속됨에 따라 '착한 생산' 역시 늘어날 것임을 설명할 수 있을 것이므로 선지의 내용은 자료 활용 방안으로 적절하다.

# [언어와 매체]

## 35. ④
*** 정답 해설**
④ D-1의 '큰형'은 '맏형'을 나타내는 단어로, '배나무'와 같은 합성어이다. 따라서 '큰'과 '형' 사이에 휴지를 둘 수 없다.

*** 오답 해설**
① '바람'의 '바'와 '람' 사이에 숨을 넣어 발음하지 않는 것처럼 A의 '하늘' 역시 '하'와 '늘' 사이에 휴지를 두기 어려우므로 한 단어로 볼 수 있다.
② B의 '돌다리'는 '돌'과 '다리' 사이에 다른 단어가 끼어들기 어려우므로 한 단어로 볼 수 있다.
③ C의 '엄마의 얼굴'은 '엄마의 아름다운 얼굴'처럼 '엄마의'와 '얼굴' 사이에 다른 단어가 끼어들 수 있으므로 두 개의 단어로 봐야 한다.
⑤ D-2의 '큰 형'은 '키가 큰 철수의 형'처럼 분리성을 지녀 그 내부에 다른 단어가 끼어들 수 있으므로 한 단어로 보기 어렵다.

## 36. ②
*** 정답 해설**
② '지금은'의 경우 '지금만은'처럼 '지금'과 '은' 사이에 다른 조사를 넣을 수 있다. 따라서 분리성을 인정하여 조사를 단어로 인정하는 것이다.

*** 오답 해설**
① 의존 명사 '수'는 '기다릴'과 같은 관형어의 꾸밈을 받아야만 쓰일 수 있으므로 자립성이 떨어진다.
③ 지문에서 '수'의 휴지성이 인정된다고 하였으므로 '기다릴'과 '수' 사이에 숨을 넣어서 발음할 수 있다.
④ '수가/수도/수는' 등 의존 명사 '수'는 조사를 자유롭게 취

할 수 있다.
⑤ '은'은 조사이다. 조사는 자립성은 없지만 단어로 인정한다.

## 37. ⑤
*** 정답 해설**
⑤ '값이[갑씨]', '몫에[목쎄]'에는 모두 'ㅅ'이 'ㅆ'으로 교체되는 현상이 나타나나, 이는 받침 발음의 원칙을 지키기 위한 변동이 아니다. 모음으로 시작하는 형식 형태소와 접하여 겹받침 중 뒤 음운이 연음된 후, 앞 음운의 영향을 받아 된소리로 교체된 것에 해당하므로 선지의 내용은 적절하지 않다.

*** 오답 해설**
① ㉠에는 받침 발음의 원칙을 지키기 위해 각각 'ㅅ'이 'ㄷ'으로, 'ㅍ'이 'ㅂ'으로 교체되는 현상이 나타나 있다.
② ㉡에는 받침 발음의 원칙을 지키기 위해 각각 'ㅄ'에서 'ㅅ'이, 'ㄾ'에서 'ㅌ'이 탈락되는 현상이 나타나 있다.
③ ㉢에는 받침 발음의 원칙을 지키기 위해 각각 'ㅆ'이 'ㄷ'으로, 'ㄲ'이 'ㄱ'으로 교체되는 현상이 나타나 있다. 참고로, 'ㅆ', 'ㄲ'과 같은 된소리 음운은 'ㅅ+ㅅ', 'ㄱ+ㄱ'과 같이 두 자음의 결합이 아닌 그 자체로 하나의 음운이다.
④ ㉣에는 받침 발음의 원칙을 지키기 위해 'ㄿ' 중 'ㄹ'이 탈락되고, 'ㅍ'이 'ㅂ'으로 교체되는 현상이 나타나 있다.

## 38. ①
*** 정답 해설**
① '결석한'은 '만나러 간다'라는 전체 문장의 사건시를 기준으로 보았을 때 과거에 일어난 일이므로, 상대 시제로 과거 시제가 맞다. 그러나 발화시를 기준으로 보았을 때 발화시보다 이전인 '어제' 일어난 사건이므로, 절대 시제로도 과거 시제이다.

*** 오답 해설**
② 사건시가 발화시보다 앞서는 것은 과거 시제이며, 사건시가 발화시와 일치하는 것은 현재 시제이다. ㄱ에는 과거 시제인 '결석한'과 현재 시제인 '만나러 간다'가 모두 존재한다.
③ 영희가 '요리하다'라는 행위를 한 것은 '어제'라고 표현되어 있으므로, 발화시를 기준으로 할 때 과거 시제에 해당한다.
④ '어제, 지금, 내일'이라는 부사와 '-ㄴ, -ㄴ-, -는, -었-, -겠-' 등의 어미를 통해 시제를 제시하고 있다.
⑤ '학교에 있는'은 '만나겠다'라는 전체 문장의 사건시와 일치하므로, 상대 시제로 현재에 해당한다. 또한, 발화시를 기준으로 보았을 때 발화시보다 이후인 '내일' 일어날 사건이므로 절대 시제로 미래에 해당한다.

39. ④
* 정답 해설
④ '다시'는 '닷+이'의 구성으로 분석되며, 여기서 '다시'는 서술어 '아니다' 앞에 쓰인 문장 성분이므로 주어가 아닌 보어이다. 따라서 '이'는 주격 조사가 아닌 보격 조사이다.

* 오답 해설
① 현대어의 '번'과 대응된다는 것을 통해, '디위'가 '셜흔 여슷'이라는 수량을 나타내는 말의 수식을 받아 쓰이는 단위성 의존 명사임을 알 수 있다.
② 현대어의 '과'와 대응된다는 것을 통해, '이여'는 체언 '덕'과 '복'을 이어 주는 접속 조사임을 알 수 있다.
③ 'ᄇᆞ르매'는 'ᄇᆞ롬+애'의 구성으로 분석된다. 각 형태소의 원형을 구분하여 'ᄇᆞ롬애'로 쓰지 않고, 'ᄇᆞ르매'와 같이 소리 나는 대로 표기하였으니, 당대에는 이어적기 표기법이 사용되었음을 알 수 있다.
⑤ 현대어 풀이를 참고할 때, '-고 잇거니'는 '-고 있거니'의 의미로, 본용언 '퓌우다(피우다)'에 결합되어 그 동작이 진행되고 있다는 의미를 더해 주는 보조 용언이다.

40. ④
* 정답 해설
④ 진행자는 '판자형 나막신'과 '선형 나막신'의 사진을 제시한 화면에서 해당 이미지의 출처가 '한국문화연구원'임을 밝히고 있다. 그러나 진행자가 방송을 위해 참고한 문헌들을 나열한 부분은 찾을 수 없으므로 선지의 내용은 적절하지 않다.

* 오답 해설
① 진행자는 "이전 시간에는 '짚신'에 관해 알아봤는데요, 이어서 오늘은 우리나라의 '나막신'에 관해 알아보도록 하겠습니다."라며, 지난 방송의 내용을 언급하며 그와 연결된 오늘의 방송 주제를 소개하고 있다.
② 진행자는 "민아 님!", "설준 님!" 등과 같이 실시간 채팅에 참여한 특정 시청자를 호명하며, 자신이 수용자들의 반응을 살피고 있음을 드러내고 있다.
③ 진행자는 '판자형 나막신'과 '선형 나막신'의 이미지를 병렬적(나란히 늘어서는 방식)으로 제시하여, 두 나막신의 모양을 비교하는 방식으로 형태적 차이를 부각하고 있다.
⑤ 진행자는 방송 초반에 자신의 채널 구독자를 가리키는 애칭이 '문화인'임을 밝혔다. 이후 방송 마지막 부분 "오늘 처음 문화인이 되신 분들, 모두 환영합니다."에서 새로운 구독자를 '문화인'이라는 애칭으로 부르면서 환영하는 뜻을 밝히고 있다.

41. ④
* 정답 해설
④ [C]에서 희진은 '나막신을 신어 보는 체험을 할 수 있는 곳이 있을까요? 설명을 듣다 보니 나막신을 신어 보고 싶

어졌어요.'라며 방송 주제와 관련한 궁금증과 방송에 대한 감상을 밝히고 있을 뿐, 방송 주제에 관한 아쉬움을 표출하고 있지는 않다. 또한 '다음 시간에는 친구들과 할 수 있는 전통 놀이를 소개해 주실 수 있을까요?'는 다음 방송에 관해 소망하는 바를 밝히고 있는 것이므로, 이를 다음 방송에서 개선되길 바라는 바를 언급한 것으로 볼 수는 없다.

* 오답 해설
① [A]에서 민아는 진행자를 '언니'라고 부르고 있다. 이는 진행자를 친근한 방식으로 부른 것이라 볼 수 있으며, '처음 채널을 열었을 때부터 함께한 애청자인데, 벌써 구독자가 1만 명이 되었네요! 축하드려요~♡'에서는 방송에 대한 애정을 드러내고 있으므로 선지의 내용은 적절하다.
② [A]에서 설준은 '예전에 일본에서 박물관에 갔'던 개인적인 경험을 근거로, 방송 주제인 '나막신'에 관해 '우리나라뿐만 아니라 다른 국가에서도 발견되는 전통문화인 거죠?'라며 궁금한 점을 제시하고 있으므로 선지의 내용은 적절하다.
③ [B]에서 사랑은 나막신을 "비나 눈이 올 때 주로 신었"다는 진행자의 말과 화면에 나타난 나막신의 형태가 '무거워 보'인다는 자신의 감상을 연결하여, 나막신은 '역시 일상에서는 신기 어려웠겠'다는 이해를 도출하고 있으므로 선지의 내용은 적절하다.
⑤ [C]에서 대호는 '희진 님 채팅을 보니 저도 궁금하네요.'라며 앞선 희진의 발화 '나막신을 신어 보는 체험을~신어 보고 싶어졌어요.'에 공감을 표하고 있다. 또한 그로부터 떠올린 의문인 '나막신을 아직까지 신는 나라도 있나요?'를 제기(의견인 문제를 내어놓음)한 후, '요즘은 기능성 신발이 많으니 없을 것 같기도 하고……'라며 자신의 추측을 제시하고 있으므로 선지의 내용은 적절하다.

42. ②
* 정답 해설
② (나)에서 상영은 '방송 진행 중에 시청자 수가 계속 늘어나던데, 중간에 유입된 시청자를 위해 다시보기 서비스가 있다는 걸 방송 끝날 때 알려 주면 더 좋지 않을까요?'라며 방송에서 진행자가 보인 아쉬운 부분에 대해 보완할 방법을 제안하고 있다. (가)의 화면을 보면 실제로 시청자 수가 '249명'에서 '274명'으로 늘어났음을 확인할 수 있는데, (가)에서 진행자는 중간에 유입된 시청자가 놓친 방송을 시청할 수 있는 다시보기 서비스에 관해 설명하고 있지 않으므로 선지의 내용은 적절하다.

* 오답 해설
① (나)에서 상영은 진행자가 방송에서 보인 아쉬운 점을 밝히기 위해 진행자가 '질문을 남긴 시청자의 말에만 반응을 하고 답변해' 준 것에 대해 아쉬움을 드러내고 있다. 질문에 답변이 없었던 모습을 지적하지는 않았으므로 선지의

내용은 적절하지 않다.

③ (나)에서 상영은 자신의 댓글이 숨겨진 화면을 캡처하여 제시한 후 '방송에서 이런 기능이 있음을 먼저 알려 줘야 할 것 같'다며 방송에서 진행자가 보인 아쉬운 부분에 대해 보완할 방법을 제안하고 있다. 그러나 특정 채팅 내용이 숨김 처리된 이유를 모든 수용자에게 공개할 것을 제안하지는 않았으므로 선지의 내용은 적절하지 않다.

④ (나)에서 상영은 '요즘 제가 전통문화에 관심이 많아서 이번 나막신 편도 너무 재밌게 시청했습니다.'라고 말하며 자신의 개인적인 관심사를 밝히고 있을 뿐, 전통문화에 대한 최근의 세태를 언급하지는 않았으므로 선지의 내용은 적절하지 않다.

⑤ (나)에서 상영은 '시청자의 실시간 질문에 맞춰 정확한 정보를 전달하는 게 쉽지 않을 텐데 진행자 님 정말 대단해요.'라고 말하며 수용자와 실시간으로 소통하며 질문에 대한 정확한 정보를 전달하는 진행자의 전문성을 긍정적으로 평가하였다. 하지만 (가)에서 진행자가 방송을 시작할 때 해당 방송의 진행 순서를 안내하지 않았으며, (나)에서 진행 순서와 관련된 언급을 하지도 않았으므로 선지의 내용은 적절하지 않다.

## 43. ③
*** 정답 해설**

③ ⓒ에서 '에서'는 '앞말이 어떤 일의 출처임을 나타내는 격 조사'로 사용되었다. 즉, '에서'는 나막신이 발견된 출처가 동서양의 많은 나라임을 드러내기 위해 사용된 것일 뿐, 나막신을 발견하는 주체가 동서양의 많은 나라임을 드러내기 위해 사용된 것이 아니다.

*** 오답 해설**

① ⓐ에서 '마다'는 "'앞말이 가리키는 시기에 한 번씩'의 뜻을 나타내는 보조사"로 사용되었다. 즉, 해당 방송이 매주 수요일에 주기적으로 진행된다는 사실을 드러내기 위해 사용된 것이므로 적절하다.

② ⓑ에서 '수'는 '어떤 일을 할 만한 능력이나 어떤 일이 일어날 가능성'을 나타내는 의존 명사로 사용되었다. 즉, 수용자가 실시간 채팅으로 자신들의 의견을 표출할 수 있는 능력이 있음을 나타내기 위해 사용된 것이므로 적절하다.

④ ⓓ의 '실제로'는 '거짓이나 상상이 아니고 현실적으로'라는 뜻을 갖는 부사로, 나막신이 너무 무거워서 일상에서 신기는 어려웠을 것이라는 사랑의 추측이 사실임을 강조하고 있으므로 적절하다.

⑤ ⓔ에서 '으로'는 '어떤 일의 방법이나 방식을 나타내는 격 조사'로 사용되었다. 즉, '으로'를 사용해 네덜란드에서 여전히 나막신이 관광 상품으로 소비되고 있음을 드러내고 있으므로 적절하다.

## 44. ③
*** 정답 해설**

③ (가)에서, '김◇◇님의 취향을 반영한 도서 추천' 아래 노출된 두 개의 도서 정보에는 각각 '리뷰 164개', '리뷰 52개'가 제시되어 있다. 또한 '※ 표지를 누르면 도서 정보와 리뷰를 읽을 수 있는 페이지로 이동합니다.'라는 안내 문구가 바로 밑에 제시되어 있다. 이를 통해 (가)에서는 사용자가 특정 도서, 즉 특정 화제에 관한 다른 사용자들의 의견을 접할 수 있는 기능을 제공함을 알 수 있다. 그러나 (나)는 '1:1 문의 내용'을 확인하는 페이지로, 여기서는 특정 화제에 관한 여러 의견을 접할 수 있는 기능을 제공하고 있지 않다.

*** 오답 해설**

① (나)에서 직원은 '우리 전자책 앱이 고객님의 개인 정보를 어떻게 관리하는지 확인하실 수 있'는 '개인 정보 처리 방침'의 문서를 게시물에도 첨부하겠다고 말하였다. 또한 해당 글의 제목 옆에는 파일 모양의 아이콘과 '다운로드'라는 문자가 표출되고 있다. 이를 통해 (나)는 사용자끼리 파일을 주고받는 기능을 제공함을 알 수 있다. 그러나 (가)에서는 사용자끼리 파일을 주고받을 수 있는 기능을 찾을 수 없다.

② (나)에서는 문의 글 '전자책 앱 이용 관련하여...' 하단에 '수정하기'와 '삭제하기' 아이콘이 있음을 확인할 수 있다. 그러나 (가)에서는 노출된 정보를 수정하거나 삭제할 수 있는 기능을 확인할 수 없다.

④ (가)의 '고객 센터' 항목 아래에는 '실시간 챗봇 상담(24시간)', '1:1 문의 접수 및 내용', '(평일 09:00~18:00)'이 나열되어 있다. 이는 전자책 앱 이용자가 특정 문제에 관해 문의할 수 있는 다양한 방법들에 해당한다. 그러나 (나)에서는 그러한 방법 중에서 '1:1 문의'만이 나타나 있다.

⑤ (가)에서는 '검색'을 통해 사용자가 전자책 앱 내부의 원하는 정보를 선별하는 기능을 제공하고 있다. 그러나 (나)에서는 검색 기능을 확인할 수 없다.

## 45. ⑤
*** 정답 해설**

⑤ (나)에서 학생은 '요즘 타 앱에서 개인 정보가 유출되는 사고가 있어서 불안'하다고 말하면서, '개인 정보를 어떻게 관리하고 있는지 사용자가 확인할 수 있는 방법은 없'는지 묻고 있다. 이에 직원은 '전자책 앱 하단'의 '개인 정보 처리 방침' 문서로 이어지는 하이퍼링크(ⓜ)를 통해 '우리 전자책 앱'이 '개인 정보를 어떻게 관리하는지 확인하실 수 있'다고 답하였다. 즉, ⓜ은 전자책 앱이 어떻게 사용자의 개인 정보를 관리하는지에 관한 정보를 담고 있는 것이지, 사용자가 개인 정보를 관리하는 방법을 안내하는 것은 아니다.

* 오답 해설

① (나)에서 학생은 '가끔 다른 가족이 제 전자책을 읽을 때가 있'다고 말하면서, '최근 검색어' 목록(㉠)이 보이지 않았으면 좋겠다고 말하였으므로 적절하다.

② (나)에서 학생은 '취향을 반영한 도서 추천'(㉡)에서 도서를 추천하는 기준을 묻고 있다. 이에 직원은 '고객님이 자주 읽은 분야의 인기 도서 혹은 고객님의 연령대에서 선호하는 도서를 노출'한다고 답하였으므로 적절하다.

③ (나)에서 학생은 "전자책은 배송되지 않는 상품이라고 안내하면서, '주문 내역'의 아이콘(㉢)이 트럭 모양인 것"이 '전자책에 익숙하지 않은 사용자'에게 혼란을 줄 수 있다고 지적하였으므로 적절하다.

④ (나)에서 학생은 자신이 '한꺼번에 여러 책을 읽'는다고 말하면서, '지금 내가 읽고 있는 책'(㉣)에 '제일 최근에 읽은 책만 떠서 불편'하다고 지적하였다. 그러나 이에 대해 직원은 '가장 최근에 읽은 책 한 권만을 노출하는 것은 실제 사용자들의 앱 이용 패턴을 분석한 결과를 반영한 것'이라고 말하면서, '현 상태를 유지하기로 했'음을 밝혔다. 이는 여러 사용자의 편의를 위해 해당 기능을 수정하지 않겠다는 것이므로 적절하다.

# 전형태 모의고사 3회 정답 및 해설

## • 1교시 국어 영역 •

***공통**

| 1 | ⑤ | 2 | ③ | 3 | ② | 4 | ⑤ | 5 | ③ |
|---|---|---|---|---|---|---|---|---|---|
| 6 | ⑤ | 7 | ④ | 8 | ④ | 9 | ① | 10 | ① |
| 11 | ② | 12 | ④ | 13 | ⑤ | 14 | ② | 15 | ② |
| 16 | ④ | 17 | ④ | 18 | ② | 19 | ② | 20 | ⑤ |
| 21 | ④ | 22 | ② | 23 | ⑤ | 24 | ① | 25 | ③ |
| 26 | ③ | 27 | ③ | 28 | ③ | 29 | ③ | 30 | ① |
| 31 | ② | 32 | ③ | 33 | ④ | 34 | ③ | | |

***선택 과목(화법과 작문)**

| 35 | ⑤ | 36 | ④ | 37 | ④ | 38 | ⑤ | 39 | ③ |
|---|---|---|---|---|---|---|---|---|---|
| 40 | ② | 41 | ⑤ | 42 | ④ | 43 | ② | 44 | ② |
| 45 | ④ | | | | | | | | |

***선택 과목(언어와 매체)**

| 35 | ⑤ | 36 | ④ | 37 | ② | 38 | ⑤ | 39 | ③ |
|---|---|---|---|---|---|---|---|---|---|
| 40 | ⑤ | 41 | ② | 42 | ③ | 43 | ④ | 44 | ③ |
| 45 | ① | | | | | | | | |

## [독서]

### 1. ⑤
*** 정답 해설**

⑤ 3문단에 따르면, 문자 언어를 매개로 하는 읽기는 음성 언어를 매개로 하는 대화와 마찬가지로, 한쪽이 상대방에게 일방적으로 의미를 건네는 것이 아니라 양쪽이 함께 의미를 만들어 내는 의사소통이다. 즉, 당사자 양쪽이 함께 의미를 만드는 것은 음성 언어를 매개로 한 의사소통에서도 발견할 수 있는 특징이므로 선지의 내용은 적절하지 않다.

*** 오답 해설**

① 3문단에 따르면, 문장 간 의미 또는 문단 간 의미를 연결하여 판단함으로써 글의 문맥에 따른 암시적 의미를 추론할 수 있으며, 이를 추론적 읽기라고 칭하므로 선지의 내용은 적절하다.

② 2문단에 따르면, 언어로 명시된 단어나 문장 및 그 연결 관계와 지시 관계를 파악하면, 글 전체의 의미망을 구성할 수 있으며, 이것이 필자와 독자 간의 의사소통에서 전달되는 기본적인 의미가 되므로 선지의 내용은 적절하다.

③ 3문단에 따르면, 추론적 읽기에 초점을 맞출 경우, 글의 의미는 독자에 의해 최종적으로 구성된다고 할 수 있으므로 선지의 내용은 적절하다.

④ 2문단에 따르면, 글의 줄거리, 전개 과정, 세부 내용과 중심 내용, 의미 구조 등을 알면 명시적 의미를 이해할 수 있으므로 선지의 내용은 적절하다.

### 2. ③
*** 정답 해설**

③ 〈보기〉의 ⓓ는 학생 독자가 평소 친구들에게 들었던 이야기에 해당하므로 4문단에 언급된, '필자의 의도와 무관'한 '(독자) 자신만의 맥락'에 해당한다고 볼 수 있다. 또한, ⓔ는 칸트가 경험주의와 합리주의라는 서양 철학을 하나로 집대성해 철학사적으로 큰 의미를 지닌다는 '개론서'의 명시적 내용을 기반으로 삼아, 학생 독자가 자신만의 맥락(ⓓ)에 대한 의미를 새롭게 구성해 낸 결과물로 볼 수 있다. 즉, ⓔ는 4문단에서 말하는 '잠재적 의미'를 새롭게 구성해 낸 결과에 해당한다고 볼 수 있다. 따라서 선지의 내용은 적절하다.

*** 오답 해설**

① 〈보기〉의 ⓐ는 '윤리와 사상 교과서'에서 왜 칸트 철학이 강조되는 것인지에 대한 독자의 의문이므로 4문단에 언급된, 독자가 필자의 의도 이상의 의미를 찾아낸 단계에 해당한다고 볼 수 있다. 또한, ⓔ는 학생이 자기 친구들과 관련된 맥락에서 책의 의미를 찾은 것이므로, 암시적 의미를 추론하는 '추론적 읽기' 이상의 잠재적 의미를 학생 독자가 구성해 낸 결과라고 볼 수 있으므로 선지의 내용은 적절하지 않다.

② 〈보기〉의 ⓑ는 '필자의 표현을 빌린 것임을 고려할 때, 1문단에서 말하는 필자의 뜻이 실린 '명시적 언어 표현'에 해당한다고 볼 수 있다. 반면, ⓒ는 '칸트 연구자가 쓴 개론서'의 설명을 읽은 후 윤리 교과서에 대해 품은 의문이 해소되었다는 내용이다. 2문단에 따르면, '글 전체의 의미망'을 구성하는 것은 명시적 의미를 이해하는 사실적 읽기와 관련되는 것이므로, ⓒ에서 사실적 읽기에 따른 '글 전체의 의미망'이 나타난다고 볼 수는 없다.

④ 〈보기〉의 ⓐ는 '윤리와 사상 교과서'에서 왜 칸트 철학이 중요하게 다루어지는 것인지에 대한 독자의 의문이다. 이때 학생 독자는 '칸트 철학이 중요하다'는 교과서의 기본 내용 자체를 파악하고 있으므로, ⓐ에 '필자가 글을 통해

전하려 했던 기본 의미'를 정확히 알기 전의 모습이 나타
난다고 보기 어렵다. 또한, ⓑ는 '개론서'의 명시적 표현을
가져온 내용에 해당한다. 즉, 두 내용은 서로 다른 책에
관한 내용이므로 ⓐ와 ⓑ를 기본 의미를 정확히 알기 전
후로 나누어 이해할 수는 없다.
⑤ 4문단에 따르면 〈보기〉의 ⓓ는 '필자와는 다른 경험'을
떠올리는 것으로, '필자의 의도'와 무관한 학생 독자만의
맥락에 해당한다. 한편, ⓒ는 '개론서'의 필자가 글에 숨겨
둔 '암시적 의미'를 추론했다는 내용이 아니라, ⓑ에서 파
악한 '개론서'의 내용을 명시된 그대로 이해하여 그와 다
른 책인 '윤리와 사상 교과서'에 대한 의문(ⓐ)을 해소할
수 있었다는 내용에 해당하므로, '잠재적 의미'를 구성한
것으로 볼 수 있다.

## 3. ②
* **정답 해설**
② 2문단에 따르면, 언어로 명시된 단어나 문장 및 그 연결
관계와 지시 관계를 파악하면 글 전체의 의미망을 구성할
수 있으며, 이것이 필자와 독자 간의 의사소통에서 전달되
는 기본적인 의미가 된다. 여기서 말하는 기본적인 의미는
㉠(명시적 의미)에 해당하므로 선지의 내용은 적절하지 않
다.

* **오답 해설**
① 2문단에 따르면, 글의 줄거리를 아는 것은 ㉠에 대한 이
해와 연결된다.
③ 4문단에 따르면, 독자는 필자의 의도와 무관하게 자신만
의 맥락이나 배경지식에 비추어 글의 ㉢(잠재적 의미)까지
새롭게 구성할 수 있으므로, 이는 ㉢에 대한 이해와 연결
된다.
④ 1~2문단에 따르면, 필자와 독자 간의 의사소통인 독서는
기본적으로 명시적 언어 표현을 아는 데에서 시작하며, 이
러한 명시적 언어 표현을 아는 것이 곧 ㉠을 이해하는 것
에 해당한다. 한편, 3~4문단에 따르면 독자는 그러한 의
사소통 과정에서 명시적 의미를 넘어 ㉡(암시적 의미), ㉢
을 구성하는 데까지 나아갈 수 있다.
⑤ 2문단에 따르면, ㉠을 파악하는 사실적 읽기에만 초점을
맞출 경우, 글의 의미는 객관적으로 정해진 것으로 전제되
곤 한다. 따라서 글의 의미가 누구에게나 객관적이라고 생
각하는 이들은, 필자의 의도와 무관하게 독자 자신의 맥락
이나 배경지식에 비추어 파악하는 ㉢보다 ㉠을 파악하기
위한 언어 표현 분석을 중시할 것이다.

[비문학-인문]

## 4. ⑤
* **정답 해설**
⑤ (나)의 1, 4문단에 따르면, 책선은 사적 관계의 친우를
견책(허물이나 잘못을 꾸짖고 나무람)하여 유교에서 말하
는 최고의 상태인 선으로 인도하는 것을 의미하는데, 이러
한 책선은 책선하는 사람이 '성의'를 바탕으로 자신의 책
선에 설득력을 부여할 때 책선 대상자에게 올곧게 수용될
수 있다. 이때 성의에 따라 선과 악을 정확히 분별하여
자신의 의지를 성실히 행하는 사람은 친우의 선하지 않은
행동에도 불쾌함을 느끼게 되어 책선을 행하게 된다고 하
였다. 즉, 성의를 토대로 선을 권면하는 사람은 책선을 행
하는 과정에서 부정적 감정을 느낄 수 있으므로 선지의
내용은 적절하지 않다.

* **오답 해설**
① (가)의 1문단에 따르면, 유교적 관점에서는 사적 영역의
일이 공적 영역의 일과 밀접한 관계에 있다고 보는데, 사
적 영역의 일들에는 가문 간 관계 등과 관련한 것들이 속
한다. 이를 통해 유교적 관점에서 서로 다른 가문 간 관
계와 관련한 일들은 개인적 영역의 일로 다루어졌음을 알
수 있다.
② (가)의 2문단에 따르면, 동림당은 실증에 근거한 탐구와
삶에 실질적인 이익을 주는 학문을 추구하였다. 이를 통해
동림당 무리는 학문이 인간의 삶에 실질적인 이익을 가져
다주어야 한다고 주장했음을 알 수 있다.
③ (가)의 2문단에 따르면, 중국 명대 말기의 붕당이었던 동
림당은 당대 유행했던 양명학 대신 주자학으로의 복귀를
주장하는 복고주의 학풍을 내세웠다. 이를 통해 명나라 말
기에는 양명학이 성행했으며, 그에 반대하여 과거의 학풍
을 이어 나가려는 움직임이 있었음을 알 수 있다.
④ (나)의 1문단에 따르면, 유교적 관점에서 최고의 상태인
선은 하늘로부터 부여받은 인간의 본성이 자연스럽게 발
현됨으로써 나타난다고 보았다. 이를 통해 유교에서는 인
간에 내재한 선천적 본성이 자연스럽게 드러나야 선이라
는 최고의 상태에 도달할 수 있다고 보았음을 알 수 있
다.

## 5. ③
* **정답 해설**
③ (가)의 2문단에 따르면, 붕당은 학맥 혹은 지역적 유사성
을 토대로 연결된 이들이 모여 하나의 정치적 목소리를
내는 집단이었다. 따라서 붕당이 각기 다른 지역의 이들에
의해 결성되었다는 선지의 내용은 적절하지 않다.

* **오답 해설**
① (가)의 2, 4문단에 따르면 동림당 구성원들은 사적 영역

*2*

에서의 도덕 수양과 공적 영역에서의 정치 개혁이 연계되어야 한다고 보았으며, 엄당 구성원들의 비도덕성을 근거로 엄당의 정책을 비난하기도 했다. 이를 통해 동림당이라는 붕당이 개인적 삶, 즉 사적 영역과 관련한 견해를 토대로 정치적 주장을 개진(주장이나 사실 따위를 밝히기 위하여 의견이나 내용을 드러내어 말하거나 글로 씀)하기도 했음을 알 수 있다.

② (가)의 4문단에 따르면, 붕당은 유교적 관점에서 사적 영역과 공적 영역의 밀접한 연관성을 토대로 기능한다고 간주되어 왔으나, 현대에 들어 사적 영역과 공적 영역에서의 활동을 분리해 평가되기도 한다. 이에 당대에는 구성원들의 비도덕성을 근거로 비난받았던 엄당의 정책들이, 현대에는 명대 말의 국가 재정을 유지하는 데 핵심적인 역할을 한 것으로 평가되기도 하였다. 이를 통해 붕당이 당대에 주장했던 정책들이 현대적 관점에서는 달리 평가받기도 함을 알 수 있다.

④ (가)의 3문단에 따르면, 엄당의 구성원들은 황제의 신임을 바탕으로 권력을 독점한 후 황제의 권위를 강화하여 국정을 운영해야 한다고 주장하면서, 부패와 전횡(권세를 혼자 쥐고 제 마음대로 함)을 통해 기득권을 유지하고 동시에 사익을 축적했다. 이를 통해 붕당의 구성원들이 공적 영역에서 자신들의 사적 이익을 추구하는 행동을 하기도 하였음을 알 수 있다.

⑤ (가)의 2문단에 따르면, 붕당은 학맥을 토대로 연결된 이들이 모여 하나의 정치적 목소리를 내는 집단이었으며, 이러한 붕당의 구성원들은 대체로 학문적·정치적 견해를 같이하였다. 그리고 동림당 또한 주자학으로의 복귀를 주장하는 복고주의 학풍을 토대로 결성되었다고 하였다. 이를 통해 붕당의 구성원들과 학문적 견해가 일치하지 않는다면 그 붕당에 소속되기가 어려웠음을 알 수 있다.

## 6. ⑤
*** 정답 해설**
⑤ [A]에 따르면 송시열은 윤선거가 생전에 남긴 편지를 계기로 그가 자신과 정치적 견해가 다른 정적이었음을 깨닫게 되었으며, 이로 인해 윤선거가 자신에게 책선이 아닌 정적으로서의 공격을 행했다고 보았다. 한편, (나)의 2문단에 따르면 책선은 책선하는 사람과 책선 당하는 사람이 사적으로 친밀한 관계일 뿐 아니라, 공적 영역에서도 서로 적대하지 않는 관계여야 한다. 이를 종합해 볼 때, 만약 윤선거와 송시열이 같은 정치적 견해를 공유하는 관계였다면, 송시열은 윤선거를 정적으로 평가하지 않고 윤선거가 자신에게 행한 견책이 책선이었다고 인정할 것이다. 즉, 윤선거가 송시열과 같은 정치적 견해를 공유했음에도 송시열이 그의 견책을 책선으로 인정하지 않았다면, 그러한 송시열의 주장은 정당하지 않다고 추론할 수 있다.

*** 오답 해설**
① [A]에 따르면 윤선거와 송시열은 사적으로 소원한 관계가 아니라 친우 관계였으며, 송시열이 윤선거의 견책을 책선으로 인정하지 않았던 이유는 윤선거와의 정치적 견해가 달랐기 때문이다. 따라서 윤선거가 사적으로 송시열과 소원하였기에 윤선거의 책선이 정당하지 않다고 추론하는 것은 적절하지 않다.

② [A]에 따르면 송시열은 윤선거가 생전에 자신에게 남긴 편지를 계기로 그가 자신과 정치적 견해가 다른 정적이었음을 깨닫게 되었으며, 이로 인해 윤선거가 자신에게 책선이 아닌 정적으로서의 공격을 행했다고 보았다. 한편, (나)의 2문단에 따르면 책선은 책선하는 사람과 책선 당하는 사람이 사적으로 친밀한 관계일 뿐만 아니라, 공적 영역에서도 서로 적대하지 않는 관계여야 한다. 즉, 윤선거가 송시열과의 정적 관계를 토대로 책선을 행했다면 윤선거의 책선은 정당하지 않은 것이므로, 그 책선이 정당했다는 추론은 적절하지 않다.

③ [A]에 따르면 송시열은 윤선거의 아들인 윤증의 부탁을 받아 윤선거의 묘비명을 저술했는데, 윤증 가문에서는 송시열이 평소 윤선거로부터 책선 당했던 것에 대한 개인적 앙심을 품어 윤선거에 관한 칭찬을 남기지 않았다고 여겼다. 한편, (나)의 2문단에 따르면 책선이 제대로 작동하기 위해서는 책선하는 사람과 책선당하는 사람이 서로 사적으로 친밀한 관계여야 하며, 공적인 영역에서도 적대하지 않는 관계여야 한다. 윤선거가 송시열을 사적 관계가 아닌 공적 관계로 대했다면, 이는 사적으로 친밀하여야 한다는 책선의 전제에 위반되는 행위이므로 윤선거의 견책을 책선이라고 볼 수 없으며, 이에 따라 윤증 가문의 주장도 정당하다고 볼 수 없다. 또한, 공적 관계에서도 송시열이 주장한 것처럼 정적이 맞았다면 적대하지 않는 관계여야 한다는 전제에 위반되는 행위이므로 윤선거의 견책을 책선이라고 볼 수 없으며, 이에 따라 윤증 가문의 주장도 정당하다고 볼 수 없다.

④ [A]에 따르면 송시열은 윤선거가 생전에 남긴 편지를 계기로 그가 자신과 정치적 견해가 다른 정적이었음을 깨닫게 되었으며, 이에 윤선거가 책선이 아닌 정적으로서 공격을 행했다고 여겨 윤선거의 묘비명에 윤선거에 관한 칭찬을 남기지 않았다. 즉, 송시열이 윤선거 생전에는 그를 정적으로 대하지 않았다가, 윤선거 사후에는 정적으로 여기게 된 것이므로 공적 영역에서의 송시열의 태도가 변화했다고 볼 수는 있다. 그러나 윤선거를 정적으로 판단하여 송시열이 칭찬 없는 묘비명을 작성한 것은 그와 정치적 견해가 달랐음을 깨달아 그의 견책을 정적으로서의 공격이라고 판단했기 때문이므로, 이때 송시열이 남긴 묘비명은 정당하다고 볼 수 있다.

## 7. ④
*** 정답 해설**
④ (가)의 1문단에 따르면, 붕당은 사적 영역과 공적 영역의 밀접한 연관성을 토대로 기능하는 것으로 간주되어 왔다.

엄당 구성원들의 비도덕성이 근거가 되어 그들의 정책 또한 비난받았던 것처럼 사적 영역과 공적 영역이 같은 평가를 받는다는 것이다. 그러나 (가)의 4문단에 따르면, 현대에 들어, 엄당의 정책들이 국가 재정을 유지하는 데 핵심적인 역할을 했다는 견해가 제기되는 등 사적 영역과 공적 영역이 단순히 상호 연관되어 평가되는 것이 아니라 훨씬 더 복잡한 관계 양상을 지녔다고 보는 시각(ⓛ)이 등장하였다. 즉, ⓛ은 사적 영역과 공적 영역이 구분되어 달리 평가될 수 있음을 인정하는 주장이라고 할 수 있다. 한편, (나)의 1문단에 따르면, 책선은 사적 영역에서의 선뿐만 아니라 공적 영역에서의 선 또한 권면함(ⓒ)으로써 도덕적 태도와 정치적 태도를 일치시킬 수 있다. 즉, ⓒ은 사적 영역과 공적 영역에서 동일한 가치인 선이 실현될 수 있음을 인정하는 주장이라고 할 수 있다.

## * 오답 해설

① ㉠ O, ⓛ X / (가)의 1, 4문단에 따르면, 유교에서는 사적 영역의 일이 공적 영역의 일과 밀접한 관계에 있다는 관점(㉠)을 드러냈으며, 이에 따라 엄당은 사적 영역에서의 비도덕성으로 인해 공적 영역에서 내세운 정책까지 비난을 받았다. 즉, ㉠은 사적 영역의 비도덕성을 근거로 공적 영역의 성취까지 폄하할 수 있다는 주장이라고 할 수 있다. 한편, (가)의 4문단에 따르면, 현대에 들어, 사적 영역과 공적 영역에서의 활동을 분리해 평가하려는 시도들이 나타났으며, 두 영역이 훨씬 더 복잡한 양상을 드러낸다고 보는 시각(ⓛ)이 등장했다. 비도덕성을 이유로 비난받았던 엄당의 정책들이 사실은 국가 재정을 유지하는 데 핵심적인 역할을 했다고 평가받을 수 있다는 것이다. 즉, ⓛ은 사적 영역의 도덕성이 공적 영역의 성취를 평가하는 기준이 될 수 '없다'는 주장이라고 할 수 있다.

② ㉠ X, ⓛ X / (가)의 1~2문단에 따르면, 유교에서는 사적 영역의 일이 공적 영역의 일과 밀접한 관계에 있다는 관점(㉠)을 드러냈으며, 과거의 붕당은 학맥이나 지역적 유사성과 같은 사적 영역의 공통점을 토대로 공적 영역에서 하나의 목소리를 내는 집단이었다. 즉, ㉠은 사적 영역에서의 다양성이 아닌 유사성을 토대로 공적 영역의 붕당이 형성된다고 보는 주장이다. 한편, (가)의 4문단에 따르면, 현대에 들어, 사적 영역과 공적 영역이 실제로는 동일하게 평가될 수 없는 복잡한 양상을 지녔다고 보는 시각(ⓛ)이 등장하였다. 그러나 ⓛ은 공적 영역과 사적 영역을 분리하여 평가하려는 시도일 뿐, 공적 영역에서의 다양성이 사적 영역에서도 유지되어야 한다는 주장이 아니다.

③ ㉠ O, ⓒ X / (가)의 1~2문단에 따르면, 유교에서는 사적 영역의 일이 공적 영역의 일과 밀접한 관계에 있다는 관점(㉠)을 드러냈으며, 이를 토대로 사적 영역에서의 도덕 수양과 공적 영역에서의 정치 개혁이 연계되어야 한다는 주장이 펼쳐지기도 했다. 즉, ㉠은 사적 영역에서의 도덕 수양이 공적 영역의 정치 개혁으로 이어질 수 있다고

여기는 주장이라고 할 수 있다. 한편, (나)의 1문단에 따르면, 책선은 사적 영역에서의 선뿐만 아니라 공적 영역에서의 선 또한 권면할 수 있다(ⓒ). 이때 (나)의 2문단에 따르면, 책선이 제대로 작동하기 위해서는 몇몇 전제가 필요한데, 책선하는 사람과 책선 당하는 사람이 사적으로 친밀한 관계일 뿐만 아니라 공적 영역에서도 서로 적대하지 않는 관계여야 한다. 즉, ⓒ은 사적 영역과 공적 영역에서 모두 친밀한 관계를 맺어야 책선이 제대로 기능할 수 있다는 의미일 뿐, 사적 영역에서의 친소 관계가 공적 영역의 친소 관계를 보증한다는 주장이 아니다.

⑤ ⓛ X, ⓒ O / (가)의 4문단에 따르면, 현대에 들어, 사적 영역과 공적 영역이 단순히 상호 연계되어 있는 것이 아니라 복잡한 양상을 지니므로, 동일하게 평가되는 것이 아니라 구분되어 평가되어야 한다는 관점(ⓛ)이 등장했다. 그런데 (가)의 3문단에 따르면, 붕당의 구성원들은 사적 네트워크를 형성해 그 네트워크에 속해 있는 이들을 공적 영역에서도 보호하기도 했는데, 이는 사적 영역의 관계를 공적 영역에도 그대로 적용한 것이라고 볼 수 있다. 즉, ⓛ이 사적 관계의 대상을 공적 영역에서 배타적(남을 배척하는 것)으로 보호하려는 데서 비롯된 주장이라고 볼 수는 없다. 한편, (나)의 1문단에 따르면, 책선은 사적 관계의 친우를 견책하여 선으로 인도하는 것을 말하는데, 이때 책선은 사적 영역의 선뿐만 아니라 공적 영역의 선 또한 권면할 수 있는 것이었다(ⓒ). 즉, ⓒ은 사적 관계의 친우를 사적·공적 선으로 인도하려는 데에서 비롯된 주장이라고 볼 수 있다.

## 8. ④
## * 정답 해설

④ (나)의 2문단에 따르면, 책선이 제대로 작동하기 위해서는 책선하는 사람과 책선 당하는 사람이 사적으로 친밀한 관계일 뿐 아니라, 공적 영역에서도 서로 적대하지 않는 관계여야 했다. 소원한 관계에서의 책선은 개인적·정치적 공격으로 해석될 수 있기 때문이다. 한편, 〈보기〉에 따르면 하버마스는 왜곡된 공적 영역이 이상적으로 기능할 수 있도록 재활성화하기 위해서는 시민들이 사회적 연대에 적극적으로 참여해야 한다고 주장했다. 그러나 책선은 사적 영역뿐만 아니라 공적 영역에서 서로 적대하지 않는 친밀한 관계를 전제로 할 때 제대로 기능하는 것일 뿐, 책선이 공적 영역의 적대 관계를 해소할 수 있는 것은 아니므로 선지의 내용은 적절하지 않다.

## * 오답 해설

① (가)의 2문단에 따르면, 과거의 붕당은 학맥의 유사성을 토대로 연결된 이들이 모인 정치 집단이었는데, 대표적으로 명대 말기의 동림당은 당대 유행했던 양명학 대신 주자학으로의 복귀를 주장하는 복고주의 학풍을 토대로 하였다. 한편, 〈보기〉에 따르면 하버마스는 서양에서 근대 국가와 시장 경제가 출현하면서 공적 영역이 형성되었다

4

고 보았다. 따라서 하버마스는 공적 영역의 동림당이 근대 국가나 시장 경제와는 무관하게 학풍의 유사성에 근거해 형성되었다고 보는 것을 비판할 것이다.

② (가)의 3문단에 따르면, 황제의 신임을 바탕으로 권력을 독점한 정치 집단인 엄당은 황제의 권위를 강화할 것을 주장하며 기득권을 유지하였다. 한편, 〈보기〉에 따르면 하버마스는 공적 영역이 권력으로부터 독립적인 공간으로 기능해야 한다고 주장했다. 따라서 하버마스는 엄당이 황제의 권력으로부터 독립하지 않고 오히려 황제의 권위를 강화함으로써 기득권을 유지하려 한 것을 잘못이라고 볼 것이다.

③ (가)의 2~3문단에 따르면, 동림당은 공적 영역에서의 정치 개혁을 주장하였으며, 엄당은 동림당 같은 개혁 세력을 견제함으로써 기존의 체제를 유지하고자 하였다. 한편, 〈보기〉에 따르면 하버마스는 공적 영역에서 시민들이 이성적 토론을 거쳐 사회적 합의를 도출할 수 있다고 보았다. 따라서 하버마스는 정치 개혁을 둘러싼 동림당과 엄당의 이견이 공적 영역에서의 이성적 토론을 통해 합의에 이를 수 있다고 볼 것이다.

⑤ (나)의 1, 4문단에 따르면, 책선은 사적 영역에서의 도덕적 선뿐만 아니라 공적 영역에서의 정치적 선 또한 권면할 수 있는 것이었으며, 그러한 책선의 올바른 작동을 위해서는 책선을 행하는 사람이 성의를 토대로 자신의 책선에 설득력을 부여해야 한다. 한편, 〈보기〉에 따르면 하버마스는 시민들이 자기 본분을 다해야 공적 영역이 권력으로부터 독립적인 공간으로서 이상적으로 기능할 수 있다고 보았다. 따라서 하버마스는 개인이 성의를 바탕으로 책선을 행함으로써 공적 영역에서의 정치적 선이 실현된다고 본 것에 대해 수긍할 것이다.

## 9. ①
*** 정답 해설**
① @의 '지니다'는 '(어떤 대상이 일정한 성질이나 상태, 능력 따위를) 바탕으로 갖추고 있다.'의 의미이다. 선지의 '지니다' 또한 일정한 성질을 바탕으로 갖추고 있다는 의미이므로 @와 문맥상 의미가 가장 가깝다.

*** 오답 해설**
② 선지의 '지니다'는 '몸에 간직하여 가지다.'의 의미로 사용되었다.
③ 선지의 '지니다'는 '본래의 모양을 그대로 간직하다.'의 의미로 사용되었다.
④ 선지의 '지니다'는 '기억하여 잊지 않고 새겨 두다.'의 의미로 사용되었다.
⑤ 선지의 '지니다'는 '어떠한 일 따위를 맡아 가지다.'의 의미로 사용되었다.



## 10. ①
*** 정답 해설**
① 2문단에 따르면, 혈액의 흐름과 반대로 작용하는 힘인 혈관 저항은 혈관 반지름의 네제곱에 반비례하고, 혈액의 끈적한 정도인 점성 및 혈관 길이에 비례한다. 이때 일반적으로 인체의 혈관 길이는 변하지 않으므로, 주로 혈관의 반지름과 점성이 혈관 저항에 영향을 미친다. 따라서 혈관의 길이가 혈관 저항에 가장 큰 영향을 미친다는 선지의 내용은 윗글의 내용과 일치하지 않는다.

*** 오답 해설**
② 4문단에 따르면, 혈액의 점성으로 인해 혈액과 혈액이 아닌 다른 물질의 접촉면에서는 마찰 저항력이 발생하는데, 혈액의 속도가 느려질수록 마찰 저항력은 감소한다. 그리고 3문단에 따르면, 층류를 구성하는 혈액의 경우 혈관의 중심에 가까운 층일수록 혈액의 속도가 빠르다. 이를 종합할 때, 혈관 내벽과 접촉하는 층에서 멀어질수록 혈액의 속도가 빨라짐에 따라 마찰 저항력 또한 증가할 것임을 알 수 있다.
③ 1문단에서 인간의 혈액은 혈관을 통해 인체 내부를 순환하는데, 이때 심장에서 내뿜은 혈액을 각 신체 기관에 보내는 혈관을 동맥이라 하고, 이 혈액을 다시 심장으로 보내는 혈관을 정맥이라 한다고 하였다.
④ 4문단에 따르면, 혈관 질환인 동맥경화증이 발병하면 각 신체 기관에 공급되는 혈액량이 부족해짐에 따라 신체 기관의 손상뿐만 아니라 합병증도 나타날 수 있다. 한편, 5문단에서 혈관 질환의 치료법으로 제시된 인조 혈관 대체 수술 또한 합병증을 유발할 수 있다고 하였으므로, 선지의 내용은 윗글의 내용과 일치한다.
⑤ 5문단에 따르면, 혈관 질환의 치료법으로 좁아지거나 팽창한 혈관을 인조 혈관으로 대체하는 방법이 있다. 그런데 이처럼 문제가 생긴 혈관을 대체하는 소형 인조 혈관은 일반적으로 오래 사용하기 어렵다고 하였으므로, 선지의 내용은 윗글의 내용과 일치한다.

## 11. ②
*** 정답 해설**
② 3문단에 따르면, 혈액의 흐름은 층류와 난류로 구분되고, 레이놀즈수는 혈액이 층류일지 난류일지를 예측하는 데 사용된다. 한편, 2문단에 따르면, 혈액은 혈관 내부의 압력이 높은 곳에서 낮은 곳으로 흐르므로 혈액의 방향은 혈관 내부의 압력 차이에 의해서 결정되는 것임을 알 수 있다. 즉, 혈액의 레이놀즈수가 '혈관의 종류'에 따라 혈액의 방향을 예측하는 데 활용되는 것은 아니므로 선지의 내용은 적절하지 않다.

* 오답 해설
① 3문단에 따르면, 일반적으로 혈액은 레이놀즈수가 2,000 미만일 때 층류를 형성하고, 레이놀즈수가 2,000을 넘어서면 난류로 바뀐다. 또한, 난류는 혈관 내부를 무질서하게 흘러가는 혈액의 흐름이라고 하였다. 따라서 혈액의 흐름이 불규칙하게 바뀌는 기준이 되는 레이놀즈수가 약 2,000이라는 선지의 내용은 적절하다.
③ 3문단에 따르면, 일반적으로 레이놀즈수가 2,000 미만이면 혈액은 층류를 형성하고, 이때 혈액은 혈관 내벽과 평행한 방향으로 흐르면서 층을 형성한다.
④ 3문단에 따르면, 레이놀즈수가 2,000 미만이면 혈관 내부의 혈액은 층류를 형성한다. 이때 층류를 구성하는 각 혈액 층은 서로 다른 속도로 흘러간다. 혈액의 점성으로 인해 혈관 내벽과 접촉해 있는 층의 속도는 상대적으로 느려진다고 하였으므로 선지의 내용은 적절하다.
⑤ 3문단을 통해, 관성력이 커지고 점성력이 작아질수록 레이놀즈수의 값은 커질 것임을 알 수 있다. 또한 레이놀즈수가 2,000을 넘어서면 층류에서 난류로 바뀐다고 하였으므로, 레이놀즈수의 값이 커질수록 난류를 형성할 가능성이 커진다는 선지의 내용은 적절하다.

## 12. ④
* 정답 해설
④ 5문단에 따르면, 정맥류(ⓛ)는 정맥의 내벽이 약해져 팽창하는 질환으로, 정맥류가 발병하면 혈액을 심장 쪽으로 흐르게 하는 판막이 손상되어 혈액이 역류하게 된다. 이에 따라 정맥의 압력이 높아지고 정맥이 팽창하면서 피부 위로 검푸른 색깔의 반점이 나타난다. 그리고 이러한 정맥류는 혈관 내부의 난류에 의해 정맥 벽에 손상이 생겨 얇아진 정맥에서 발생할 수 있다고 하였다. 한편, 4문단에 제시된 동맥경화증(㉠)은 판막을 가진 정맥이 아닌 동맥에 발병하는 것이므로 선지의 내용은 적절하다.

* 오답 해설
① 4문단에 따르면, ㉠은 동맥의 내벽에 저밀도지질이 혈관 내벽에 쌓임으로써 동맥의 내부가 좁아지는 질환을 말한다. 하지만 혈액의 속도가 느려질수록 마찰 저항력이 감소함에 따라 혈액이 저밀도지질을 잘 운반하지 못하게 되고, 이에 따라 혈관 내벽에 쌓이는 저밀도지질이 혈관의 크기를 감소시키는 것이므로, 마찰 저항력이 커짐에 따라 ㉠이 발병한다는 선지의 내용은 적절하지 않다.
② 5문단에 따르면, ⓛ은 정맥의 내벽이 약해져 정맥이 팽창하는 질환을 말한다. 그런데 4문단에 따르면, 신체 기관에 공급되는 혈액량이 감소하여 합병증을 유발할 수 있는 것은 ⓛ이 아닌 ㉠이므로 선지의 내용은 적절하지 않다.
③ 4문단에 따르면, ㉠은 혈관 내벽에 저밀도지질이 쌓여서 발병한다. 그러나 혈관 내벽이 약해져 팽창하는 것은 ㉠이 아닌 ⓛ이다.
⑤ 4문단에 따르면, ㉠은 동맥 내부에 흐르는 혈액이 층류를 형성할 때, 혈액의 속도가 감소함에 따라 혈관 내벽에 저밀도지질이 쌓임으로써 발생한다. 또한, 5문단에서 ⓛ은 정맥 내부에 발생한 난류가 정맥 내벽을 손상시킴으로써 발생할 수 있다고 하였다. 즉, ㉠은 레이놀즈수가 2,000 미만일 때 형성되는 층류의 영향을 받고, ⓛ은 레이놀즈수가 2,000 이상일 때 형성되는 난류의 영향을 받으므로 선지의 내용은 적절하지 않다.

## 13. ⑤
* 정답 해설
⑤ 윗글의 ⓐ '흐르다'는 문맥상 '물줄기, 피 따위와 같은 액체 성분이 어떤 장소를 통과하여 지나가다.'의 의미로 사용되었다. 한편, 선지의 '통과하다'는 '어떤 곳이나 때를 거쳐서 지나가다.'의 의미로 사용되었으므로, ⓐ와 바꾸어 쓰기에 적절하다.

* 오답 해설
① 선지의 '정체하다'는 '사물이 발전하거나 나아가지 못하고 한자리에 머물러 그치다.'의 의미이다.
② 선지의 '분포하다'는 '일정한 범위에 흩어져 퍼져 있다.'의 의미이다.
③ 선지의 '확산하다'는 '흩어져 널리 퍼지다.'의 의미이다.
④ 선지의 '관통하다'는 '꿰뚫어서 통하다.'의 의미이다.

# [비문학－사회]

## 14. ②
* 정답 해설
② 2문단에 따르면, 사무 관리로 이익을 보는 사람을 본인, 사무 관리를 수행한 사람을 관리자라 한다. 또한 사무 관리 도중에 관리자가 자기 과실 없이 손해를 입었다면, 본인의 이익이 남아 있는 한도 안에서 본인에게 손해 배상을 청구할 수도 있다고 하였다. 이를 통해 사무 관리 도중에 관리자가 손해를 입었더라도, 사무 관리로 인해 발생한 본인의 이득을 넘어서는 수준으로 손해 배상을 청구할 수는 없음을 알 수 있다.

* 오답 해설
① 1문단에 따르면, 계약을 통해 발생하는 채권을 약정 채권이라 하며, 당사자의 의사와 무관하게 법률 규정에 의해 발생하는 채권은 법정 채권이라 한다. 그런데 1문단에서 채권은 주로 계약을 통해 발생한다고 하였으므로, 법정 채권이 아닌 약정 채권이 채권의 주된 형태임을 알 수 있다.
③ 1문단에 따르면, 행위를 청구하는 쪽이 채권자이고 청구를 받는 쪽이 채무자이다. 이때 2, 4문단에 따르면, 사무

관리에 따른 법정 채권이 발생할 때에는 사무 관리에 지출한 비용인 필요비 또는 사무 관리 과정에서 자기 과실 없이 발생한 손해를 본인에게 청구할 수 있는 관리자가 채권자이다. 그러나 부당 이득에 따른 법정 채권이 발생할 때에는 이득을 얻은 사람이 아닌, 수익자에게 부당 이득 반환을 청구하는 손실자가 채권자이다.

④ 3문단에 따르면, 사무 관리가 성립하기 위해서는 사무가 관리자의 것이면 안 되며, 이때 관리자가 다른 사람의 사무를 자기 것으로 오인하면 사무 관리가 성립하지 않는다고 하였다. 즉, 관리자가 타인의 사무를 자신의 사무로 착각하면 사무 관리가 성립하지 않으므로, 이 경우에는 사무 관리에 따라 관리자가 본인에게 필요비를 청구할 법정 채권도 관리자에게 주어지지 않을 것이다.

⑤ 4문단에 따르면, 부당 이득에 따른 법정 채권이 성립하였을 때 부당 이득 반환 청구권이 행사되면, 수익자가 얻은 원래 물건은 손실자에게 반환하는 것이 원칙이며, 그것이 불가능하다면 원래 물건과 같은 가치의 금액을 반환한다. 따라서 수익자가 얻은 물건의 가치에 상당하는 화폐 반환이 부당 이득 반환 청구권의 원칙이라고 할 수 없다.

## 15. ②

**＊ 정답 해설**

② ㉠ O, ㉡ X / 2문단에 따르면, ㉠(사무 관리)이 성립하면 관리자는 사무 관리에 지출한 비용인 필요비를 본인에게 청구할 수 있으며, 이때 손해를 입었을 시 손해 배상을 청구할 수도 있다. 즉, 사무 관리에 지출한 비용과 손해는 별개이므로 ㉠은 채권자가 손해를 입지 않아도 법적 채권이 성립할 수 있음을 알 수 있다. 한편 5문단에 따르면, ㉡(부당 이득)이 성립하기 위해서는 수익자의 이득에 따라 타인에게 손해가 발생해야 하고, 여기서 타인은 실제 손해 또는 기대 이득에 따른 손해를 본 손실자로서 부당 이득에 따른 법정 채권의 채권자에 해당한다. 따라서 해당 선지의 진술은 적절하다.

**＊ 오답 해설**

① ㉠ O, ㉡ O / 1문단에 따르면, ㉠에 따른 법정 채권과 ㉡에 따른 법정 채권은 모두 당사자의 의사와 무관하게 법률 규정에 따라 발생하는 법정 채권이다. 즉, ㉠과 ㉡은 모두 당사자 간 사전 합의가 없어도 법정 채권이 성립할 수 있다.

③ ㉠ O, ㉡ X / 3문단에 따르면, ㉠의 채권자인 관리자의 행위가 채무자인 본인의 이익이나 의사에 부합하지 않는 경우 사무 관리에 따른 법정 채권이 성립하지 않을 것이다. 한편 4~5문단에 따르면, ㉡에 따른 법정 채권에서 채무자인 수익자의 의사에 반한다고 해서 부당 이득이 성립하지 않는 것은 아니다. 부당 이득의 수익자는 자신이 얻은 이득이 부당 이득이 아니라는 의사를 가지는 경우가 많을 것인데, 채무자가 얻은 이득을 반환하도록 하는 행위가 채무자의 의사에 반한다고 해서 법정 채권이 성립하지

않도록 하는 것은 부당 이득에 따른 법정 채권의 목적 자체에 어긋날 것이다.

④ ㉠ X, ㉡ O / 4문단에 따르면, ㉡의 경우 손실자가 채권자, 부당 이득의 수익자가 채무자가 된다. 그런데 이때, 채무자인 부당 이득의 수익자가 자신의 이득에 법률상 원인이 없다는 사실을 알지 못한 선의의 수익자라면 자신의 이득이 남아 있는 범위에서 부당 이득을 반환하면 되지만, 자신의 이득이 부당한 것임을 알고 있었음에도 이득을 취한 악의의 수익자는 부당 이득뿐만 아니라 이자와 채권자에게 발생한 손해까지 배상해야 한다. 즉, 부당 이득에 따른 법정 채권의 행사 과정에서는 채무자가 자신의 이득에 법률상의 원인이 없음을 인지하고 있었는지 그 여부를 파악하는 절차가 필요하다. 한편 2~3문단에 따르면, ㉠에 따른 법정 채권의 행사 과정에서는 법률상 원인의 부재에 대한 채무자의 인지 여부에 따라 채권 채무 관계의 세부적인 사항이 달라지지 않는다. 이때 사무 관리의 성립을 판단하기 위해서는 관리자가 다른 사람의 사무를 자기 것으로 오인하였는지 여부를 고려해야 하는데, 이는 채무자의 인지 여부를 살피는 것이 아니라 채권자의 인지 여부(오인 여부)를 살피는 것이다.

⑤ ㉠ O, ㉡ O / 2문단에 따르면, ㉠에 따른 법정 채권은 채권자인 관리자의 사무 관리 행위로 인해 채무자인 본인이 이득을 얻게 되었을 때, 채권자가 채무자에게 필요비 등을 청구하는 것이다. 한편 4문단에 따르면, ㉡에 따른 법정 채권은 채권자인 손실자의 재산이나 노동으로 인해 채무자인 수익자가 부당 이득을 얻었을 때 채권자가 채무자에게 부당 이득에 대한 반환 등을 청구하는 것이다. 요컨대 ㉠에 따른 법정 채권은 채권자의 사무 관리 행위로 채무자가 이익을 얻었을 때 발생하고, ㉡에 따른 법정 채권은 채권자의 재산이나 노동으로 채무자가 이익을 얻었을 때 발생한다고 볼 수 있다. 즉, ㉠과 ㉡ 모두 채권자로 인해 채무자가 이득을 얻었을 때 발생하는 것이다.

## 16. ④

**＊ 정답 해설**

④ ㉮는 부당 이득에 따른 법정 채권인 부당 이득 반환 청구권을 불법 행위에 따른 손해 배상 청구권과 대조할 때, 부당 이득 반환 청구권이 갖는 차이점을 말한다. 1문단에 따르면, 불법 행위를 행한 가해자에게 배상을 요구하는 손해 배상 청구권의 청구권자는 자신이 입증한 손해 전액을 채권자로서 가해자에게 청구할 수 있다. 한편 4문단에 따르면, 부당 이득임을 알고도 이득을 취한 악의의 수익자는 자신이 얻은 부당 이득에 이자를 붙여 반환해야 할 뿐만 아니라, 채권자인 손실자에게 발생한 손해까지 배상해야 한다. 즉 부당 이득에 따른 부당 이득 반환 청구권도, 불법 행위에 따른 손해 배상 청구권처럼 채권자가 채무자에게 손해에 대한 배상을 청구할 가능성이 있으므로 선지의 내용은 적절하지 않다.

**＊ 오답 해설**

① 1문단에서는 법정 채권 중 대표적인 것이 불법 행위를 행한 가해자에게 배상을 요구하는 손해 배상청구권이라고 하였다. 그런데 이러한 불법 행위 외에도 사무 관리나 부당 이득에 따라 법정 채권이 발생할 수 있다고 하였으므로 선지의 내용은 적절하다.

② 1문단에 따르면, 불법 행위에 따른 손해 배상 청구권은 채무자인 가해자의 불법 행위가 있어야 성립한다. 한편 5문단에 따르면, 급부 부당 이득은 채무자의 행위가 아니라 법률 행위의 소멸과 같은 법률 행위의 변경으로도 성립할 수 있으므로 선지의 내용은 적절하다.

③ 1문단에 따르면, 불법 행위를 행한 가해자에게 배상을 요구하는 손해 배상 청구권의 청구권자는 자신이 입증한 손해 전액을 채권자로서 가해자에게 청구할 수 있다. 한편 4문단에 따르면, 부당 이득임을 알고도 이득을 취한 악의의 수익자는 자신이 얻은 부당 이득에 이자를 붙여 반환해야 할 뿐만 아니라, 채권자인 손실자에게 발생한 손해까지 배상해야 한다. 즉, 채무자가 채권자의 손해액을 배상하도록 하는 손해 배상 청구권과 달리, 부당 이득에 따른 부당 이득 반환 청구권의 경우에는 채무자가 채권자의 손실액과 함께 자신이 얻은 부당 이득에 이자를 붙인 금액까지 배상해야 할 수도 있으므로 선지의 내용은 적절하다.

⑤ 1문단에 따르면, 불법 행위에 따른 손해 배상 청구권이 성립하면 청구권자는 자신이 입증한 손해 전액을 채무자인 가해자에게 청구할 수 있다. 한편 4문단에 따르면, 부당 이득이 인정되어 부당 이득 반환 청구권이 성립하였더라도, 그 채무자가 선의의 수익자라면 수익자는 자신이 이득을 얻는 과정에서 지출한 비용을 뺀 나머지만을 채권자인 손실자에게 반환하면 되므로 선지의 내용은 적절하다.

## 17. ④

**＊ 정답 해설**

④ 5문단에 따르면, 부당 이득이 성립하기 위해선 수익자의 이득에 따라 타인에게 손해가 발생해야 한다. 이때 손해는 반드시 현실적으로 나타나야 하는 것은 아니며, 수익자의 부당 이득이 원래 손실자가 얻을 수 있었던 이득인 기대 이득으로 인정되는 경우도 부당 이득이 될 수 있다. 그러므로 선지의 내용처럼 갑이 을의 행위로 인해 자신에게 현실적인 경제적 손해가 발생했음을 입증하지 못하더라도, 본래 갑이 귀국 후에 자신 소유의 과실수를 가꾸어 과실을 수확하고 판매하여 이익을 얻으려고 했었다면, 을이 얻은 부당 이득이 갑의 기대 이득으로 인정될 수 있을 것이다. 이때 4문단에 따르면, 부당 이득에 따른 법정 채권이 성립하면, 부당 이득 반환 청구권을 채권자가 행사할 수 있으며, 이러한 부당 이득 반환 청구권은 수익자에게 증가한 재산의 제거를 주된 목적으로 한다. 즉 부당 이득에 따른 법정 채권인 부당 이득 반환 청구권이 성립하면, 채권자인 갑은 현실적으로 발생한 자신의 경제적인 손해를 입증하지 못하더라도, 자신의 기대 이득을 인정받아 부당 이득을 취

한 을에게 그에 대한 반환을 청구할 수 있을 것이다.

**＊ 오답 해설**

① 3문단에 따르면, 사무 관리가 성립하기 위해서는 사무 관리 행위가 본인의 이익이나 의사에 부합해야 한다. 이를 고려할 때, 만약 을이 관리한 과실수가 갑이 베어내려는 의사를 가졌던 것이라면, 과실수를 관리하고 보호한 을의 행위는 갑의 의사에 부합하지 않으므로 사무 관리로 인정될 수 없을 것이다.

② 〈보기〉에서 을은 갑의 과실수를 관리하여 보호하였고, 그로부터 수확한 과실을 판매하여 이득을 얻었다. 또한 이 사실을 알게 된 갑은 을에게 부당 이득을 반환하라고 요구하였다. 윗글의 5문단에 따르면, 법률상 원인 없이 타인의 권리를 침해하여 이득을 얻는 경우는 침해 부당 이득이라 한다. 이를 고려하면 갑은 자기 재산인 과실수에 대한 을의 침해 부당 이득이 발생하였다고 생각한 것이며, 그에 따라 자신이 채권자로서 부당 이득 반환 청구권을 가질 수 있다고 주장한 것임을 알 수 있다.

③ 〈보기〉에서 주인 없는 과실수로부터 이득을 취하는 것은 법적으로 문제가 없다고 가정하였다. 한편 4문단에 따르면, 부당 이득의 수익자가 자신의 이득에 법률상 원인이 없다는 사실을 알지 못한 상태를 선의라 하는데, 선의의 수익자는 이득을 얻는 과정에서 지출한 비용을 부당 이득에서 뺀 만큼 손실자에게 반환하면 된다. 이때 선지에서는 을이 갑의 과실수를 관리한 것은 주인이 없는 과실수라고 생각하였기 때문이라고 하였으며, 이는 곧 을이 선의의 수익자임을 나타낸다. 즉, 을은 수익 전액을 반환하지 않아도 되며, 이득을 얻기 위해 지출한 살충제 비용 100만 원을 제외한 400만 원만을 반환해도 될 것이다.

⑤ 을이 과실수 판매에 따른 이익을 갑에게 주려고 계획한 것은, 3문단에서 말한 사무 관리의 성립 조건 중 하나인 '관리자에게 다른 사람을 위해 사무를 관리한다는 의사가 있어야 한다'는 조건에 대응한다. 이때 〈보기〉와 선지에서 말하는 을의 행위는 사무 관리로 인정될 수 있으므로 사무 관리에 따른 법정 채권이 성립할 수 있고, 그에 따라 을은 채권자로서 갑에게 필요비를 청구할 수 있다. 2문단에 따르면, 필요비란 관리자가 사무 관리에 지출한 비용을 말하며, 〈보기〉에서 을은 과실수 관리를 위해 100만 원의 살충제 값을 지출하였으므로 이를 본인인 갑에게 청구할 수 있는 것이다.


## [문학－고전 산문]

## 18. ②

**＊ 정답 해설**

② 직접 제시는 서술자가 사건이나 인물의 성격을 요약적으

로 서술하기에 전개 속도가 빠르고, 간접 제시는 대화나
행동을 통해 사건을 보여 주기 때문에 상대적으로 속도가
느리다. 따라서 직접 제시와 간접 제시를 통해 사건 전개
의 완급을 조절할 수 있다. 윗글에서 곽 숙비와 임금, 위
광미와 설정문, 위보형과 설옥영, 누자량과 곽 숙비의 대
화 장면은 간접 제시로 사건의 전개 속도를 느리게 하였
으며, 또한 '다음 날 위광미가 상소를~생각도 하지 않았
다', '이때 이초혜를 내친 간옥지는~곽 숙비에게 가서 고
하였다.'는 사건을 요약적으로 전달하는 직접 제시로 사건
의 전개 속도를 빠르게 하였으므로 선지의 내용은 적절하
다.

**＊ 오답 해설**
① 윗글에서는 사건이 시간의 흐름에 따라 전개되고 있을
뿐, 시간의 역전이 나타나지 않았다.
③ "나 위보형이 사내대장부의 몸으로 어찌 아녀자에게 져서
그 치마폭에서 늙으리오? 죽는 한이 있어도 반드시 국혼
을 면하리라."에서 위보형의 독백을 제시하여 혼사를 둘러
싼 외적 갈등을 극복하려는 그의 의지를 드러내고 있다.
그러나 독백을 반복하지는 않았으며, 내적 갈등의 해결 과
정을 드러내고 있지도 않다.
④ 윗글에서는 동시에 일어나는 사건을 병렬적으로 배치하
고 있지 않다.
⑤ 인물 간의 대화는 빈번하게 나타나나, 이를 통해 동창 공
주의 국혼에 관한 현실적인 문제들이 언급되고 있을 뿐,
사건의 비현실적 면모는 드러나지 않는다.

## 19. ②
**＊ 정답 해설**
② 설정문은 위보형이 동창 공주의 부마로 선정되자 위광미
와 같이 '상소하여 잘못을 간하고자 하였'으므로, 설정문이
위광미와 달리 상소를 올리는 것에 미온적(태도가 미적지
근한)인 태도를 보였다고 할 수는 없다.

**＊ 오답 해설**
① [앞부분 줄거리]에 따르면, 임금과 곽 숙비는 딸 동창 공
주를 위보형에게 혼인시키려 하였으나, 그가 이미 혼인하
였다는 것을 알고 부마로 삼을 인물을 새로이 물색하였다.
이후 임금은 "보형이야말로 세상에 다시없는~부질없이 세
상만 떠들썩하게 한 듯합니다."라는 곽 숙비의 말을 듣고
"짐의 생각도 그러하오."라며 예부에 "이번에 뽑은 이생은
정순 공주의 부마로 정"한다고 명하였으므로 선지의 내용
은 적절하다.
③ '스스로 수행하는 군자의 몸으로 곽 숙비의 위엄에 굴복
하여 시원하게 맑은 뜻을 펴지 못할 이유가 없었다.'에서
위보형은 임금이 자신을 동창 공주의 부마로 선정한 배후
에 곽 숙비의 압력이 작용하였음을 간파하였다. 이에 위보
형은 '분한 기운이 솟구쳐 올라 일어나 앉아 손으로 책상
을 내리'치며 "나 위보형이 사내대장부의~국혼을 면하리

라."라고 하였으므로 선지의 내용은 적절하다.
④ 위광미와 위보형이 각각 아홉 번, 여덟 번의 상소를 올려
임금의 결정에 대한 저항을 지속하자, 임금은 그들을 옥에
가두는 극단적 조치를 감행하였으므로 선지의 내용은 적
절하다.
⑤ "귀하디귀한 공주를 저에게 시집보내는 것이 은혜롭고 영
광스러운 일인데 지금처럼 따르지 못하겠다는 것은 무슨
뜻이란 말인가?"라는 곽 숙비의 발화를 통해, 그녀는 위보
형과 동창 공주의 혼인이 위보형에게도 이로운 일이라고
여기고 있으며, 동창 공주와의 혼인을 거부하는 위보형의
행동을 이해하지 못하였음을 알 수 있으므로 선지의 내용
은 적절하다.

## 20. ⑤
**＊ 정답 해설**
⑤ A(누자량)와 B(곽 숙비)가 대화하는 장면에서, B는 설옥
영을 "빨리 죽여 더 이상 걱정이 없게 하겠"다고 하였으
나, A는 그 대신 설옥영을 간옥지와 혼인시키는 방법을
해결 방안으로 제안하였다. 이에 B는 A에게 "경이 제일
충성스럽도다. 내 반드시 그 말대로 하겠노라."라고 사례
(언행이나 선물 따위로 상대에게 고마운 뜻을 나타냄)하며
그의 제안을 수용하였으므로 선지의 내용은 적절하다.

**＊ 오답 해설**
① A(임금)와 B(곽 숙비)가 대화하는 장면에서, B는 "성상께
서 어찌 일찍이 보형으로 정하지 않으셨습니까?"라며 위
보형이 혼인하기 전에 그를 부마로 삼지 못한 A에게 아쉬
움을 드러내고 있다. B가 자신의 잘못을 자책하지는 않았
으므로 선지의 내용은 적절하지 않다.
② A(위광미)와 B(설정문)가 대화하는 장면에서, B는 임금의
명령을 거스를 수 없다는 것에 따른 우려를 표하고, A는
임금의 명령을 두고 상소를 올려 그 명령에 저항할 뜻을
밝히고 있다. 즉, 임금의 명령에 대한 우려를 표한 인물은
A가 아닌 B며, B가 상심한 A를 달래며 위로하지도 않았
으므로 선지의 내용은 적절하지 않다.
③ A(위보형)와 B(설옥영)가 대화하는 장면에서 A는 B와 헤
어지게 될 앞으로의 상황을 걱정하고 있다. 이에 B는 놀
라 탄식하며 눈물을 흘리는 모습만을 보였을 뿐, A에게
문제의 해결 방안을 제시하지는 않았으므로 선지의 내용
은 적절하지 않다.
④ A(위광미)는 위보형을 동창 공주와 혼인시키려는 B(임금)
의 명령에 저항하는 상소를 올려 B의 결정을 비판하고 있
다. 그러나 B가 이익을 앞세워 A를 회유(어루만지고 잘
달래어 시키는 말을 듣도록 함)하려 하는 모습은 나타나지
않았으므로 선지의 내용은 적절하지 않다.

## 21. ④
**＊ 정답 해설**
④ 〈보기〉에 따르면, 윗글에서는 주변 인물이 각자의 이해관

계에 따라 늑혼이 이루어지는 과정에 개입하면서 갈등의
양상이 다면화된다. 윗글에서 설옥영을 흠모한 간옥지는
설옥영이 위보형과 혼인하게 되어 뜻을 이루지 못하였으
나, 이후 위보형과 설옥영이 이혼해야 하는 상황이 되자
그 기회를 노려 누자량에게 접근해 곽 숙비가 자신과 설
옥영의 혼인을 주선하게끔 유도한다. 그러나 이러한 상황
에서 갈등의 주체는 여전히 위보형, 설옥영과 임금, 곽 숙
비이므로, 갈등의 주체가 새로운 인물로 바뀐다는 선지의
내용은 적절하지 않다.

*** 오답 해설**

① 〈보기〉에 따르면, 윗글에는 주인공이 권력자에게 원치 않
　는 혼인을 강요받는 늑혼 모티프가 사용되었다. 윗글에서
　위보형은 설옥영과 이미 혼인한 상태이지만, 임금은 위보
　형을 "동창 공주의 부마"로 삼으려 하며 위보형과 설옥영
　의 이혼을 강요한다. 이는 늑혼 모티프를 이룬다고 할 수
　있으며, 이후 임금과 위보형 부자 간의 갈등으로 이어지므
　로 선지의 내용은 적절하다.
② 〈보기〉에 따르면, 늑혼 모티프는 인륜보다 권력자의 의지
　가 중시되는 문제적 현실을 보여 주는 요소이다. 윗글에서
　설정문은 임금이 곽 숙비를 총애하고 있기에 임금이 "신
　하의 부부 인륜"을 위하여 "공주의 대사"를 바꾸지는 않을
　것이라고 하였다. 이는 임금과 곽 숙비라는 권력자의 의지
　가 "공주의 대사"에 개입하여 인륜을 위배하는 상황으로
　볼 수 있다. 이를 통해 늑혼의 문제적 성격을 확인할 수
　있으므로 선지의 내용은 적절하다.
③ 〈보기〉에 따르면, 윗글에서 늑혼 모티프는 인물 간 갈등
　을 유발하며 관계를 단절하는 원인이 된다. 윗글에서 위보
　형은 자신을 부마로 삼으려는 "임금의 뜻"에 상소를 올려
　저항하려는 의지를 밝히고, 설옥영에게 "그대와는 이별하
　게 될 듯하"다며 앞으로 벌어질 상황을 추측하여 전한다.
　이처럼 위보형과 설옥영이 이별하는 상황은 인물 간의 관
　계가 단절되는 방향으로 전개될 서사를 암시하므로 선지
　의 내용은 적절하다.
⑤ 〈보기〉에 따르면, 윗글에서는 늑혼이 이루어지는 과정에
　주변 인물들이 개입하면서 갈등의 양상이 다면화되고 서
　사적 긴장감이 고조된다. 윗글에서 누자량은 간옥지의 '계
　교'에 따라 곽 숙비를 찾아가 "간옥지와 설옥영의 혼인을
　허락한 문서"를 요구한다. 이러한 상황은 늑혼으로 인해
　위보형과 설옥영이 이별하게 되는 갈등 상황을 심화하며
　이어질 서사의 긴장감을 고조시키므로 선지의 내용은 적
　절하다.

**[문학－복합]**

**22. ②**

*** 정답 해설**

② (가)는 '할까', '갈까'에서 '-까'의 종결 어미를 반복하여 이
　별 상황에 놓인 화자가 내적 갈등을 겪는 상황을 부각하
　고 있다. 한편, (다)는 '것이다', '꼴이다' 등에서 '-다'의 종
　결 어미를, '아니겠는가', '있겠는가' 등에서 '-ㄴ가'의 종결
　어미를 반복하여 유배 상황에서 놓인 글쓴이의 삶에 대한
　인식을 강조하고 있다.

*** 오답 해설**

① (가) O, (나) X / (가)는 '-ㅂ니다'에서 현재 시제를 사
　용하여 장면의 생동감을 강조하고 있다. 반면, (나)는 '아
　름다왔다', '어쩌지 못했다' 등 과거 시제를 주로 사용하
　고 있다.
③ (나) O, (다) X / (나)는 '불그레불그레'에서 색채어를
　활용하여 공간적 배경이 만들어내는 분위기를 드러내고
　있다. 반면, (다)에는 색채어가 활용되지 않았다.
④ (가) O, (나) X, (다) X / (가)는 '따라가자고'에서 청유
　의 방식을 사용하여 화자가 이별 상황에서 느끼는 압박
　감을 효과적으로 드러내고 있다. 반면, (나)와 (다)에는
　청유의 방식이 사용되지 않았다.
⑤ (가) X, (나) X, (다) X / (가)~(다) 모두 도치의 방식을
　사용하고 있지 않으며, 이를 통해 대상과의 거리가 좁혀
　지는 과정을 드러내고 있지도 않다.

**23. ⑤**

*** 정답 해설**

⑤ [D]에서 '어둠이 완전히 창을 지워 버'린 것을 본 화자
　는 '넋장이 무너지듯' '아픔도 깊어'졌다며 비극적 현실
　인식의 심화를 드러내었을 뿐, 인식 전환을 보이지는 않
　았다. 또한, [E]의 '빛과 어둠이 하나'는 '그 집의 주인'이
　화자를 위로하기 위해 건넨 말에 해당하므로 선지의 내
　용은 적절하지 않다.

*** 오답 해설**

① [A]에서 화자는 '뉘엿뉘엿 저무는 시간에' '차분하지 못'
　한 모습을 보이는데, 이는 [C]에서 '산목련 줄기에서 흔
　들리는' 것이 '외줄기 내 영혼'이자 '기댈 곳 그리운 우리
　정신이'라는 인식으로 이어진다. 이를 통해 화자가 겪는
　불안감, 즉 내적 갈등이 고독에서 비롯되었음을 추측할
　수 있으므로 선지의 내용은 적절하다.
② [A]에서 '너른 유리창가에 앉'아 '창밖'을 보는 화자의 행
　위는 [E]에서 '그 집의 주인'이 '너른 창에 커튼을 내리'기
　전까지 지속되고 있으므로 선지의 내용은 적절하다.
③ [B]에서 '잔조롭게 흔들리는 산목련 줄기'를 보던 화자
　는, [C]에서 '후르르후르르' '흔들리는' 것이 '산목련잎이

*10*

아닌 '외줄기 내 영혼'이자 '기댈 곳 그리운 우리 정신'이라고 인식한다. 즉, 음성 상징어 '후르르후르르'를 통해 나타난 흔들림은 내적 갈등을 겪는 화자의 상황을 부각하므로 선지의 내용은 적절하다.
④ [B]에서 '울컥하고 치미는 눈물'을 '어쩌지 못'하고, [D]에서 '넋장이 무너지듯' 깊어진 '아픔'에 '하염없는 슬픔'을 느끼는 화자의 모습을 통해 화자가 자신의 슬픔을 주체하지 못하고 있음이 드러나므로 선지의 내용은 적절하다.

## 24. ①
*** 정답 해설**
① 〈보기〉에 따르면, (가)의 자연은 지속성과 반복성을 지님으로써 화자가 자신의 처지를 수용하게 하는 역할을 한다. (가)의 화자는 '그립다'라고 말할까 하지만, 그 말이 오히려 그리움을 심화할까 망설이고 있다. 이때 '까마귀'가 '서산에는 해 진다'고 지저귀는 것은 이별의 시간이 다가오고 있다는 사실을 알리기 위함으로, 이는 떠나고 싶지 않은 화자를 재촉하는 자연의 모습을 보여 준다. 여기서 '까마귀'들을 반복적인 성질을 지닌 자연물로 볼 여지는 있으나, 이를 통해 화자가 스스로 표출하지 못하는 정서를 대신 드러내고 있지는 않으므로 선지의 내용은 적절하지 않다.

*** 오답 해설**
② 〈보기〉에 따르면, (가)의 자연은 화자가 처한 상황과 내면을 인식하게 하는 기능을 하며, 지속성과 반복성을 지님으로써 화자가 자신의 처지를 수용하게 하는 역할을 한다. (가)에서 화자는 '그냥 갈까' 하다가도 '그래도 / 다시 더 한 번……'이라며 망설임을 드러내고 있다. 여기서 '흐르는 물'이 '어서 따라오라고 따라가자고' '연달아 흐'르는 모습으로 제시된 것은, 화자가 자연마저 떠나고 싶지 않은 자신을 재촉한다고 인식함을 보여 준다. 따라서 이는 자연의 지속적 흐름 속에서 화자가 결국 떠날 수밖에 없는 자신의 처지를 인식하고 있음을 보여 준다고 할 수 있다.
③ 〈보기〉에 따르면, (나)의 자연은 아름답고 고요한 모습으로 묘사되어 화자의 부정적 내면과 삶의 비극성을 드러내는 역할을 한다. (나)에서 화자는 '너른 유리창가에 앉'아 '바람부는 창밖'을 바라보는데, 그때 보게 된 '창밖'의 풍경이 마치 '딴 세상의 풍경처럼 아름다왔다'라고 표현한다. 이는 아름다운 풍경이 화자의 내면과는 분리된 세상같이 느껴진다는 것이므로, 아름다운 자연의 정경이 오히려 그렇지 못한 화자의 내면 풍경을 대비적으로 부각하고 있음을 보여 준다고 할 수 있다.
④ 〈보기〉에 따르면, (나)의 자연은 화자의 정서를 심화하거나 화자가 처한 상황과 내면을 인식하게 하는 기능을 하며, 아름답고 고요한 모습으로 묘사되어 화자의 부정적 내면과 삶의 비극성을 드러내는 역할을 한다. (나)의 화자는 '바람'과 '새'의 움직임으로 인해 '흔들리는' 산목련 줄기'를 보며 '흔들리는 건 / 산목련잎이 아니라 외줄기 내 영혼이었'다고 말한다. 이는 화자가 느끼는 고독의 정서가 자연에 투영되어 구체화되는 양상을 보여 준다고 할 수 있다.
⑤ 〈보기〉에 따르면, (나)의 자연은 화자의 정서를 심화하거나 화자가 처한 상황과 내면을 인식하게 하는 기능을 하며, 아름답고 고요한 모습으로 묘사되어 화자의 부정적 내면과 삶의 비극성을 드러내는 역할을 한다. (나)에서 화자는 '뉘엿뉘엿 저무는 시간'에 '창밖'을 바라보다가, 시간이 지나 '어둠이 완전히 창을 지워 버'리자 '하염없는 슬픔'을 느낀다. 이어서 화자는 '어두워지는 건 밤이 아니라 / 속수무책의 한 생애 / 무방비 상태의 우리 희망이'라며 비관적 인식을 드러낸다. 이는 저녁에서 밤으로의 변화가 화자로 하여금 삶에 깃든 비극을 깨닫는 계기로 작용하고 있음을 보여 준다고 할 수 있다.

## 25. ③
*** 정답 해설**
③ (나)의 화자는 '신경통에 좋다는 골담초 꽃망울'이 흔들리는 ㉠(고향집)이 그립다고 하였으므로, ㉠은 화자가 그리워하는 공간임을 알 수 있다. 한편, (다)의 글쓴이는 ㉡(여암)에 오게 된 이유가 '기재 영감과 죄를 같이 얻'었기 때문이라 밝히었으므로, ㉡은 글쓴이가 과거에 한 행위로 인해 오게 된 공간임을 알 수 있다.

*** 오답 해설**
① ㉠ X, ㉡ O / ㉠은 화자가 그리워하고 있는 공간일 뿐, 화자가 멀리 떨어진 타인과의 유대감을 느끼는 공간이 아니다. 한편, 글쓴이는 ㉡에 오게 된 것이 '기재 영감과 죄를 같이 얻'었기 때문이라고 설명하며, '나그네를 면하고 부쳐 사는 생활을 청산하는 것 역시 조물자에게 맡겨 둘 뿐 나와 영감은 거기에 관심을 두지 않는다'고 말한다. 이는 '바닷가로 귀양살이'를 간 '기재 영감'과 물리적으로 떨어진 상황에서도 그에 대한 유대감을 느끼는 글쓴이의 모습을 보여 준다고 할 수 있다.
② ㉠ O, ㉡ X / 화자는 현재 '그 집'에 앉아 '창밖'을 바라보며 깊은 '아픔'에 하염없는 슬픔을 느끼고, ㉠을 그리워하고 있다. 따라서 ㉠은 화자의 아픔을 해소할 수 있는 공간이라 할 수 있다. 한편, ㉡은 글쓴이가 '귀양살이'를 하고 있는 공간이다. 글쓴이는 이러한 자신의 신세를 '나그네'라고 말하며 '나그네나, 부쳐 사는 것이나 그게 그것인데, 이 어찌 같은 병을 앓는 자는 같은 길을 간다는 것 아니겠는가.'라고 이야기하는데, 이는 '귀양' 온 사실과는 상관없이 글쓴이가 자신이 바람직하다고 여기는 삶의 자세를 유지할 것임을 보여 준다. 여기서 '병'은 글쓴이가 겪는 신체적 통증이 아닌, 글쓴이가 감수해야 할

**11**

고통을 가리키는 비유적 표현이므로 선지의 내용은 적절
하지 않다.
④ ㉠ X, ㉡ X / ㉠은 화자가 그리워하고 있는 공간일 뿐,
화자의 불안이 지속되는 공간이 아니다. 한편, ㉡은 글쓴
이가 '귀양살이'를 하고 있는 공간일 뿐, 글쓴이가 초월적
존재의 힘을 체감하는 공간이 아니다. 참고로, '나그네
신세,~조물자에게 맡겨 둘 뿐 나와 영감은 거기에 관심
을 두지 않는다.'에서 '조물자'를 초월적 존재라 볼 수 있
으나, 이는 조물자가 정해 준 운명에 삶의 청산을 맡기
고 '나그네 생활을 당연한 것으로 받아들이'며 담담히 살
아갈 것임을 나타낸 것일 뿐, 조물자의 힘을 체감했음을
드러내는 것이 아니다.
⑤ ㉠ X, ㉡ X / ㉠은 현재 화자가 '그 집'에 앉아 떠올리
며 그리워하는 곳이므로, 화자가 과거를 회상하는 공간은
㉠이 아니라 '그 집'이다. 한편, ㉡은 글쓴이가 '귀양살이'
를 하고 있는 공간이다. 글쓴이는 이러한 자신의 신세를
'나그네'라고 말하며 '나그네를 면하고 부쳐 사는 생활을
청산하는 것 역시 조물자에게 맡겨 둘 뿐 나와 영감은
거기에 관심을 두지 않는다.'라고 말하는데, 이는 다시
세상에 나가는 것이 자신의 의지로 결정되는 것이 아니
라는 글쓴이의 생각을 보여 주므로 선지의 내용은 적절
하지 않다.

## 26. ③
**＊ 정답 해설**
③ (다)에서 글쓴이는 '죽어 없어지는 것은 사람'이고 '영원
히 존재하는 것은 하늘'이기에 '주어진 그 시기에 편안히
살고 하늘이 시키는 대로 따르'는 삶이야 말로 '사리에
통달한' 것이라고 말한다. 이때 '환경을 따르는 것은 '주
어진 그 시기'를 '편안히' 사는 태도를, '천성을 다해 하늘
을 섬기는 것'은 '하늘이 시키는 대로 따르'는 태도를 말
한다. 이 둘의 '결과'가 같다고 표현한 것은, 죽음은 결국
피할 수 없다는 허무의 정서를 드러낸 것이 아니라 '환
경을 따'르는 것과 '천성을 다해 하늘을 섬기는' 것이 모
두 바람직한 삶의 태도임을 강조한 것이므로 선지의 내
용은 적절하지 않다.

**＊ 오답 해설**
① 〈보기〉에 따르면, 「기재기」에는 삶을 임시적인 것으로,
죽음을 본래의 상태로 돌아가는 것으로 인식하는 도가적
관점이 드러난다. (다)에서 글쓴이는 '부친다는 것은 붙어
산다는 말'과 같다며, '사람이 산다는 것'도 '결국 있고 없
는 그 사이에 부쳐 사는 꼴'이라는 깨달음을 제시하였다.
이는 인간의 삶을 일시적인 상태로 보는 관점을 드러낸
다고 할 수 있다.
② 〈보기〉에 따르면, 「기재기」는 외적인 가치에 집착하지
않고, 순리에 따르며 살아가야 한다는 삶의 자세를 강조
한다. (다)에서 글쓴이가 '사는 것도 부쳐 사는 것뿐인데

하물며 밖에서 오는 영욕이며, 밖에서 오는 화복이며, 밖
에서 오는 득상이며, 밖에서 오는 이해'는 어떻겠냐고 묻
는 것을 통해, 글쓴이가 '영욕', '화복', '득상', '이해'와 같
은 외적 가치를 보잘것없는 것으로 인식하고 있음을 알
수 있다. 글쓴이는 이렇듯 '일정하지 않은' 외적 가치들은
'다 죽어 없어'진다고 하였으므로, 이는 외적 가치에 의미
를 두는 삶을 허무하게 여기는 인식을 드러낸다고 할 수
있다.
④ 〈보기〉에 따르면, 「기재기」는 외적인 가치에 집착하지
않고 순리에 따르며 살아가야 한다는 삶의 자세를 강조
한다. (다)에서 글쓴이는 '풀이 무성했다 하여 봄에 대해
감사하지 않고, 나무가 잎이 졌다고 가을을 원망하지 않
는 것처럼 내 생애를 잘 꾸려 가는 것이 바로 내가 좋게
죽을 수 있는 길'이라고 말한다. 이는 주어진 자연에 왈
가왈부하지 않는 것처럼 삶에 주어진 순리를 거스르지
않는 것이 잘 사는 법이라는 글쓴이의 인식을 나타낸다
고 할 수 있다.
⑤ 〈보기〉에 따르면, 「기재기」는 삶을 임시적인 것으로, 죽
음을 본래의 상태로 돌아가는 것으로 인식하는 도가적
관점을 바탕으로, 신흠이 유배 상황에서도 좌절하지 않고
이를 담담히 받아들이는 이유를 잘 보여 준다. (다)에서
글쓴이는 '죽어 없어지는 것은 사람'이고 '영원히 존재하
는 것은 하늘'이기에 '주어진 그 시기에 편안히 살고 하
늘이 시키는 대로 따르'는 삶이야말로 '사리에 통달한' 것
이라고 말한다. 이러한 깨달음은 글쓴이가 '귀양살이'를
하고 있는 현재 자신의 '나그네 신세'를 담담히 수용하고
있음을 드러낸다고 할 수 있다.


# [문학-현대 산문]

## 27. ③
**＊ 정답 해설**
③ 성 중의와 지대장, 군의관의 대화를 통해 성 중의의 후송
에 대한 인물 간의 갈등 양상이 드러나고 있다.

**＊ 오답 해설**
① ▶형태쌤의 과외시간◀ 소설에서 '인물의 성격'은 인물에
게 부여되는 본질적인 캐릭터적 특성을 말한다. 이는 평가
원이 집요하게 출제하는 개념이니 정확하게 파악해야 한
다. '인물의 성격'은 일시적인 심리와는 다르다. 따라서 '성
격 변화'는 '심리 변화'가 아니라, 인물에게 부여된 본질적
인 특성(직업/가치관/신분 등)의 변화를 말한다. 지문에
대화는 상당히 많지만, 인물의 성격 변화는 나타나지 않는
다.
② '성 중위'가 빈 깡통에 총을 쏜 과거 일을 회상한다고 볼

12

수 있으나, 이로 인해 긴박한 분위기가 조성되고 있지 않
으므로 선지의 내용은 적절하지 않다.
④ 서술자가 개입하여 인물이 처한 상황에 대해 평가하는
　부분은 확인할 수 없다.
⑤ 윗글은 전지적 작가 시점으로, 서술자가 작품 외부에서
　작중 인물에 대한 이야기를 하고 있으므로 선지의 내용은
　적절하지 않다.

## 28. ①
**＊정답 해설**
일단 인물 관계 정리부터 명확하게 해야 한다.
ⓐ(의무참모)는 '성 중위'의 대학 동문으로 군의관의 태도를
　바꾸게 한다.
ⓑ(군의관)와 ⓒ(지대장)는 모두 '성 중위'의 후송에 대해 부
　정적 반응을 보이는 인물들이다. 그리고 특히 ⓒ의 경우,
　"정 귀에서 그런 증상이 있으시다면"이라며 '성 중위'의 증상
　에 대한 의심을 드러내고 있다.
ⓔ(군의관)은 후송병원에 있는 인물로 ⓑ와는 다른 인물이다.
　'성 중위'에게 "일종의 신경외상입니다."라고 말한 것을 고
　려하면, '성 중위'의 증상을 인정하고 있음을 알 수 있다.
　그러나 특별치료를 위해 수도육군병원으로 후송하는 것은
　절차에 따라 어렵다는 의견을 보이고 있다.
① [앞부분의 줄거리]에서 의무중대의 군의관이 후송을 거부
　했다는 내용을 확인할 수 있으며, '성 중의'와 ⓐ가 나눈
　이야기를 들은 ⓑ는 '성 중의'에게 "후송 수속을 밟으십시
　오."라고 말하였으므로 선지의 내용은 적절하다.

**＊오답 해설**
② [앞부분의 줄거리]를 참고했을 때, ⓒ가 "참모님이 그렇게
　말씀하셨다면 후송 상신은 해드립니다."라고 말한 것은
　'성 중위'가 ⓐ에게 후송을 청탁한 사실을 언급한 것이라
　고 볼 수 있으나, 노골적으로 거부감을 나타내고 있지는
　않다. ⓔ는 '성 중위'가 ⓐ에게 후송을 부탁한 사실에 대해
　언급하고 있지 않으므로 선지의 내용은 적절하지 않다.
③ ⓒ의 경고는 '성 중위'가 야전병원까지 가는 것은 가능할
　수 있으나, 후송병원까지 후송되기는 쉽지 않을 것임을 의
　미한다. 따라서 야전병원의 의료진이 후송병원의 의료진보
　다 '성 중위'를 더욱 까다롭게 대할 것이라는 의미와는 거
　리가 멀다.
④ ⓓ가 '성 중의'가 있는 의무중대의 칸막이 너머에서 장기
　를 두고 있다. 그러나 이는 '성 중위'와 ⓒ의 대화를 엿듣
　기 위한 것인지 알 수 없으며, ⓑ의 지시를 받은 것인지에
　대해서도 확인할 수 없으므로 선지의 내용은 적절하지 않
　다.
⑤ ⓔ는 '성 중위'에게 "그때부터 계속해서 소리가 났습니
　까?"라고 질문하였으나, '성 중위'는 과거를 떠올리느라 ⓔ
　의 질문에 제대로 대답하지 않았다. 따라서 ⓔ는 '성 중위'
　의 대답을 듣기 위해 "그때부터 소리가 계속해서 났느냔
　말이에요."라며 재차 질문하고 있을 뿐, '성 중위'의 요구

를 철회시키기 위해 발병 시기에 대해 반복적으로 묻고
있다고 보기 어렵다.

## 29. ③
**＊정답 해설**
③ '성 중위는 자기의 시선이 상대방에게가 아니라 그 너머
　캐비닛 위에 있었음을 깨달았다.'를 통해 '성 중위'는 '군의
　관'과의 대화에 집중하지 못하고 있음을 알 수 있다. 즉,
　'군의관'은 자신과의 대화에 집중하지 않은 채 자기만의
　생각에 빠진 '성 중위'에게 확인해야 할 사항을 재차 확인
　하고 있는 것이다. '성 중위'의 대답 이후에 "일종의 신경
　외상입니다."라는 발화를 통해 '군의관'은 '성 중위'의 증상
　을 인정하고 있음을 알 수 있으므로 선지의 내용은 적절
　하지 않다.

**＊오답 해설**
① '지대장'은 상관인 '의무참모'의 지시에 따르겠다고 하나,
　이와 관계없이 개인적인 견해를 제시하며 후송을 가려는
　'성 중위'의 계획에 부정적 인식을 내비치고 있다.
② '군의관'은 "정 귀에서 그런 증상이 있으시다면"이라며 가정
　의 방식으로 상대방의 증상에 대한 불신을 우회적으로 드
　러내고 있다.
④ '성 중위'은 수도병원에 입원하여 치료를 받고 싶은 자신
　의 욕망을, 타인의 말을 근거로 하여 우회적으로 주장하고
　있다.
⑤ '군의관'은 후송 갈 곳에 대한 고민을 이야기하는 '성 중
　위'에게, 당장 후송 자체가 이루어질 것인가의 여부에 대
　해서 먼저 생각해 봐야 한다고 지적하고 있다.

## 30. ①
**＊정답 해설**
① '성 중위'는 사격 사건 이후에 귀에서 소리가 나는 증상
　이 발생해 후송을 원하게 되었으며, 이후 후송 과정에서
　'군대 내 권위주의와 비효율적 관료제'를 실감한다. 따라서
　'성 중위'가 자신의 병을 인정하지 않는 군대에 반발하기
　위하여 빈 깡통을 사격했다는 것은 인과가 맞지 않는 설
　명이다.

**＊오답 해설**
② 상급자인 '의무참모'의 지시에 의해서야 후송에 대한 준비
　가 시작되는 것에서 군대 내의 권위주의를 확인할 수 있
　다.
③ '성 중위'의 증상은 그가 실제로 겪는 육체적 고통으로서
　의 귓병을 형상화한 것이라 볼 수 있다.
④ 병을 앓고 있다는 의견서가 있음에도 불구하고 '후송심사
　위원회'를 거쳐야만 후송이 결정되는 상황은 군대 내의 비
　효율적인 관료제를 나타낸다고 볼 수 있다.
⑤ '성 중위'의 병이 생긴 원인은 빈 깡통에 무차별 사격을
　가한 일이며, 이는 '성 중위'의 병은 공허한 현대인의 내면

**13**

세계를 나타낸다고 볼 수 있다.


# [문학-고전시가]

**31. ③**
**＊ 정답 해설**
③ (가)에서는 주민들의 독특한 행동 방식과 풍습을 묘사하여, 화자가 관찰한 지역의 상황을 구체화하고 있다. 한편 (나)에서는 화자의 외양을 묘사하여, 고된 농사일을 하는 상황을 구체화하고 있다.

**＊ 오답 해설**
① (가) X, (나) O / (가)에서는 색채어를 사용하고 있지 않다. 반면, (나)에서는 '검고', '푸릇푸릇'이라는 색채어를 사용하여 시적 분위기를 조성하고 있다.
② (가) X, (나) X / (가)와 (나) 모두 행위를 자연물에 빗댄 표현은 나타나지 않으며, 이를 통해 교훈의 효과를 높이고 있지도 않다.
④ (가) X, (나) X / (가)는 '거룩한 이 없을쏘냐', '누가 그를 등용하리' 등에서 설의적 표현을 활용하고 있으나, 이를 통해 대상을 희화화하고 있지는 않다. 한편, (나)는 '어찌 사람의 모습이리오', '어찌 이다지도 괴롭히며 살을 벗겨 가는가'에서 설의적 표현을 활용하고 있으나, 이를 통해 대상을 희화화하고 있지는 않다.
⑤ (가) X, (나) O / (가)에서는 권유하는 어조를 사용하고 있지 않다. 반면, (나)에서는 '왕손공자여 나를 업신여기지 말라'에서 명령하는 어조를 사용하여 화자의 인식을 드러내고 있다.

**32. ③**
**＊ 정답 해설**
③ [C]에서 화자는 '효자 열녀 행실 적은 문서가 무수하더라'라며, 이 지역에도 '학행도 진실하고 마음도 충직한 사람'이 있다는 기록이 있음을 제시하고 있다. 이어서 화자는 '이따금 있건마는 누가 그를 등용하리'라며, 인재가 있어도 이들을 제대로 등용하지 않고 있는 현실 상황을 드러내고 있다. 이는 현실 상황에 대한 화자의 안타까움을 드러내고 있을 뿐, 해당 지역에 실질적인 변화가 일어날 수 있다는 확신을 드러내고 있는 것은 아니므로 선지의 내용은 적절하지 않다.

**＊ 오답 해설**
① [A]에서는 '숨어 사는 남의 종과 도망한 살인 죄인 / 오합지졸 모였으니 믿을 것 전혀 없다'라며 거주민의 내력이 거주민들에 대한 신뢰가 부족한 원인이 되고 있음을 드러내고 있다.
② [B]에서는 화자의 질문에 대해 '누가 아니라콩'이라고 대답하는 거주민의 모습을 제시하고 있다. 이에 화자는 '말버릇 괴이하데 콩 자는 무슨 뜻인고'라며 독특한 말버릇에서 느낀 낯선 인상을 드러내고 있으므로 선지의 내용은 적절하다.
④ [A]에서는 '인근 읍이 머니 곡식 수송 어찌하리'라며 주변과 멀리 떨어져 있어 외부와 단절된 상태를, [B]에서는 주민들이 화자의 질문에 '사납게 대답하'는 모습을 제시하여 외부에 배타적인 분위기가 형성되어 있음을 드러내고 있다.
⑤ [B]에서는 '어떤 이는 오라 하면 귀 빠지게 달아나고 / 어떤 이는 가라 하면 코가 닿게 엎드리데 / 엎드리나 달아나나 흘깃흘깃 돌아보노'라며 지시와 반대로 행동하는 거주민들의 모습을 통해 타인에 대한 경계심을, [C]에서는 '학행도 진실하고 마음도 충직한 사람 / 이따금 있건마는 누가 그를 등용하리'라며 인재가 있어도 등용되지 못하는 사회적 한계를 드러내고 있다.

**33. ④**
**＊ 정답 해설**
④ (가)의 ㉠(사람)은 '학행도 진실하고 마음도 충직'하나, '조수와 한 무리가 되고 목석과 함께 살아'서 '세상 사람'에게 그 가치를 인정받지 못하는 인물이다. 화자는 이러한 ㉠을 '거룩한 이'라고 표현함으로써, 자신이 그 가치를 알아보고 있음을 드러내고 있다. 한편, (나)의 ㉡(왕손공자)은 화자가 자신을 '업신여기지 말라'고 말하는 대상이다. 따라서 ㉡은 '비를 맞으며 밭이랑에 엎드려 김을 매'는 화자의 가치를 알아주지 않는 인물로 볼 수 있다.

**＊ 오답 해설**
① ㉠ X / ㉠은 가치가 있으나 '등용'되지 못하는 인물이다. ㉠이 자신이 처한 상황에서 벗어나기 위해 지속적으로 노력하는 모습은 나타나지 않는다.
② ㉡ X / ㉡은 화자의 가치를 알아주지 않는 인물이다. 겉으로 화자를 배려하는 듯한 ㉡의 태도는 나타나지 않는다.
③ ㉠ X, ㉡ O / ㉠은 화자가 긍정적으로 평가하며 안타까움을 드러내는 인물로, 화자의 처지를 대비적으로 부각하기 위해 제시되었다고 볼 수 없다. 반면, ㉡은 화자의 처지를 부각하기 위해 대비적으로 설정된 지배층으로 볼 수 있다.
⑤ ㉠ X, ㉡ X / ㉠은 '세상 사람'이 그 가치를 알아보지 못하는 인물일 뿐, 스스로를 드러내지 않고 살아가는 인물이라 볼 수 없다. 또한, ㉡은 스스로를 드러내어 인정받고자 하는 인물로 제시되고 있지 않다.

34. ③
* 정답 해설
③ 〈보기〉에 따르면, (가)의 화자는 외부자의 시선에서 백
  성의 삶을 관찰하며 그들의 고통에 안타까움을 표하고,
  (나)의 화자는 백성의 입장에서 스스로의 처지를 대변하
  며 사회 구조의 모순을 비판한다. 이를 고려할 때, (가)
  의 '촌민들의 생계는 무엇으로 하던고'에서 화자가 '환곡'
  과 '진상'을 모두 감당해야 하는 '폐단'을 인식하며, 백성
  들이 생계를 꾸려 나가기 힘든 상황을 안타깝게 여기고
  있음을 알 수 있다. 반면, (나)의 '부귀호사가 나로부터
  나오나니'는 백성들의 노동이 지배층의 부로 이어지는 실
  태를 지적하는 내용이다. 즉, (나)의 화자는 노동의 주체
  인 백성을 존중하지 않는 현실을 비판하고 있는 것이지,
  노력한 만큼의 기회가 주어지지 않는 사회 구조의 모순
  을 비판하는 것이 아니다.

* 오답 해설
① 〈보기〉에 따르면, (가)의 화자는 유교 윤리에 어긋난 습
  속(습관이 된 풍속)에 대해 거부감을 드러내는 태도를 보
  인다. 이를 고려할 때, (가)의 화자가 '삼척동자'의 '상투'
  를 보고 '요망하다'고 평가한 것은, 어린아이가 어른의 풍
  습을 따르는 이질적 습속에 대한 거부감을 표현한 것으
  로 볼 수 있다.
② 〈보기〉에 따르면, (나)의 화자는 백성들이 국가의 기반
  이 되는 존재임을 인식하고 있다. 이를 고려할 때, (나)
  의 화자가 '힘써 밭 갈아 나라를 부강하게 하는 것은 우
  리에게 달렸는데'라고 말한 것은, 백성인 화자가 스스로
  국가의 기반이 되는 존재라고 인식하고 있음을 보여 준
  다고 할 수 있다.
④ 〈보기〉에 따르면, (가)의 화자는 외부자의 시선에서 백
  성의 삶을 관찰하며 그들의 고통에 안타까움을 표하고,
  (나)의 화자는 백성들이 국가의 기반이 되는 존재임에도
  존중받지 못하는 현실을 비판한다. 이를 고려할 때, (가)
  의 화자가 '촌민들'이 '담비를 사냥하여' 바치려 한 '환곡'
  을 '몹쓸 원이 오게 되면 강제로 사들이고 빼앗아' 간다
  고 이야기하고, (나)의 화자가 아직 곡식이 여물지 않은
  시점인데도 '현관서리는 벌써 조세를 징수'한다고 이야기
  한 것은, 두 화자가 모두 백성들의 삶을 위협하는 현실
  로 관리들의 수탈을 지적하고 있음을 보여 준다고 할 수
  있다.
⑤ 〈보기〉에 따르면, (가)의 화자는 외부자의 시선에서 백
  성의 삶을 관찰하며, 그들의 고통에 안타까움을 표하면
  서도 유교 윤리에 어긋난 습속에 대해서는 거부감을 드러
  내는 이중적 태도를 보이고, (나)의 화자는 백성의 입장
  에서 스스로의 처지를 대변하며, 백성들이 국가의 기반이
  되는 존재임에도 존중받지 못하는 현실과 사회 구조의
  모순을 비판한다. 이를 고려할 때, (가)의 화자가 시신의
  '피부와 살은 다 벗기고 뼈다귀만 모아다가' '상자 속에

넣어 메'는 백성들의 모습을 보고 '아마도 짐승이로다'라
고 말한 것은, 화자가 백성들의 풍습을 외부자의 시선으
로 관찰하여 부정적으로 평가하고 있음을 보여 준다고
할 수 있다. 한편, (나)의 화자가 자신을 '비를 맞으며 밭
이랑에 엎드려 김을 매'는 백성으로 제시하고 '왕손공자'
에게 '나를 업신여기지 말라'고 말하는 것은, 화자가 지배
층으로부터 존중받지 못하는 백성들의 처지를 그들의 입
장에서 직접 대변하고 있음을 보여 준다고 할 수 있다.


# [화법과 작문]


35. ⑤
* 정답 해설
⑤ 4문단의 "저처럼 수면 문제가 있는 분들에게 특히 도움
  이 될 테니 잘 들어주세요."에서, 발표자가 발표 내용이
  특정 대상에게 유용하다는 것을 언급하며 청중의 경청을
  유도하고 있음을 확인할 수 있으므로 선지의 내용은 적절
  하다.

* 오답 해설
① 발표자는 발표 내용과 관련된 자신의 계획을 공유하면서
  이에 관심이 있는 청중들에게 더 자세한 자료를 공유하겠
  다고 말하며 발표를 마무리하고 있다. 그러나 청중의 이해
  도를 점검하거나 발표 내용을 요약하고 있지는 않다.
② 발표에서는 수면 문제의 정의, 수면 문제의 측정 방법,
  수면 문제의 해결 방안을 순서대로 언급하고 있다. 이는
  발표 도입부에서 발표자가 "저는 오늘 '수면 문제'를 주제
  로, 수면 문제의 정의, 측정 방법, 해결 방안의 순서로 발
  표를 진행하려 합니다."라고 언급한 발표 순서와 다르지
  않다. 즉, 발표자가 청중의 반응을 반영하여 사전에 안내
  한 발표 순서를 바꾸지는 않았다.
③ 1문단의 "사실 수면 문제는 건강한 사람의 약 25%가 경
  험할 정도로 흔하며,"에서 구체적인 수치를 활용하였음을
  확인할 수 있으나, 이는 수면 문제라는 화제를 제시하고
  청중의 관심을 유도하기 위한 것일 뿐이다. 발표자가 이를
  활용해 발표의 중심 화제인 '수면 문제'를 다른 개념과 비
  교하고 있지는 않다.
④ 발표에서 발표 내용의 신뢰성을 높이기 위해 관련 전문
  가의 견해를 인용하고 있는 부분은 찾아볼 수 없다.


36. ④
* 정답 해설
④ [화면 3]은 수면 다원 검사와 수면 일기를 비교한 표이
  다. [화면 3]의 '비용' 항목을 살펴보면, '수면 다원 검사'와
  '수면 일기'는 각각 '높은 비용'과 '낮은 비용'으로 차이를
  보인다. 이는 3문단의 "수면 다원 검사는~비싸다는 단점

이 있습니다.”에서 확인 가능하다.

*** 오답 해설**
① [화면 1]은 ‘수면 장애 환자’가 매년 늘어나고 있음을 보여 주는 그래프이다. 그러나 해당 그래프는 수면 장애 환자의 수를 연도별로 제시하고 있을 뿐, 연령별로 분류하고 있지는 않으며, 발표에서도 청소년의 수면 문제가 심각한 수준이라는 내용은 확인할 수 없다.
② [화면 2]는 비렘수면과 렘수면이 반복되는 수면의 주기를 보여 주는 그래프이다. 해당 그래프는 수면 유지에 문제가 있는 사람이 잠에서 깨는 과정과 ‘자고 일어나도 개운하지 않은’ 이유를 보여 주는 자료로 해석하는 것이 더 적절하다.
③ 2문단의 “수면 시에는 깊은 잠인~렘수면에서 비렘수면으로 가지 못하게 됩니다.”에서 알 수 있듯이, [화면 2]는 수면 ‘개시’가 아닌 수면 ‘유지’ 문제를 설명하는 자료로 해석하는 것이 적절하다.
⑤ [화면 3]을 통해, 수면 일기를 작성할 때 어떻게 비용을 절감하는지에 관한 내용은 확인할 수 없으며, 발표에서도 이를 언급하고 있지 않다.

## 37. ④
*** 정답 해설**
④ 발표자의 답변을 통해 [A]에는 발표를 통해서는 확인할 수 없는 내용에 대한 질문이 나와야 함을 알 수 있다. 4문단의 “침대에 누운 지 15분 내로 잠들 경우 취침 시각을 15분씩 앞당기는 것입니다.”에서, 선지의 “취침 시간 용암법에서 15분 내로 잠들면 취침 시각을 당기라고 하셨는데”는 적절한 반응임을 확인할 수 있다. 그러나 4문단의 “정해진 취침 시간 내에 잠들지 못할 경우~한다는 것입니다.”에서, “15분 내에 잠들지 못하면 어떻게 하나요?”라는 청자의 질문에 대한 답변 내용은 이미 언급되었음을 알 수 있다.

*** 오답 해설**
① 선지의 “수면 문제는 보통 개시와 유지 단계에서 발생한다고 하셨는데”는 2문단의 “보통 수면 문제는 수면 단계 중에서도 ‘개시’와 ‘유지’ 단계에서 발생합니다.”에서 확인할 수 있다. 그리고 발표에서는 이를 제외한 또 다른 수면 단계를 다루지 않았으므로, 해당 선지는 적절한 질문이다.
② 선지의 “수면 개시 문제가 있는 사람은 적절한 시각에 잠들지 못한다고 하셨는데”는 2문단의 “수면 개시의 어려움은 적절한 때에 잠들지 못하는 문제”에서 확인할 수 있다. 그러나 발표에서 적절한 취침 시각에 관한 정보는 언급하지 않았으므로, 해당 선지는 적절한 질문이다.
③ 선지의 “수면 다원 검사는 여러 항목을 수면 주기별로 측정한다고 하셨는데”는 3문단의 “수면 다원 검사는~호흡, 심박수, 뇌파 등을 수면 주기별로 측정”에서 확인할 수 있

다. 그러나 발표에서 수면 주기별로 해당 신체적 반응들이 어떻게 달라지는지는 언급하지 않았으므로, 해당 선지는 적절한 질문이다.
⑤ 선지의 “수면 일기는 수면과 관련된 정보를 직접 기록하는 방법이라고 하셨는데”는 3문단의 “수면 일기는 수면과 관련된 정보를 직접 기록하여 문제 유형과 원인을 평가하는 방식”에서 확인할 수 있다. 그러나 발표에서 수면 문제의 평가를 위해 수면 일기를 기록해야 하는 기간에 관해서는 언급하지 않았으므로, 해당 선지는 적절한 질문이다.

## 38. ⑤
*** 정답 해설**
⑤ ‘학생 1’은 ‘학생 3’이 자신이 조사한 자료가 메타분석 결과라고 말하자, “메타분석이 뭐야?”라며 질문을 던지고 있다. 그러나 이는 ‘학생 1’이 자신이 알지 못하는 내용에 관해 질문한 것이지, 이해한 내용이 맞는지 질문한 것은 아니다. 앞서 ‘학생 1’이 ‘학생 3’에게 “청소년들의 학습 능력에 관한 글이니까 청소년의 스마트폰 보급률을 찾아봐야 하지 않을까?”라고 질문하는 것 역시, 이해한 내용이 맞는지 확인한 것은 아니다.

*** 오답 해설**
① ‘학생 1’은 “다음 주에 ‘스마트폰이 청소년들의 학습 능력에 미치는 영향’에 관한 글을 교지에 싣기로 했잖아.”라며 대화 참여자들에게 대화 주제를 상기시킨 후 “어떤 내용으로 구성하면 좋을지 한 명씩 이야기해 보자.”라며 대화 참여자들의 참여를 유도하고 있다.
② ‘학생 1’은 ‘학생 3’이 조사한 통계 자료에 대해 “그런데 청소년들의 학습 능력에 관한 글이니까 청소년의 스마트폰 보급률을 찾아봐야 하지 않을까?”라고 말하면서, 해당 자료의 내용이 ‘스마트폰이 청소년들의 학습 능력에 미치는 영향’에 관한 글에는 적합하지 않음을 지적하고 있다.
③ ‘학생 1’이 스마트폰으로 인해 기억하는 대상이 바뀌었다는 연구 결과에 대해 말하자, 이를 들은 ‘학생 2’가 “좀 더 구체적으로 설명해 줄 수 있어?”라며 추가 설명을 요청하였다. 이에 ‘학생1’은 “사람들이 전화번호를 기억하는 대신, 스마트폰을 사용해 전화번호를 찾는 방법을 기억한다는 거야.”라고 말하며 앞선 자신의 발언을 부연 설명하고 있다.
④ ‘학생 1’은 “그런데 지금까지 논의한 내용은 모두 기억력에 관한 거잖아.”라며 해당 시점까지 이루어진 논의 내용을 요약한 후, “기억력에 관련된 자료들만을 바탕으로 스마트폰이 학습 능력을 저하시키지 않는다고 주장하면 설득력이 부족할 것 같아.”라며 문제점을 밝히고 있다.

## 39. ③
*** 정답 해설**
③ ⓒ은 ‘학생 2’가 ‘학생 3’의 발화 내용, 즉 “두 입장 중 더 우세한 입장만 소개”하는 것에 반대하며, △△효과를 우리

*16*

뇌가 효율적으로 진화한 증거로 보는 관점과 △△효과가 스마트폰으로 인한 기억력 저하의 증거라고 주장하는 견해를 비교하여 제시하는 것이 독자들에게 더 와닿을 것 같다고 주장하는 발화이다. 이는 △△효과라는 같은 현상에 대한 상반된 견해를 비교하여 제시하는 것이 타당한 이유를 제시한 것이므로 선지의 내용은 적절하다.

*** 오답 해설**
① ㉠은 '학생 3'이 앞서 '학생 2'가 발언한 △△효과를 글에서 제시할 방법에 관해 제안하는 발화이다. '학생 3'이 앞서 이루어진 △△효과에 관한 대화 내용을 떠올렸다고 볼 수는 있으나, '학생 2'는 스마트폰의 문제점으로 지적되고 있는 △△효과에 관해 언급했을 뿐, 이를 글에서 제시할 '방식'에 관해 언급하고 있지는 않다.
② ㉡에서 '학생 2'는 스마트폰으로 인해 "기억하는 대상이 바뀌었다"는 내용에 관한 추가적인 설명을 요청하고 있을 뿐, 기억력이 저하하는 과정에 관한 설명을 요청하고 있지는 않다. 또한 '학생 2'가 '학생 1'의 발화 내용에 이의를 제기하고 있다고 볼 수 없다.
④ ㉣은 '학생 3'이 앞선 자신의 발언에 대해 '학생 1'이 "메타분석이 뭐야?"라고 질문하자, 이에 관해 보충 설명하는 발화이다. '학생 3'이 자신의 발언을 부연하고 있다고 볼 수 있으나, 메타분석의 개념과 메타분석을 통해 파악할 수 있는 내용에 관해 설명하고 있는 것이지, 메타분석의 결과를 해석할 때 주의해야 할 점을 강조하고 있는 것은 아니다.
⑤ ㉤은 '학생 2'가 자신의 경험을 밝히며, 앞서 '학생 3'이 언급한 것과 유사한 내용을 제시하는 발화이다. '학생 3'이 "내가 조사한 자료들은 스마트폰이 집중력을 약화한다는 메타분석 결과"라고 말한 것을 '학생 2'가 재진술했다고 볼 수는 있으나, '학생 2'는 자신이 읽은 책을 예로 들어 '학생 3'의 발언에 동의하고 있을 뿐, 자신의 의견을 드러내고 있지는 않다.

**40. ②**
*** 정답 해설**
② (가)에서 '학생 2'는 △△효과가 "스마트폰이 청소년들의 기억력을 저하시킨다는 주장의 근거로도 활용"됨을 소개하였다. 이는 (나)의 2문단 '△△효과가 스마트폰이 청소년들의 기억력을 떨어뜨린 결과를 단적으로 보여 준다'에 반영되었다고 볼 수 있다. (나)의 2문단에서는 이에 덧붙여, "청소년들이 스마트폰에 지나치게 의존한 나머지 스마트폰 없이는 아무것도 기억하지 못하는 일종의 '디지털 기억 상실증'을 겪고 있다"는 내용을 추가하였다. 그러나 '디지털 기억 상실증'은 스마트폰이 기억력을 저해한다는 주장을 '뒷받침'하는 개념일 뿐, 스마트폰으로 인한 기억력 감퇴 현상과 '반대되는' 개념이 아니다.

*** 오답 해설**
① (가)에서 '학생 3'은 "국내 성인의 95%가 스마트폰을 보유하고 있"다는 통계 자료를 제시하였으며, 이에 '학생 1'은 "청소년의 스마트폰 보급률을 찾아"볼 것을 제안하였다. 이는 (나)의 1문단 '10대 청소년의 98%가 스마트폰을 보유하고 있다.'에 반영되었다. 또한 (나)의 1문단에서는 이에 덧붙여, '이처럼 학생들에게 스마트폰이 광범위하게 보급됨에 따라, 스마트폰이 학생들의 학습 능력에 미치는 영향에 대한 사회적 관심이 커지고 있다.'라는 내용을 추가하였다.
③ (가)에서 '학생 1'은 "스마트폰으로 인해 기억력이 저하된 게 아니라 기억하는 대상이 바뀐 거라는 연구"에 관해 언급하였다. 이는 (나)의 3문단에서 '워싱턴대학교 뇌과학 연구진이 진행한 실험' 내용을 제시한 것에 반영되었다. 또한 (나)의 3문단에서는 해당 실험 내용을 인용하여, '스마트폰 사용이 불가능할 때'는 기억 대상이 '정보 자체'이지만, '스마트폰 사용이 가능할 때'는 기억 대상이 '정보를 찾는 방법'이라며 스마트폰 사용에 따른 기억 대상을 비교하였다.
④ (가)에서 '학생 3'은 "스마트폰이 집중력을 약화한다는 메타분석 결과"를, '학생 2'는 "스마트폰이 집중력을 저하시킨다는 내용이 담"긴 책을 언급하였다. 이는 (나)의 4문단 '니콜라스는 저서에서~보고하고 있는데'라는 내용에 반영되었다.
⑤ (가)에서 '학생 3'은 "메타분석은 기존의 연구 결과들을 종합해서 분석한 결과를 의미"한다고 말하며, "메타분석 결과를 살펴보면 현재 연구들의 큰 흐름을 읽을 수 있"다고 하였다. 즉, "스마트폰이 집중력을 약화한다"는 내용이 현재 이루어지고 있는 연구들의 큰 방향임을 추론할 수 있다. 그리고 이에 대해 '학생 3'은 "스마트폰이 기억력 저하와는 무관할 수 있지만, 집중력에는 부정적인 영향을 미친다는 거네."라며 청소년의 학습 능력에 대한 스마트폰의 영향이 복합적임을 언급하였다. 이러한 내용은 (나)의 5문단 '스마트폰이 청소년의 학습 능력에 미치는~연구 결과가 지배적이다.'에 반영되었다. 또한 (나)의 5문단에서는 이에 덧붙여, 학습 능력을 향상시킬 수 있는 '디지털 디톡스'라는 방법을 제안하였다.

**41. ⑤**
*** 정답 해설**
⑤ (나)에서는 청소년 학습 능력의 요인으로 기억력과 집중력을 제시하였다. 특히 5문단에 따르면, 스마트폰은 기억력을 손상하기보다 뇌가 기억하는 방식을 효율적으로 변화시켰다고 볼 수 있는 반면, 집중력에는 방해가 됨을 알 수 있다. 이를 고려할 때, 선지의 '스마트폰으로부터 안전한 기억력, 위험한 집중력'은 학습 능력의 요인에 따라 다른 스마트폰의 영향력에 대한 글쓴이의 관점을 잘 드러낸다고 볼 수 있다. 또한 선지의 부제에서는 스마트폰을 '독사과'에 비유하여, '집중력이 낮아 공부에 어려움을 겪고

있'는 청소년들에게는 스마트폰이 위험할 수 있음을 드러
내었다.

* **오답 해설**
① '스마트폰에 관한 오해를 풀다'라는 제목은 학습 능력의
요인에 따른 스마트폰의 영향력을 드러내고 있지 않으므
로 첫 번째 조건이 반영되었다고 볼 수 없다. 또한 '△△
효과가 학습 능력에 미치는 영향'이라는 부제는 비유적 표
현을 활용하고 있지 않으므로, 두 번째 조건 역시 반영되
었다고 볼 수 없다.
② '디지털 디톡스가 필요한 사람들'이라는 제목은 (나)의 전
체 내용을 포괄한다고 볼 수 없으며, 학습 능력의 요인에
따른 스마트폰의 영향력을 드러내고 있지도 않다. 따라서
첫 번째 조건을 반영하였다고 볼 수 없다. 한편 '스마트폰
중독, 마음 건강에 켜진 빨간불'이라는 부제는 비유적 표
현을 활용하고 있으므로, 두 번째 조건은 반영되었다고 볼
수 있다.
③ '기억력은 높이고 집중력은 낮추는 스마트폰'이라는 제목
이 학습 능력의 요인에 따라 다른 스마트폰의 영향력을
언급하고는 있으나, 이는 (나)의 내용과 일치하지 않는다.
(나)의 5문단에 따르면, 스마트폰은 기억력을 손상하지 않
을 뿐이지, 기억력을 높이는 매체는 아니기 때문이다. 또
한 '스마트폰과 멀어질 용기가 필요한 시점'이라는 부제는
비유적 표현을 활용하고 있지 않으므로, 두 번째 조건 역
시 반영되었다고 볼 수 없다.
④ '스마트폰은 청소년의 학습 능력을 저해하는가?'라는 제목
은 (나)의 화제를 제시한 것으로 볼 수는 있으나, 학습 능
력의 요인에 따라 다른 스마트폰의 영향력을 언급하고 있
지는 않으므로, 첫 번째 조건이 반영되었다고 볼 수 없다.
또한 '디지털 기억상실증을 피하기 위한 방법'이라는 부제
는 비유적 표현을 활용하고 있지 않으므로, 두 번째 조건
역시 반영되었다고 볼 수 없다.

## 42. ④
* **정답 해설**
④ (나)의 4문단에서 필자는 '학습 능력의 여러 요인 중 하
나인 기억력만으로 스마트폰이 청소년들의 학습 능력에
미치는 영향을 단정하기는 어'려움을 언급하였다. 그러나
5문단에서 필자는 스마트폰이 '기억력을 손상하기보다 뇌
가 기억하는 방식을 효율적으로 변화시켰다'는 관점을 취
하고 있으므로, 정보를 찾는 방법보다 정보 자체를 기억하
는 것이 중요함을 강조했다고 볼 수 없다. 또한 해당 내
용은 필자가 선택하지 않은 관점의 약점을 비판하기 위해
활용되기에 적절하지 않다.

* **오답 해설**
① (나)의 1문단에서 필자는 '스마트폰이 학생들의 학습 능
력에 미치는 영향에 대한 사회적 관심이 커지고 있'음을
언급하였다. 이는 청소년들의 학습 능력에 스마트폰이 미

치는 영향이 사회적으로 관심을 가질 만한 주제임을 드러
낸 것으로 볼 수 있다.
② (나)의 2문단에서 필자는 "청소년들이 스마트폰에 지나치
게 의존한 나머지 스마트폰 없이는 아무것도 기억하지 못
하는 일종의 '디지털 기억상실증'을 겪고 있"는 일부 연
구자들의 주장을 언급하였다. 한편 5문단의 내용을 참고
할 때, 필자는 스마트폰이 '기억력을 손상하기보다 뇌가
기억하는 방식을 효율적으로 변화시켰다'는 관점을 취하고
있으므로 2문단의 내용은 필자가 선택하지 않은 관점의
주장을 다룬 것이라고 볼 수 있다.
③ (나)의 3문단에서 필자는 워싱턴대학교 연구 자료를 인용
하여, '△△효과가 우리 뇌가 효율적으로 진화한 증거라는
주장'을 뒷받침하였다. 이는 연구 주체 및 내용이 명시된
객관적 자료를 활용하여, 필자가 말하고자 하는 바에 대한
신뢰감을 형성한 것이라고 볼 수 있다.
⑤ (나)의 5문단에서 필자는 '스마트폰이 청소년의 학습 능
력에 미치는 영향은 복합적'이라고 밝히며, 스마트폰이 '뇌
가 기억하는 방식을 효율적으로 변화시켰'으나 '집중력에
는 방해'가 됨을 언급하였다. 이는 스마트폰이 청소년의
학습 능력에 미치는 영향이라는 주제에 대한 필자의 관점
을 명확히 드러낸 것으로 볼 수 있다.

## 43. ②
* **정답 해설**
② 2문단에서는 오픈사이언스의 장점으로 과학의 '반복 재현
문제와 그로 인해 높아진 과학에 대한 불신을 해결'할 수
있다는 점을, 4문단에서는 '과학 연구를 보다 투명하게 만
들 뿐 아니라 공동체의 모든 구성원이 과학적 정보에 접
근할 동등한 권리를 보장'한다는 점을 언급하였다. 그러나
초고에서 오픈사이언스의 단점을 제시한 부분은 확인할
수 없다. 3문단에서, 오픈사이언스의 '공개 데이터에서 제
외'되어야 하는 것에 관해 언급하고 있기는 하지만, 이것
은 오픈사이언스 연구에서 연구 윤리에 관하여 '주의할
점'이지, 오픈사이언스의 '단점'이라고 볼 수 없다. 따라서
ⓒ의 내용은 학생의 초고에 반영되었다고 할 수 없다.

* **오답 해설**
① 4문단에서는 '학술지나 출판물에 게재된 연구 논문들을
누구에게나 무료로 공개하자는 운동'이 '오픈액세스'이며,
'오픈사이언스의 일종'인 오픈액세스가 '과학 연구를 보다
투명하게 만들 뿐 아니라 공동체의 모든 구성원이 과학적
정보에 접근할 동등한 권리를 보장'함을 설명하였다. 이를
통해, ㉠이 학생의 초고에 반영되었음을 알 수 있다.
③ 1문단에서는 '오픈사이언스 연구는 연구 출판물뿐만 아니
라 연구에 활용된 데이터나 소프트웨어, 연구 기법과 내용
등을 다른 연구자 및 대중과 공유하는 형태'로 이루어짐을
설명하였다. 이를 통해, ⓒ이 학생의 초고에 반영되었음을
알 수 있다.
④ 1문단에서는 '오픈사이언스 운동은 과학 지식의 확장을

위해 누구나 과학 연구 및 그와 관련된 자료에 접근하여 그것을 활용할 수 있도록 하자는 움직임'이라고 제시하였다. 이를 통해, ㉣이 학생의 초고에 반영되었음을 알 수 있다.

⑤ 2문단에서는 '어떤 연구 결과가 과학적 지식이 되기 위해서는 해당 연구의 실험을 다시 실행했을 때 같은 결과가 도출'되는 '재현 가능성'을 확보해야 한다고 언급하면서, '폐쇄적인 연구 관행'에서는 '연구자들이 다른 과학자의 연구를 반복 재현하기 어려'워 '연구 결과를 왜곡하는 일'이 만연함에서 비롯되는 문제를 설명하였다. 이를 통해, ㉤이 학생의 초고에 반영되었음을 알 수 있다.

## 44. ②

*** 정답 해설**

② 선지에서는 '과학의 재현 가능성과 투명성', '대중의 지식 접근권'을 오픈사이언스의 필요성으로 제시하고 있다. 이는 각각 2문단과 4문단에서 다룬 내용을 요약적으로 제시한 것으로 볼 수 있다. 또한, '공동체 구성원 모두를 위한 과학의 발판'은 '사회 전체의 이익에 기여하는 과학의 보편적 가치'와 오픈사이언스를 관련지은 것으로 볼 수 있으므로, 해당 선지는 [A]에 들어갈 내용으로 가장 적절하다.

*** 오답 해설**

① 선지에서는 3문단에서 언급된, 예외적으로 오픈사이언스의 공개 데이터에서 제외되는 정보에 관해 언급하고 있다. 이는 교지 편집부 학생이 조언한 오픈사이언스의 필요성에 대한 요약적 제시와는 관련이 없으며, 선지에서 과학의 보편적 가치와 오픈사이언스를 관련짓고 있지도 않으므로, 해당 선지는 [A]에 들어갈 내용으로 적절하지 않다.

③ 선지에서는 '과학적 지식에 대한 공동체 구성원들의 동등한 접근 권리'를 오픈사이언스의 필요성으로 언급하였으나, 이는 4문단의 내용만을 요약한 것일 뿐, 2문단의 내용을 포함하고 있지 않다. 또한 학계와 정부의 제도 및 지원책 마련은 과학의 보편적 가치와 오픈사이언스를 관련지은 것으로 볼 수 없으므로, 해당 선지는 [A]에 들어갈 내용으로 적절하지 않다.

④ 선지에서는 오픈사이언스 연구의 일반화를 통해 기대할 수 있는 효과를 들어 오픈사이언스 운동에 대한 지지와 협력이 필요함을 언급하였다. 이를 과학의 보편적 가치와 오픈사이언스를 관련지어 4문단에 제시된 필요성을 언급한 것이라 볼 수 있으나, 2문단에 제시된 오픈사이언스의 필요성에 관한 내용은 확인할 수 없으므로, 해당 선지는 [A]에 들어갈 내용으로 적절하지 않다.

⑤ 선지에서는 '오픈사이언스를 통해 공개된 데이터'가 '과학 실험을 재현'하는 데 사용됨으로써 '신뢰성 있는 과학 지식의 확보'에 도움이 될 수 있음을 언급하였다. 이는 2문단에 제시된 과학의 '반복 재현 문제' 해결과 '과학에 대한 불신' 해결 가능성을 언급한 것으로 볼 수 있으나, 4문단의 내용은 포함하고 있지 않다. 또한 과학의 보편적 가치

와 오픈사이언스를 관련지은 내용 역시 확인할 수 없으므로, 해당 선지는 [A]에 들어갈 내용으로 적절하지 않다.

## 45. ④

*** 정답 해설**

④ (다)의 전문가 인터뷰에 따르면, "세계적 감염병과 기후 변화 등 오늘날 발생"하고 있는 위기 상황에서 "오픈사이언스가 좋은 해결책이 될 수 있"다. 한편, 3문단에서는 '연구에 활용된 데이터'에 연구 참가자의 '사적 정보가 포함되어 있거나 연구 데이터가 범죄 등에 악용될 가능성이 있는 경우에는 예외적으로 공개 데이터에서 제외'해야 한다고 하였다. 즉, 오픈사이언스 연구는 연구에 활용된 데이터를 공유하는 형태로 이루어지지만, 예외적으로 특정 정보는 공개하지 않아야 한다는 것이다. 즉, '연구자 간 협력을 위해 모든 연구 데이터의 공유'가 이루어지는 것이 아닌, (다)에 언급된 위기 상황에서도 연구 참가자의 사적 정보 등은 공개 데이터에서 제외될 수 있는 것이 곧 예외 상황인 것이므로 해당 선지의 설명은 (다)의 활용 방안으로 적절하지 않다.

*** 오답 해설**

① (가)의 설문 조사 결과에 따르면, 오픈사이언스 연구진과 연구 결과에 대한 대중들의 신뢰도는 비 오픈사이언스 연구에 비해 높게 나타났다. 한편 2문단에 따르면, '오픈사이언스는 이러한 반복 재현 문제와 그로 인해 높아진 과학에 대한 불신을 해결하는 대안'이 될 수 있다. 즉, (가)를 활용하면 오픈사이언스가 과학에 대한 불신을 해소할 방법이 될 수 있음을 강조할 수 있을 것이므로, 해당 선지의 설명은 (가)의 활용 방안으로 적절하다.

② (나)의 신문 기사에 따르면, 오픈액세스 운동은 '학술 출판사들의 과도한 구독료 인상'을 배경으로 등장했는데, '전문 지식을 얻고자 했던 사람들이 높은 구독료로 인해 정보에 대한 접근을 포기'해야 했기 때문이다. 한편 4문단에 따르면, 오픈액세스 운동은 오픈사이언스의 일종으로, '공동체의 모든 구성원이 과학적 정보에 접근할 동등한 권리를 보장'하는 것으로 각광받고 있다. 즉, (나)를 활용하면 오픈액세스를 통해 대중이 높은 구독료와 같은 장애물 없이 정보에 대한 접근권을 동등하게 보장받을 수 있음을 구체화할 수 있을 것이므로, 해당 선지의 설명은 (나)의 활용 방안으로 적절하다.

③ (나)의 신문 기사에 따르면, 학술 출판사들은 민간 영리 기업이기에 과도한 구독료 인상 행위를 규제할 제도적 근거가 부족한 상황이다. 한편 4문단에 따르면, '세계적인 학술지 출판사에서도 오픈액세스 정책을 시행하고 있는 만큼, 이에 대한 국내 학계의 관심도 필요한 시점'이다. 즉, (나)를 활용하면 정보에 대한 대중의 동등한 접근권을 보장할 수 있도록 학술 출판사의 오픈액세스와 관련한 정책 마련이 필요함을 제시할 수 있을 것이므로, 해당 선지의 설명은 (나)의 활용 방안으로 적절하다.

⑤ (다)의 전문가 인터뷰에 따르면, 오픈사이언스 "관련 논의
는 주로 국제 학술지만을 대상으로 이루어지고 있을 뿐,
국내 학계에서는 이에 대한 철학과 전략이 여전히 미흡한
실정"이다. 한편 4문단에 따르면, '세계적인 학술지 출판사
에서도 오픈액세스 정책을 시행하고 있는 만큼, 이에 대한
국내 학계의 관심도 필요한 시점'이다. 즉, (다)를 활용하
면 오픈사이언스 관련 논의가 국내에서는 여전히 미흡한
실정임을 문제점으로 나타내어, 오픈 사이언스에 대한 국
내 학계의 관심이 필요함을 뒷받침할 수 있을 것이므로,
해당 선지의 설명은 (다)의 활용 방안으로 적절하다.


# [언어와 매체]


## 35. ⑤

*** 정답 해설**

⑤ 1문단에서 '합리성'은 일정한 음운 환경이 주어졌을 때
동일한 법칙에 따라 발음하도록 규정하여 발음에 대한 혼
동을 줄이려는 것으로, 비음화가 이에 속한다고 하였다.
'걷는'이 [건는]으로 발음되는 것은, 'ㄷ'이 'ㄴ' 앞이라는 음
운 환경에서 [ㄴ]으로 교체된다는 비음화 규정에 따른 것
이므로, '전통성'이 아닌 '합리성'과 관련이 있다고 보는 것
이 적절하다.


*** 오답 해설**

① 1문단에서 '합리성'은 일정한 음운 환경이 주어졌을 때
동일한 법칙에 따라 발음하도록 규정하여 발음에 대한 혼
동을 줄이려는 것으로, 구개음화가 이에 속한다고 하였다.
'벼훑이[벼훌치]'에서 일어난 현상은 'ㅌ' 뒤에 'ㅣ'로 시작
하는 형식 형태소가 올 경우 'ㅊ'으로 발음된다는 구개음
화 규정에 따른 것이므로 '합리성'과 관련이 있다.
② 2문단에 따르면 한글 맞춤법의 제1항의 '소리대로 적되'
는 표음주의 표기 원리에 따른 것으로, 굳이 형태소를 구
분하여 적지 않아도 사람들이 그 의미를 파악하는 데에
크게 무리가 없는 말들을 위한 규정한 것을 의미한다. 〈보
기〉를 통해 '목거리'라는 말이 만들어질 때의 형태소 분석
내용이 '【←목+걸-+-이】'인 것을 확인할 수 있다. 따라서
'목거리'는 형태소를 구분하여 적지 않은 사례로 볼 수 있
으므로 '소리대로 적되'와 관련이 있다.
③ 2문단에 따르면 한글 맞춤법의 제1항의 '어법에 맞도록
함'은 표의주의 표기 원리에 따른 것으로, 형태소를 구분
하여 적음으로써 눈으로 읽고 이해하는 데에 유리하다는
특징이 있는데, 어간과 어미를 구분하여 적게 하는 등의
규정이 그 예이다. 〈보기〉의 '걷다¹'은 '걸어, 걸으니'으로
활용되며, 이는 어간 '걷-'에 각각 어미 '-어, -으니'가 결
합된 것이다. 따라서 어간과 어미를 구분하여 적고 있음을
확인할 수 있으므로, 형태소의 원형을 지켜 적는 '어법에

맞도록 함'과 관련이 있다.
④ 1문단에 따르면 표준 발음법은 표준어의 실제 발음을 따
르되, 국어의 전통성과 합리성을 고려하여 정함을 원칙으
로 한다. 이때 '전통성'은 현대 국어에서는 뚜렷하게 드러
나지 않더라도 역사적으로 그렇게 발음해 온 전통이 있다
면 받아들이자는 취지로, 예를 들어 음운의 장단을 통해
그 의미를 구분해 온 전통이 있다면 이를 따른다. 〈보기〉
에서 '걷다¹'은 [걷따]로 발음하지만, '걷다²'는 [걷ː따]로 어
간을 길게 발음하도록 규정되어 있다. 이는 음운의 장단을
통해 의미를 구분해 온 전통이 있기 때문이므로, '전통성'
과 관련이 있다.


## 36. ④

*** 정답 해설**

④ '제5항 다만'은 'ㄱ, ㅂ' 받침 뒤에서 나는 된소리는, 같은
음절이나 비슷한 음절이 겹쳐 나는 경우가 아니면 된소리로
적지 않는 규정이다. 이때, '국수'는 '딱딱하다'와 같이 '같은
음절'이 겹쳐 나는 경우도 아니고, '쓱쓸하다, 쌉쌀하다'와 같
은 '비슷한 음절'이 겹쳐 나는 경우도 아니므로, [국쑤]와
같이 'ㄱ' 받침 뒤에서 'ㅅ'이 된소리 'ㅆ'로 발음되더라도
어법에 맞도록 원형을 밝혀 '국수'로 적는다. 따라서 '[국
쑤] → 국수'는 어법에 맞도록 한 규정이 맞다. 참고로, 이
와 비슷한 사례로 '접시[접씨]' 등이 있다.


*** 오답 해설**

① '없어'는 'ㅄ'이 모음으로 시작하는 어미 앞에 위치하므로
'어말 또는 자음 앞'이라는 음운 환경에 어긋나기에 '제10
항'과 무관하다. 따라서 선지의 내용은 적절하지 않다.
② '밟는'은 [밥는(제10항 다만)→밤는(비음화)]의 과정을 거
쳐 발음되므로, '밟-'은 자음 앞에서 [밥]으로 발음한다는
'제10항 다만'의 예로 적절하다. 그러나 1문단에서 '합리
성'은 일정한 음운 환경이 주어졌을 때 동일한 법칙에 따
라 발음하도록 규정하여 발음에 대한 혼동을 줄이려는 것
으로, 비음화가 이에 속한다고 하였다. 따라서 '제10항 다
만'은 발음을 규정함으로써 사람들의 혼동을 줄이겠다는
합리성에 따른 규칙이라고 할 수 있다.
③ '칼날'은 '날'의 'ㄴ'이 '칼'의 'ㄹ' 뒤에서 [ㄹ]로 발음되는
유음화의 과정을 거쳐 [칼랄]로 발음되므로, 유음화 규정
인 '제20항'의 예로 적절하다. 그러나 1문단에서 '합리성'
은 일정한 음운 환경이 주어졌을 때 동일한 법칙에 따라
발음하도록 규정하여 발음에 대한 혼동을 줄이려는 것으
로, 유음화가 이에 속한다고 하였다. 따라서 '제20항'은 국
어의 전통성이 아닌 합리성을 따른 규정이라 할 수 있다.
⑤ 2문단에 따르면 한글 맞춤법의 제1항의 '어법에 맞도록
함'은 표의주의 표기 원리에 따른 것으로, 형태소를 구분
하여 적음으로써 눈으로 읽고 이해하는 데에 유리하다는
특징이 있는데, 어간과 어미를 구분하여 적게 하는 등의
규정이 그 예이다. '넘어지다'는 '넘다'와 '지다'의 합성어

로, 앞말 '넘다'의 본뜻이 유지되고 있어 어간과 어미를 구분하여 적었으므로 '제15항 [붙임 1]'에 해당하는 예로 적절하다. 이는 어법을 따르지 않은 규정이 아니라 어법에 맞게 적은 규정이므로 선지의 내용은 적절하지 않다.

## 37. ②
* 정답 해설
② '어둠이 오기'는 어간 '오-'에 명사형 전성 어미 '-기'가 결합하여 형성된 명사절로서 뒤에 위치한 명사 '전'을 수식하고 있으므로, 문장에서 목적어가 아닌 관형어로 기능한다.

* 오답 해설
① '키가 아주 크다'라는 서술절은 안은문장의 주어 '그'와 호응하여 주어를 서술하는 서술어로 기능하고 있다.
③ '집에 간다'라는 인용절은 인용격 조사 '고'와 결합하여 '말했다'라는 용언을 수식하는 부사어로 기능하고 있다.
④ '아름다운'은 어간 '아름답-'에 관형사형 전성 어미 '-(으)ㄴ'이 결합하여 형성된 관형절로서 뒤에 위치한 명사 '바다'를 수식하는 관형어로 기능한다.
⑤ '그가 집에 가도록'은 어간 '가-'에 부사형 전성 어미 '-도록'이 결합하여 형성된 부사절로서 '조치했다'라는 용언을 수식하는 부사어로 기능한다.

## 38. ⑤
* 정답 해설
⑤ b의 '-겠-'은 내일의 상황을 추측한 것이므로 미래의 일을 추측하고 있다고 볼 수 있지만, a의 '-겠-'은 '지금쯤'이라는 표현을 통해 현재의 상황을 추측한 것임을 알 수 있으므로 선지의 내용은 적절하지 않다.

* 오답 해설
① a의 '있는'과 b의 '없는'에 쓰인 '-는'은 모두 꽃 향기의 현재 상태에 대해 나타내는 것이다. 참고로, (가)의 '있다'와 '없다'의 품사는 형용사인데, 두 단어는 동사와 형용사의 활용 양상을 모두 띤다는 특징이 있어 예외적으로 동사에 결합하여 현재 시제를 나타내는 관형사형 전성 어미 '-는'이 쓰일 수 있다.
② '-(으)ㄴ'은 동사에 결합하여 과거 시제를 나타내는 관형사형 전성 어미이고, '-는'은 동사에 결합하여 현재 시제를 나타내는 관형사형 전성 어미이다. a의 '먹은'은 과거에 이미 '먹다'라는 행위가 끝났음을 나타내며, b의 '먹는'은 '먹다'라는 행위가 진행 중임을 나타낸다.
③ '돌아오다'에 과거 시제 선어말 어미 '-았-'이 결합되었으므로 a의 '가다가 돌아왔다'와 b의 '갔다가 돌아왔다'는 모두 과거에 이루어진 행위임을 나타낸다.
④ a의 '가다가 돌아왔다'는 '가다'라는 동작이 중단되고 '돌아오다'라는 동작으로 바뀜을 나타내므로 목적지까지 도착하지 않고 중간에 중단한 것을 의미한다. b의 '갔다가 돌

아왔다'는 '가다'에 과거 시제 선어말 어미 '-았-'이 쓰인 것으로 볼 때, 목적지에 도착한 후 '돌아오다'라는 행위가 일어난 것을 의미한다.

## 39. ③
* 정답 해설
③ 중세 국어에서 처소 부사격 조사로는 '애, 에, 예'가 사용되는 것이 원칙이나, 몇몇 체언의 경우엔 '의/의'의 형태로 결합하는 경우가 있다. '구두리(구들+의)'는 현대어 풀이를 고려할 때, '구들에서'에 대응되므로 '의'가 관형격 조사가 아닌 부사격 조사로 쓰였음을 알 수 있다. 판단의 기준은 현대어 풀이임을 명심하자.

* 오답 해설
① '빅셩이'는 서술어 '니르고져'에 대한 주체이므로, 현대와 마찬가지로 중세 국어에서도 주격 조사 '이'가 쓰였음을 알 수 있다.
② '불휘'가 '뿌리가'에 대응되는 것을 고려할 때, 중세 국어에서는 주격 조사가 생략된 형태도 존재했음을 알 수 있다.
④ '여래ㅅ'이 '여래의'에 대응되는 것을 고려할 때, 중세 국어에서는 'ㅅ'이 관형격 조사 '의'와 같은 역할을 했음을 알 수 있다.
⑤ '나룰'이 '나를'에 대응되는 것을 고려할 때, 중세 국어에서는 '룰'이 목적격 조사 '를'과 같은 역할을 했음을 알 수 있다.

## 40. ⑤
* 정답 해설
⑤ 진행자의 "벌써 1부 마칠 시간이 다 되었네요."라는 발언을 통해, 수용자에게 정보를 제공할 수 있는 방송 시간이 한정적임을 알 수 있다. 그런데 진행자는 "두 번째 여행 장소 소개는 2부로 미루고 잠시 광고 시간이 있겠습니다."라며 방송 주제와 관련성이 높은 정보인 '여행 장소 소개'보다 '아웃도어 의류' 광고를 먼저 전달하고 있으므로 선지의 내용은 적절하지 않다.

* 오답 해설
① 진행자는 "다만 문자는 한 건당 200원으로 유료 서비스라는 점을 유의해 주세요."라고 말하며, 수용자에게 요금이 부과되는 서비스와 관련한 유의 사항을 방송 첫머리에서 전달하고 있다.
② 진행자는 "누가 감시하고 있다가 "그건 오프그리드가 아니잖아!" 하고 점수를 깎는 것도 아닐 테니까요. 하하."라고 말하며, 가상의 상황을 설정하여 유쾌한 분위기를 조성하고 있다. 이는 수용자가 방송에 대한 흥미를 유지할 수 있도록 하는 방법이라고 볼 수 있다.
③ 진행자는 "아, 잠시만요. 많은 분들이 실시간 문자를 통해, 지난주 방송했던 레트로 여행에 관해 물으시네요. 갑

작스럽지만 간단히 설명 부탁드립니다."라고 말하며, 실시
간 댓글로 방송에 참여하는 수용자의 요청에 따라 이어질
정보의 순서를 조정하고 있다.
④ 여행가는 "먼저 ◇◇군에 위치한 ◇◇ 자작나무숲 사진을
보여 드리겠습니다."라고 말하며, 보이는 라디오를 시청하
고 있는 수용자를 고려하여 방송 주제와 관련된 장소의
이미지를 제시하고 있다.

**41. ②**
*** 정답 해설**
② 청취자 게시판에서 '너구리'는, 방송에서 주제와 상관없는
이야기를 하느라 정작 필요한 정보가 전달되지 못할 것
같다는 점에 아쉬움을 표하고 있다. 이러한 '너구리'의 감
상에 대해 '고라니'와 '염소'는 각각 '맞아요.', '저도 공감해
요!'와 같이 공감을 표하며 공감대를 형성하고 있으므로
선지의 내용은 적절하다.

*** 오답 해설**
① '너구리'는 방송 구성에 관해 오해를 하고 있지 않으며,
'고라니'와 '염소'의 댓글을 통해 '너구리'의 생각이 수정되
고 있지도 않으므로 선지의 내용은 적절하지 않다.
③ '너구리'와 '고라니'는 모두 방송에 대한 아쉬움을 느끼고
있으므로, 방송 내용에 관해 서로 다른 생각을 가졌다고
볼 수 없다. 또한 '너구리'와 '고라니'의 서로 다른 생각이
'염소'에 의해 절충되고 있지도 않으므로 선지의 내용은
적절하지 않다.
④ '염소'는 '너구리'와 '고라니'의 말에 동의하며 아쉬움을 해
소할 수 있는 나름의 방법을 제시하고 있을 뿐, '너구리'와
'고라니'의 공통된 생각에 근거를 들어 반박하고 있지는
않으므로 선지의 내용은 적절하지 않다.
⑤ '너구리'와 '고라니'는 모두 방송에 대한 아쉬움을 느끼고
있지만, 이러한 '너구리'와 '고라니'의 부정적 감정이 '염소'
에 의해 긍정적 감정으로 전환되고 있지는 않으므로 선지
의 내용은 적절하지 않다.

**42. ③**
*** 정답 해설**
③ (나)에서 학생은 ㉠에 시각적 이미지를 활용할 것을 계획
하고 있다. 그리고 이를 반영하여 첫 번째 슬라이드에서는
스트레스를 받는 사람의 이미지와 핸드폰의 이미지에 금
지를 뜻하는 그림을 겹쳐서 제시하고 있다. 그런데 스트레
스를 받는 사람의 이미지에 금지를 뜻하는 그림을 겹쳐서
제시하고 있는 것은 여행을 통해 스트레스를 해소할 수
있음을 나타내는 것이지, 스트레스가 금지되는 것이라고
볼 수는 없다. 또한 (가)의 여행가의 발화 "핸드폰이나 인
터넷을 전혀 사용하지 않는 분들도 물론 계십니다. 그러나
여행을 떠나는 사람마다 유연하게 결정할 수 있어요."를
고려해 볼 때, 핸드폰도 오프그리드 여행에서 금지되는 물
품으로 볼 수는 없으므로 선지의 내용은 적절하지 않다.

*** 오답 해설**
① (나)에서 학생은 ㉠에 여행가의 말을 정리할 것을 계획하
고 있다. 그리고 이를 반영하여 첫 번째 슬라이드에서는
(가)의 여행가의 발화 "최소한의 필요 용품만을 가지고 떠
나 자연을 느끼며 휴식하는 여행이지요."를 간추려 오프그
리드 여행의 의미를 제시하고, "도시에서 받았던 스트레스
를 해소하고 온전히 '나'에게 집중할 수 있다는 점에서 최
근 주목받고 있습니다."를 간추려 오프그리드 여행의 효과
를 제시하였으므로 선지의 내용은 적절하다.
② (나)에서 학생은 ㉠에 오프그리드의 효과가 잘 나타나도
록 표현할 것을 계획하고 있다. 이를 반영하여 첫 번째
슬라이드에서는 오프그리드의 효과와 관련된 글자인 '스
트레스를 해소'와 '"나"에게 집중'의 굵기를 다르게 표시해
효과를 강조하여 드러내고 있으므로 선지의 내용은 적절
하다.
④ (나)에서 학생은 ㉡에 여행에 유용한 정보를 추가할 것을
계획하고 있다. 그리고 이를 반영하여 두 번째 슬라이드에
서는 (가)의 여행가가 제시한 '전기차 탐방' 외에도, 방송
에서 언급되지 않은 '트래킹', '숲속 교실' 등의 체험 프로
그램을 소개하고 있으므로 선지의 내용은 적절하다.
⑤ (나)에서 학생은 ㉡에 수용자의 기대감을 불러일으킬 수
있는 홍보 문구를 넣을 것을 계획하고 있다. 그리고 이를
반영하여 두 번째 슬라이드에서는 '자작나무숲에서 우리
삶의 쉼표가 될 시간을 함께해요!'라는 문구를 제시하고
있다. 자작나무숲에서 누릴 수 있는 휴식을 '우리 삶의 쉼
표'로 비유함으로써, 수용자가 자작나무숲에 대한 긍정적
인식을 갖도록 유도하고 있으므로 선지의 내용은 적절하
다.

**43. ④**
*** 정답 해설**
④ ⓓ에서는 피동 접사 '-되다'가 결합된 '안정되다'라는 피동
표현을 활용하여 진행자가 겪는 감정의 변화가 외부 요인,
즉 여행가가 제시한 자작나무숲의 사진에 의한 것임을 드
러내고 있으므로 선지의 내용은 적절하다.

*** 오답 해설**
① ⓐ에 사용된 '-ㅂ니다'는 상대 높임을 실현하는 종결 어
미로, 주체가 아닌 방송을 청취하는 불특정 다수의 청자를
공손하게 높이고 있다. 주체인 '여행가 신□□ 님'은 특수
어휘 '계시다'를 사용하여 높이고 있으므로 선지의 내용은
적절하지 않다.
② ⓑ의 '은'은 체언 등과 결합하여 '대조, 화제, 강조'의 의
미를 더해주는 보조사로, 문장 성분을 표시하는 기능을 하
지 않는다. 또한 '오늘은'은 부사 '오늘'에 보조사 '은'이 결
합한 것으로, 문장에서 부사어의 기능을 하므로 문장의 주
어로 사용되고 있다는 내용도 적절하지 않다. 참고로 문장
성분을 표시하는 기능을 하는 것은 격 조사이다.
③ ⓒ의 '-며'는 '두 가지 이상의 동작이나 상태 따위가 동시

에 겸하여 있음을 나타내는 연결 어미'로, 자연을 느끼고 휴식을 즐기는 행위를 겸하는 오프그리드 여행의 의미를 드러내기 위해 사용되었다. 이를 통해 오프그리드 여행의 조건을 나열하고 있지는 않으므로 선지의 내용은 적절하지 않다.
⑤ ⓔ의 '바로'는 '다름이 아니라 곧'의 의미를 갖는 부사로, '아웃도어 의류'의 중요성을 강조하기 위해 사용되었다. 이를 통해 오프그리드 여행을 방송에서 소개하는 이유를 밝히고 있지는 않으므로 선지의 내용은 적절하지 않다.

## 44. ③
**＊ 정답 해설**
③ 필터 설치 방법 중 2단계와 4단계에서는 사용자가 혼동하기 쉬운 정보를 강조하기 위해 각각 '왼쪽'과 '오른쪽'이라는 글자를 다른 글자에 비해 크고 굵게 표시하였다.

**＊ 오답 해설**
① 기기 구성 정보에서는 배출부, 흡입부, 표시부로 제품을 구성하는 부분을 나누어 제시하였다. 그러나 여기서 각 부분의 작동 원리를 제시하고 있지는 않다.
② 기기 구성 정보에서는 표시부를 확대한 이미지를 제시하고 있을 뿐, 표시부가 나타내는 아이콘을 나열하여 각각의 의미를 설명하고 있지는 않다.
④ 앱 기능 사용 방법에서는 '앱 화면'이 아니라 '앱을 이용하면 원격 조종, 필터 성능 확인, 기기 상태 확인 등의 기능을 이용할 수 있어요.'라는 문구를 통해, 앱을 설치하여 사용할 수 있는 기능을 제시하였다.
⑤ 사용 설명서의 하단에서는 '사용 설명서 정보 : 한국어 버전 1.3(2024.03. 마지막 수정)'과 같이 마지막 수정이 이루어진 날짜를 제시하였다. 그러나 여기서 수정된 내용을 제공하고 있지는 않다.

## 45. ①
**＊ 정답 해설**
① (가)는 제품의 각 구성 부분을 나타내는 제품 이미지와, 앱 기능 사용 방법을 알기 쉽게 나타내는 이미지를 삽입하였다. 그러나 이러한 이미지들이 제품의 작동 과정을 나타내고 있는 것은 아니므로 선지의 내용은 적절하지 않다.

**＊ 오답 해설**
② (나)에서 '엄마'는 [답장] 필터 문제가 맞더구나.'에서 '도영'의 대화 내용에 답장할 수 있는 기능을 사용하여 상대방에게 이전의 대화 내용을 환기하고 있다.
③ (가)는 사용자가 필요한 자료를 출력하여 볼 수 있도록 '설명서 인쇄하기' 기능을 제공하고 있지만, (나)에서는 이러한 기능이 제공되고 있지 않으므로 선지의 내용은 적절하다.
④ (가)는 제품의 생산자가 제공하는 '사용 설명서' 자료가 일방향으로 제품 사용자에게 제공되고 있다. 반면, (나)에서는 '엄마'와 '도영'이 사진, 설명서 파일, 하이퍼링크, 연락처 등 다양한 형태의 자료를 쌍방향으로 공유하고 있음을 확인할 수 있다.
⑤ (가)는 '※ 앱에 관한 자세한 내용은 여기(🖰클릭)에서 확인할 수 있습니다.'에서, (나)는 'https://air-cleaner.co.kr/user-guide23145'에서 하이퍼링크를 사용하여 외부 정보를 제공하고 있음을 확인할 수 있다.